A PROTECÇÃO DOS CONSUMIDORES NOS CONTRATOS CELEBRADOS ATRAVÉS DA INTERNET

Contributo para uma análise
numa perspectiva material e internacionalprivatista

Elsa Dias Oliveira

A PROTECÇÃO DOS CONSUMIDORES NOS CONTRATOS CELEBRADOS ATRAVÉS DA INTERNET

Contributo para uma análise
numa perspectiva material e internacionalprivatista

Dissertação de Mestrado em Ciências Jurídicas
na Faculdade de Direito da Universidade de Lisboa

ALMEDINA

TÍTULO:	A PROTECÇÃO DOS CONSUMIDORES NOS CONTRATOS CELEBRADOS ATRAVÉS DA INTERNET
AUTOR:	ELSA DIAS OLIVEIRA
EDITOR:	LIVRARIA ALMEDINA – COIMBRA www.almedina.net
LIVRARIAS:	LIVRARIA ALMEDINA ARCO DE ALMEDINA, 15 TELEF. 239851900 FAX 239851901 3004-509 COIMBRA – PORTUGAL livraria@almedina.net LIVRARIA ALMEDINA – PORTO R. DE CEUTA, 79 TELEF. 222059773 FAX 222039497 4050-191 PORTO – PORTUGAL porto@almedina.net EDIÇÕES GLOBO, LDA. R. S. FILIPE NERY, 37-A (AO RATO) TELEF. 213857619 FAX 213844661 1250-225 LISBOA – PORTUGAL globo@almedina.net LIVRARIA ALMEDINA ATRIUM SALDANHA LOJAS 71 A 74 PRAÇA DUQUE DE SALDANHA, 1 TELEF. 213712690 atrium@almedina.net LIVRARIA ALMEDINA – BRAGA CAMPOS DE GUALTAR UNIVERSIDADE DO MINHO 4700-320 BRAGA TELEF. 253678822 braga@almedina.net
EXECUÇÃO GRÁFICA:	G.C. – GRÁFICA DE COIMBRA, LDA. PALHEIRA – ASSAFARGE 3001-453 COIMBRA E-mail: producao@graficadecoimbra.pt MARÇO, 2002
DEPÓSITO LEGAL:	177488/02

Toda a reprodução desta obra, por fotocópia ou outro qualquer processo, sem prévia autorização escrita do Editor, é ilícita e passível de procedimento judicial contra o infractor.

Aos meus pais

AGRADECIMENTOS

Ao meu Orientador, Senhor Professor Doutor António Marques dos Santos, pela *orientação científica, estímulo e disponibilidade no decurso da elaboração deste trabalho*.

A todos aqueles que me incentivaram e ajudaram na recolha de elementos bibliográficos, em especial ao Senhor Professor Doutor Jorge Sinde Monteiro e ao Mestre Paulo Câmara.

Ao Max-Planck Institut für ausländisches und internationales Privatrecht, *de Hamburgo, às Bibliotecas da Faculdade de Direito da Universidade de Lisboa, da Faculdade de Direito da Universidade de Coimbra, da Faculdade de Direito da Universidade Nova de Lisboa, da Universidade Católica Portuguesa, da Ordem dos Advogados, do Banco de Portugal, da Procuradoria-Geral da República, à Biblioteca Nacional e ao Centro de Informação Europeia Jacques Delors, onde tive oportunidade de obter dados para proceder a este estudo.*

À minha família e aos meus amigos pelo apoio dado ao longo da realização desta dissertação.

NOTA PRÉVIA

O texto que ora se apresenta corresponde à dissertação de Mestrado, na área de Ciências Jurídicas, apresentada na Faculdade de Direito da Universidade de Lisboa em Dezembro de 2000 e objecto de provas finais de Mestrado em 26 de Julho de 2001, perante o Júri composto pelo Senhor Professor Doutor José de Oliveira Ascensão (Presidente), Senhor Professor Doutor António Pinto Monteiro (Arguente), Senhor Professor Doutor António Marques dos Santos (Orientador), Senhor Professor Doutor Luís de Lima Pinheiro (Arguente) e Senhor Professor Doutor Luís de Menezes Leitão. Foram, no entanto, introduzidas correcções, actualizações de legislação e alterações pontuais, resultantes, designadamente, das sugestões e críticas dos membros do Júri que a apreciou, a quem a autora agradece.

PRINCIPAIS ABREVIATURAS E SIGLAS UTILIZADAS

AAVV	Autores vários
AGBG	Gesetz zur Regelung des Rechts der Allgemeinen Geschäftsbedingungen
APDI	Associação Portuguesa do Direito Intelectual
art.	artigo
BB	Betriebs-Berater
BBTC	Banca, borsa e titoli di credito
BFDC	Boletim da Faculdade de Direito da Universidade de Coimbra
BGB	Bürgerliches Gesetzbuch
BGE	Entscheidungen des Schweizerischen Bundesgerichts
BMJ	Boletim do Ministério da Justiça
CC	Código Civil
CCI	Câmara de Comércio Internacional
CE	Comunidade Europeia
cit.	citado
CJ	Colectânea de Jurisprudência
CML Rev.	Common Market Law Review
CNUDCI	Comissão das Nações Unidas para o Direito Comercial Internacional
col.	colaboração
coord.	coordenado(a) por, coordenação
CPC	Código de Processo Civil
CPP	Código de Processo Penal
CR	Computer und Recht
CRP	Constituição da República Portuguesa
Dec.-Lei	Decreto-Lei
DIP	Direito Internacional Privado
dir.	dirigido(a), director, direcção
DR	Diário da República
DZWiR	Deutsche Zeitschrift für Wirtschaftsrecht
EGBGB	Einführungsgesetz zum Bürgerlichen Gesetzbuche
EuZW	Europäische Zeitschrift für Wirtschaftsrecht

FDUL	Faculdade de Direito da Universidade de Lisboa
HWiG	Gesetz über den Widerruf von Haustürgeschäften und ähnlichen Geschäften
i.e.	id est
ICCLR	Internacional Company and Commercial Law Review
IJC	Instituto Jurídico da Comunicação
infra	ver abaixo
IPRax	Praxis des Internationalen Privat- und Verfahrensrechts
JOCE	Jornal Oficial das Comunidades Europeias
JuS	Juristische Schulung
JZ	Juristenzeitung
MünchKomm	Münchener Kommentar zum Bürgerlichen Gesetzbuch
n.º(s)	número(s)
NJW	Neue Juristische Wochenschrift
NJW-CoR	Computerreport der Neuen Juristischen Wochenschrift
OCDE	Organização de Cooperação e Desenvolvimento Económicos
org.	organizado(a) por, organização
pág.	página
R. trim. civ.	Revue trimestrielle de droit civil
RabelsZ	Rabels Zeitschrift für ausländisches und internationales Privatrecht
Rass. dir. civ.	Rassegna di diritto civile
RCADI	Recueil des Cours de l'Académie de Droit International
RDAI/IBLJ	Revue de droit des affaires internationales/International Business Law Journal
RDIPP	Rivista di diritto internazionale privato e processuale
Rev. crit.	Revue critique de droit international privé
Rev. eur. dt. cons.	Revue européenne de droit de la consommation
Rev. dr. ULB	Revue de droit de l'ULB
RFDUL	Revista da Faculdade de Direito da Universidade de Lisboa
RIW	Recht der Internationalen Wirtschaft
RLJ	Revista de Legislação e Jurisprudência
ROA	Revista da Ordem dos Advogados
RPDC	Revista Portuguesa de Direito do Consumo
supra	ver acima
TJCE	Tribunal de Justiça das Comunidades Europeias
v.g.	verbi gratia
vol.	volume
VuR	Verbraucher und Recht

INTRODUÇÃO

I. A Internet, definida frequentemente como "a rede das redes" (*network of networks*), e que encontra a sua tímida génese ainda nos anos sessenta, conheceu, na última década, um período de franca expansão.

As primeiras experiências neste campo começaram a ser feitas a partir de uma agência militar norte-americana de tecnologia informática – ARPA (*Advanced Research Project Agency*)[1], que adoptou um protocolo, denominado de TCP/IP (*Transmission Control Protocol/Internet Protocol*), que permitia a qualquer tipo de computador interligar-se à rede. Este protocolo assegurava uma equivalência entre todos os pontos, sem um comando central, e ainda hoje é esse mesmo protocolo que permite que as diversas redes existentes comuniquem entre si. Posteriormente, a tecnologia ARPANET foi usada para conectar universidades e laboratórios, e foi apenas em 1987 que o uso comercial, da já então Internet, foi liberado. Mas só nos princípios da década de noventa, se verificou uma divulgação e expansão maciças do fenómeno Internet[2].

---

[1] Acerca da génese da Internet, *vide* PAULO CÂMARA, "A oferta de valores mobiliários realizada através da Internet", *Cadernos do Mercado de Valores Mobiliários*, n.º 1, 1997, pág. 11-53, pág. 14; GABRIELLE KAUFMANN-KOHLER, "Internet: Mondialisation de la communication – Mondialisation de la résolution des litiges?", in *Internet, Which Court decides? Which Law applies? Quel tribunal décide? Quel droit s'applique?*, org. Katharina Boele-Woelki e Catherine Kessedjian, Kluwer Law International, Haia/Londres/ /Boston, 1998, pág. 89-142, pág. 89; ALAIN BENSOUSSAN, *Internet, aspects juridiques*, 2.ª Edição, Hermes, Paris, 1998, pág. 21 ss.; *Grande Enciclopédia Portuguesa e Brasileira*, 2.ª Actualização, vol. 4, Edições Zairol, Limitada, Lisboa, 1998, pág. 273 ss.

[2] *Grande Enciclopédia Portuguesa e Brasileira*, vol. 4, cit., pág. 273 ss.; sintomático deste facto é que, no início dos anos 80 um escritor de nome WILLIAM GIBSON, na altura relativamente desconhecido, escreveu uma novela de ficção científica, *Neuromancer*, cujo enredo decorria num futuro próximo. Nesta novela existem *hackers* – entidades que se substituem aos governos – e que são pessoas que desenvolvem as mais diversas actividades num cenário que não tinha existência física. O autor denominou este

A rede limitada ao aproveitamento militar e académico foi substituída por grandes redes interconectadas, exploradas por operadores de telecomunicações, que permitem o acesso à rede a todos os que o queiram, desde que tenham um computador, um *modem*, uma linha telefónica e tenham aderido a um protocolo de comunicação[3]. Ou, mais recentemente, e de uma forma ainda mais simplificada para o utilizador, embora com funções limitadas, pela aquisição de um telemóvel com acesso à Internet, designadamente pela utilização da tão divulgada tecnologia WAP (*Wireless Application Protocol*), e, dentro em breve, pela tecnologia UMTS (*Universal Mobile Telecommunications System*) aplicada nos chamados telemóveis de "Terceira Geração".

O desenvolvimento tecnológico foi então acompanhado de uma divulgação espontânea e o número de terminais de acesso à Internet cresceu exponencialmente, permitindo assim a comunicação interactiva e o acesso às mais variadas informações a um número muito elevado de utilizadores[4].

Esta verdadeira revolução tecnológica no plano das comunicações veio desenvolver uma acentuada tendência para a globalização. A facilidade, possibilidade, rapidez de contactos e envio e recepção de dados entre pessoas fisicamente situadas nos mais variados locais do planeta, e a custos muito baixos, foi naturalmente aproveitada e optimizada, designadamente, pelos sujeitos intervenientes na actividade económica, ou seja, desenvolveu-se um redireccionamento na utilização da Internet num sentido mais comercial[5].

---

cenário de *cyberspace*. Assim informam EDWARD A. CAVAZOS e GAVINO MORIN, *Cyberspace and the Law, Your rights and Duties in the On-line World*, The MIT Press, Cambridge/Londres, 1994, pág. 1.

[3] PAULO CÂMARA, "A oferta de valores mobiliários...", cit., pág. 14.

[4] Conforme salienta JOSÉ DE OLIVEIRA ASCENSÃO, "E agora? Pesquisa do futuro próximo", in *Sociedade da informação, Estudos jurídicos*, APDI, Almedina, Coimbra, 1999, pág. 9-30, pág. 11: "O modelo prefigurado seria uma sociedade de comunicação integral:
– não já de um ponto para muitos pontos, como na radiodifusão
– não já de um ponto para um ponto, com interactividade, como no telefone
– mas de todos para todos".

[5] PIERRE SIRINELLI, "L'adéquation entre le village virtuel et la création normative – Remise en cause du rôle de l'Etat?", in *Internet, Which Court Decides? Which Law Applies? Quel tribunal décide? Quel droit s'applique?*, org. Katharina Boele-Woelki e Catherine Kessedjian, Kluwer Law International, Haia/ Londres/ Boston, 1998, pág. 1-22, pág. 1 ss.

Assim, os fornecedores e prestadores de serviços encontraram na Internet um novo veículo de comunicação que lhes permite divulgar a sua actividade, ir ao encontro de novos clientes e celebrar contratos, ultrapassando as fronteiras geográficas e os limites físicos de divulgação que os meios de comunicação de então impunham. Para os potenciais clientes, esta nova situação também se apresenta essencialmente favorável, já que têm acesso a um maior número de informações, de ofertas, que lhes permitem escolher, de entre as propostas apresentadas, aquelas que considerem mais interessantes. Além disso, beneficiam ainda, designadamente, da rapidez e comodidade facultada por este meio.

Estas relações comerciais não se processam apenas entre profissionais – relações denominadas de *"business to business"* – mas também entre profissionais e consumidores – *"business to consumer"* – ou entre pessoas não profissionais.

A utilização deste meio de comunicação ainda recente suscita o aparecimento de dúvidas relacionadas com questões jurídicas contratuais a que importa dar resposta ou, ainda que a resposta seja dúbia, em que interessa, pelo menos equacionar a problemática existente.

No âmbito deste trabalho, pretendemos focar com especial incidência algumas das questões jurídicas suscitadas pelo facto de um dos contraentes ser o consumidor. Antes de mais, importa determo-nos nas utilizações da Internet que têm maior relevância directa na celebração de contratos entre fornecedores e consumidores. Encontramos então os grupos de discussão – chamados *chats* e *newsgroups* –, a *World Wide Web*[6] e o correio electrónico[7], pese embora a tendência para o desenvolvimento de modalidades específicas de utilizações. Pode assim desenvolver-se a comunicação directa entre utilizadores, o acesso a dados disponíveis noutros computadores e o seu armazenamento informático[8].

---

[6] Definida por MANUEL LOPES ROCHA e MÁRIO MACEDO, *Direito no ciberespaço*, Edições Cosmos, Lisboa, 1996, pág. 172, como o "[c]onjunto de protocolos e convenções que possibilitam aos utilizadores, através da Internet, a busca, recuperação, navegação e adição de informações a um ambiente virtual, com total liberdade".

[7] PAULO CÂMARA, "A oferta de valores mobiliários...", cit., pág. 14; ALAIN BENSOUSSAN, *Le commerce électronique, aspects juridiques*, Hermes, Paris, 1998, pág. 31. Ainda acerca destas aplicações da Internet, vide MIGUEL PUPO CORREIA, "Comércio electrónico: forma e segurança", in *As telecomunicações e o Direito na sociedade da informação*, coord. António Pinto Monteiro, IJC, Faculdade de Direito, Universidade de Coimbra, Coimbra, 1999, pág. 223-258, pág. 229 ss.

[8] PAULO CÂMARA, "A oferta de valores mobiliários...", cit., pág. 14.

Não obstante as inúmeras vantagens que a Internet pode proporcionar aos consumidores, nem todos eles estarão suficientemente esclarecidos para compreender e gerir toda a informação que lhes é facultada. Também a variedade e quantidade da oferta tem a potencialidade de criar nos consumidores novas "necessidades" fictícias. Acresce que a facilidade e rapidez de acesso e aquisição, bem como o pagamento por meios electrónicos e a "simplicidade" do crédito ao consumo (muitas vezes facultado pelo próprio fornecedor) podem criar no consumidor a "vertigem da compra".

Os fornecedores não ficaram indiferentes a esta situação e souberam tirar partido das facilidades proporcionadas, quer pela debilidade contratual dos consumidores, quer pela tecnologia, que permite determinar com alguma precisão as preferências dos seus consumidores e ir ao seu encontro. As comunicações destinadas aos consumidores não são isentas de intenções subliminares, são utilizadas técnicas de *marketing* e de publicidade que dificultam, aos consumidores, um consentimento verdadeiramente livre e esclarecido.

As questões jurídicas relacionadas com a protecção dos consumidores naquele que se tem designado por *ciberespaço*, são inúmeras, pelo que não pretendemos, nem poderíamos, por isso, esgotá-las neste trabalho. Procuramos assim fixar a nossa atenção em alguns pontos escolhidos, não obstante a relevância de outros que não serão abordados ou que só o serão muito superficialmente ou casualmente e que, por si só, justificariam um trabalho autónomo. Estas questões, ausentes deste estudo, poderão estar relacionadas com a Propriedade Intelectual[9] (e especificamente com os

---

[9] *Vide,* designadamente, sobre este tema, EDWARD A. CAVAZOS e GAVINO MORIN, *Cyberspace and the Law,* cit., pág. 47-65; GRAHAM JH SMITH e outros, *Internet Law and Regulation*, FT, Law & Tax, Londres, 1996, pág. 13 ss.; OLIVIER HANCE, *Business et droit d'Internet,* The Best of Editions 1996, pág. 69 ss.; MANUEL LOPES ROCHA e MÁRIO MACEDO, *Direito no ciberespaço,* cit., pág. 57 ss.; CLIVE GRINGRAS, *The Laws of the Internet,* Butterworths, Londres, Edimburgo, Dublin, 1997, pág. 128 ss.; THIERRY PIETTE-COUDOL e ANDRÉ BERTRAND, *Internet et la loi,* Collection Dalloz Service, Dalloz, Paris, 1997, pág. 141 ss.; HECTOR MACQUEEN, "Copyright and the Internet", in *Law & the Internet, Regulating Cyberspace,* org. Lilian Edwards & Charlotte Waelde, Hart Publishing, Oxford, 1997, pág. 67-93; ALAIN BENSOUSSAN, *Internet, aspects juridiques,* cit., págs. 15 ss., 91 ss.; WILLEM GROSHEIDE, "Experiences in the Field of Intellectual Property", in *Internet, Which Court Decides? Which Law Applies? Quel tribunal décide? Quel droit s'applique?,* org. Katharina Boele-Woelki e Catherine Kessedjian, Kluwer Law International, Haia/Londres/Boston, 1998, pág. 35-46; FRANÇOIS DESSEMENTET, "Internet, la propriété intellectuelle et le droit international privé", in *Internet, Which Court Decides?*

Direitos de Autor), a privacidade e a protecção dos dados pessoais[10], a responsabilidade do fornecedor de acesso à Internet (usualmente designado de *servidor* ou de *Internet Service Provider*), a segurança na transmissão de dados[11], o cumprimento ou o incumprimento dos contratos[12], os tipos de contratos, os riscos contratuais, o pagamento[13], as garantias dos

---

Which Law Applies? Quel tribunal décide? Quel droit s'applique?, org. Katharina Boele--Woelki e Catherine Kessedjian, Kluwer Law International, Haia/Londres/Boston, 1998, pág. 47-64; JOSÉ DE OLIVEIRA ASCENSÃO E OUTROS, *Sociedade da informação, Estudos jurídicos*, APDI, Almedina, Coimbra, 1999; JOSÉ DE OLIVEIRA ASCENSÃO, "Telecomunicações e Direito de Autor", in *As telecomunicações e o Direito na sociedade da informação*, coord. António Pinto Monteiro, IJC, Faculdade de Direito, Universidade de Coimbra, Coimbra, 1999, pág. 197-202; LUIZ FRANCISCO REBELLO, "Telecomunicações e Direito de Autor", in *As telecomunicações e o Direito na sociedade da informação*, coord. António Pinto Monteiro, IJC, Faculdade de Direito, Universidade de Coimbra, Coimbra, 1999, pág. 203-220; ALEXANDRE LIBÓRIO DIAS PEREIRA, "Internet, Direito de Autor e acesso reservado", in *As telecomunicações e o Direito na sociedade da informação*, coord. António Pinto Monteiro, IJC, Faculdade de Direito, Universidade de Coimbra, Coimbra, 1999, pág. 263-273; JOSÉ ALBERTO VIEIRA, "Notas gerais sobre a protecção de programas de computador em Portugal", in *Direito da sociedade da informação*, vol. I, FDUL, APDI, Coimbra Editora, 1999, pág. 73-88; ALBERTO DE SÁ E MELLO, "Tutela jurídica das bases de dados", in *Direito da sociedade da informação*, vol. I, FDUL, APDI, Coimbra Editora, 1999, pág. 111-161; JOSÉ DE OLIVEIRA ASCENSÃO, "A sociedade da informação", in *Direito da sociedade da informação*, vol. I, FDUL, APDI, Coimbra Editora, 1999, pág. 163-184.

[10] EDWARD A. CAVAZOS e GAVINO MORIN, *Cyberspace and the Law*, cit., pág. 13 ss.; MANUEL LOPES ROCHA e MÁRIO MACEDO, *Direito no ciberespaço*, cit., pág. 100 ss.; THIERRY PIETTE-COUDOL e ANDRÉ BERTRAND, *Internet et la loi*, cit., pág. 108 ss.; ALAIN BENSOUSSAN, *Internet*, cit., pág. 165 ss.; BRUNHILDE STECKER, "Electronic Commerce with Regard to German Contract Law", *Scientia Iuridica*, tomo XLVII, n.º 271/273, 1998, pág. 77-90, pág. 80; TORALF NOEDING, "Distance selling in a digital age", *Communications Law, Journal of Computer, Media and Telecommunications Law*, vol. 3, n.º 3, 1998, pág. 85-93, pág. 90; PEDRO PAIS DE VASCONCELOS, "Protecção dos dados pessoais e direito à privacidade", in *Direito da sociedade da informação*, vol. I, FDUL, APDI, Coimbra Editora, 1999, pág. 241-253.

[11] OLIVIER ITEANU, *Internet et le droit, Aspects juridiques du commerce électronique*, Eyrolles, Paris, 1996, pág. 65 ss.; THIERRY PIETTE-COUDOL e ANDRÉ BERTRAND, *Internet et la loi*, cit., pág. 73 ss.; ÉRIC CAPRIOLI, "Sécurité et confiance dans le commerce électronique", *La semaine juridique*, n.º 14, 1998, pág. 583-590; TORALF NOEDING, "Distance selling...", cit., pág. 89; STEFAN BERNHARD, "How to secure the Network: mutual Trust and Encryption", *RDAI/IBLJ*, n.º 3, 1998, pág. 317-327.

[12] OLIVIER ITEANU, *Internet et le droit*, cit., pág. 128 ss.

[13] OLIVIER HANCE, *Business et droit d'Internet*, cit., pág. 156 ss.; BRIGIT BACHMANN, "Internet und IPR", in *Internet und Multimediarecht (Cyberlaw)*, org. M. Lehmann, Schaffer-Poeschel Verlag, Estugarda, 1997, pág. 169-183, pág 180; CLIVE GRINGRAS, *The*

bens, as entidades representativas dos consumidores, etc. Também algumas situações específicas, desenvolvidas na Internet, como os leilões[14], a exploração de jogos de fortuna e azar, a venda de armas, a venda de bebidas alcoólicas, o ensino à distância, o crédito ao consumo, etc., não serão objecto deste estudo. De igual modo, as questões relacionadas com os serviços financeiros serão apenas ocasionalmente focadas e quando o contexto o justifique.

Importa salientar, e ainda no que respeita à delimitação do tema, que restringimos a nossa investigação apenas à relação existente entre o consumidor final e o seu fornecedor. Não é aqui ponderada, *v.g.*, a relação existente entre o consumidor e o *servidor* ou outros operadores que intervenham no processo de acesso e utilização da Internet.

Assim, e esboçado o primeiro contorno do âmbito deste trabalho, cumpre esclarecer que, no que respeita à sua estrutura, dividimos o texto em duas partes.

II. Na primeira parte iremos, numa abordagem inicial e para melhor nos enquadrarmos, procurar compreender a situação contratual do consumidor que contrata através da Internet e se deverá ser considerado como contraente mais fraco (em comparação com o fornecedor) e como tal merecedor de especial protecção jurídica, e em caso afirmativo, quais os motivos que o justificam.

De seguida, propomo-nos desenhar o panorama das fontes de direito com base nas quais desenvolveremos este nosso texto, sem prejuízo de posteriores referências a leis estrangeiras que, sempre que possível, serão mencionadas.

Laws of the Internet, cit., pág. 30 ss.; TORALF NOEDING, "Distance selling...", cit., pág. 88; GABRIELLE KAUFMANN-KOHLER, "Internet: Mondialisation...", cit., pág. 132 ss.; MICHAEL ABELS, "Paying on the NET – Means and associated Risks", *RDAI/IBLJ*, n.º 3, 1998, pág. 349-356; MARKUS ESCHER, "Aktuelle Rechtsfragen bei Zahlungen im Internet", in *Rechtsgeschäfte im Netz – Electronic Commerce*, org. Michael Lehmann, Schaffer--Poeschel Verlag, Estugarda, 1999, pág. 225-251; WERNER, "Rechtsfragen des elektronischen Geldes", in *Multimedia und Recht*, org. Thomas Hoeren e Ulrich Sieber, Verlag C.H.Beck, Munique, 1999; sobre este assunto, e recentemente, *vide* Directiva 2000/46/CE do Parlamento Europeu e do Conselho, de 18/09/2000, relativa ao acesso à actividade das instituições de moeda electrónica e ao seu exercício, bem como à sua supervisão prudencial, publicado em JOCE N.º L 275, de 27/10/2000.

[14] THOMAS RÜFNER, "Verbindlicher Vertragsschluß bei Versteigerungen im Internet", *JZ*, 14/2000, pág. 715-720.

Depois de identificar alguns traços do conceito de consumidor, e entrando mais directamente no âmago do tema, incidiremos a nossa atenção em dois aspectos considerados basilares na política de protecção dos consumidores, nos contratos celebrados à distância, a saber: os deveres de informação dos fornecedores e o direito de arrependimento dos consumidores. Ainda na sequência do estudo deste direito, desenvolveremos, num ponto autónomo, o problema da determinação do momento da celebração do contrato.

Por último, dedicaremos algumas linhas às questões que se prendem com a forma dos documentos e com a assinatura digital, numa perspectiva necessariamente simplista e apenas no que directamente se relaciona, uma vez mais, com a protecção dos consumidores.

Não obstante a perspectiva essencialmente material que pretendemos fazer nesta Parte I, não deixaremos de dar um tratamento internacionalprivatista a algumas questões, como por exemplo, a da lei aplicável na determinação do momento da celebração do contrato.

Na Parte II, vamos focar a questão da determinação da lei aplicável aos contratos celebrados com os consumidores através da Internet, que nos parece especialmente relevante, dado o seu carácter transfronteiriço e consequente contacto potencial com mais do que um ordenamento jurídico.

Num enquadramento preliminar, serão referidas a inexistência de uma verdadeira regulamentação imperativa centralizada aplicável às questões jurídicas que a utilização da Internet pode suscitar e a questão da adequação, ou desadequação, do Direito Internacional Privado para gerir situações que impliquem um conflito de leis.

De seguida, propomo-nos analisar os textos que nos permitem determinar a lei aplicável aos contratos e a sua adequação à protecção dos consumidores, atendendo à realidade actual. Neste ponto, a Convenção de Roma, em especial os arts. 3.º a 5.º, serão o nosso principal objecto de estudo.

As influências do Direito Comunitário derivado – mais exactamente das directivas comunitárias relativas à protecção dos consumidores –, no plano do Direito Internacional Privado, e as alterações que aí estão a provocar são outros pontos a que dedicaremos alguma atenção.

Ainda no plano internacional, será abordada a questão da determinação do foro competente para julgar litígios decorrentes da celebração destes contratos com os consumidores. Aqui, a nossa atenção irá incidir sobre a Convenção de Bruxelas, o Regulamento (CE) n.º 44/2001, do Conselho, de 22 de Dezembro de 2000, relativo à competência judiciária, ao reconhecimento e à execução de decisões e matéria civil e comercial e a

Convenção de Lugano e, uma vez mais, será focado o problema da adequação dos conceitos aí indicados às evoluções tecnológicas.

Num último ponto, trataremos ainda das novas orientações que têm surgido já com vista à adopção de soluções de regulamentação harmonizada nesta matéria. De entre essas orientações, será dado especial relevo à nascente *lex electronica*.

Ainda que em traços muito genéricos, este é o plano que nos servirá de orientação no desenvolvimento deste trabalho.

I PARTE

PERSPECTIVA DE DIREITO MATERIAL

1. RAZÃO DE ORDEM. A DEBILIDADE DA POSIÇÃO CONTRATUAL DOS CONSUMIDORES

I. Os fornecedores têm vindo a reconhecer o papel fundamental que a Internet tem, e cada vez mais terá, no desenvolvimento do mercado nacional e internacional. A divulgação de bens e serviços através da Internet tem manifestas vantagens para os fornecedores, que vêem assim o seu mercado alargado ao mundo inteiro e com custos muito baixos, situação particularmente atractiva para pequenas e médias empresas[15].

Para o consumidor, a situação também parece muito favorável: tem maior escolha, pode seleccionar entre os fornecedores que lhe oferecem melhores condições de compra, sem necessitar de sair de casa para fazer a sua encomenda ou para a receber[16].

É assim inegável que a Internet tem permitido, e cada vez mais, uma maior oferta e também uma maior procura, dinamizando, em consequência, o encontro entre a oferta e a procura[17].

Não obstante as reconhecidas vantagens, quer para consumidores, quer para fornecedores, é essencial uma regulamentação cuidada desta actividade, de modo a que o seu desenvolvimento se processe de uma forma segura e gradual, sem que qualquer das partes fique legalmente desprotegida. Importa que os sujeitos que actuam culposamente e que são motivados por intuitos fraudulentos, não fiquem impunes, refugiando-se em expedientes aparentemente legais, mas que distorcem a *ratio legis* dos diplomas em que se fundamentam.

---

[15] GABRIELLE KAUFMANN-KOHLER, "Internet: Mondialisation...", cit., pág. 137; PETER MANKOWSKI, "Internet im Internationalen Vertrags– und Deliktsrecht", *RabelZ*, 63, 2/1999, pág. 203-294, pág. 241.

[16] GABRIELLE KAUFMANN-KOHLER, "Internet: Mondialisation...", cit., pág. 137; KARSTEN THORN, "Verbraucherschutz bei Verträgen im Fernabsatz", *IPRax*, 1/1999, pág. 1-9, pág. 1.

[17] PAULO CÂMARA, "A oferta de valores mobiliários...", cit., pág. 13.

No momento actual, em que o comércio através da Internet se encontra em plena expansão, agregando um crescente número de utilizadores que recorrem aos seus serviços, os contraentes correm alguns riscos e sofrem de algumas incertezas.

Por um lado, o fornecedor, que se dirige ao mercado mundial, fica na contingência de não saber com quem irá contratar, já que, em princípio, desconhece *a priori* quais os utilizadores que irão aceder ao seu sítio Internet (também designado apenas por sítio). A utilização da Internet não favorece o contacto físico entre as partes; daí que ao fornecedor seja difícil averiguar se o seu co-contraente terá ou não capacidade contratual, será ou não insolvente, qual o país em que habitualmente reside, onde é que se situa a pessoa com quem contrata, qual a lei que regula o contrato, entre outras dúvidas mais ou menos pertinentes.

Por outro lado, para o consumidor, a situação não está mais facilitada. Este pode não saber exactamente com quem está a contratar – tem apenas a indicação de um endereço electrónico, que pode não dar garantias sobre a idoneidade ou mesmo a real existência do fornecedor – e assim, em caso de reclamação, não saberá a quem se dirigir; além do mais, por norma, não vê o produto que pretende adquirir e por isso confia nas informações e/ou imagens ou sons que o fornecedor lhe faculta; ademais, frequentemente, é-lhe solicitado o pagamento antecipado, assim como lhe pode ser pedido que transmita o número do seu cartão de crédito, de modo a proceder-se ao pagamento, com a evidente insegurança que daqui resulta, etc.

O consumidor é, aliás, enquanto tal, e em termos genéricos, considerado como a parte contratual mais fraca, e é essa questão que nos propomos analisar no ponto imediatamente a seguir.

II. A situação de inferioridade ou de fragilidade contratual dos consumidores não é apanágio dos contratos celebrados através da Internet. Com efeito, a protecção dos consumidores é um tema que tem sido debatido e desenvolvido com particular acuidade desde meados da década de sessenta. Não temos a pretensão de, neste texto, aprofundar a problemática jurídica que a debilidade da posição contratual dos consumidores coloca em sede de teoria geral do contrato, pois, sobre este tema, existem inúmeras obras nacionais e estrangeiras que o tratam aprofundadamente[18].

---

[18] Entre nós, veja-se, por exemplo, CARLOS FERREIRA DE ALMEIDA, *Os direitos dos consumidores*, Livraria Almedina, Coimbra, 1982, pág. 11 ss.; CARLOS FERREIRA DE

Numa fórmula genérica e breve, diremos que, depois de um sistema de liberalismo individualista, do início do seu declínio já no séc. XIX, da 1.ª Guerra Mundial, da Depressão de 1929-33 e da 2.ª Guerra Mundial, a procura dos consumidores e a oferta dos produtores e distribuidores aumentou muito. Entrou-se no que se tem chamado "sociedade de consumo"[19] ou de abundância, que, não sendo devidamente regulamentada, conduz a um "dirigismo privado"[20].

A mensagem do Presidente Kennedy ao Congresso dos EUA, em 1962, veio marcar uma nova fase na consciencialização acerca dos direitos dos consumidores, imprimindo a sua influência nos posteriores discursos de protecção[21].

A verdade é que nas ditas "sociedades de consumo", as pessoas, os consumidores, detentores, por norma, de um considerável poder económico, são confrontados com inúmeras solicitações para adquirirem os mais variados bens ou serviços. Esta situação nem sempre será a mais favorável para o consumidor, que, em comparação com o seu co-contraente, o fornecedor, é considerado como parte contratual mais fraca. Para esta fragilidade contribuem vários factores: por um lado, a proliferação da oferta[22], acompanhada usualmente de numerosas informações, por vezes prolixas e "embelezadas", que o consumidor não tem capacidade para analisar e compreender realmente, e que conduzem a uma aquisição "às cegas", sem que o consumidor decida com base na relação qualidade – preço. Os métodos publicitários utilizados criam no consumidor a ilusão de necessidades que, na realidade, são fictícias, mas a que se torna muito

---

ALMEIDA, "Negócio jurídico de consumo", *BMJ*, n.º 347, 1985, pág. 11-38, pág. 19 ss.; JOÃO CALVÃO DA SILVA, *Responsabilidade civil do produtor*, Almedina, Coimbra, 1990.

[19] EIKE VON HIPPEL, *Verbraucherschutz*, 3.ª Edição, J.C.B. Mohr (Paul Siebeck), Tubinga, 1986, pág. 3.

[20] JOÃO CALVÃO DA SILVA, *Responsabilidade civil do produtor*, cit., pág. 31 ss.

[21] CARLOS FERREIRA DE ALMEIDA, *Os direitos dos consumidores*, cit., pág. 223 ss.; EIKE VON HIPPEL, *Verbraucherschutz*, cit., pág. 6.; NORBERT REICH, "Protection of Consumers' Economic Interests by the EC", *Faculty of Law University of Sydney*, vol. 14, 1992, pág. 23-61, pág. 23; ANTÓNIO PINTO MONTEIRO, "Do direito do consumo ao código do consumidor", in *Estudos de Direito do Consumidor*, dir. António Pinto Monteiro, Centro de Direito do Consumo, Faculdade de Direito da Universidade de Coimbra, Publicação do Centro de Direito do Consumo, n.º 1, Coimbra, 1999, pág. 201-214, pág. 201.

[22] ANTÓNIO MARQUES DOS SANTOS, *Transferência internacional de tecnologia, economia e direito – Alguns problemas gerais*, Cadernos da Ciência e Técnica Fiscal, 132, Lisboa, 1984, pág. 135 ss., refere que, em certas situações, é o mercado que é criado para a produção e não vice versa.

difícil resistir, especialmente quando há possibilidade de recorrer ao crédito ao consumo e são os próprios fornecedores que o facultam[23].

Acresce ainda, por outro lado, que a produção em série e as vendas em massa conduziram à vulgarização das cláusulas contratuais gerais[24], que permitem aos fornecedores estipular as cláusulas contratuais que lhes são mais favoráveis[25]. A elaboração de tal clausulado é, por regra, resultado de ponderações aturadas a que subjazem pressupostos cognitivos, técnicos e jurídicos[26]. O consumidor, por seu turno, é confrontado com um clausulado que é genericamente aplicável aos contraentes[27], já elaborado, que não foi objecto de negociação entre as partes, e ao qual o seu co-contraente não admite alterações[28], pois a liberdade de estipulação é suprimida: a escolha consiste em aceitar ou não – ou seja, no caso de verdadeira necessidade do consumidor, não há escolha[29].

---

[23] Sobre as condições de desvantagem dos consumidores, vide MICHEL PÉLICHET, "Les ventes aux consommateurs", *RCADI*, tomo 168, 1980-III, pág. 189-230, pág. 193; CARLOS FERREIRA DE ALMEIDA, "Negócio jurídico de consumo", cit., pág. 19 ss.; EIKE VON HIPPEL, *Verbraucherschutz*, cit., pág. 4.

[24] JACQUES GHESTIN, *Traité de droit civil, La formation du contrat*, 3.ª Edição, L.G.D.J., Paris, 1993, pág. 77; JOSÉ DE OLIVEIRA ASCENSÃO, *Direito Civil – Teoria Geral, Acções e factos jurídicos*, vol. II, Coimbra Editora, 1999, pág. 389; PEDRO PAIS DE VASCONCELOS, *Teoria Geral do Direito Civil*, vol. I, LEX, Lisboa, 1999, pág. 383 ss.; ANTÓNIO MENEZES CORDEIRO, *Tratado de Direito Civil Português*, I, *Parte Geral*, tomo I, 2.ª Edição, Livraria Almedina, Coimbra, 2000, pág. 411 ss.

[25] MIGUEL NUNO PEDROSA MACHADO, *Sobre cláusulas contratuais gerais e conceito de risco*, Separata da Revista da Faculdade de Direito, Lisboa, 1988, pág. 12; JOSÉ DE OLIVEIRA ASCENSÃO, *Direito Civil...*, vol. II, cit., pág. 390.

[26] JOAQUIM DE SOUSA RIBEIRO, *O problema do contrato – As cláusulas contratuais gerais e o princípio da liberdade contratual*, Almedina, Coimbra, 1999, pág. 344.

[27] Sobre a distinção entre contratos pré-formulados e as cláusulas contratuais gerais, vide ANTÓNIO MENEZES CORDEIRO, *Tratado de Direito Civil Português*, cit., pág. 466 ss.; LUÍS MANUEL TELES DE MENEZES LEITÃO, *Direito das Obrigações*, vol. I, Almedina, Coimbra, 2000, pág. 43 ss.

[28] No que respeita às características das cláusulas contratuais gerais vide, por todos, LUÍS MANUEL TELES DE MENEZES LEITÃO, *Direito das Obrigações*, cit., pág. 29 ss.

[29] Acerca desta limitação da liberdade de estipulação, cf. CARLOS ALBERTO DA MOTA PINTO, *Teoria Geral do Direito Civil*, Coimbra Editora, Coimbra, 1976, pág. 75; CARLOS FERREIRA DE ALMEIDA, *Os direitos dos consumidores*, cit., págs. 90, 95 ss.; MÁRIO JÚLIO DE ALMEIDA COSTA, *Direito das Obrigações*, 5.ª Edição, Livraria Almedina, Coimbra, 1991, pág. 205; MÁRIO JÚLIO DE ALMEIDA COSTA e ANTÓNIO MENEZES CORDEIRO, *Cláusulas contratuais gerais, Anotação ao Decreto-Lei n.º 466/85 de 25 de Outubro*, Livraria Almedina, Coimbra, 1991, pág. 17; JACQUES GHESTIN, *Traité de droit civil*, cit.,

A agravar este cenário está o facto de, com alguma frequência, o consumidor ter dificuldades de conhecimento e de compreensão do texto. As cláusulas contratuais gerais encontram-se, por norma, expressas em letra pequena, pouco convidativa à leitura. Mas mesmo os consumidores mais atentos, ou persistentes, que as leiam, poderão ter alguma dificuldade em compreender efectivamente o seu teor e as consequências que daí advêm. Além disso, a apresentação de um clausulado impresso, completo e imodificável, nestes termos, diríamos, impositivos, diminui a capacidade de apreciação crítica do consumidor e leva-o a aceitar com maior passividade a proposta que lhe é feita[30].

No fundo, as necessidades efectivas, a falta de formação, de informação, a influência da publicidade, são factores que, entre outros, dificultam ou impossibilitam uma escolha esclarecida do consumidor[31], limitando a sua liberdade contratual e colocando-o em situação de desvantagem em relação ao fornecedor que, por seu turno, é detentor de uma superioridade organizativa, técnica e cognitiva[32].

A justiça contratual pode então ser inquinada pela fragilidade da posição do consumidor que, na prática, em comparação com o fornecedor,

---

pág. 76; JOSÉ DE OLIVEIRA ASCENSÃO, *Direito Civil...*, vol. II, cit., págs. 79, 389; ANTÓNIO MENEZES CORDEIRO, *Tratado de Direito Civil Português*, cit., pág. 413; LUÍS MANUEL TELES DE MENEZES LEITÃO, *Direito das Obrigações*, cit., pág. 29 ss. *Vide* ainda, na doutrina brasileira, CLÁUDIA LIMA MARQUES, *Contratos no Código de Defesa do Consumidor*, 3.ª Edição, Editora Revista dos Tribunais, Brasil, 1999, pág. 147.

[30] JACQUES GHESTIN, *Traité de droit civil*, cit., pág. 78; JOAQUIM DE SOUSA RIBEIRO, *O problema do contrato*, cit., pág. 346.

[31] JACQUES GHESTIN, *Traité de droit civil*, cit., pág. 79, fala, a propósito dos contratos de adesão, do "carácter ilusório do consentimento"; CLÁUDIA LIMA MARQUES, *Contratos no Código de Defesa do Consumidor*, cit., pág. 284, informa que "(...) as técnicas legislativas de protecção aos consumidores em matéria de contratos de consumo visam também garantir uma nova protecção da vontade dos consumidores na formação dos contratos, isto é, garantir uma *autonomia real da vontade do contratante mais fraco*" (sublinhado da autora). Mais adiante recorre à expressão "vontade racional" dos consumidores entendendo que "(...) somente a vontade racional, a vontade realmente livre (autônoma) e informada legitima, isto é, tem o poder de ditar a formação e, por consequência, os efeitos dos contratos entre consumidor e fornecedor".

[32] Ou, como melhor disse CARLOS FERREIRA DE ALMEIDA, "Negócio jurídico de consumo", cit., pág. 21: "(...) o consumidor é reconhecido como um contraente débil, cuja liberdade é afectada pela ignorância, pela dispersão, pela desvantagem económica, pela pressão das necessidades, pela influência unilateral dos métodos promocionais e publicitários, que o colocam tendencialmente numa posição de inferioridade e dependência em relação aos fornecedores de bens e serviços, merecedora de protecção compensatória".

tem um poder económico e de negociação fraco ou nulo e nem sempre tem consciência de que é manipulado para contratar nem das implicações decorrentes do seu comportamento[33].

Atendendo a estas condicionantes, quer os textos legislativos nacionais, quer os textos legislativos internacionais, têm em especial atenção a singular posição de fragilidade contratual em que se encontra o consumidor, conferindo-lhe determinados direitos que a um contraente não consumidor não são atribuídos, procurando, desta forma, equilibrar a relação contratual que, à partida, se encontra desequilibrada[34]. Ou, conforme sintetiza Rui Manuel Moura Ramos, procura-se compensar a desigualdade de facto com uma desigualdade de direito, com vista a atingir uma igualdade ou, no mínimo, um equilíbrio[35].

III. A fragilidade do consumidor, no panorama que apresentámos, não é minorada se tivermos como pano de fundo a Internet.

O acesso à rede permite uma rápida e ampla divulgação de bens ou serviços que se pretendem vender, a custos muito baixos, o que leva a que entidades que, através de outro meio de comunicação, não teriam possibilidade de o fazer, aqui o façam. Em consequência, os consumidores têm conhecimento de serviços e bens de consumo provenientes de todos os países do mundo. Este conhecimento não aparece, por regra, de uma forma isenta, antes é transmitido pela publicidade, nem sempre muito honesta, com os inerentes atractivos e métodos de sedução ao consumidor e assim as necessidades fictícias têm grandes probabilidades de aumentar. As cores, os sons, os recursos audio-visuais, permitem difundir mensagens publicitárias especialmente atraentes, as quais, associadas ao efeito de surpresa, a técnicas de condicionamento da vontade, à pressão para a fideliza-

---

[33] MICHEL PÉLICHET, "Les ventes aux consommateurs", cit., pág. 204.

[34] CARLOS FERREIRA DE ALMEIDA, *Os direitos dos consumidores*, cit., págs. 13 ss., 223; CLÁUDIA LIMA MARQUES, *Contratos no Código de Defesa do Consumidor,* cit., pág. 283 ss.; *vide* ainda, a propósito do princípio da paridade jurídica, PEDRO PAIS DE VASCONCELOS, *Teoria Geral do Direito Civil*, cit., pág. 18 ss.

[35] "La recherche de l'équilibre se fait donc par la construction d'un statut plus protecteur (inégale, donc) pour ce qui est de la partie plus faible. On compense ainsi l'inégalité de fait par une inégalité de droit (qui devient donc compensatrice) en vue d'arriver à l'égalité ou au moins à l'équilibre": RUI MANUEL MOURA RAMOS, "La protection de la partie contractuelle la plus faible en droit international privé portugais", in *Droit international et droit communautaire*, Actes du Colloque, Fondation Calouste Gulbenkian, Centre Culturel Portugais, Paris, 1991, pág. 97-133, pág. 105.

ção e cadastração dos clientes, influenciam o consumidor para adquirir e no sentido de fornecer os seus dados pessoais e, inclusive, uma lista das suas preferências. Importa ainda sublinhar que a maioria dos consumidores desconhece as potencialidades técnicas oferecidas pelos meios informáticos, não tendo sequer noção da utilização que deles pode fazer o fornecedor: assim, poderá ficar admirado se, ao entrar num sítio Internet que já antes havia visitado, e ao qual tinha fornecido alguns dos seus dados, for surpreendido por uma mensagem electrónica em que são indicados alguns dos bens que estão de acordo com as suas preferências. Acresce ainda que os sítios a que o consumidor acede não expressam necessariamente a sua mensagem numa língua que aquele domina, o que dificulta inequivocamente a compreensão das informações que lhe são dadas. Além disso, a celebração de contratos com fornecedores estrangeiros pode levar à aplicação de regras estrangeiras, sem que o consumidor se aperceba dessa possibilidade e sem que tome consciência dos efeitos daí decorrentes.

Também, na Internet, as propostas difundidas são, por regra, em face do volume potencial de contratação e da necessidade de os fornecedores preverem possíveis vicissitudes decorrentes da contratação, expressas em cláusulas contratuais gerais. Pressupõe-se que a leitura destas cláusulas é feita antes da celebração do contrato mas, no entanto, nem sempre assim acontece. Frequentemente, o consumidor passa o texto relativo ao clausulado contratual sem o ler; também no caso de esse texto ser acessível apenas através de "hiperligação"[36], verifica-se que nem sempre o consumidor o consulta, e quando o faz poderá encontrar algumas dificuldades em o compreender. A possibilidade de negociação, em sede de Internet, apresenta-se especialmente complicada, já que não há contacto pessoal entre as partes e o volume de contratações dificilmente permite alterações ao clausulado apresentado.

A verdade é que o consumidor que contrata através da Internet tem o processo de aquisição muito facilitado em relação à aquisição de bens e/ou serviços por outros meios: a simplicidade e facilidade com que se acede aos sítios e se celebram contratos é assombrosa, pois tudo está ao alcance de um "clique" num quadrado no ecrã que diz algo como "Aceito" ou

---

[36] Tradução de *link*, que, segundo definição de MANUEL LOPES ROCHA e MÁRIO MACEDO, *Direito no ciberespaço*, cit., pág. 167, corresponde, "[n]a linguagem HTML (…) a uma ligação virtual entre dois computadores da Internet, através de um documento Web"; segundo os mesmos autores, *ibidem*, pág. 166, HTML (*HiperText Markup Language*), significa: "Linguagem de programação das páginas Web".

"Concordo". E, como por magia, o consumidor pode ser imediatamente satisfeito, se o contrato puder ser cumprido através da própria Internet, ou vier a receber a sua encomenda algum tempo depois, sem ter de sair de sua casa, procedendo ao pagamento com o cartão de crédito, com larga margem de escolha.

Note-se que esta facilidade não é negativa, assim como o não é a possibilidade de comparar as várias propostas que são feitas ao consumidor ou de comprar bens provenientes dos diversos pontos do globo. Pode, no entanto, ter efeitos perversos, se o consumidor não estiver suficientemente informado, como não costuma estar, ou se o fornecedor recorrer a práticas pouco leais.

2. PANORÂMICA DAS FONTES

Neste ponto, propomo-nos fazer uma breve enumeração das fontes de que nos iremos socorrer ao longo desta nossa exposição. Não temos a pretensão de fazer uma enumeração exaustiva, mas tão-só indicativa de alguns dos textos que nos pareceram mais relevantes em sede de protecção dos consumidores em ambiente de comércio electrónico.

2.1. Legislação Comunitária – Directivas Comunitárias

I. A Comunidade Europeia, atenta a posição de fragilidade do consumidor, tem procurado adoptar medidas com vista à protecção desse contraente mais débil. Ainda nos primórdios da política europeia de protecção dos consumidores, encontramos já, datado de 1975, o Programa Preliminar da Comunidade Económica Europeia para uma Política de Protecção e de Informação dos Consumidores (que terá sido influenciado pela Carta do Conselho da Europa sobre a Protecção do Consumidor de 1973[37]). Seguiu-se, em 1981, um Segundo Programa da Comunidade Económica Europeia para uma Política de Protecção e de Informação dos Consumidores[38].

Posteriormente, a Comunidade tem procurado manter uma política de protecção dos consumidores, sendo o meio geralmente utilizado a adopção de directivas comunitárias, através das quais se pretende harmonizar a legislação dos diversos Estados-membros, no que respeita aos

---

[37] CARLOS FERREIRA DE ALMEIDA, *Os direitos dos consumidores*, cit., pág. 36.
[38] Acerca destes diplomas, *vide* NORBERT REICH, "Protection of Consumers'...", cit., pág. 23 ss.; GUIDO ALPA, *Il diritto dei consumatori*, Ed. Laterza, 1999, pág. 21 ss. Estes diplomas encontram-se em anexo em CARLOS FERREIRA DE ALMEIDA, *Os direitos dos consumidores*, cit., pág. 315 ss.

aspectos tratados pelas directivas, visando-se estabelecer, pelo menos, um nível mínimo de protecção[39].

O Tratado que institui a Comunidade Europeia[40] não deixa de reflectir o interesse numa política de protecção dos consumidores: assim, no art. 3.º, n.º 1, al. t), prevê-se que, para alcançar os objectivos propostos no art. 2.º, a acção da Comunidade deve contribuir para o reforço da defesa dos consumidores. Também no art. 153.º do mesmo texto, são apontados como principais objectivos, com vista à promoção dos interesses e de um elevado nível de protecção dos consumidores, a protecção da saúde, da segurança, dos interesses económicos dos consumidores, bem como a promoção dos seus direitos à informação, à educação e à organização para a defesa dos seus interesses. Além disso, esta disposição estabelece que os interesses dos consumidores devem ser ponderados na definição e execução de outras políticas comunitárias[41].

No que respeita à protecção dos consumidores em matéria de contratos celebrados através da Internet, encontramos algumas directivas comunitárias que, mais ou menos concebidas para aquela modalidade de celebração de contratos, ou mesmo para a protecção do consumidor, poderão encontrar aplicação. Pensamos, por exemplo, nas Directivas relativas à aproximação das disposições legislativas, regulamentares e admi-

---

[39] NORBERT REICH, "Protection of Consumers'...", cit., págs. 26, 30, considera que isto não significa que o regime de protecção do consumidor previsto nas directivas comunitárias será deficiente ou de qualidade inferior; aliás, no então art. 100.º-A, n.º 3, do Tratado que institui a Comunidade Europeia, estabelecia-se que a Comissão, nas suas propostas em matéria de protecção dos consumidores, deveria basear-se num nível de protecção elevado. Este nível mínimo de protecção significava apenas que os Estados-membros, aquando da transposição das directivas para o direito interno, poderiam adoptar regimes mais favoráveis para os consumidores do que o aí previsto. O art. 100.º-A foi alterado pelo Tratado de Amesterdão, correspondendo agora ao art. 95.º, n.º 3, continuando-se a exigir que as propostas da Comissão se devem basear "(...) num nível de protecção elevado (...)".

[40] Fazemos aqui referência à redacção deste texto com as alterações que lhe foram introduzidas pelo Tratado de Amesterdão.

[41] Para uma análise desta disposição, *vide*, GUIDO ALPA, "Servizi finanziari e tutela del consumatore", *RPDC*, n.º 19, 1999, pág. 7-38, pág. 15 ss.; *vide* ainda, do mesmo autor, *Il diritto dei consumatori*, cit., pág. 29 ss., acerca da evolução da protecção dos consumidores no Tratado de Roma, Acto Único, Tratado de Maastricht e Tratado de Amesterdão.

nistrativas dos Estados-membros em matéria de publicidade enganosa[42], ao crédito ao consumo[43], às vendas organizadas, férias organizadas e circuitos organizados[44], às cláusulas abusivas nos contratos celebrados com consumidores[45], à protecção de pessoas singulares, no que diz respeito ao tratamento de dados pessoais e à livre circulação desses dados[46], ao tratamento de dados pessoais e à protecção da privacidade no sector das telecomunicações[47], à protecção dos consumidores em matéria de contratos celebrados à distância[48], à defesa dos consumidores em matéria de indicação dos preços dos produtos oferecidos aos consumidores[49], a certos aspectos da venda de bens de consumo e garantias a ela relativas[50], a um quadro legal comunitário para as assinaturas electrónicas[51], ao acesso à actividade das instituições de moeda electrónica e ao seu exercício, bem como à sua supervisão prudencial[52-53], etc.

---

[42] Directiva 84/450/CEE do Conselho de 10/09/1984, posteriormente alterada pela Directiva 97/55/CE do Parlamento Europeu e do Conselho de 06/10/1997, publicada no JOCE N.º L 290, de 23/10/1997.

[43] Directiva 87/102/CEE do Conselho de 22/12/1986, publicada no JOCE N.º L 42, de 12/02/1987, com a última redacção dada pela Directiva 98/7/CE do Parlamento Europeu e do Conselho, publicada no JOCE N.º L 101, de 01/04/1998.

[44] Directiva 90/314/CEE do Conselho de 13/06/1990, publicada no JOCE N.º L 158, de 23/06/1990.

[45] Directiva 93/13/CEE do Conselho de 05/04/1993, publicada no JOCE N.º L 95, de 21/04/1993.

[46] Directiva 95/46/CE do Parlamento Europeu e do Conselho de 24/10/1995, publicada no JOCE N.º L 281, de 23/11/1995.

[47] Directiva 97/66/CE do Parlamento Europeu e do Conselho de 15/12/1997, publicada no JOCE N.º L 24, de 30/01/1998.

[48] Directiva 97/7/CE do Parlamento Europeu e do Conselho de 20/05/97, publicada no JOCE N.º L 144, de 04/06/1997.

[49] Directiva 98/6/CE do Parlamento Europeu e do Conselho de 16/02/1998, publicada no JOCE N.º L 80, de 18/03/1998.

[50] Directiva 1999/44/CE do Parlamento Europeu e do Conselho de 25/05/1999, publicada no JOCE N.º L 171, de 07/07/1999.

[51] Directiva 1999/93/CE do Parlamento Europeu e do Conselho de 13/12/1999, publicada no JOCE N.º L 13, de 19/01/2000.

[52] Directiva 2000/46/CE do Parlamento Europeu e do Conselho de 18/19/2000, publicada no JOCE N.º L 275, de 27/10/2000.

[53] Todos estes textos estão acessíveis ao utilizador através do endereço http://europa.eu.int.

II. A Directiva 97/7/CE relativa à protecção dos consumidores em matéria de contratos à distância, merece, pela matéria aí regulada e pelo direccionamento deste trabalho, que lhe seja dedicada especial atenção. Entende-se que, após a transposição para o direito interno, este será, e nos países que já a transpuseram é, um dos textos cuja aplicação deverá, por excelência, ser ponderada no que respeita aos contratos celebrados com consumidores através da Internet[54]. Senão vejamos: no art. 2.º da citada directiva comunitária são dadas algumas noções de conceitos essenciais na economia do diploma para definição do seu âmbito de aplicação[55]: no seu n.º 1 começa por se definir *contrato à distância*, devendo entender-se como tal "qualquer contrato relativo a bens ou serviços, celebrado entre um fornecedor e um consumidor, que se integre num sistema de venda ou prestação de serviços à distância organizado pelo fornecedor, que, para esse contrato, utilize exclusivamente uma ou mais técnicas de comunicação à distância até à celebração do contrato, incluindo a própria cele-

---

[54] Também neste sentido, *vide* CLIVE GRINGRAS, *The Laws of the Internet*, cit., pág. 56 ss.; GIUSELLA FINOCCHIARO, *I contratti informatici*, Cedam, Pádua, 1997, pág. 123; GABRIELLE KAUFMANN-KOHLER, "Internet: Mondialisation...", cit., pág. 139; MATTHEW BURNSTEIN, "A Global Network in a Compartmentalised Legal Environment", in *Internet, Which Court decides? Which Law applies? Quel tribunal décide? Quel droit s'applique?*, org. Katharina Boele-Woelki e Catherine Kessedjian, Kluwer Law International, Haia/Londres/Boston, 1998, pág. 23-34, pág. 33; HERBERT KRONKE, "Applicable Law in Torts and Contracts in Cyberspace", in *Internet, Which Court decides? Which Law applies? Quel tribunal décide? Quel droit s'applique?*, org. Katharina Boele-Woelki e Catherine Kessedjian, Kluwer Law International, Haia/Londres/Boston, 1998, pág. 65-97, pág. 84; BRUNHILDE STECKER, "Electronic Commerce...", cit., pág. 88; MICHAEL MARTINEK, "Verbraucherschutz im Fernabsatz – Lesehilfe mit Merkpunkten zur neuen EU-Richtlinie", *NJW*, 4/1998, pág. 207-208, pág. 207; CLIVE DAVIES, "Electronic Commerce – practical implications of Internet legislation", *Communications Law, Journal of Computer, Media and Telecommunications Law*, vol. 3, n.º 3, 1998, pág. 82-84, pág. 82; GUIDO ALPA, "Cyber law. Problemi giuridici connessi allo sviluppo di Internet", *Nuova giurisprudenza civile commentata*, 1998, II, pág. 385-388, pág. 387; WALDENBERGER, "Verbraucherschutz im Internet", in *Multimedia und Recht*, org. Thomas Hoeren e Ulrich Sieber, Verlag C.H.Beck, Munique, 1999, pág. 3-47, pág. 38; BIRGIT BACHMANN, "Der internationale Vertrieb im Internet", in *Rechtsgeschäfte im Netz – Electronic Commerce*, org. Michael Lehmann, Schaffer-Poeschel Verlag, Estugarda, 1999, pág. 205-223, pág. 217 ss.; JOACHIM GRUBER, "Vertragsschluss im Internet unter kollisionsrechtlichen Aspekten", *DB*, 28/1999, pág. 1437-1442, pág. 1440; STEPHAN LORENZ, "Im BGB viel Neues: Die Umsetzung der Fernabsatzrichtlinie", *JuS*, 9/2000, pág. 833-843, pág. 834; ANTÓNIO MENEZES CORDEIRO, *Tratado de Direito Civil Português*, cit., pág. 360.

[55] KARSTEN THORN, "Verbraucherschutz bei Verträgen im Fernabsatz", cit., pág. 5.

bração"[56] e no n.º 4 especifica-se o que se deve entender por *técnica de comunicação à distância*, definindo-a como um meio de comunicação que pode ser utilizado com vista à celebração do contrato entre as partes e cuja característica essencial é a sua utilização sem a presença física e simultânea do fornecedor e do consumidor[57]. As técnicas de comunicação que apenas permitem a divulgação de publicidade ou de informações, mas que não admitem a celebração do contrato sem a presença física de ambas as partes, não preenchem os requisitos exigidos por esta directiva[58]. Incluem-se na definição de técnicas de comunicação meios tradicionais como o correio ou o telefone – utilizados nas vendas por catálogo, por cor-

---

[56] O legislador português, através do Dec.-Lei n.º 143/2001, de 26 de Abril, também já procedeu à transposição da Directiva 97/7/CE para o direito interno. No art. 2.º, al. a) daquele Dec.-Lei adoptou-se uma definição de contrato celebrado à distância similar à prevista no art. 2.º, n.º 1 da respectiva directiva. Também a definição de contrato à distância feita pelo legislador italiano aquando da transposição da Directiva 97/7/CE é em tudo muito semelhante à constante desta: cf. o art. 1.º do *Decreto Legislativo* de 22 de Maio de 1999, n. 185, publicado na *Gazzetta Ufficiale* n. 143 de 21/06/1999. Com sentido semelhante ao previsto na Directiva 97/7/CE, embora o diploma legal seja anterior à adopção da versão final da directiva, o legislador espanhol, na *Lei Organica de 7/1996, de 15 de Janeiro, de ordenación del comercio minorista*, art. 38, considera serem vendas à distância, as celebradas sem a presença física e simultânea do comprador e do vendedor, transmitindo-se a proposta de contratação do vendedor e a aceitação do comprador por um meio de comunicação à distância de qualquer natureza; esta directiva também já foi transposta para o direito interno alemão (*Gesetz über Fernabsatzverträge und andere Fragen des Verbraucherrechts sowie zur Umstellung von Vorschriften auf Euro*, de 27 de Junho de 2000, [*Bundesgesetzblatt, Jahrgang 2000, Teil I, Nr.28, 29.Juni.2000*, pág. 897 ss.] em que se inclui a *Fernabsatzgesetz* [FernAG]), determinando-se no seu § 1, n.º 1, que esta lei é aplicável aos contratos de fornecimento de bens ou de prestação de serviços, celebrados entre uma empresa e um consumidor, e que, para a conclusão desse contrato, seja exclusivamente utilizado um meio de comunicação à distância. Exige-se ainda que a celebração do contrato se integre num sistema de venda ou de prestação de serviços organizado.

[57] No Anexo I da directiva são indicadas algumas destas técnicas de entre as quais sublinhamos o Videotexto (micro computador, ecrã de televisão) com teclado ou ecrã táctil e o correio electrónico, respectivamente travessões 10 e 11. No art. 2.º, al. b), do Dec.-Lei n.º 143/2001, o legislador português define técnica de comunicação à distância como "qualquer meio que, sem a presença física e simultânea do fornecedor e do consumidor, possa ser utilizado tendo em vista a celebração do contrato entre as referidas partes". Também o legislador alemão (§ 1, n.º 2, FernAG) e o legislador italiano [art. 1, n.º 1, al. d) do diploma italiano], não introduziram especiais alterações ao art. 2.º, n.º 4 da Directiva 97/7/CE.

[58] WALDENBERGER, "Verbraucherschutz im Internet", cit., pág. 38.

respondência, por telefone –, mas também se admitem técnicas mais modernas como o correio electrónico ou outras proporcionadas pela Internet[59]. De facto, a utilização da Internet permite a negociação, a celebração, e mesmo o cumprimento de contratos – que se integram num sistema de venda ou de prestação de serviços à distância organizado por um fornecedor – entre um fornecedor e um consumidor, sem que ocorra a presença física e simultânea das duas partes[60]. Os contraentes que recorrem a

---

[59] NORBERT REICH, "Die neue Richtlinie 97/7/CE über den Verbraucherschutz bei Vertragsabschlüssen im Fernabsatz", *EuZW*, 19/1997, pág. 581-589, pág. 582; CLIVE GRINGRAS, *The Laws of the Internet*, cit., pág. 56; MATTHEW BURNSTEIN, "A Global Network...", cit., pág. 33; KARSTEN THORN, "Verbraucherschutz bei Verträgen im Fernabsatz", cit., pág. 5; MARTIN KAINZ, "Die Umsetzung der Verbraucherschutzrichtlinien und ihre Auswirkungen im nationalen Recht", in *Neues europäisches Vertragsrecht und Verbraucherschutz*, ERA, Bundesanzeiger, 1999, pág. 63-79, pág. 75; WALDENBERGER, "Verbraucherschutz im Internet", cit., pág. 38; STEPHAN LORENZ, "Im BGB viel Neues...", cit., pág. 838.

[60] Os contratos celebrados entre comerciante e consumidor fora do estabelecimento comercial daquele, em que se não observasse a presença física e simultânea de ambas as partes, não eram ainda objecto de qualquer disposição comunitária de protecção. A directiva 85/577/CEE, do Conselho, de 20 de Dezembro de 1985, relativa à protecção dos consumidores no caso de contratos negociados fora de estabelecimentos comerciais, apresenta um âmbito de aplicação relativamente limitado. No seu art. 1.º dispõe-se que a directiva é aplicável aos contratos de fornecimento de bens ou serviços celebrados entre um comerciante e um consumidor durante a realização de uma excursão organizada pelo comerciante fora do seu estabelecimento comercial ou durante uma visita do comerciante à casa ou local de trabalho do consumidor, desde que a visita não seja consequência de pedido expresso do consumidor. No art. 3.º do mesmo diploma, e também com relação ao seu âmbito de aplicação, determina-se ainda que a directiva se não aplica a contratos respeitantes a direitos relativos a bens imóveis ou à sua reparação, a bens de consumo doméstico como alimentos e bebidas, aos contratos de seguros, aos contratos relativos a valores móveis e a contratos que preencham os seguintes pressupostos: i) que sejam celebrados com base em catálogos que o consumidor tem oportunidade de consultar na ausência do comerciante, ii) em que se preveja uma continuação das relações entre comerciante e consumidor e iii) em que o catálogo e o contrato mencionem claramente o direito de o consumidor devolver os bens no prazo de sete dias a contar da data da recepção dos bens ou de rescindir o contrato nesse mesmo período, sem qualquer outra obrigação que não a de manter os bens em boas condições. Decorre da leitura destas disposições que a aplicação das normas que transpõem a Directiva 85/577/CEE, não obstante a possibilidade de os Estados-membros decidirem adoptar disposições mais favoráveis aos consumidores, exigem apenas a presença física e simultânea do consumidor e do fornecedor. Os contratos entre comerciante e consumidor celebrados fora do estabelecimento comercial deste, em que se não observasse a presença física e simultânea de ambas as partes, não eram

mecanismos proporcionados pela Internet, seja o correio electrónico, a *World Wide Web* ou outras técnicas ao serviço dos utilizadores da Internet, não estão presentes física e simultaneamente aquando da negociação ou da celebração do contrato, característica basilar das mencionadas técnicas de comunicação. E, consoante teremos oportunidade de adiante analisar mais pormenorizadamente, esta directiva, conforme resulta da sua própria estrutura, abrange no seu âmbito de aplicação também a matéria relativa à formação do contrato[61].

A Directiva 97/7/CE não tem, no entanto, a ambição de se aplicar a todos os contratos à distância celebrados com os consumidores. De facto, o âmbito de aplicação do regime previsto nesta directiva é, com maior facilidade, delimitado pela negativa. Ou seja, as disposições previstas na directiva, uma vez transpostas, aplicam-se a todos os contratos à distância, nos termos acima referidos, desde que não estejam previstos pelas exclusões mencionadas no art. 3.º:
– Contratos relativos a serviços financeiros;
– Contratos celebrados através de distribuidores automáticos ou de estabelecimentos comerciais automatizados;
– Contratos celebrados com operadores de telecomunicações com utilização de cabinas telefónicas públicas;
– Contratos relativos a bens imóveis, com excepção de arrendamentos;
– Contratos celebrados por ocasião de leilões.

III. A Comissão tem ainda apresentado outros textos com vista à aprovação de directivas relacionadas com a protecção dos consumidores e com o comércio electrónico.

Salientamos a proposta e proposta alterada de directiva do Parlamento Europeu e do Conselho relativa à comercialização à distância dos serviços financeiros junto dos consumidores[62], que, uma vez aprovada,

---

ainda objecto de qualquer disposição comunitária de protecção. A Directiva 97/7/CE veio preencher esta lacuna, aplicando-se aos contratos em que se não verifica a presença física e simultânea de ambos os contraentes. NORBERT REICH, "Die neue Richtlinie 97/7/CE...", pág. 583, salienta que esta diferença fulcral entre as duas directivas auxilia o intérprete a determinar o âmbito de aplicação deste último diploma.

[61] NORBERT REICH, "Die neue Richtlinie 97/7/CE...", cit., pág. 582; WALDENBERGER, "Verbraucherschutz im Internet", cit., pág. 38.

[62] Respectivamente COM(1998) 468 final, 98/0245 (COD), de 14/10/1998, e COM(1999) 385 final, 98/0245 (COD), de 23/07/1999.

virá preencher a lacuna regulamentar nesta matéria, já que, como acima se referiu, os contratos relativos a serviços financeiros foram excluídos na versão final da Directiva 97/7/CE[63]. Com efeito, e ao contrário da orientação que vinha sendo seguida, quer pela proposta de directiva do Conselho apresentada pela Comissão em 21/05/92[64], quer pela proposta alterada da directiva do Conselho apresentada pela Comissão em 07/10/93[65], que incluía matéria relativa aos serviços financeiros, a Comissão concordou com a sua exclusão, alegando a complexidade do sector financeiro e considerando ser necessária uma regulação à parte. Neste sentido, em 29/06/95, foi adoptada pelo Conselho a Posição Comum (CE) n.º 19/95, sobre uma proposta de directiva relativa à defesa dos consumidores nos contratos à distância; em 15/12/95, na segunda leitura do Parlamento Europeu, tentou introduzir-se uma alteração, de modo a incluírem-se os serviços financeiros no âmbito de aplicação da proposta de directiva, não sendo, no entanto conseguida a maioria necessária para a sua aprovação[66].

A premência de uma regulamentação nesta matéria levou ainda a Comissão a fazer, na Directiva 97/7/CE, uma Declaração relativa ao n.º 1, primeiro travessão, do artigo 3.º, reconhecendo a importância da tutela dos consumidores em sede de contratos à distância relativos a serviços financeiros, prometendo apresentar propostas adequadas. Na sua sequência, surgem então a proposta e a proposta alterada de directiva relativa à comercialização à distância de serviços financeiros junto dos consumidores e que altera as Directivas 90/619/CEE do Conselho, 97/7/CE e 98/27/CE.

Conforme vem disposto no art. 1.º da referida proposta alterada de directiva, o seu âmbito de aplicação é justamente a comercialização à distância de serviços financeiros junto dos consumidores. A directiva visa apenas regular o método de venda de serviços financeiros, não pretendendo regular o conteúdo daqueles serviços. Segundo esta proposta alterada de directiva, o diploma a aprovar só se aplicará aos contratos à distância relativos a serviços financeiros – definidos no art. 2.º, al. b), como serviços bancários, de seguros, de investimento ou pagamento e crédito imobiliário.

---

[63] Segundo NORBERT REICH, "Die neue Richtlinie 97/7/CE...", cit., pág. 583, trata-se da mais importante exclusão do âmbito de aplicação da Directiva 97/7/CE; PAULO CÂMARA, "A oferta de valores mobiliários...", cit., pág. 19, entende "(...) que muitas das previsões da Directiva adequar-se-iam perfeitamente ao direito mobiliário (...)".

[64] Publicada no JOCE N.º C 156, de 23/06/1992.

[65] Publicada no JOCE N.º C 308, de 15/11/1993.

[66] COMISSÃO DAS COMUNIDADES EUROPEIAS, *Serviços financeiros: Dar resposta às expectativas dos consumidores*. Livro Verde, COM (96) 209 final, de 22/05/1996, pág. 1.

IV. Já sem se referir exclusivamente à protecção dos consumidores, mas encontrando ampla aplicação nas matérias de que aqui tratamos, cumpre fazer uma importante referência à Directiva 2000/31/CE do Parlamento Europeu e do Conselho, de 8 de Junho de 2000, relativa a certos aspectos legais dos serviços da sociedade de informação, em especial do comércio electrónico, no mercado interno, mais simplificadamente designada por "Directiva sobre o comércio electrónico"[67]. Com efeito, conforme é indicado nos considerandos 7, 11, 29, 30, 31, 32, 53, 55, 56, 65 da Directiva sobre comércio electrónico, este diploma visa estabelecer um quadro geral claro e uniforme do mercado interno, no que respeita a certos aspectos do comércio electrónico, procurando suprimir impedimentos ao desenvolvimento dessa modalidade de comércio, contribuindo assim para garantir a segurança jurídica e a confiança do consumidor num clima de transparência, bem como um elevado nível de protecção dos consumidores[68]. Esta orientação surge, aliás, corroborada pelo art. 1.º, n.º 3 do mesmo texto, em que se esclarece que a directiva – que, segundo o seu art. 1.º, n.º 1, tem como "(...) objectivo contribuir para o correcto funcionamento do mercado interno, garantindo a livre circulação dos serviços da sociedade de informação entre Estados-Membros" – visa complementar o direito comunitário aplicável aos serviços da sociedade de informação, sem prejuízo do nível existente, designadamente, de protecção do consumidor, estabelecido por instrumentos comunitários e pela legislação interna[69].

2.2. Legislação portuguesa

A legislação portuguesa não está desprovida de textos que poderão incluir no seu âmbito de aplicação os contratos celebrados com os con-

---

[67] Directiva 2000/31/CE, publicada no JOCE N.º L 178, de 17/07/2000, precedida da proposta e proposta alterada de directiva, respectivamente COM(1998) 586 final, 98/0325 (COD), de 18/11/1998 e COM(1999) 427 final, 98/0325 (COD), de 17/08/1999 e da Posição Comum (CE) N.º 22/2000 adoptada pelo Conselho, em 28/02/2000, com vista à aprovação dessa Directiva, publicada no JOCE N.º C 128, de 08/05/2000.

[68] Com referência ainda à proposta de directiva correspondente, vide ALEXANDRE LIBÓRIO DIAS PEREIRA, *Comércio electrónico na sociedade da informação: Da segurança técnica à confiança jurídica*, Almedina, 1999, págs. 41, 51 ss.

[69] *Vide* ainda, acerca dos objectivos de protecção do consumidor deste diploma, designadamente no que respeita às vantagens do comércio electrónico, publicidade, transparência, uniformização de significados de comportamentos, etc., a respectiva Exposição de Motivos em COM(1998) 586 final, 98/0325 (COD), de 18/11/98, pág. 6.

sumidores através da Internet. Aliás, a especificidade destes contratos reside apenas no meio de comunicação utilizado para a sua negociação e celebração, pelo que não é afastada a intervenção de diplomas que, independentemente do meio de comunicação utilizado, sejam aplicáveis, quer à matéria relativa aos contratos e partes contraentes – como por exemplo o Código Civil –, quer à protecção dos consumidores.

No que respeita especificamente à legislação de protecção do consumidor, assinalamos, com um âmbito de aplicação assumidamente lato, estabelecendo um regime geral legal aplicável à defesa dos consumidores, a Lei n.º 24/96, de 31 de Julho, a Lei de Defesa do Consumidor. Do seu art. 2.º decorre que esta lei visa proteger todo o consumidor[70] – sem limitar o seu âmbito de aplicação nem a definição de consumidor em função do meio de comunicação utilizado por este –, identificando, nos arts. 3.º e seguintes, alguns dos direitos que lhe são reconhecidos, tais como o direito à qualidade dos bens e serviços, à protecção da saúde e da segurança física, à formação e educação, à informação para o consumo, à protecção dos interesses económicos, etc. Esta lei define os principais direitos do consumidor, sem prejuízo da aplicação de outros diplomas que regulem matérias específicas.

Também a Lei das Cláusulas Contratuais Gerais[71] poderá encontrar aplicação na regulamentação dos *cibercontratos*, se o fornecedor tiver decidido apresentar ao consumidor uma proposta expressa em cláusulas contratuais gerais. De igual modo, neste caso, não é feita qualquer limitação à sua aplicação em função do meio utilizado para a "negociação" e a celebração do contrato.

O Código da Publicidade[72] é também um texto a ponderar em matéria de protecção dos consumidores, já que, neste diploma, se determina, no art. 12.º, sob a epígrafe "Princípio do respeito pelos direitos do consumidor", que é proibida a publicidade que atente contra os direitos dos consumidores.

Especialmente vocacionado para a regulamentação dos contratos celebrados através da Internet, deparamos com um diploma interno já acima mencionado, o Dec.-Lei n.º 143/2001, de 26 de Abril, que transpôs para a

---

[70] Sobre a noção de consumidor nesta lei, *vide infra* nota 118 ss. e texto correspondente.

[71] Dec.-Lei n.º 446/85, de 25 de Outubro, alterado pelo Dec.-Lei n.º 220/95, de 31 de Agosto, e pelo Dec.-Lei n.º 249/99, de 7 de Julho.

[72] Dec.-Lei n.º 330/90 de 23 de Outubro, alterado pelos Dec.-Leis n.ºs 74/93, de 10 de Março, 6/95, de 17 de Janeiro, 61/97, de 25 de Março, 275/98, de 9 de Setembro, pela Lei n.º 31-A/98, de 14 de Julho, e pelo Dec.-Lei n.º 51/2001, de 15 de Fevereiro.

ordem jurídica interna a Directiva 97/7/CE, do Parlamento Europeu e do Conselho, de 20 de Maio, relativa à protecção dos consumidores em matéria de contratos celebrados a distância, regula os contratos ao domicílio e equiparados, as vendas automáticas e as vendas especiais esporádicas e estabelece modalidades proibidas de vendas de bens de prestação de serviços.

O Dec.-Lei n.º 143/2001, art. 37.º, al. a), veio revogar o Dec.-Lei n.º 272/87, de 3 de Julho, que regulava a compra e venda fora do estabelecimento e que poderia ser aplicado aos contratos celebrados através da Internet. Até à entrada em vigor do Dec.-Lei n.º 143/2001, o Dec.-Lei n.º 272/87, datado embora de 1987, mantinha ainda actualidade. Com efeito, este diploma, que apresentava como principal objectivo a transposição da Directiva 85/577/CEE para o direito interno, veio adoptar medidas que ultrapassavam o objectivo proposto nas regras materiais previstas por aquela, e assim, além das vendas ao domicílio, regulava ainda as vendas por correspondência, as vendas em cadeia e as vendas forçadas. De entre estas modalidades de venda aí regulamentadas, eram fundamentalmente as últimas três que melhor se adaptavam aos contratos celebrados através da Internet. Encontrávamos assim, no art. 8.º do Dec.-Lei n.º 272/87, incluído no Capítulo II, que tinha por título "Vendas por Correspondência", a definição desta modalidade de venda, entendendo-se como tal a "(...) distribuição a retalho em que se oferece ao consumidor a possibilidade de encomendar pelo correio, telefone *ou outro meio de comunicação* os bens ou serviços divulgados através de catálogos, revistas, jornais, impressos *ou quaisquer outros meios gráficos ou audio--visuais*"[73]. Da leitura desta disposição resultava uma clara preocupação do legislador em não restringir o âmbito de aplicação deste diploma ao recurso a meios de comunicação determinados e conhecidos, já que a norma mantinha aberta a possibilidade de aplicação em caso de utilização de outros meios, quer para encomenda dos bens ou serviços, quer para a sua divulgação. Na verdade, os arts. 8.º e ss. do Dec.-Lei n.º 272/87 eram aplicados qualquer que fosse o meio de comunicação utilizado para encomendar bens ou serviços; ora, sendo a Internet um meio de comunicação, as encomendas por aí veiculadas estariam incluídas na previsão daquela norma. Por outro lado, a Internet é também um meio audio-visual, através do qual poderão ser divulgados bens ou serviços, pelo que a última parte do art. 8.º estava igualmente preenchida[74]. Também no Capítulo III do

---

[73] Sublinhado nosso.
[74] Considerando também aplicável o Dec.-Lei n.º 272/87 aos contratos celebrados com os consumidores através da Internet, cf. ANTÓNIO PINTO MONTEIRO, "Protecção do

mesmo diploma, sob o título "Vendas em cadeia e vendas forçadas", eram definidas e proibidas estas técnicas de venda, sem que se estabelecessem quaisquer restrições à sua aplicação em função do meio de comunicação utilizado. Neste sentido, também as disposições constantes deste capítulo encontravam aplicação aos contratos celebrados através da Internet.

Nesta matéria, são ainda aplicáveis todos aqueles diplomas que regulem os contratos especiais, os direitos específicos dos consumidores, ou outras matérias relacionadas, desde que não decorra nem da letra, nem do espírito da lei que eles se não pretendem aplicar aos contratos celebrados através da Internet.

O regime jurídico dos documentos electrónicos e da assinatura digital, aprovado pelo Dec.-Lei n.º 290-D/99, de 2 de Agosto, assim como o Dec.-Lei n.º 375/99, de 18 de Setembro – que estabelece a equiparação entre a factura emitida em suporte de papel e a factura electrónica –, regulamentado pelo Decreto Regulamentar n.º 16/2000, de 2 de Outubro, embora não sendo especialmente vocacionado para a protecção do consumidor, não deixa de reflectir na regulamentação desta matéria a sua influência. A adopção de medidas como a aprovação destes diplomas facilita e garante – pelo menos potencialmente – a previsibilidade jurídica e um ambiente de segurança na transmissão de transacções electrónicas.

Também a Lei de protecção de dados pessoais[75] e a Lei que regula o tratamento dos dados pessoais e a protecção da privacidade no sector das telecomunicações[76] poderão assumir, neste contexto, uma relevância especial na protecção dos direitos dos consumidores, sem que, no entanto, a utilização da Internet assuma qualquer relevo específico.

---

consumidor de serviços de telecomunicações", in *As telecomunicações e o Direito na sociedade da informação*, coord. António Pinto Monteiro, IJC, Faculdade de Direito, Universidade de Coimbra, Coimbra, 1999, pág. 139-158, pág. 156; do mesmo autor, "A responsabilidade civil na negociação informática", in *Direito da sociedade da informação*, vol. I, FDUL, APDI, Coimbra Editora, 1999, pág. 229-239, pág. 233 ss.; PAULO MOTA PINTO, "Sobre alguns problemas jurídicos da Internet", in *As telecomunicações e o Direito na sociedade da informação*, coord. António Pinto Monteiro, IJC, Faculdade de Direito, Universidade de Coimbra, Coimbra, 1999, pág. 349-366, pág. 354; ALEXANDRE LIBÓRIO DIAS PEREIRA, *Comércio electrónico...*, cit., pág. 101.

[75] Lei n.º 67/98, de 26 de Outubro.
[76] Lei n.º 69/98, de 28 de Outubro.

2.3. Convenções Internacionais

No plano das Convenções Internacionais, limitamo-nos a fazer aqui duas referências principais: a Convenção sobre Lei Aplicável às Obrigações Contratuais, aberta à assinatura em Roma em 19 de Junho de 1980, e a Convenção relativa à Competência Judiciária e ao Reconhecimento e Execução de Sentenças, assinada em Bruxelas em 27 de Setembro de 1968, usualmente designada por Convenção de Bruxelas. Os Estados Contratantes das referidas Convenções são também Estados-membros da Comunidade Europeia.

Ambas as Convenções, embora não tendo sido elaboradas com vista à regulação de contratos celebrados através da Internet, têm normas específicas aplicáveis aos contratos celebrados com os consumidores: referimo-nos ao art. 5.º da Convenção de Roma e aos arts. 13.º a 15.º da Convenção de Bruxelas. Sobre estas disposições propomo-nos proceder adiante a uma análise mais pormenorizada.

2.4. *Soft law*

I. Atenta a necessidade de dinamizar o comércio electrónico internacional e face à não uniformidade legislativa, ou à inexistência de normas, em todos os aspectos que importaria regular para um bom desenvolvimento, diversas entidades começaram a trabalhar procurando dar um tratamento jurídico a estas questões e incutir confiança nesta área, simplificando os procedimentos no comércio internacional[77].

Na ausência de um tratado ou convenção internacional sobre o comércio electrónico, e de uma legislação interna que acompanhe os desenvolvimentos tecnológicos e as técnicas de comunicação utilizadas na moderna actividade comercial, a regulamentação internacional em matéria de comércio electrónico nasceu do que se chama *soft law*[78]. Esta fonte jurídica possui características próprias: não é obrigatória senão por adesão voluntária dos Estados ou pela vontade das partes e apoiou-se, de início,

---

[77] ERIC A. CAPRIOLI e RENAUD SORIEUL, "Le commerce international électronique: vers l'émergence de règles juridiques transnationales", *Journal de droit international*, n.º 2, 1997, pág. 323-401, pág. 330 ss.

[78] Sobre a noção de *soft law*, vide, por todos, ANTÓNIO MARQUES DOS SANTOS, *Direito Internacional Privado*, Lições do Professor Doutor António Marques dos Santos ao 5.º ano – Turma de Dia, da Faculdade de Direito da Universidade de Lisboa, no ano lectivo de 2000-2001, AAFDL, 2000, pág. 41 ss.

em práticas e usos comerciais existentes na matéria, bem como em regras contratuais mais correntes e em modelos contratuais desenvolvidos por organizações internacionais[79].

II. Um dos textos relevantes nesta matéria, é a Lei-Modelo da Comissão das Nações Unidas para o Direito Comercial Internacional (CNUDCI) sobre Comércio Electrónico, que foi adoptada em 1996[80], na sequência da verificação de que um número crescente de transacções no comércio internacional eram transmitidas por meio electrónico, com recurso a métodos de comunicação e arquivamento que já não se inscrevem no papel. Entendeu-se também que a elaboração de uma Lei-Modelo, que visa facilitar o uso do comércio electrónico e é aceite por Estados com sistemas jurídicos, sociais e económicos diferentes, pode contribuir para o desenvolvimento harmonioso das relações económicas internacionais[81]. Isto ocorre especialmente depois de se comprovar que, num amplo número de países, a legislação existente sobre comunicação e arquivamento de informação é inadequada ou ultrapassada, uma vez que não contempla a utilização de técnicas de comunicação modernas. Esta situação, associada ao uso tradicional de documentos em papel e à frequente exigência de que seja utilizada a forma escrita, bem como a necessidade de documentos originais e assinados, estão na origem de obstáculos ao desenvolvimento dos meios de comunicação modernos e consequentemente do comércio internacional[82].

A Lei-Modelo propõe uma série de normas internacionalmente aceitáveis que resolvem os problemas mais comuns nesta matéria, bem como o modo de criar um ambiente jurídico mais seguro para o comércio electrónico, em que se inclui a transmissão de texto por vias electrónicas, como, por exemplo, a Internet[83].

---

[79] ERIC A. CAPRIOLI e RENAUD SORIEUL, "Le commerce international...", cit., pág. 331 ss.

[80] Resolução 51/162 da Assembleia Geral, de 16 de Dezembro de 1996, a Lei--Modelo pode ser consultada em http://www.un.or.at/uncitral.

[81] Considerações explanadas na Resolução adoptada pela Assembleia Geral no relatório do Sexto Comité (A/51/628) e no ponto 2 do *Guide to Enactment of the UNCITRAL Model Law on Electronic Commerce (1996)*.

[82] Pontos 3, 4 e 15 do *Guide to Enactment of the UNCITRAL Model Law on Electronic Commerce (1996)*.

[83] Pontos 2 e 7 do *Guide to Enactment of the UNCITRAL Model Law on Electronic Commerce (1996)*.

No entanto, esta Lei-Modelo não é especificamente direccionada para a protecção dos consumidores[84]. Assim, na nota de pé de página ** do artigo 1.º, esclarece-se que a Lei-Modelo não prejudica a aplicação de qualquer outra norma legal que vise a protecção dos consumidores. E é claramente explicado, no *Guide to Enactment of the UNCITRAL Model Law on Electronic Commerce (1996)* (adiante também designado por *Guide to Enactment*), que, tendo alguns países leis especiais de protecção dos consumidores que regulamentam certos aspectos do uso de sistemas de informação, a Lei-Modelo não deverá prejudicar a aplicação de tais leis, embora esta possa ser ponderada. Aliás, o direito do consumo é um tema tradicionalmente evitado pela CNUDCI, em virtude das graves dificuldades que seriam certamente encontradas quando se procurasse elaborar uma definição internacional de consumidor. As discrepâncias de desenvolvimento encontradas entre os diversos Estados membros da CNUDCI permitem duvidar que se chegasse a um consenso[85].

Contudo, e conforme é esclarecido no *Guide to Enactment*, entendeu-se que também não havia qualquer razão pela qual as situações que respeitassem aos consumidores devessem ser excluídas do âmbito de aplicação da Lei-Modelo, uma vez que as normas deste diploma, dependendo da legislação de cada Estado, podem revelar-se apropriadas à protecção do consumidor. Assim, a Lei-Modelo, nos termos do seu art. 1.º, abrange, na sua esfera de aplicação, os sujeitos que, podendo ser consumidores, transmitam qualquer tipo de informação que esteja informatizada, no contexto de actividades comerciais. A questão de saber quais os sujeitos que devam ser considerados consumidores ficará ao critério da lei aplicável em cada Estado[86].

III. Outro texto a que cumpre fazer referência é a Recomendação do Conselho da Organização de Cooperação e Desenvolvimento Económicos (OCDE), de 8 de Dezembro de 1999, relativa às linhas orientadoras (*Guidelines*) para a protecção do consumidor no contexto do comércio electrónico. Aí, mais uma vez se salienta que a natureza internacional das

---

[84] Assim se esclarece no ponto 27 do *Guide to Enactment of the UNCITRAL Model Law on Electronic Commerce (1996)*: "(…) it was felt that an indication should be given that the Model Law had been drafted without special attention being given to issues that might arise in the context of consumer protection".

[85] ERIC A. CAPRIOLI e RENAUD SORIEUL, "Le commerce international...", cit., pág. 378.

[86] Ponto 27 do *Guide to Enactment*.

tecnologias associadas ao mercado electrónico requer um tratamento global da protecção do consumidor. A diversidade legislativa nesta matéria representa um obstáculo ao desenvolvimento do comércio electrónico, pelo que a política de protecção dos consumidores poderia resultar mais eficaz se fosse desenvolvida mediante consulta e cooperação internacionais.

Esta recomendação é assim dirigida às entidades que intervêm no comércio electrónico: aos Governos, para que revejam, formulem e levem a cabo as medidas necessárias à protecção do consumidor; às associações de comerciantes, aos grupos de consumidores e às entidades auto-regulamentadas para que providenciem orientações no que respeita à protecção do consumidor, designadamente através de esquemas de auto-regulamentação; e, por fim, aos fornecedores e consumidores, individualmente assumidos, para que, conhecedores das práticas leais nesta matéria, saibam o que podem legitimamente esperar e como devem actuar.

IV. Ainda no âmbito da denominada *soft law*, os códigos de conduta adoptados já no contexto do comércio electrónico e com vista à protecção do consumidor são também uma fonte importante a considerar. Estes códigos não têm força obrigatória – a sua observância depende de as partes se terem comprometido ao seu cumprimento. No entanto, e apesar desta ausência de vinculatividade, a adopção de códigos de conduta poderá contribuir fortemente para o incremento de práticas leais de comercialização no mercado electrónico. Com efeito, os intervenientes no palco do comércio electrónico, designadamente os comerciantes, têm interesse em dar uma imagem desta modalidade de comércio segura e digna de crédito, com vista justamente ao seu desenvolvimento, com as inerentes vantagens económicas daí advenientes. É assim que se verifica um verdadeiro interesse em obedecer a práticas de comércio leais e em procurar assegurar que os colegas da mesma actividade também o façam. Pode-se, portanto, contar, *a priori*, com as sanções que podem ser impostas pelas respectivas associações, aos seus associados, pelo incumprimento dos códigos de conduta[87].

---

[87] Importa sublinhar que, apesar destas considerações, os códigos de conduta têm uma eficácia relativa: por um lado, só se aplicam aos seus associados, e ninguém é forçado a associar-se; por outro lado, a imperatividade dos seus comandos não é absoluta e o seu incumprimento pode conduzir a que sejam aplicadas sanções cujas penalizações mais gravosas são a expulsão da associação. ANTÓNIO MARQUES DOS SANTOS, *Direito Internacional Privado*, Lições..., cit., pág. 41, considera que os códigos de conduta, assim como outros instrumentos fontes da *soft law*, embora destituídos, por si só, de força vinculante, são "(...) dotados de grande poder de persuasão em relação aos respectivos destinatários,

Estes códigos, sendo elaborados, ou aceites, pelos próprios fornecedores, oferecem ainda a vantagem de permitir que aspectos sensíveis, como os sistemas e técnicas de promoção, o reembolso e o pagamento antecipados, o direito de resolução, tenham carácter voluntário, não obstante a regulamentação de referência para a defesa dos consumidores[88].

Aliás, notando a eficácia que os códigos de conduta podem ter, a Comissão das Comunidades Europeias, em 7 de Abril de 1992, recomendou às organizações profissionais de fornecedores que se dotassem de códigos de conduta, em que se especificassem as regras mínimas da directiva relativa aos contratos celebrados à distância e que velassem pelo cumprimento dos mesmos[89]. Esta orientação foi tida em conta na Directiva 97/7/CE, em cujos considerandos (18) e (19), se salienta também a importância dos códigos de conduta e a necessidade de informar os consumidores da sua existência no domínio dos contratos à distância. Mais explicitamente, na Directiva sobre o comércio electrónico, determina-se, no art. 16.º, que, quer os Estados-membros, quer a Comissão deverão incentivar a redacção, pelas organizações e associações de comerciantes, profissionais e de consumidores, de códigos de conduta comunitários[90] que visem contribuir para a aplicação das disposições da citada directiva, assim como a sua acessibilidade por via electrónica nas diversas línguas comunitárias. A Comissão e os Estados-membros deverão ainda poder acompanhar o desenvolvimento e o impacto desta auto-regulamentação no comércio electrónico.

No plano interno, e com respeito especificamente às compras feitas através da Internet, cumpre fazer uma especial referência ao Código de Conduta *Web Trader*[91] elaborado pela DECO, em conjunto com as associações de consumidores de Espanha, França, Itália e Bélgica, e em estreita colaboração com as organizações de consumidores inglesa e holandesa.

---

que são os agentes ou os operadores do comércio internacional". Sobre os códigos de conduta *vide* ainda, designadamente, ANTÓNIO MARQUES DOS SANTOS, *Transferência internacional de tecnologia...*, cit., pág. 309-319.

[88] Parecer do Comité Económico e Social sobre a proposta de directiva do Conselho relativa à protecção dos consumidores em matéria de contratos negociados à distância, JOCE N.º C 19, de 25/01/1993, pág. 111-113.

[89] Recomendação da Comissão de 7 de Abril de 1992 relativa a códigos de conduta para protecção dos consumidores em matéria de contratos negociados à distância, JOCE N.º L 156, de 10/06/1992, pág. 21.

[90] No mesmo sentido, *vide* considerando 49.

[91] Texto acessível em http://www.deco.proteste.pt.

Este código é composto por onze regras que, não sendo muito ambiciosas, incidem justamente sobre algumas das questões mais prementes e colocam em causa a segurança das compras celebradas pelo consumidor através da Internet. Como elemento aliciante, os fornecedores que adiram a este código poderão exibir no seu sítio o logotipo *Web Trader,* o que se pretende seja um factor de confiança do consumidor naquele fornecedor.

No plano internacional, não podemos deixar de fazer referência ao Código de Conduta da Câmara de Comércio Internacional (CCI) sobre Publicidade e *Marketing* na Internet, de 2 de Abril de 1998, com o título original de "ICC Guidelines on Advertising and Marketing on the Internet"[92]. Também na introdução deste texto é feita referência à importância de a publicidade e o *marketing* na Internet deverem obedecer aos mais elevados níveis de conduta ética, sendo do interesse dos próprios responsáveis nessa matéria o respeito pelas linhas de orientação seguidas em sede de auto-regulamentação. Assim se contribui para a criação de um ambiente electrónico em que os consumidores de todo o mundo possam confiar.

Estas linhas de orientação estão, como o próprio título indica, vocacionadas para questões relacionadas com publicidade e *marketing*[93], mas aí são indicadas disposições que, se forem respeitadas, têm a potencialidade de incrementar a confiança do consumidor, através de uma correcta identificação dos fornecedores, de indicação dos custos reais suportados pela utilização da técnica de comunicação em causa, do não envio de mensagens publicitárias não solicitadas, das considerações especiais relativamente ao público infantil, etc.

Outro código de conduta da CCI que também poderá ter aqui aplicação, ainda que complementando o supracitado texto, é o Código Internacional da CCI de *Marketing* Directo, que inclui, no âmbito do *marketing* directo, todas as actividades de comunicação que visam oferecer bens ou serviços ou transmitir mensagens comerciais apresentadas em catálogos, jornais, videotexto, e outros meios que permitam informar e solicitar uma resposta do(s) consumidor(es) visado(s).

---

[92] Texto acessível em http://www.iccwbo.org/home/statement...rules/rules/1998/internet...guidelines.asp.

[93] No seu art. 1 é ainda feita referência a outros códigos de conduta também da CCI relativos a *marketing* e publicidade.

3. DO CONTRATO CELEBRADO COM O CONSUMIDOR

3.1. Noção de consumidor

I. A noção de consumidor é um conceito jurídico de contornos ainda não uniformizados nem na doutrina, nem na legislação já existente[94].

Esta ausência de contornos definidos deve-se, em parte, ao facto de se tratar de um conceito relativamente recente. Segundo informa Carlos Ferreira de Almeida, já na década de sessenta, a palavra consumidor aparecia muito esporadicamente nos textos legislativos e a primeira definição de consumidor, em direito positivo, teria sido, provavelmente, a constante da Carta do Consumidor do Conselho da Europa, que data de 1973[95].

A concretização do conceito de consumidor apresenta variações consoante os autores e os textos legislativos em que está inserido, decidindo--se, em alguns casos, embora fazendo referência à noção de consumidor, não a concretizar, como acontece, *v.g.*, na Lei-Modelo sobre Comércio Electrónico ou nas Linhas orientadoras para a protecção do consumidor (*Guidelines for consumer protection*), adoptadas pela Assembleia Geral da ONU em 9 de Abril de 1985[96].

Notou o mesmo Professor, já no início da década de oitenta, que as definições analisadas, quer tenham sido construídas pelos autores, quer constem de preceitos internos e internacionais, incluíam elementos comuns: subjectivo, objectivo, teleológico e relacional.

O elemento subjectivo está presente na medida em que se exige que o consumidor seja uma pessoa em sentido jurídico, ou seja, um sujeito de

---

[94] JOÃO CALVÃO DA SILVA, *Responsabilidade civil do produtor*, cit., pág. 58; RUI MANUEL MOURA RAMOS, *Da lei aplicável ao contrato de trabalho internacional*, Almedina, Coimbra, 1991, pág. 747, nota 788.; MEINRAD DREHER, "Der Verbraucher – Das Phantom in den Opera des europäischen und deutschen Rechts?", *JZ*, 4/1997, pág. 167--178, pág. 167; GUIDO ALPA, *Il diritto dei consumatori*, cit., pág. 39.

[95] CARLOS FERREIRA DE ALMEIDA, *Os direitos dos consumidores*, cit., pág. 203.

[96] Resolução 39/248.

direito. O elemento objectivo reporta-se aos bens e/ou aos serviços que os consumidores adquirem e o elemento teleológico está relacionado com a finalidade dos bens ou serviços adquiridos pelos consumidores, os quais se deverão destinar ao uso pessoal ou privado dos consumidores. O elemento relacional refere-se ao co-contraente do consumidor que lhe fornece bens ou lhe presta serviços e estará então subentendido que aquele deverá ser uma empresa ou entidade profissional[97].

Dentre estes elementos considerados fixos – ou considerando-se antes preferível menosprezar uns em função de outros –, encontramos uma série de variantes, quer na doutrina, quer em normas internas ou internacionais, que flexibilizam o conceito de consumidor, esbatendo os seus contornos.

Assim, consoante os autores, há várias definições de consumidor, mais ou menos pormenorizadas: João Calvão da Silva distingue o conceito de consumidor em sentido lato, entendido como "(...) aquele que adquire, possui ou utiliza um bem ou serviço, quer para uso pessoal ou privado, quer para uso profissional", da noção de consumidor em sentido estrito – que aqui temos focado – que é entendido como "(...) aquele que adquire, possui ou utiliza um bem ou um serviço para uso privado (pessoal, familiar ou doméstico), de modo a satisfazer as necessidades pessoais e familiares, mas não já o que obtém ou utiliza bens e serviços para satisfação das necessidades da sua profissão ou da sua empresa"[98]; Eike von Hippel, por exemplo, define consumidor como a pessoa a quem são entregues bens ou prestados serviços para uso privado[99]; J. Ghestin define consumidor como a pessoa que, para satisfação das suas necessidades pessoais, não profissionais, se torna parte num contrato de fornecimento de bens ou de serviços[100]. Já numa perspectiva mais direccionada para o Direito Interna-

---

[97] CARLOS FERREIRA DE ALMEIDA, *Os direitos dos consumidores*, cit., pág. 206 ss.; CARLOS FERREIRA DE ALMEIDA, "Negócio jurídico de consumo", cit., pág. 12; ANTÓNIO PINTO MONTEIRO, "Protecção do consumidor...", cit., pág. 141, considera que a definição de consumidor nos textos legislativos tende a partilhar de alguns elementos comuns: "(...) o seu carácter *dinâmico* (consumidor não é um *status*, mas o sujeito de uma relação jurídica), a *finalidade* ou destino do bem, serviço ou direito (uso não profissional) e a *qualidade* da pessoa que o fornece ou transmite (profissional)" (sublinhado do autor).

[98] JOÃO CALVÃO DA SILVA, *Responsabilidade civil do produtor,* cit., pág. 58 ss.; também sobre a noção mais ampla ou estrita de consumidor, *vide* CARLOS FERREIRA DE ALMEIDA, "Negócio jurídico de consumo", cit., pág. 12.

[99] EIKE VON HIPPEL, *Verbraucherschutz*, cit., pág. 3, nota 1.

[100] JACQUES GHESTIN e ISABELLE MARCHESSAUX, "L'élimination des clauses abusives en droit français, à l'épreuve du droit communautaire", *Rev. eur. dt. cons.*, n.º 2, 1993, pág. 67-94, pág. 69; JACQUES GHESTIN, *Traité de droit civil*, cit., pág. 54.

cional Privado, Michel Pélichet entende, em termos genéricos, que o consumidor é aquele que adquire um bem ou serviço para o seu uso pessoal[101]; este mesmo autor cita ainda G. Cornu, que considera que o consumidor é o adquirente não profissional de bens de consumo destinados ao seu uso pessoal[102]; P. Lagarde, por seu turno, sugere que o consumidor será a pessoa que procura adquirir um bem ou beneficiar de um serviço para um uso estranho à sua actividade profissional[103].

II. A concretização do conceito de consumidor não é um mero exercício teórico, mas constitui uma tarefa fundamental com importantes consequências práticas. Com efeito, as directivas, regulamentos e outros textos comunitários, as convenções internacionais, as leis-modelo, as recomendações, os textos legislativos nacionais ou outros documentos que versam sobre questões relativas à protecção do consumidor socorrem-se frequentemente de uma noção de consumidor, com base na qual delimitam o âmbito de aplicação desses mesmos textos.

O que se conclui, da análise de alguns desses textos, é que a noção de consumidor é muito variável entre eles. Assim, e a título exemplificativo, verificamos que em diversas directivas comunitárias relativas ao consumo é feita referência à noção de consumidor e, embora essa noção não seja rigorosamente uniforme em todas elas[104], o seu sentido é homogéneo: trata-se de uma pessoa singular, que, nos contratos ou transacções abrangidos pelas respectivas directivas, actua com fins estranhos ao âmbito da sua actividade empresarial, comercial ou profissional[105-106].

---

[101] MICHEL PÉLICHET, "Les ventes aux consommateurs", cit., pág. 204.

[102] MICHEL PÉLICHET, "Les ventes aux consommateurs", cit., pág. 204.

[103] PAUL LAGARDE, *Le consommateur en droit international privé*, Ludwig Boltzmann Institut für Europarecht, Heft 4, Viena, 1999, pág. 9.

[104] DIETER HOFFMANN, "Analyse der europäischen Rechtssetzungstechniken im Bereich des Vertragsrechts aus der Sicht der Europäischen Kommission", in *Neues europäisches Vertragsrecht und Verbraucherschutz*, ERA, 1999, Bundesanzeiger, pág. 39-51, pág. 42.

[105] DIETER HOFFMANN, "Analyse der europäischen...", cit., pág. 42.

[106] Veja-se, por exemplo, o art. 2.º, 1.º travessão, da Directiva 85/577/CEE do Conselho, de 20 de Dezembro de 1985, relativa à protecção dos consumidores no caso de contratos negociados fora de estabelecimentos comerciais; o art. 1.º, n.º 2, al. a), da Directiva 87/102/CEE do Conselho, de 22 de Dezembro de 1986, relativa à aproximação das disposições legislativas, regulamentares e administrativas dos Estados-membros relativas ao crédito ao consumo; o art. 2.º, al. b), da Directiva 93/13/CEE do Conselho, de 5 de Abril

Já do art. 5.º, n.º 1, da Convenção de Roma – embora delimite o seu âmbito de aplicação com referência ao contrato e não concretamente ao consumidor – decorre que o consumidor será uma pessoa que celebra um contrato que tem por objecto o fornecimento de bens móveis corpóreos ou serviços, para uma finalidade que se possa considerar estranha à sua actividade profissional, bem como os contratos destinados a financiar essa aquisição ou fornecimento[107]. Esta definição, assumidamente vaga, visa justamente não entrar em conflito com diferentes definições de "contrato de consumidor" já adoptadas pelos legisladores nacionais[108]. Em sentido muito semelhante, também no art. 13.º da Convenção de Bruxelas, o consumidor é definido como a pessoa que celebra um contrato para finalidade que possa ser considerada estranha à sua actividade comercial e profissional.

Comum a todas estas definições é o elemento teleológico: a aquisição de bens ou serviços para fins que sejam estranhos à actividade profissional ou comercial do adquirente[109].

Uma outra tendência, manifestada nas directivas comunitárias, vai

---

de 1993, relativa às cláusulas abusivas nos contratos celebrados com os consumidores; o art. 2.º, n.º 2, da Directiva 97/7/CEE do Parlamento Europeu e do Conselho, de 20 de Maio de 1997, relativa à protecção dos consumidores em matéria de contratos à distância; o art. 2.º, al. e), da Directiva 98/6/CE do Parlamento Europeu e do Conselho, de 16 de Fevereiro de 1998, relativa à defesa dos consumidores em matéria de indicações dos preços dos produtos oferecidos aos consumidores; o art. 1.º, n.º 2, al. a), da Directiva 1999/44/CE do Parlamento Europeu e do Conselho, de 25 de Maio de 1999, relativa a certos aspectos da venda de bens de consumo e das garantias a ela relativas; o art. 2.º, al. e), da Directiva sobre comércio electrónico.

[107] Na opinião de MICHEL PÉLICHET, "Les ventes aux consommateurs", cit., pág. 209, esta definição é mais ambígua do que as definições que qualificam o bem ou serviço em função do destino que lhe é dado pelo adquirente. Entende este autor que fazer depender a aplicação de uma lei de protecção do destino ou utilização do bem é criticável, na medida em que o consumidor não sabe se serão aplicáveis ou não as regras de protecção previstas pela lei da residência habitual, deixando também o fornecedor na incerteza.

[108] MARIO GIULIANO e PAUL LAGARDE, Relatório relativo à Convenção sobre a lei aplicável às obrigações contratuais, JOCE N.º C 327, de 11/12/1992, pág. 21; GUIDO ALPA, Il diritto dei consumatori, cit., pág. 41 ss., entende que, nos casos em que a definição é voluntariamente indefinida, se considera que há um reenvio implícito para a legislação interna.

[109] NORBERT REICH, Europäisches Verbraucherrecht, Eine problemorientierte Einführung in das europäische Wirtschaftrecht, Nomos Verlagsgesellschaft, Baden-Baden, 1996, pág. 64.

no sentido de se entender que o consumidor deverá ser sempre uma pessoa singular e não uma pessoa colectiva[110].

A qualidade de profissional da parte que contrata com o consumidor está omissa, quer na Convenção de Roma, quer na Convenção de Bruxelas, embora vários autores entendam que esse é um elemento que é pressuposto[111], uma vez que só havendo desequilíbrio entre as partes se justifica a especial protecção de uma delas. Em algumas directivas comunitárias, embora este elemento não decorra directamente da noção de consumidor, está implícito, já que o seu âmbito de aplicação depende da celebração de um contrato entre um consumidor e um fornecedor, entendido este como a parte que actua no âmbito da sua actividade profissional: *vide, v.g.*, os arts. 1.º e 2.º da Directiva 97/7/CE. Com efeito, é o princípio orientador da protecção da parte mais fraca que leva a que sejam determinadas medidas especiais para os contratos celebrados entre um fornecedor comerciante ou profissional e um consumidor[112], precisamente porque existe um desequilíbrio entre as partes. Se a contratação for entre pares, a questão já se não coloca, pois não existe parte fraca nem parte forte, mas

---

[110] Neste sentido, referindo-se a *natürliche Personen*, vide NORBERT REICH, *Europäisches Verbraucherrecht*, cit., págs. 64-65. O legislador português, no art. 1.º, n.º 3, al. a), do Dec.-Lei n.º 143/2001, veio incluir na definição de consumidor a referência a "pessoa singular". Também neste sentido, veja-se o art. 1, n.º 1, als. a), b) e c) da lei italiana que transpôs a Directiva 97/7/CE para o direito interno. Nos termos do § 13 BGB, o consumidor será, segundo tradução de ANTÓNIO MENEZES CORDEIRO, *Tratado de Direito Civil Português*, cit., pág. 462, nota 1036, "(...) toda a pessoa singular que celebre um negócio jurídico com um objectivo que não possa ser imputado nem à sua actividade empresarial nem à sua actividade profissional liberal"; vide também MARKUS ARTZ e PETER BÜLOW, "Fernabsatzverträge und Strukturen eines Verbraucherprivatrechts im BGB", *NJW*, 29/2000, pág. 2049-2056, pág. 2050 ss.

[111] MICHEL PÉLICHET, "Les ventes aux consommateurs", cit., pág. 205; JACQUES FOYER, "Entrée en vigueur de la Convention de Rome du 19 Juin 1980 sur la loi applicable aux obligations contractuelles", *Journal du droit international*, Ano 118.º, n.º 3, 1991, pág. 601-631, pág. 611; MARIO GIULIANO e PAUL LAGARDE, *Relatório relativo à Convenção...*, cit., pág. 21; MIGUEL TEIXEIRA DE SOUSA e DÁRIO MOURA VICENTE, *Comentário à Convenção de Bruxelas*, LEX, Edições Jurídicas, Lisboa, 1994, pág. 108; TITO BALLARINO com a colaboração de ANDREA BONOMI, *Diritto Internazionale Privato*, 2.ª Edição, Cedam, Pádua, 1996, pág. 678; TANGUY VAN OVERSTRAETEN, "Droit applicable et juridiction compétente sur Internet", *RDAI/IBLJ*, n.º 3, 1998, pág. 373-398, pág. 388; FABIO TORIELLO, "Commento all'art. 5 Convenzione di Roma 1980", in *Codice del Consumo e del Risparmio*, org. GUIDO ALPA, Dott. A. Giuffrè Editore, Milão, 1999, pág. 117-120, pág. 118.

[112] GABRIELLE KAUFMANN-KOHLER, "Internet: Mondialisation...", cit., pág. 135.

sim contraentes que, tendencialmente, estão em igualdade de circunstâncias.

Ainda no plano internacional, e sintomático da dificuldade de estabelecer uma noção de consumidor[113], deparamos com o exemplo da Convenção da Haia de 15 de Junho de 1955 sobre a Lei Aplicável às Vendas Internacionais de Objectos Mobiliários Corpóreos, que não exclui expressamente a sua aplicação aos contratos com consumidores mas também não tem qualquer definição[114].

Já na Convenção da Haia de 1986 sobre a Lei Aplicável aos Contratos para Venda Internacional de Bens, embora sem se fazer qualquer referência expressa a consumidores, estabelece-se no seu art. 2, al. c), que a Convenção se não aplica à venda de bens para uso pessoal, familiar ou doméstico, excepto se o fornecedor, no momento da conclusão do contrato, não soubesse nem devesse saber que os bens eram comprados para tal uso. Em sentido muito semelhante, dispõe o art. 2, al. a), da Convenção das Nações Unidas sobre os Contratos de Compra e Venda Internacional de Mercadorias, concluída em Viena em 11 de Março de 1980, correntemente designada por Convenção de Viena[115], assim como o art. 4.º, al. a), da Convenção das Nações Unidas sobre Prescrição em Matéria de Venda Internacional de Mercadorias, concluída em Nova Iorque a 14 de Junho de 1974, alterada pelo Protocolo modificando a Convenção sobre Prescrição em Matéria de Venda Internacional de Mercadorias concluído em Viena a 11 de Abril de 1980 .

Ainda se não chegou, portanto, a um consenso quanto a uma noção universal de consumidor. Nota-se uma manifestação desta ausência de consenso no facto de a CNUDCI ter adoptado a supracitada Lei-Modelo sobre Comércio Electrónico, mas não ter tido especiais preocupações de

---

[113] Dificuldade agravada, quando o texto visa aplicar-se em vários países e como tal exige a adopção de um conceito suficientemente amplo que não choque com os diversos ordenamentos jurídicos.

[114] Acerca de um projecto da Conferência de Haia sobre a lei aplicável a certas vendas aos consumidores que não chegou a ser adoptado, vide MICHEL PÉLICHET, "Les ventes aux consommateurs", cit., pág. 195 ss. Os trabalhos que ainda foram desenvolvidos permitiram chegar a uma noção de consumidor, entendido como pessoa física que, nas transações abrangidas pelo texto, não actua no quadro de uma actividade comercial ou profissional.

[115] Vide, acerca destas disposições, RUI MANUEL MOURA RAMOS, Da lei aplicável..., cit., pág. 747, nota 788; RUI MANUEL MOURA RAMOS e MARIA ÂNGELA BENTO SOARES, Contratos internacionais, compra e venda, cláusulas penais e arbitragem, Livraria Almedina, Coimbra, 1995, pág. 26.

protecção do consumidor, justificando esta falta com o facto de alguns países já terem adoptado leis específicas vocacionadas para a protecção do consumidor, que regem certos aspectos da utilização dos sistemas de informação. No entanto, reconhece-se, na própria Lei-Modelo, que não se encontram motivos para que esta seja afastada nos contratos de consumo, pelo que se admite aí a sua aplicação[116].

Parece assim confirmar-se a ideia, já ventilada por alguma doutrina, de que o direito de consumo tem sido evitado pela CNUDCI, atendendo a que uma tal intervenção implicaria a necessidade de elaborar uma definição internacional da noção de consumidor. E o que se verifica é que as disparidades de desenvolvimento dos diversos Estados membros de uma organização universal como a CNUDCI dificultam um consenso neste ponto[117].

A nível nacional, encontramos igualmente na nossa legislação noções de consumidor. Nos termos do art. 2.º da Lei de Defesa do Consumidor, deve entender-se por consumidor "(...) todo aquele a quem sejam fornecidos bens, prestados serviços ou transmitidos quaisquer direitos, destinados a uso não profissional (...)", acrescentando-se ainda outro elemento à definição: o fornecedor deverá ser uma pessoa "(...) que exerça com carácter profissional uma actividade económica que vise a obtenção de benefícios". Nesta disposição, embora se não esclareça se o consumidor deverá ser tão-só uma pessoa singular ou se pode ser também um ente colectivo, deparamos com um conceito de consumidor que é delineado em

---

[116] "Some countries have special consumer protection laws that may govern certain aspects of the use of information systems. With respect to such consumer legislation, as was the case with previous UNCITRAL instruments (e.g., the UNCITRAL Model Law on International Credit Transfers), it was felt that an indication should be given that the Model Law had been drafted without special attention being given to issues that might arise in the context of consumer protection. At the same time, it was felt that there was no reason why situations involving consumers should be excluded from the scope of the Model Law by way of a general provision, particularly since the provisions of the Model Law might be found appropriate for consumer protection, depending on legislation in each enacting State. Foot-note ** thus recognizes that any such consumer protection law may take precedence over the provisions in the Model Law. Legislators may wish to consider whether the piece of legislation enacting the Model Law should apply to consumers. The question of which individuals or corporate bodies would be regarded as «consumers» is left to applicable law outside the Model Law": *Guide to Enactment*.

[117] ERIC A. CAPRIOLI e RENAUD SORIEUL, "Le commerce international...", cit., pág. 377 ss.

função do uso não profissional a que o bem, o serviço ou o exercício do direito se destina e do carácter da actividade desenvolvida pelo seu co--contraente[118-119]. Nesta noção, o legislador quis ainda especificar a hipótese de os contratos terem por objecto a transmissão de direitos, modalidade que poderia suscitar algumas dúvidas[120]. Esta situação é particularmente relevante em sede de Internet, em que alguns contratos não são celebrados com vista ao fornecimento de bens corpóreos[121] nem à prestação de serviços, mas à atribuição de licenças[122]. Daí que não pos-

---

[118] Também na anterior Lei de Defesa do Consumidor, (Lei n.º 29/81, de 22 de Agosto), no art. 2.º, o consumidor era definido como "(...) aquele a que sejam fornecidos bens ou serviços destinados ao seu uso privado por pessoa singular ou colectiva que exerça, com carácter profissional, uma actividade económica"; encontramos ainda outra definição de consumidor no diploma que regula o contrato de crédito ao consumo (Decreto-Lei n.º 359/91, de 21 de Setembro, alterado pelo Dec.-Lei n.º 101/2000, de 2 de Junho). Aqui o consumidor é definido no art. 2.º, n.º 1, al. a), como pessoa singular que age com objectivos alheios à sua actividade comercial ou profissional. Esta é uma noção que foi adoptada em momento anterior à constante da actual Lei de Defesa do Consumidor, embora seja com esta conciliável.

[119] Segundo ANTÓNIO MENEZES CORDEIRO, *Tratado de Direito Civil Português,* cit., pág. 462, esta noção é «(...) indevidamente estreita, uma vez que os consumidores devem ser protegidos perante entidades que forneçam bens ou serviços "sem carácter profissional" ou sem visar "a obtenção de benefícios"».

[120] PEDRO PAIS DE VASCONCELOS, *Teoria Geral do Direito Civil,* cit., pág. 129 ss.; JOSÉ DE OLIVEIRA ASCENSÃO, *Direito Civil – Teoria Geral, Introdução. As pessoas. Os bens,* vol. I, 2.ª Edição, Coimbra Editora, 2000, pág. 354 ss., entende que os direitos não são coisas, ainda que incorpóreas, reconhecendo, no entanto, que a situação não é líquida; em sentido contrário, *vide* MANUEL A. DOMINGUES DE ANDRADE, *Teoria Geral da Relação Jurídica,* vol. II, 4.ª reimpressão, Almedina, Coimbra, 1974, pág. 227 ss.; CARLOS ALBERTO DA MOTA PINTO, *Teoria Geral do Direito Civil,* cit., pág. 229 ss.

[121] Sobre a distinção, na doutrina nacional, entre coisas corpóreas e incorpóreas, *vide,* designadamente, MANUEL A. DOMINGUES DE ANDRADE, *Teoria Geral da Relação Jurídica,* vol. II, cit., pág. 227 ss.; CARLOS ALBERTO DA MOTA PINTO, *Teoria Geral do Direito Civil,* cit., pág. 229 ss.; ANTÓNIO MARQUES DOS SANTOS, *Transferência internacional de tecnologia...,* cit., pág. 243 ss.; PEDRO PAIS DE VASCONCELOS, *Teoria Geral do Direito Civil,* cit., pág. 129 ss.; JOSÉ DE OLIVEIRA ASCENSÃO, *Direito Civil...,* vol. I, cit., pág. 352 ss.

[122] CLIVE GRINGRAS, sublinha que a "classificação" do contrato como de venda de bens ou de prestação de serviços, por oposição à licença, deve ser determinada mediante a análise das cláusulas do contrato (*The Laws of the Internet,* cit., pág. 39, em especial nota 3). Considerando que os contratos em linha (*on line*) têm, geralmente, como objecto bens ou serviços e designadamente serviços digitalizados, cf. MICHAEL CHISSICK e ALISTAIR KELMAN, *Electronic Commerce,* cit., pág. 55 ss.; já GABRIELLE KAUFMANN-KOHLER, "Internet: Mondialisation...", cit., pág. 131 ss., e VINCENT GAUTRAIS, GUY LEFEBVRE

samos deixar de sublinhar que a noção de consumidor da lei portuguesa, e em especial a referência que é feita às modalidades de contratação, apresenta uma amplitude que facilita a aplicação desta lei aos contratos celebrados pelos consumidores através da Internet.

Já no Dec.-Lei n.º 143/2001, com um âmbito de aplicação mais restrito, vocacionado, designadamente, para a protecção dos consumidores nos contratos celebrados através da Internet, no seu art. 1.º, n.º 3, al. a), o consumidor é definido, à semelhança do art. 2.º, n.º 2, da Directiva 97/7/CE, como "qualquer pessoa singular que actue com fins que não pertençam ao âmbito da sua actividade profissional".

III. A noção de consumidor não é unívoca. A sua concretização varia nos diversos textos, consoante a natureza, a matéria regulada e o âmbito de aplicação[123], embora tenda a ser mantido um núcleo comum às diversas definições, que reside justamente na contratação com fins não profissionais.

Feito um esboço muito sucinto e genérico das questões que a concretização do conceito de consumidor nos coloca, importará agora fixar a nossa atenção no consumidor que celebra contratos através da Internet, também correntemente designado por consumidor internauta ou por *ciberconsumidor*.

Referiu-se acima que, em determinados domínios e mais concretamente em certos diplomas, o consumidor pode ser definido em função da área ou da matéria em que está a ser referenciado. A questão que se poderá então colocar é justamente a de saber se "este" consumidor em que ora focamos a nossa atenção – o consumidor que celebra contratos através da Internet – deverá ser definido por recurso a elementos caracterizadores específicos ou se, pelo contrário, este facto não assume relevância suficiente que justifique semelhante distinção.

---

e KARIM BENYEKHLEF, "Droit du commerce électronique et normes applicables: l'émergence de la *Lex Electronica*", *RDAI/IBLJ*, n.º 5, 1997, pág. 547-585, pág. 568 ss., qualificam os contratos ligados à Internet como de venda de bens materiais, de prestação de serviços e de licenças de utilização; ainda sobre este tema, *vide* HECTOR L. MACQUEEN, "Software Transactions and Contract Law", in *Law & the Internet, Regulating Cyberspace*, org. Lilian Edwards & Charlotte Waelde, Hart Publishing, Oxford, 1997, pág. 121--135, pág. 126 ss.

[123] Neste sentido, embora referindo-se apenas ao conceito de consumidor no âmbito do Direito Comunitário, *vide* NORBERT REICH, *Europäisches Verbraucherrecht*, cit., pág. 64.

Parece-nos que as especialidades das noções de consumidor poderão eventualmente justificar-se quando estiverem inseridas em textos relacionados com determinados contratos ou com questões específicas. Por exemplo, na Directiva 90/314/CEE do Conselho, de 13 de Junho de 1990, relativa às viagens organizadas, às férias organizadas e aos circuitos organizados, atenta a especificidade da matéria regulada, determina-se no seu art. 2.º, n.º 4, que o consumidor é "a pessoa que adquire ou se compromete a adquirir a viagem organizada («o contratante principal») ou qualquer pessoa em nome da qual o contratante principal se compromete a adquirir a viagem organizada («os outros beneficiários») ou qualquer pessoa a quem o contratante principal ou um dos outros beneficiários cede a viagem organizada («o cessionário»)".

No que respeita a este aspecto, parece-nos que, não obstante a diversidade de operações que podem ser executadas pela Internet e as inúmeras informações que são colocadas à disposição dos utilizadores, a Internet não deixa, por isso, de ser, fundamentalmente, um meio de comunicação, com especificidades, é certo, através do qual o consumidor tem, efectivamente, um imenso leque de opções de contratação. Não nos parece que a noção de consumidor deva assumir particularidades pelo facto de ser utilizado um determinado meio de comunicação em vez de outro, sendo certo que as especialidades poderão eventualmente surgir, conforme acima se referiu, em relação aos contratos específicos que forem celebrados e não pelo facto de ser utilizada a Internet.

Apenas importará, inequivocamente, observar que o consumidor que decide adquirir utilizando a Internet não deverá ser beneficiado nem penalizado por tal facto, pois o consumidor internauta não é merecedor de menor nem de maior protecção do que o consumidor tradicional[124], antes a protecção a conceder deverá atender à especificidade do meio.

3.1.1. *Capacidade contratual do consumidor*

I. Os contraentes que celebram contratos através da Internet recorrem a uma técnica de comunicação à distância – na terminologia da Directiva 97/7/CE – como meio de comunicação, que, conforme acima referimos, se caracteriza pela sua utilização ser feita sem a presença física simultânea do fornecedor e do consumidor.

---

[124] GABRIELLE KAUFMANN-KOHLER, "Internet: Mondialisation...", cit., pág. 135.

A ausência física dos contraentes no processo de formação dos contratos e em especial no momento das trocas de consentimento, propícia ao contacto impessoal e anónimo[125], pode colocar problemas pertinentes quanto à identificação das pessoas e, mais concretamente, quanto à percepção da capacidade contratual da parte pelo seu co-contraente[126].

Nos contratos celebrados por meios tradicionais, *maxime* estando ambos os contraentes frente a frente, cada um deles pode confirmar a existência e as características do outro. É possível ver, pelo menos aparentemente, se o contraente tem capacidade para contratar, se é o comprador quem está a pagar, se quem recebe o bem é o seu comprador ou uma pessoa por este indicada, se quem recebe o preço do bem ou serviço é o fornecedor ou alguém por este indicado, etc. E se tiver dúvidas quanto à capacidade contratual do seu co-contratante, poderá solicitar provas suplementares de identificação[127].

Já nos contratos celebrados através da Internet, como, aliás, na maioria dos contratos à distância, este contacto presencial não se verifica, pois recorre-se a um meio de comunicação que está juridicamente omnipresente, embora as pessoas contraentes estejam fisicamente ausentes[128].

II. Com o desenvolvimento do consumo e das contratações em massa, a maioria dos fornecedores não tem preocupações especiais com a identificação aprofundada dos consumidores com quem contrata[129]. No entanto, existem informações básicas e essenciais de que o fornecedor deverá ser detentor, dentre as quais salientamos aqui a capacidade contratual do consumidor. Nos contratos celebrados à distância, especialmente naqueles em que não é necessário falar ao telefone nem assinar qualquer documento, como, em princípio, é o caso dos contratos celebrados através da Internet, a determinação da capacidade contratual do utilizador pode constituir um problema. Esta situação cria alguma insegurança, já que a

---

[125] HEATHER ROWE e LOVELL WHITE DURRANT, *A Practitioner's Guide to Regulation of the Internet*, City & Financial Publishing, 1999/2000, pág. 79.

[126] OLIVIER ITEANU, *Internet et le droit*, cit., pág. 51; THIERRY PIETTE-COUDOL e ANDRÉ BERTRAND, *Internet et la loi*, cit., pág. 180; MARKUS KÖHLER e HANS-WOLFGANG ARNDT, *Recht des Internet, Eine Einführung*, C.F.Müller Verlag, Heidelberga, 1999, pág. 29; MICHAEL CHISSICK e ALISTAIR KELMAN, *Electronic Commerce*, cit., pág. 64.

[127] OLIVIER ITEANU, *Internet et le droit*, cit., pág. 52.

[128] OLIVIER ITEANU, *Internet et le droit*, cit., pág. 52.

[129] MARKUS KÖHLER e HANS-WOLFGANG ARNDT, *Recht des Internet*, cit., pág. 29.

efectiva incapacidade contratual do consumidor poderá determinar a invalidade do contrato celebrado.

No ordenamento jurídico português, as incapacidades podem ser automáticas, como é o caso da menoridade, ou passíveis de decretação judicial[130], como é o caso da interdição e da inabilitação. Pode também haver situações de pessoas que não foram ainda declaradas incapazes, sendo, no entanto, portadoras de diminuições naturais, a quem é aplicável, nos termos do art. 150.º do CC, o disposto acerca da incapacidade acidental, previsto no art. 257.º do CC, disposição que, naturalmente, também é aplicável às pessoas que agem em situação de incapacidade acidental[131].

Os negócios jurídicos praticados por interditos, já que são incapazes de celebrar negócios jurídicos, são anuláveis, quer em momento posterior ao registo da sentença de interdição definitiva, quer durante o seu decurso ou mesmo antes de anunciada a propositura da acção[132], nos termos dos arts. 148.º, 149.º, 150.º e 257.º, todos do CC. No demais, e sem prejuízo da aplicação de normas especiais, as disposições que regulam a incapacidade por menoridade são aplicáveis, com as necessárias adaptações, aos interditos, nos termos do art. 139.º do CC.

Os actos de disposição praticados pelos inabilitados estão sujeitos a autorização do curador, sob pena de serem anuláveis, nos termos dos arts. 153.º, 148.º *ex vi* art. 156.º, todos do CC. Os inabilitados vêem assim os seus actos de disposição de bens entre vivos e todos os que forem especificados na sentença sujeitos à autorização do curador por quem são assistidos[133], conforme dispõe o art. 153.º do CC. O âmbito da incapacidade

---

[130] JOSÉ DE OLIVEIRA ASCENSÃO, *Direito Civil...*, vol. I, cit., pág. 174 ss.

[131] CARLOS ALBERTO DA MOTA PINTO, *Teoria Geral do Direito Civil*, cit., pág. 294 ss.; FERNANDO ANDRADE PIRES DE LIMA e JOÃO DE MATOS ANTUNES VARELA, com a colaboração de M. HENRIQUE MESQUITA, *Código Civil anotado*, vol. I, 4.ª Edição, Coimbra Editora, Lda., 1987, pág. 157; JOSÉ DE OLIVEIRA ASCENSÃO, *Direito Civil...*, vol. I, cit., pág. 175 ss.

[132] É de notar que a anulação dos negócios jurídicos praticados no decurso da acção (art. 149.º do CC) fica condicionada à verificação de duas situações: que a interdição venha a ser definitivamente decretada e que se mostre que o negócio causou prejuízo ao interdito. A anulação dos negócios jurídicos anteriores à publicidade da acção (arts. 150.º e 257.º do CC) fica sujeita à circunstância de a incapacidade ser notória ou conhecida do declaratário: *vide* PEDRO PAIS DE VASCONCELOS, *Teoria Geral do Direito Civil*, cit., pág. 94 ss.; JOSÉ DE OLIVEIRA ASCENSÃO, *Direito Civil...*, vol. I, cit., pág. 194 ss.

[133] Informa JOSÉ DE OLIVEIRA ASCENSÃO, invocando Castro Mendes, que a intervenção do assistente pode ser prévia ou contemporânea do acto praticado pelo inabilitado;

dos inabilitados pode ser muito amplo ou muito restrito e terá de ser analisado o caso concreto para conhecer os seus reais contornos.

Cumpre também assinalar a situação do contraente que profere uma declaração negocial quando se encontrava acidentalmente incapacitado de entender o seu sentido ou não era dono do livre exercício da sua vontade. Neste caso, determina o art. 257.º, n.º 1, do CC, que a declaração é anulável se "(...) o facto for notório ou conhecido do declaratário", o que se verificará se uma pessoa de diligência normal o tivesse podido notar.

A figura da incapacidade acidental apresenta contornos muito específicos e sujeita a anulação da declaração negocial a circunstancialismos que, embora fazendo todo o sentido em sede de comércio tradicional, já suscitam alguma dificuldade de aplicação no campo do comércio através da Internet. Mais uma vez, o facto de os contraentes não estarem frente a frente torna difícil que um dos contraentes se aperceba de que o outro está a agir em situação de incapacidade acidental, a não ser que, por um qualquer motivo, tenha efectivo conhecimento do facto. É que mesmo que os contraentes comuniquem por correio electrónico, com mensagens personalizadas, o fornecedor terá grande dificuldade em se aperceber se o seu co-contraente está ou não acidentalmente incapaz. Parece-nos assim que esta figura será pouco aplicada nos contratos celebrados através da Internet.

Os negócios jurídicos praticados pelos menores são também anuláveis nos termos do art. 125.º do CC. No entanto, no caso de negócios jurídicos celebrados por menores, são excepcionados de tal consequência de invalidade, nos termos do art. 127.º do CC, os actos e negócios jurídicos aí mencionados. E dentre as excepções aí indicadas, sublinhamos a estabelecida no n.º 1, al. b), em que se prevê que os negócios jurídicos, inseridos na vida corrente do menor, que envolvam despesas ou disposições de bens de pequena importância e que estejam ao alcance da sua capacidade natural, são válidos[134]. Não surpreende, portanto, que um menor de nove anos ou menos, no seu dia a dia, celebre negócios jurídicos inerentes à sua vida corrente desde que impliquem despesas ou disposições de bens de pequena importância; assim, não se estranha que um

---

sendo prévia há autorização, se for contemporânea, há comparticipação (*Direito Civil...*, vol. I, cit., pág. 197).

[134] Em sentido semelhante parece também dispor o Código Civil francês, bem como a jurisprudência dos sistemas de *common law*, esclarecem KONRAD ZWEIGERT e HEIN KÖTZ, *Introduction to Comparative Law*, 3.ª Edição, traduzida por Tony Weir, Clarendon Press, Oxford, 1998, pág. 349 ss.; HEATHER ROWE e LOVELL WHITE DURRANT, *A Practitioner's Guide...*, cit., pág. 84.

menor entre numa pastelaria e compre um bolo, como também é prática corrente que faça compras a pedido do pai ou da mãe, relevando, no entanto, que tenha consciência do que faz[135]. Ora, com a divulgação que a Internet tem tido, nomeadamente ao nível das escolas onde se verifica uma preocupação em familiarizar as crianças e adolescentes com o *ciberespaço*, não é de estranhar, e sê-lo-á cada vez menos, que os menores, em vez de se deslocarem às lojas, façam as suas encomendas pela Internet[136-137].

Atentas as circunstâncias, não repugna que actos que redundem em compras de montantes baixos possam, em princípio, ser validamente praticados por menores[138].

---

[135] JOSÉ DE OLIVEIRA ASCENSÃO, *Direito Civil*..., vol. I, cit., pág. 182; veja-se também entre nós FERNANDO ANDRADE PIRES DE LIMA e JOÃO DE MATOS ANTUNES VARELA, *Código Civil anotado*, vol. I, cit., págs. 140-141; CARLOS ALBERTO DA MOTA PINTO, *Teoria Geral do Direito Civil*, cit., pág. 296; PEDRO PAIS DE VASCONCELOS, *Teoria Geral do Direito Civil*, cit., pág. 81 ss.

[136] Em Portugal existem hipermercados que aceitam as encomendas pela Internet e se comprometem a entregar as compras para a morada que lhes for indicada. Assim, não surpreenderá que, em vez de o filho ir, a mando dos pais, comprar farinha à mercearia da sua rua, ligue o computador, devidamente equipado e com ligação à Internet, se ligue à rede, aceda ao sítio do hipermercado e encomende a farinha que será depois entregue em casa.

[137] Segundo informa OLIVIER ITEANU, *Internet et le droit*, cit., págs. 52-53, a jurisprudência francesa tem entendido que o menor pode agir sozinho nos actos referentes à vida corrente, sendo o montante da compra que determina a aplicação, ou não, desta noção. A jurisprudência tem também entendido que os menores podem actuar mandatados eventualmente pelos pais, pois prevê-se no art. 1990 do CC francês a possibilidade de um menor não emancipado poder ser escolhido para mandatário (Art. 1990: "un mineur non émancipé peut être choisi pour mandataire; mais le mandant n'aura d'action contre lui que d'après les règles générales relatives aux obligations des mineurs"). Assim, entendeu-se que, no caso de vendas por correspondência de bens de baixo valor destinados a crianças, pode ser invocada a noção de mandato aparente, tácito e oral dos pais do menor, sendo, em todo o caso, fundamental identificar o menor. Também no art. 263.º do CC português se determina que "[o] procurador não necessita de ter mais do que a capacidade de entender e querer exigida pela natureza do negócio que haja de efectuar"; acerca desta disposição *vide*, por todos, JOSÉ DE OLIVEIRA ASCENSÃO, *Direito Civil*..., vol. I, cit., pág. 182.

[138] No entanto, e conforme salienta PEDRO PAIS DE VASCONCELOS, *Teoria Geral do Direito Civil*, cit., pág. 82, os conceitos de "negócios jurídicos próprios da vida corrente do menor", da sua "capacidade natural" e de "despesas, ou disposição de bens, de pequena importância", são indeterminados: a sua concretização é muito flexível e apreciada casuisticamente.

Situação que implica alguma especialidade, e que já não poderá ser enquadrável nos negócios jurídicos para os quais o menor tem capacidade negocial, é a relativa à venda de bens ou à prestação de serviços que não podem ser fornecidos a pessoas com menos de certa idade. Pensemos, por exemplo, nos *cibercasinos*, no fornecimento de bebidas alcoólicas, no acesso a sítios com imagens pornográficas: nestes casos, parece-nos que se sente com particular acuidade a necessidade de identificação do co-contraente[139].

III. Como é facilmente apreensível, o fornecedor encontra-se numa situação de insegurança, e contratar através da Internet, apesar de todos os benefícios obtidos, e são muitos, implica uma ampla margem de risco. O fornecedor não vê o seu co-contraente, nomeadamente não sabe se ele tem ou não capacidade para celebrar consigo os negócios jurídicos a que se propõe e portanto não sabe também quais os negócios jurídicos, dentre os que celebrou, que podem vir a ser anulados.

E se, em relance, pode parecer injusto que o fornecedor veja o negócio que celebrou anulado porque afinal o seu co-contraente era incapaz para a prática do acto e o fornecedor não podia ter conhecimento desta incapacidade, porque não estava na sua presença, há que sublinhar que "[o] interesse determinante das incapacidades é o interesse do próprio incapaz"[140]. Entende-se que o objectivo subjacente às regras relativas à capacidade contratual é de tal importância que suplanta as necessidades negociais[141]. Aliás, só assim se justifica que, segundo uma fracção da doutrina, os pais, tutores ou administradores dos bens dos menores possam vir anular os actos que estes praticaram, invocando dolosamente uma maioridade ou emancipação falsas – situação mais uma vez facilitada pela ausência de contacto pessoal entre as partes. Com efeito, nos termos do art. 126.º do CC, o menor que se tenha dolosamente feito passar por maior ou emancipado, não tem direito de vir depois invocar a anulabilidade dos negócios jurídicos celebrados[142]. No entanto, entende a mesma fracção da

---

[139] MICHAEL CHISSICK e ALISTAIR KELMAN, *Electronic Commerce*, cit., pág. 64.
[140] CARLOS ALBERTO DA MOTA PINTO, *Teoria Geral do Direito Civil*, cit., pág. 295 ss.
[141] KONRAD ZWEIGERT e HEIN KÖTZ, *Introduction to Comparative Law*, cit., pág. 348.
[142] CARLOS ALBERTO DA MOTA PINTO, *Teoria Geral do Direito Civil*, cit., pág. 298, refere-se ao dolo ou má-fé do menor como comportamento malicioso (*malitia supleat aetatem*); veja-se também MANUEL A. DOMINGUES DE ANDRADE, *Teoria Geral da Relação Jurídica*, vol. II, cit., pág. 78, que, ainda em referência ao Código de Seabra, entendia

doutrina que, de acordo com a própria disposição, os representantes do menor não ficam abrangidos por esta restrição, podendo invocar a anulabilidade do acto[143].

IV. Face a esta insegurança no tráfego comercial, e à necessidade de proteger os consumidores e em especial os menores, assinalamos já a presença em alguns códigos de conduta de normas relativas à protecção dos menores. Assim, no art. 6 do Código de Conduta da CCI sobre Publicidade e *Marketing* da Internet, entende-se, designadamente, que a publicidade e o *marketing* não devem explorar a natural credulidade ou falta de experiência das crianças, que o material destinado apenas a adultos deve ser identificado, que as crianças devem ser encorajadas a obter a autorização dos pais para aceder a informações na Internet e que devem ser feitos esforços para assegurar que o consentimento dos pais foi dado[144].

---

serem válidos os negócios que o menor tivesse celebrado fazendo-se passar por maior, mas, para se caracterizar o dolo, não bastava a "(…) simples declaração ou inculca de maioridade ou emancipação (art. 299.º, § ún.), (…) sendo necessário que o menor tenha recorrido a certos artifícios ou expedientes enganatórios, como seja, por ex., a falsificação do seu bilhete de identidade (…)".

[143] Ver, entre nós, sobre esta discussão, JOSÉ DE OLIVEIRA ASCENSÃO, *Direito Civil...*, vol. I, cit., pág. 186 ss.; FERNANDO ANDRADE PIRES DE LIMA e JOÃO DE MATOS ANTUNES VARELA, *Código Civil anotado*, vol. I, cit., págs. 139-140, defendem que a impossibilidade de anulação do acto impende sobre o menor e seus herdeiros mas não sobre os pais, tutores ou administradores; em sentido contrário, *vide* CARLOS ALBERTO DA MOTA PINTO, *Teoria geral do direito civil*, cit., pág. 298; e também, PEDRO PAIS DE VASCONCELOS, *Teoria Geral do Direito Civil*, cit., pág. 87 ss., que considera que, nos termos do art. 126.º do CC, a interpretação mais correcta é aquela segundo a qual se entende que "(…) o dolo bloqueia a invocação da invalidade, quer pelo próprio menor, quer pelos seus legais representantes ou herdeiros".

[144] Também no *Web Trader*, regra n.º 8, se dispõe que as mensagens publicitárias devem ser claramente identificáveis como tais pelo público visado, fazendo-se especial ressalva no que respeita à idade dos destinatários; o fornecedor não deverá incitar os menores a contratar pela Internet, devendo inclusive tomar precauções para que o não façam; os pais devem ser encorajados a controlar a utilização da Internet por parte dos menores; os menores não devem ser encorajados a comunicar informações pessoais sobre si ou outras pessoas, e as informações transmitidas pelos menores não devem ser dadas a terceiros, com excepção de pais ou tutores. Também no Código Internacional da CCI de *Marketing* Directo, no seu art. 5, se prevê que as ofertas apenas apropriadas para adultos não devem ser feitas a crianças. Os textos, desenhos e fotografias contidas na oferta devem ser conformes aos padrões dominantes de decoro, prestando-se particular atenção ao facto de a oferta, apesar de endereçada, poder cair nas mãos de crianças.

Também na já referida Recomendação do Conselho da OCDE relativa às linhas orientadoras para a protecção do consumidor no contexto de comércio electrónico, Parte Dois, Ponto II, § 14, se recomenda aos comerciantes que adoptem precauções específicas no que respeita a publicidade e ao *marketing*, especialmente dirigidos a crianças, idosos ou a outras pessoas que não tenham capacidade de compreender a mensagem que lhes é apresentada.

Na Directiva sobre comércio electrónico, art. 16.º, n.º 1, al. e), é salientada a necessidade de os Estados-membros e a Comissão incentivarem a redacção de códigos de conduta em matéria de protecção dos menores e da dignidade humana.

Já fora do campo da *soft law*, anotamos que o legislador português, no Código da Publicidade, também não ficou indiferente à especial vulnerabilidade dos menores (neste texto não é feita qualquer referência a outros incapazes, o que se lamenta), e assim, no seu art. 14.º, são enunciados alguns comportamentos a não adoptar quando a publicidade se dirige a menores.

Cumpre também fazer uma referência à Directiva 97/7/CE, que aflora esta matéria, ainda que em termos muito genéricos, e sem a concretizar, indicando no seu art. 4.º, n.º 2, que as informações a prestar ao consumidor antes da celebração do contrato deverão respeitar os princípios da protecção de pessoas com incapacidade jurídica, nos termos da legislação de cada Estado-membro.

3.2. Alguns aspectos basilares do regime de protecção dos consumidores

3.2.1. *Informações a prestar aos consumidores*

3.2.1.1. *Considerações gerais*

I. Um dos factores determinantes da fragilidade contratual do consumidor é justamente a sua falta de informação e de educação[145]. O consumidor, frequentemente, não tem conhecimento nem dos seus direitos nem dos seus deveres; não tem a noção dos métodos de venda utilizados pelos fornecedores, nem capacidade para lhes resistir; não tem conheci-

---

[145] CARLOS FERREIRA DE ALMEIDA, *Os direitos dos consumidores*, cit., pág. 179 ss.; CARLOS FERREIRA DE ALMEIDA, "Negócio jurídico de consumo", cit., pág. 21; EIKE VON HIPPEL, *Verbraucherschutz*, cit., págs. 3 ss., 25, 34 ss.

mentos suficientes que lhe permitam, perante a proliferação da oferta, decidir em função da relação qualidade/preço, etc.[146].

Uma das formas mais eficazes de proteger o consumidor, diminuindo a desvantagem da sua posição contratual, é justamente através da informação e da educação, uma vez que uma formação adequada propicia comportamentos mais responsáveis e esclarecidos, que se traduzirão também numa maior confiança nos fornecedores e nos contratos a celebrar[147]. No plano legislativo, a imposição de um dever de informação contribuirá para a redução do hiato que separa as partes em função da disparidade do seu poder contratual provocado pela deficiente informação[148]. Contribui-se assim para uma maior igualdade formal e material[149].

---

[146] GUIDO ALPA, "Servizi finanziari...", cit., pág. 8, considera que o consumidor se encontra numa posição de submissão psicológica, de inferioridade, quer do ponto de vista da competência técnica, quer no que toca às informações adquiridas, ao controlo, ou ao poder contratual.

[147] Esta é, aliás, uma preocupação já antiga: na Carta do Conselho da Europa sobre a Protecção do Consumidor são feitas referências nos pontos C. e D. ao direito do consumidor à informação e ao direito do consumidor à educação, respectivamente. Já no ponto 34 do anexo da Resolução do Conselho de 14 de Abril de 1975, relativa a um programa preliminar da Comunidade Económica Europeia para uma política de protecção e de informação dos consumidores, se determinava que o adquirente deverá dispor de uma informação suficiente que lhe permita ter conhecimentos sobre as características essenciais dos bens ou serviços oferecidos, escolher racionalmente entre as ofertas que tem ao seu dispor, utilizar com segurança e de forma satisfatória os produtos e serviços, reivindicar a reparação de eventuais prejuízos; também acerca da informação e educação do consumidor veja-se o ponto F. das Linhas orientadoras para a protecção dos consumidores (*Guidelines for consumer protection*) adoptadas pela Assembleia Geral da ONU.

[148] Sobre o dever de informar os consumidores, *vide* CARLOS FERREIRA DE ALMEIDA, *Os direitos dos consumidores*, cit., pág. 179 ss. e, do mesmo autor, "Negócio jurídico de consumo", cit., pág. 22 ss.; JORGE FERREIRA SINDE MONTEIRO, *Responsabilidade por conselhos, recomendações ou informações*, Almedina, Coimbra, 1989, pág. 372 ss.; JEAN ALLIX, "La protection du consommateur en matière de contrats à distance", *Rev. eur. dt. cons.*, n.º 2, 1993, pág. 95-108, pág. 102; FERNANDO NICOLAU DOS SANTOS SILVA, "Dos contratos negociados à distância", *RPDC*, n.º 5, 1996, pág. 45-58, pág. 51; ARNALDO FILIPE OLIVEIRA, "Contratos negociados à distância – Alguns problemas relativos ao regime de protecção dos consumidores, da solicitação e do consentimento em especial", *RPDC*, n.º 7, 1996, pág. 52-96, pág. 78 ss.; NORBERT REICH, *Europäisches Verbraucherrecht*, cit., pág. 377 ss.; JAN GEERT MEENTS, *Verbraucherschutz bei Rechtsgeschäften im Internet*, Verlag Dr. Otto Schmidt, Colónia, 1998, pág. 187 ss.; CLÁUDIA LIMA MARQUES, *Contratos no Código de Defesa do Consumidor*, cit., pág. 286 ss., em especial, págs. 288, 335 ss.

[149] JORGE FERREIRA SINDE MONTEIRO, *Responsabilidade por conselhos...*, cit., págs. 371, 625.

Nas vendas celebradas à distância e, no caso em análise, nas vendas celebradas através da Internet, a informação a prestar ao consumidor e a forma pela qual é transmitida, assumem especial relevância. O consumidor não conhece a identidade do fornecedor nem o local onde se deve dirigir para posteriores contactos com este. Assim como não vê o bem enquanto o não recebe, ou não toma conhecimento, ou consciência, das consequências do contrato de prestação de serviços, antes da sua celebração. Ou então é-lhe mostrada uma fotografia muitas vezes "embelezada" com propósitos publicitários. E se é legítimo que se proceda a tal "embelezamento" para vender o bem, a situação já é diferente quando essa informação é a única a que o consumidor tem acesso antes de contratar. Neste caso, e embora admitindo-se um *dolus bonus* que permita ao fornecedor focar com especial incidência os aspectos positivos do bem ou serviço que pretende vender[150], já se não admite que seja apenas dada a conhecer ao consumidor uma imagem fantasiosa do produto que lhe não permite saber que contrato está efectivamente a celebrar ou dar-se conta de que está a ser vítima de publicidade enganosa[151-152].

Acresce, ademais, que a maioria dos consumidores não está ainda verdadeiramente familiarizada com o ambiente cibernético, pelo que o seu défice informativo "natural" se estende ainda a questões informáticas, bem como ao *modus operandi* na Internet propriamente dita.

A informação deficiente do consumidor poderá ser evitada, ou minorada, se este, antes da celebração do contrato, e antes do pagamento do preço respectivo[153], tiver acesso a um vasto leque de informações que lhe permitam tomar uma decisão (minimamente) livre e esclarecida[154].

---

[150] Também denominado de dolo tolerado, admitido por lei, *v.g.* o art. 253.º, n.º 2, do CC português determina que "[n]ão constituem dolo ilícito as sugestões ou artifícios usuais, considerados legítimos segundo as concepções dominantes no comércio jurídico (...)": vide MÁRIO JÚLIO DE ALMEIDA COSTA, *Direito das Obrigações*, cit., pág. 243 ss.; JOSÉ DE OLIVEIRA ASCENSÃO, *Direito Civil...*, vol. II, cit., pág. 138 ss.

[151] Com efeito, a publicidade enganosa também poderá ter aqui um vasto palco de actuação; já em 1984 foi adoptada a Directiva 84/450/CEE relativa à publicidade enganosa, posteriormente transposta para o direito interno dos Estados-membros, e cujo regime é também aplicável à publicidade difundida através da Internet.

[152] DANIELA VALENTINO, "Obblighi di informazione e vendite a distanza", *Rass. dir. civ.*, 2/98, pág. 375-395, pág. 383.

[153] Nos contratos celebrados através da Internet, o pagamento é, por norma, feito antes de o consumidor ver o bem que adquiriu; aliás, ao contrário dos métodos de compra tradicionais, aqui, a observação efectiva do bem é a última etapa.

[154] FERNANDO NICOLAU DOS SANTOS SILVA, "Dos contratos negociados à distância", cit., pág. 51; conforme refere EIKE VON HIPPEL, *Verbraucherschutz*, cit., pág. 37 ss., no

II. A fim de obviar às limitações decorrentes da celebração de contratos à distância, em que a falta de informação dos consumidores é um dos elementos que conduz ao desequilíbrio de forças entre as partes contratuais, o legislador comunitário estabeleceu, no art. 4.º da Directiva 97/7/CE, uma série de informações prévias de que o consumidor deve dispor em tempo útil e antes da celebração de contratos à distância[155].

A primeira informação aí exigida refere-se à identidade do fornecedor, e, apenas no caso de pagamento adiantado, ao seu endereço.

O consumidor tem um interesse óbvio em saber com quem pretende vir a contratar e qual o seu endereço, para, sendo caso disso, o poder contactar. No entanto, nesta disposição, a informação relativa ao endereço do fornecedor apenas deve ser dada nos casos em que é exigido um pagamento antecipado, o que nos parece lamentável. Em qualquer fase de negociação de contratos à distância, o consumidor deve ter a possibilidade de entrar em contacto com o fornecedor para requerer mais informações ou qualquer esclarecimento. Caso contrário, apenas lhe resta, posteriormente, exercer o seu direito de rescisão, com as despesas inerentes ao reenvio do bem e com as dificuldades suscitadas pelas hesitações que as pessoas têm quando "voltam com a palavra atrás"[156].

A importância de uma identificação correcta e completa é tanto mais premente quanto é certo que os fornecedores com sítios Internet se poderão sentir tentados a dar apenas ao consumidor a indicação do seu endereço electrónico, o que, atendendo à facilidade com que se podem desligar de um endereço e adoptar outro ou não adoptar nenhum, é manifestamente insuficiente[157-158]. O consumidor tem ainda um interesse espe-

---

melhor dos casos, a situação de inferioridade dos consumidores pode ser equilibrada através da informação, se essa inferioridade depender do défice de informação e não de outras causas; *vide* também JORGE FERREIRA SINDE MONTEIRO, *Responsabilidade por conselhos...*, cit., pág. 372.

[155] NORBERT REICH, *Europäisches Verbraucherrecht*, cit., pág. 377, sublinha ainda, com referência à proposta alterada de directiva, que esta exigência não estará preenchida se a informação for dada em simultâneo com a celebração do contrato.

[156] Neste sentido, *vide* NORBERT REICH, "Die neue Richtlinie 97/7/CE...", cit., pág. 584; JAN GEERT MEENTS, *Verbraucherschutz...*, cit., pág. 194 ss.

[157] Neste sentido, OLIVIER ITEANU, *Internet et le droit*, cit., pág. 53 ss., defende que a menção em singelo pelo oferente do seu endereço electrónico é insuficiente para se conformar com o disposto no art. L.121-18 do Código do Consumo francês, nos termos do qual, em sede de contratos celebrados à distância, o fornecedor deverá fazer constar na oferta o nome da sua empresa, os seus contactos telefónicos e a morada da sua sede, se

cial em saber qual é o país onde o fornecedor tem a sua sede, assim como o endereço das filiais ou sucursais e de outros representantes aos quais se possa dirigir, antes ou depois da celebração do contrato.

Esta limitação referente ao endereço foi suprimida, no plano das directivas comunitárias, e a informação referente à identificação do fornecedor já se apresenta satisfatória com a adopção da Directiva sobre o comércio electrónico, pois, no seu art. 5.º, exige-se que, sem prejuízo de requisitos de informação constantes do direito comunitário, designadamente de obrigações decorrentes da Directiva 97/7/CE, o prestador do serviço da sociedade de informação[159] deve facultar aos destinatários do seu serviço e autoridades competentes, o "(...) acesso fácil, directo e permanente (...)" a informações mais pormenorizadas relativas à identificação do prestador: nome; endereço geográfico onde se encontra estabelecido;

---

for diferente da do estabelecimento responsável pela oferta. Defendia ainda que, não sendo este o único diploma susceptível de se aplicar à oferta electrónica que exige a identificação do profissional, o serviço electrónico deverá ser equiparado a um serviço de comunicação de audiovisual, sendo aplicável a lei n.º 86-1067, de 30.09.86, que, no seu art. 37, determina quais as informações a que o público deverá, permanentemente, ter acesso, e assim, estabelece que, caso se não trate de uma pessoa dotada de personalidade colectiva, deve indicar o nome e apelido das pessoas singulares proprietárias ou co-proprietárias; se for dotada de personalidade colectiva, a sua denominação ou firma comercial, a sede social, o nome do seu representante legal e os seus três principais associados; o nome do director da publicação e o responsável da redacção; a lista das publicações editadas pela empresa e a lista dos outros serviços de comunicação audiovisual que ela assegura, *vide* também, ALAIN BENSOUSSAN, *Le commerce électronique*, cit., pág. 28

[158] Nos termos do art. 4.º, n.º 1, al. a), do Dec.-Lei n.º 143/2001, podemos observar uma redacção muito semelhante à da disposição correspondente da directiva, pelo que apenas se exige o endereço do fornecedor em caso de pagamento antecipado; no mesmo sentido, *vide,* art. 3, n.º 1, al. a), do diploma italiano que transpôs a directiva 97/7/CE para o seu direito interno; no § 2, n.º 2, sub-n.º 1, FernAG, determina-se que, antes da celebração do contrato, o fornecedor deve informar o consumidor da sua identidade e endereço – ainda que se não trate de uma situação de pagamento adiantado –, não se especificando, no entanto, se basta ou não o endereço electrónico.

[159] Os serviços da sociedade de informação são definidos no art. 1.º, n.º 2, da Directiva 83/34/CEE, alterada pela Directiva 98/48/CE, como "qualquer serviço da sociedade da informação, isto é, qualquer serviço prestado normalmente mediante remuneração, à distância, por via electrónica e mediante pedido individual de um destinatário de serviços". No considerando 18 da Directiva sobre o comércio electrónico, esclarece-se que estes serviços podem consistir na venda em linha de mercadorias, não sendo, no entanto, abrangidas actividades como a entrega de mercadorias enquanto tal ou a prestação de serviços fora da linha.

coordenadas para contactar rápida e efectivamente o prestador, incluindo endereço de correio electrónico; eventual registo em que se encontre inscrito e respectivo número de matrícula; caso a actividade esteja sujeita a regime de autorização, indicação das actividades abrangidas pela autorização e coordenadas da entidade que prestou essa autorização; no que respeita a profissões regulamentadas, indicação da organização profissional ou associações em que o prestador esteja inscrito, título profissional e Estado-membro que o concedeu, citação das regras profissionais aplicáveis no Estado-membro do estabelecimento e meio de aceder a essas profissões; caso a actividade exercida pelo prestador esteja sujeita a IVA, o seu número de identificação. As informações mencionadas neste artigo deverão estar acessíveis ainda que não exista qualquer relação contratual entre quem as disponibiliza e quem as consulta, assim se contribuindo para a transparência no comércio electrónico[160].

A segunda informação indicada na Directiva 97/7/CE refere-se às próprias características essenciais do bem ou do serviço; esta descrição deverá ser suficientemente completa, de modo que o consumidor fique habilitado a tomar uma decisão consciente e esclarecida[161].

---

[160] Também no âmbito da *soft law*, esta situação não passou despercebida, pois o Código de Conduta da CCI sobre Publicidade e *Marketing* na Internet prevê, no seu artigo 2, sob a epígrafe "Divulgação da identidade" (*Disclosure of identity*), que os publicitários e profissionais de *marketing* que enviem mensagens de divulgação dos bens ou serviços, deverão indicar a sua identidade, de modo a que o utilizador os possa contactar facilmente: "Advertisers and marketers of goods and services who post commercial messages via the Internet should always disclose their own identity and that of the relevant subsidiary, if applicable, in such a way that the user can contact the advertiser or marketer without difficulty". Orientação que aliás é coerente com as opções já tomadas pela CCI na elaboração de outro código de conduta, o Código Internacional de *Marketing* Directo, que prevê, no seu art. 12, sob a epígrafe "Identidade do vendedor", que a oferta deve incluir o nome completo e o endereço do vendedor ou do operador, de modo que o consumidor possa comunicar directa e efectivamente com ele. Também no Código *Web Trader* se prevê, no art. 3.º, que a empresa deverá informar o consumidor da "denominação, forma jurídica, endereço, telefone, *e-mail*, registo de pessoa colectiva, e se aplicável, alvarás e licenças legalmente exigíveis". De modo semelhante, na Recomendação do Conselho da OCDE relativa às linhas orientadoras para a protecção do consumidor no contexto de comércio electrónico, na Parte Dois, ponto III. A., prevê-se que os consumidores deverão ter acesso à identificação do negócio, incluindo a denominação da sociedade, o seu endereço geográfico, endereço electrónico ou outro meio electrónico de contacto, número de telefone, etc., devendo ser garantido ao consumidor uma comunicação rápida e eficiente com o fornecedor.

[161] Em sentido semelhante, embora já no campo da *soft law, vide* Recomendação da OCDE para a protecção do consumidor no contexto de comércio electrónico, Parte Dois,

As informações seguintes referem-se ao preço do bem ou do serviço (impostos incluídos)[162], às despesas de entrega, às modalidades de pagamento, ao custo da utilização da técnica de comunicação. Na Directiva 2000/31/CE, art. 5.º, n.º 2, estabelece-se expressamente que os Estados-membros devem assegurar que, sempre que os serviços da sociedade de informação indiquem preços, essa indicação, para além de clara e inequívoca, deve incluir as despesas fiscais e de entrega.

O consumidor deve ainda ser informado das modalidades de entrega ou de execução, do prazo de validade da oferta ou do preço, da duração mínima do contrato, em caso de contratos de fornecimento de produtos ou da prestação de serviços de execução continuada ou periódica, e da existência de um direito de rescisão[163].

A estas informações acrescem ainda as indicadas no art. 10.º da Directiva sobre o comércio electrónico, que deverão ser facultadas pelo prestador de serviço antes de ser dada a ordem de encomenda pelo destinatário, no caso de o contrato não ser celebrado exclusivamente por correio electrónico ou por outro meio de comunicação individual equivalente e que são as seguintes: a) as diversas fases técnicas da celebração do contrato; b) indicação sobre se o contrato celebrado será ou não arquivado pelo prestador de serviço e se será acessível; c) os meios técnicos que permitem identificar e corrigir os erros de introdução anteriores à ordem de encomenda; d) as línguas em que o contrato pode ser celebrado; e) os códigos de conduta de que o prestador é subscritor e a forma de aceder electronicamente a esses códigos[164-165].

Ponto III. B.; art. 3.º, ponto 2, do Código *Web Trader;* art. 1.º do Código Internacional CCI de *Marketing* Directo.

[162] *Vide,* a este respeito, a Directiva 98/6/CE do Parlamento Europeu e do Conselho de 16/2/1998, relativa à defesa dos consumidores em matéria de indicações dos preços dos produtos oferecidos aos consumidores.

[163] MICHAEL MARTINEK, "Verbraucherschutz im Fernabsatz...", cit., pág. 207.

[164] No caso de o contrato à distância celebrado entre o consumidor e o fornecedor ser relativo a serviços financeiros e se enquadrar no âmbito de aplicação da proposta alterada de directiva relativa à comercialização à distância dos serviços financeiros junto dos consumidores, para além das informações previstas na Directiva sobre comércio electrónico, deverão ainda ser observadas, quando for aprovada e transposta a respectiva directiva, as informações previstas no art. 3.º da ainda proposta alterada, designadamente: a identidade e endereço do fornecedor, bem como a do seu representante estabelecido no país da residência habitual do consumidor; a descrição das características principais do serviço financeiro; o preço total; os modos de pagamento e de fornecimento ou execução

III. Além destas informações, o fornecedor deverá, em obediência ao art. 4.º, n.º 2, da Directiva 97/7/CE, dar conhecimento aos seus destinatários dos objectivos comerciais que regem a mensagem difundida, identificando-a claramente como tal[166].

Acrescenta-se ainda, nesta disposição, que estas informações devem ser fornecidas de maneira clara e compreensível.

No texto da Directiva sobre o comércio electrónico, esta indicação surge reforçada e complementada. Assim, estabelece-se no seu art. 6.º que as comunicações comerciais de um serviço da sociedade de informação devem ser claramente identificáveis como tais; a pessoa por conta de quem é feita a comunicação comercial deverá também ser claramente identificável e as ofertas promocionais, os concursos ou jogos promocionais devem ser igualmente identificáveis, bem como devem ser claras as indicações para neles participar[167].

Admite-se, no entanto, que não é tarefa fácil concretizar estes conceitos, e, nomeadamente, saber qual o discurso que o fornecedor deverá utilizar para a informação ser clara e compreensível. O discurso do fornecedor não obedece sempre aos mesmos parâmetros, sendo, ao invés,

---

do contrato; as informações relativas à existência e as condições de exercício do direito de rescisão.

[165] Na Recomendação da OCDE para a protecção do consumidor no contexto de comércio electrónico, Parte Dois, Ponto III. C., são indicadas as informações que devem ser prestadas ao consumidor, das quais salientamos as limitações ou condições de compra, tais como a necessidade de autorização prévia de pais ou tutores, ou restrições geográficas ou temporais, as informações relativas aos serviços pós-venda e às garantias. Também com respeito às informações a prestar ao consumidor, no Código Internacional CCI de *Marketing* Directo, em especial nos seus primeiros três artigos, se revela uma preocupação de informar correctamente o consumidor, de modo que este não possa ser induzido em erro pela sua própria falta de formação. Também a regular a informação a prestar aos consumidores, pode ver-se a regra n.º 3 do Código *Web Trader*.

[166] DIRK ARNOLD, "Verbraucherschutz im Internet", *CR,* 9/1997, pág. 526-532, pág. 530; WALDENBERGER, "Verbraucherschutz im Internet", cit., pág. 40.

[167] Salientamos, no entanto, que as referências à necessidade de clareza e compreensibilidade não são apanágio exclusivo destas directivas; com efeito, encontramos outras referências a esta necessidade de clareza: por exemplo, no art. 3.º da Directiva 90/314/CEE, relativa às viagens organizadas, férias organizadas e circuitos organizados, estabelece-se que as informações sobre a viagem, preço e outras condições contratuais "(…) não devem conter elementos enganadores", sendo depois especificadas algumas das informações que devem ser indicadas; também no art. 5.º da Directiva 93/13/CEE relativa às cláusulas abusivas nos contratos celebrados com os consumidores se dispõe que as cláusulas deverão ser "(…) redigidas de forma clara e compreensível".

adaptado e modelado, consoante o grupo de consumidores a que se destina; assim, é difícil encontrar um denominador comum aos possíveis discursos publicitários[168]. Jan Geert Meents coloca ainda a questão de saber se a clareza e compreensibilidade da informação fornecida aos consumidores que utilizam a Internet deverá obedecer a critérios especiais, nomeadamente se deve haver uma pormenorização de informações técnicas e um menosprezo por questões consideradas fundamentais para outros consumidores, por se presumir que os consumidores que utilizam a Internet são pessoas mais esclarecidas, tendencialmente detentoras de graus académicos acima da média[169]. No entanto, este autor revela-se contrário a semelhante discriminação, alegando, nomeadamente, que a Internet é um instrumento cada vez mais comum e regular na vida das pessoas, sendo aliás, essa a tendência sentida nestes últimos anos. Embora os discursos publicitários e a forma de transmitir essas informações prévias devam ser adequados aos consumidores a que se destinam, não faz sentido estar a adaptar o nível de compreensão dessas mensagens de cada vez que a estrutura socio-demográfica da Internet se altera. Posição que é, aliás, corroborada pelo art. 6.º da Directiva sobre comércio electrónico, pois, apesar de estar direccionada para os destinatários de comunicações comerciais que constituam ou sejam parte de um serviço da sociedade de informação, estabelece as mesmas exigências de clareza e identificabilidade.

Por último, no mesmo art. 4.º, n.º 2, da Directiva 97/7/CE, dispõe-se que as mencionadas informações devem ser fornecidas por um meio adequado à técnica de comunicação utilizada e respeitar, designadamente, os princípios de lealdade e os princípios da protecção de pessoas com incapacidade jurídica, segundo a legislação dos Estados-membros. Em princípio, o meio será o adequado se a mensagem informativa puder chegar facilmente ao consumidor e se este puder razoavelmente esperar que lhe seja transmitida por aquele meio: v.g. as informações podem vir indicadas num sítio Internet, se for nesse ambiente que o fornecedor tenha divulgado a sua mensagem, mas, ainda assim, as informações terão de estar facilmente acessíveis. Por exemplo, se apenas pela leitura combinada de um certo número de sítios Internet se puder obter essa informação, a transparência exigida já não se verifica[170].

---

[168] JAN GEERT MEENTS, *Verbraucherschutz*..., cit., pág. 191.
[169] JAN GEERT MEENTS, *Verbraucherschutz*..., cit., pág. 191 ss.
[170] WALDENBERGER, "Verbraucherschutz im Internet", cit., pág. 41.

IV. Tem também sido defendido pela doutrina mais recente que o fornecedor se deverá assegurar que o consumidor, antes de celebrar o contrato, para além de ter acesso às informações respeitantes ao bem ou serviço, tem efectivo conhecimento destas, bem como das cláusulas do contrato a celebrar. E são várias as hipóteses defendidas para alcançar este resultado: uma solução consiste em assegurar que o consumidor não possa contratar antes de ter assinado um contrato à parte enviado pelo correio, o que se revela manifestamente anacrónico face à pretendida evolução do comércio electrónico; outra solução consiste em incluir no sítio Internet todas as informações e cláusulas do contrato, de modo a que este só possa ser celebrado depois de o consumidor as ter lido; uma outra hipótese consiste em incluir uma "hiperligação" no sítio Internet em causa, que conectaria com um texto em que estariam todas as informações e termos do contrato[171-172].

Todavia, todos os esforços que possam ser feitos no sentido de "obrigar" os consumidores a ler e a tomar conhecimento dos termos em que contratam são falíveis. O consumidor poderá não consultar o texto do qual constem as informações ou decidir activar o *ícone* "seguinte" sem que tenha lido coisa alguma. Neste caso, tendo o fornecedor feito esforços sérios no sentido de informar o consumidor, se este não fizer a mínima

---

[171] O art. 5 bis da Lei-Modelo da CNUDCI sobre Comércio Electrónico parece admitir esta ligação, ao dispor que não será negada eficácia, validade ou obrigatoriedade à informação apenas por esta não constar da mensagem electrónica que está na base de tais efeitos legais, mas ser apenas referida nessa mensagem: "Article 5 bis. Incorporation by reference, (as adopted by the Commission at its thirty-first session, in June 1998) Information shall not be denied legal effect, validity or enforceability solely on the grounds that it is not contained in the data message purporting to give rise to such legal effect, but is merely referred to in that data message". No ponto 46.5 do *Guide to Enactment,* é referida especificamente a utilização de hiperligações no âmbito do disposto no referido art. 5 bis. Considera-se, no entanto, que factores como a acessibilidade ao texto, os custos de acesso, a integridade poderão pesar na consideração das hiperligações no cumprimento da função que lhes é, neste caso, destinada. No entanto, no ponto 46.7 esclarece-se, mais uma vez, que a Lei-Modelo não pretende colidir com disposições legais imperativas de protecção dos consumidores. Neste sentido, poderia ser adoptada uma espécie de lista de dados que não pudessem ser simplesmente referidos e remetidos, mas incluídos no próprio texto.

[172] GRAHAM JH SMITH e outros, *Internet Law and Regulation*, FT, Law & Tax, Londres, 1996, pág. 99 ss.; OLIVIER ITÉANU, "Les contrats du commerce électronique", *Droit & Patrimoine*, n.º 55, 1997, pág. 52-55, pág. 55; TORALF NOEDING, "Distance selling...", cit., pág. 85; PETER MANKOWSKI, "Internet im Internationalen Vertrags...", cit., pág. 211.

diligência nesse sentido, o fornecedor mais nada poderá fazer e também não deverá ser responsabilizado por tal ignorância do consumidor.

V. Pelo elenco de informações que são mencionadas no art. 4.º, é notório que as preocupações do legislador comunitário se não limitam à descrição das características do bem ou serviço mas que as ultrapassam, indo até ao dever de informar o consumidor de que tem o direito de rescisão. A preocupação manifestada não é apenas a de informar o consumidor das características do produto que quer adquirir, mas de permitir que este possa contratar com conhecimento efectivo do contrato que celebra e dos direitos e deveres que lhe cabem.

Deverá haver, portanto, da parte dos fornecedores que recorrem a sítios Internet para contratar automaticamente com consumidores, uma especial preocupação em aí alterar a informação sempre que tal se justifique[173].

3.2.1.2. *Confirmação por escrito das informações*

I. As técnicas de comunicação à distância podem ter um carácter efémero[174] e a Internet é por si só um bom exemplo: não é invulgar que um consumidor tenha acesso ao sítio Internet de um fornecedor. Com as informações que aí lhe foram dadas, o consumidor decide celebrar o contrato que, entretanto, conclui. No entanto, e embora se determine, nos termos do art. 4.º da directiva, que o consumidor deve ter ao seu dispor todas as informações de que realmente necessita para actuar com plena liberdade de decisão, tal facto poderá não ter ocorrido, ou o consumidor pode não ter prestado atenção a informações que eram importantes e não é invulgar acontecer que o consumidor, quando as quiser rever já o não possa fazer porque o fornecedor desactivou a página onde vinham mencionadas, ou alterou o seu conteúdo, o que não é mais do que uma consequência da característica da própria vulnerabilidade da Internet[175].

Neste sentido, prevê-se no art. 5.º da Directiva 97/7/CE que o consumidor que tenha celebrado o contrato deve receber, o mais tardar no momento da entrega dos bens, ou não havendo bens a entregar, em tempo útil na execução do contrato, a "(...) confirmação por escrito, ou através de

---

[173] CLIVE GRINGRAS, *The Laws of the Internet*, cit., pág. 51.
[174] Conforme se refere no considerando (11) da Directiva 97/7/CE; *vide* ainda NORBERT REICH, *Europäisches Verbraucherrecht*, cit., pág. 378; DANIELA VALENTINO, "Obblighi di informazione...", cit., pág. 383.
[175] DIRK ARNOLD, "Verbraucherschutz im Internet", cit., pág. 530.

outro suporte durável à sua disposição das informações referidas nas alíneas a) a f) do art. 4.º"[176-177].

É também inegável que o facto de o consumidor receber uma confirmação de determinadas informações lhe desperta a atenção, de modo que ele mais facilmente as analisará, ainda que a estas já tivesse tido acesso. Além disso, a confirmação das informações por escrito, ou através de outro suporte durável, tem também um efeito persuasor, incentivando o fornecedor a cumprir o contrato nos exactos termos que se propôs[178].

Além disso, em caso de litígio com o fornecedor, esta medida tem ainda a vantagem de, pelo menos, facilitar a produção de prova que o consumidor tenha de vir a fazer em tribunal, seja ele arbitral ou judicial.

A exigência de que seja dada por escrito a informação sobre as condições e modalidades de exercício do direito de rescisão, apesar da abertura a outras tecnologias, ainda traduz algum apego às tradições formais, embora esteja francamente mitigado pela alternativa apresentada de as informações poderem ser dadas através de outro suporte durável. Nesta directiva não é definido o conceito de suporte durável; no entanto, esta noção consta já da proposta alterada de directiva relativa à comercialização à distância de serviços financeiros junto dos consumidores, na qual é definido como "qualquer instrumento que permita ao consumidor conservar informações que lhe sejam pessoal e especialmente dirigidas e que estejam contidas, nomeadamente, em disquetes informáticas, CD-ROM, assim como o disco duro do computador do consumidor que armazene correios electrónicos"[179].

---

[176] Exactamente no mesmo sentido, *vide* art. 5.º, n.º 1, do Dec.-Lei n.º 143/2001; o § 2, n.º 3, FernAG, determina que as informações previstas no seu art. 2.º, n.ºˢ 1 a 8 – que correspondem, com algumas alterações, ao art. 4.º, n.º 1, da Directiva 97/7/CE –, devem ser facultadas ao consumidor, em suporte durável, o mais tardar imediatamente após a celebração do contrato no caso de se tratar de contrato de prestação de serviços e, no caso de fornecimento de bens, até ao momento da sua entrega.

[177] Nos termos do art. 11.º, n.º 3, al. a), da mesma directiva, os Estados-membros podem fazer recair sobre o fornecedor o ónus da prova da existência da informação prévia, bem como da sua confirmação por escrito.

[178] Por exemplo, nos termos do art. 2.º da Directiva 1999/44/CE relativa à venda de bens de consumo e das garantias a ela relativas, o vendedor tem um dever de entregar ao consumidor bens conformes com o contrato de compra e venda, presumindo-se, nomeadamente, que são conformes se corresponderem à descrição feita pelo vendedor. Em caso de desconformidade, o consumidor poderá ter direito à reparação ou substituição do bem, a uma redução adequada do preço ou à rescisão do contrato.

[179] No art. 2.º, al. d), do Dec.-Lei n.º 143/2001, define-se suporte durável como "qualquer instrumento que permita ao consumidor armazenar informações de um modo

Não deixam, contudo, de se colocar algumas dúvidas quanto a uma completa adesão aos documentos electrónicos; com efeito, temos, no art. 5.º, n.º 1, 1.º travessão, que deverá ser sempre fornecida uma "(...) informação por escrito sobre as condições e modalidades de exercício do direito de rescisão (...)", sem colocar em alternativa a possibilidade de outro suporte durável. Sendo que, *v.g.*, o correio electrónico permite a transmissão de informações por escrito, não temos exacta indicação de que seja essa a interpretação que o legislador pretende ou pretendia. Não obstante as dúvidas que aqui possam ser levantadas no que respeita à orientação do legislador comunitário, parece-nos que esta eventual limitação formal poderá ser minorada ou evitada com a adopção de legislação, em cada Estado-membro, respeitante ao regime jurídico dos documentos electrónicos[180]. Acrescenta-se ainda, sem prejuízo de desenvolvimentos posteriores, que a tendência actual vai no sentido de se considerar preenchida a exigência de forma escrita em documentos electrónicos[181]; assim, *v.g.*, nos termos do art. 6 da Lei-Modelo da CNUDCI sobre Comércio Elec-

---

permanente e acessível para referência futura e que não permita que as partes contratantes manipulem unilateralmente as informações armazenadas". Nos termos do § 361a, n.º 3, BGB, referente ao direito de revogação do consumidor (sobre esta disposição, *vide infra* nota 264 e texto correspondente), determina-se que as informações ou declarações se consideram transmitidas ao consumidor em suporte durável, se essa transmissão ocorrer por documento ou por outro meio legível que permita ao consumidor a reprodução inalterada do teor das respectivas informações. Conforme salienta STEPHAN LORENZ, "Im BGB viel Neues...", cit., pág. 837, na *ratio* desta disposição, estará não só o direito de o consumidor ser informado antes da celebração do contrato, mas também a possibilidade de, posteriormente, poder aceder às informações referentes ao contrato, sem que o fornecedor as tenha alterado. O autor considera ainda que a informação poderá ser transmitida por "forma electrónica" e obedecer ao requisito de "durável". Neste sentido, a informação deverá estar disponível ao consumidor por disquete ou CD-ROM ou ser enviada por correio electrónico; *vide* também P. BÜLOW e M. ARTZ, "Fernabsatzverträge...", cit., pág. 2055.

180 Sobre a questão da exigência de forma escrita em documento electrónico, *vide infra*, nota 407 ss. e texto correspondente.

181 MIGUEL PUPO CORREIA, já em momento anterior à publicação do regime jurídico dos documentos electrónicos e da assinatura digital, tecia as seguintes considerações: "Parece-me, na verdade, lícito considerar que a mera circunstância de o texto estar acessível ao leitor apenas no monitor de um computador ou terminal vídeo, antes e à margem da sua impressão em papel, não retira a esse texto o carácter de um escrito, isto é, de uma mensagem tradutora de uma dada manifestação do pensamento humano, através do uso de caracteres convencionais, expresso num determinado idioma" ("Comércio electrónico: forma e segurança", cit., pág. 237).

trónico, entende-se que o documento electrónico obedecerá à exigência de forma escrita se a informação aí contida for susceptível de futuros acessos.

Ainda neste artigo 5.º, n.º 1, da Directiva 97/7/CE, temos uma indicação curiosa, que se reporta às informações a prestar ao consumidor. Esclarece-se que deverá ser sempre fornecida informação, também por escrito, das condições e modalidades de exercício do direito de rescisão, informação do endereço geográfico do estabelecimento do fornecedor onde possam ser apresentadas reclamações, informações relativas ao serviço pós-venda e garantias comerciais existentes e condições de resolução do contrato quando tiver duração indeterminada ou superior a um ano[182]. Concordamos plenamente com a importância do conhecimento destas informações para o consumidor que pode inclusive influenciar a decisão de contratar ou não[183]. Temos, no entanto, maior dificuldade em compreender o motivo pelo qual algumas destas informações não deverão obrigatoriamente ser incluídas nas informações prévias. O seu conhecimento após a celebração do contrato apenas permite ao consumidor o exercício do direito de rescisão do contrato a que se refere no art. 6.º – se o contrato celebrado for passível de rescisão – e a verdade é que, após a celebração do contrato, o consumidor tem alguma relutância em "voltar com a palavra atrás".

II. Não obstante a importância que o legislador comunitário reconhece à obrigação de transmissão das informações pré-contratuais enunciadas no art. 4.º, não se encontra na directiva qualquer disposição que sancione o fornecedor pelo seu incumprimento[184]. Encontramos uma consequência, que não ousamos apelidar de sanção, para o incumprimento da confirmação por escrito das informações previstas no art. 5.º[185], e que se

---

[182] No art. § 2.º, n.º 3, sub-n.os 1 a 4, FernAG, é salientada a importância de as informações relativas ao direito de revogação, ao endereço onde o fornecedor possa ser citado e para onde o consumidor possa enviar as suas reclamações, aos serviços de assistência a clientes, às garantias, às cláusulas dos contratos que implicam a assunção de compromissos de duração superior a um ano, além de serem transmitidas em suporte durável, o serem de uma forma clara e destacada.

[183] NORBERT REICH, *Europäisches Verbraucherrecht*, cit., pág. 378.

[184] THEO BODEWIG, "Die neue europäische Richtlinie zum Fernabsatz", *DZWiR*, 11/1997, pág. 447-455, pág. 452.

[185] Aliás, no texto da Directiva 97/7/CE, não é estabelecida qualquer cominação, qualquer penalização a ser aplicada ao fornecedor, caso este não cumpra as disposições

traduz numa prorrogação do prazo dentro do qual o consumidor pode exercer o seu direito de rescisão – art. 6.º, n.º 1. E, contudo, uma completa ausência de informações quanto às características do bem ou serviço, ao seu preço, à identidade do fornecedor, à existência de um direito de rescisão, durante a fase pré-contratual do contrato e mais concretamente até ao momento da entrega dos bens, não tem qualquer sanção ou consequência para o fornecedor.

Este é um dos aspectos da directiva que o legislador interno, aquando da sua transposição, deverá corrigir, penalizando consequentemente o fornecedor infractor. Uma medida possível seria a de, à semelhança do disposto nos arts. 5.º e 6.º, mas de uma forma mais gravosa, não encetar o prazo de contagem para exercício do direito de rescisão antes de o fornecedor cumprir as obrigações de informação a que está sujeito nos termos do art. 4.º[186].

3.2.1.3. *Legislação portuguesa sobre as informações a prestar ao consumidor*

I. Os direitos dos consumidores assumiram, no ordenamento jurídico português, mais concretamente, no art. 60.º da CRP, relevância constitucional. No n.º 1 desta disposição são indicados alguns dos principais direitos dos consumidores e, de entre estes, sublinhamos, pela importância para o tema ora focado, o direito dos consumidores à formação e à informação.

Na Lei de Defesa do Consumidor, indica-se, ainda que em termos genéricos, no art. 3.º, al. d), o direito do consumidor à informação para o consumo. No art. 7.º do mesmo diploma é ainda enunciado o direito do consumidor à informação em geral e já no art. 8.º, sob a epígrafe "Direito

---

previstas na directiva, nem é determinada qualquer consequência quanto à validade do contrato. No art. 11.º, sob a epígrafe "Processo judicial ou administrativo", o legislador comunitário manifesta esta necessidade e enuncia algumas medidas que poderão ser tomadas pelos Estados-membros para alcançar esse fim. Daqui se retira que caberá a cada um dos Estados-membros estabelecer quais as consequências decorrentes do incumprimento das normas de direito nacional que tenham transposto a directiva. E, uma vez que não existe uma regra que sirva de referência para a transposição para o direito interno, os diversos países podem tomar medidas muito discrepantes, com eventuais "(…) incidências negativas na concorrência entre as empresas que operam no mercado interno" (*vide* considerando 4). Ainda acerca deste assunto, *vide* HEATHER ROWE e LOVELL WHITE DURRANT, *A Practitioner's Guide...*, cit., pág. 90.

[186] JAN GEERT MEENTS, *Verbraucherschutz...*, cit., pág. 195.

à informação em particular", são indicadas as informações que o fornecedor de bens ou o prestador de serviços deve facultar ao consumidor, quer aquando das negociações, quer na celebração do contrato. E aqui se indica que as informações devem ser prestadas de uma forma clara, objectiva e adequada, notando-se uma semelhança com a redacção e o sentido do art. 4.º, n.º 2, da Directiva 97/7/CE. Acrescenta-se ainda que estas informações deverão versar, nomeadamente, sobre as características, a composição e o preço do bem ou do serviço, o período de vigência do contrato, as garantias, os prazos de entrega e a assistência após o negócio jurídico. Além disso, a publicidade que for transmitida ao consumidor deverá ser lícita, verdadeira, respeitar os direitos dos consumidores e deve ser inequivocamente identificada.

Estas informações, que são genericamente exigíveis em qualquer contrato celebrado com consumidores, deverão, no caso de se tratar de contratos celebrados através da Internet, também ser complementadas com as indicações previstas nos arts. 4.º e 5.º do Dec.-Lei n.º 143/2001 que correspondem, essencialmente, às já previstas nos arts. 4.º e 5.º da Directiva 97/7/CE[187].

Estes diplomas não abarcam, na sua totalidade, as indicações conjugadas da Directiva 97/7/CE e da Directiva sobre o comércio electrónico, especialmente esta última, o que não se estranha atendendo a que foi elaborada tendo em vista as especificidades levantadas pelo comércio electrónico e este é um tema que ainda não foi globalmente tratado pelo legislador interno.

II. No que concerne à confirmação das informações por escrito, o legislador português, ao proceder à transposição da Directiva 97/7/CE

---

[187] Antes da entrada em vigor do Dec.-Lei n.º 143/2001, as informações, que eram já exigíveis em qualquer contrato celebrado com consumidores, deviam, no caso de se tratar de contratos celebrados através da Internet, também ser complementadas com as indicações previstas no art. 9.º do Dec.-Lei n.º 272/87. Assim, além das informações gerais, ao consumidor deviam ser ainda facultadas as indicações relativas à forma e às condições de pagamento, a outras despesas a ser suportadas pelo consumidor, à identificação da empresa vendedora – nome, domicílio, outros elementos identificativos –, bem como ao local para onde o consumidor pudesse dirigir pedidos de encomendas ou de informações, não se admitindo a mera indicação de apartado. No art. 11.º, n.º 2, do mesmo diploma determinava-se também que o consumidor devia ser informado até ao momento da conclusão do contrato, por escrito e pelo seu co-contraente, do direito de resolução.

para o direito interno, adoptou, no art. 5.º do Dec.-Lei n.º 143/2001, uma disposição muito semelhante ao art. 5.º daquela Directiva[188].

3.2.1.4. Convite e proposta a contratar. Oferta ao público

I. Na Internet e nomeadamente na *World Wide Web*, o contrato costuma começar com o consumidor a observar um sítio Internet de um fornecedor em que são divulgados bens que se pretendem vender. A primeira questão que se coloca é a de saber se essa divulgação é apenas um convite a contratar ou se integra já uma proposta contratual[189].

Referimos acima que, quer a nível das directivas comunitárias mencionadas – designadamente as Directivas sobre contratos à distância e sobre o comércio electrónico –, quer a nível da legislação interna de protecção do consumidor – sem incluir aqui os textos de *soft law* que também versam sobre esta matéria –, se exige que sejam facultadas ao consumidor, antes da celebração do contrato, uma série de informações que, apesar de poderem ser mais latas, são já bastante pormenorizadas.

A questão que aqui se pode colocar será então a de saber se as informações cuja transmissão legalmente se exige serão suficientes para que se possa dizer que estamos perante uma proposta e não um simples convite a contratar.

Para enquadrarmos tal situação, importa, previamente, saber o que se deve entender por proposta e por convite a contratar.

A proposta é, segundo a definição de António Menezes Cordeiro, "(...) *a declaração feita por uma das partes e que, uma vez aceite pela outra ou pelas outras, dá lugar ao aparecimento do contrato*"[190]. Segundo

---

[188] A medida prevista no art. 5.º da Directiva 97/7/CE também não foi exactamente novidade para o legislador português, pois no art. 10.º, n.º 1, do Dec.-Lei n.º 272/87, previa-se que, após a aceitação do consumidor, o vendedor, antes ou simultaneamente com o envio dos bens, lhe devia enviar um documento do qual constassem os elementos inseridos na oferta.

[189] TORALF NOEDING, "Distance selling...", cit., pág. 85.

[190] ANTÓNIO MENEZES CORDEIRO, *Tratado de Direito Civil Português*, cit., pág. 348 (sublinhado do autor); ainda entre nós, INOCÊNCIO GALVÃO TELLES, *Manual dos Contratos em Geral*, 3.ª Edição, Lisboa, 1965, pág. 192; FERNANDO PESSOA JORGE, *Lições de Direito das Obrigações*, Edição da AAFDL, 1975-76, pág. 183; CARLOS FERREIRA DE ALMEIDA, *Texto e enunciado na teoria do negócio jurídico*, Almedina, Coimbra, 1992, vol. II, pág. 786; LUÍS A. CARVALHO FERNANDES, *Teoria Geral do Direito Civil*, vol. II, 2.ª Edição, LEX, Lisboa, 1995, pág. 210. Já na doutrina estrangeira, *vide* FRANCESCO MESSINEO, *Il contratto in genere*, tomo I, Dott. A. Giuffrè, 1968, pág. 306 ss.; KARL

este autor, a proposta deverá, portanto, ser completa e precisa, devendo por isso incluir todos os elementos necessários ao contrato, de modo que, pela sua aceitação, este fique concluído[191]; deverá ser manifestada a intenção inequívoca de contratar, no sentido de que o proponente exteriorize uma vontade que, observada por um terceiro, seja reveladora dessa

---

LARENZ, *Tratado de Derecho Civil Alemán*, *Derecho Civil, Parte General*, tradução notas de Miguel Izquierdo y Macías-Picavea, Editorial Revista de Derecho Privado, Editoriales de Derecho Reunidas, 1978, pág. 708; LUDWIG ENNECCERUS, *Derecho Civil, Parte General*, vol. II, Primeira Parte, revisto por Hans Carl Nipperdey, traduzido por Blas Pérez González e José Alguer, com a terceira edição ao cuidado de A. Hernández Moreno e Maria del Carmen Gete-Alonso, Bosch, Barcelona, 1981, pág. 253; ENZO ROPPO, *O contrato*, tradução de Ana Coimbra e M. Januário C. Gomes, Almedina, Coimbra, 1988, pág. 80; WERNER FLUME, *Allgemeiner Teil des Bürgerlichen Rechts, Das Rechtgeschäft*, Springer Verlag, 1992, pág. 636; HELMUT KÖHLER, *BGB Allgemeiner Teil*, 23.ª Edição, Verlag C.H. Beck, Munique, 1996, pág. 159; HEIN KÖTZ e AXEL FLESSNER, *Europäisches Vertragsrecht*, vol. I, J.C.B. Mohr (Paul Siebeck), Tubinga, 1998, pág. 26; no mesmo sentido, cf. GRAHAM JH SMITH e outros, *Internet Law and Regulation*, cit., pág. 96.

[191] ANTÓNIO MENEZES CORDEIRO, *Tratado de Direito Civil Português*, cit., pág. 348, considera que a proposta deverá "(...) abranger todos os pontos a integrar no futuro contrato (...)", quer aqueles que devam ser precisados pelos contratantes, tais como a identidade, o objecto do contrato, o preço, como aqueles que embora encontrando regime supletivo legal, as partes pretendam, e possam, adaptar segundo a sua vontade; ENZO ROPPO, *O contrato*, cit., pág. 80 ss., sublinha que "(...) é necessário que a proposta contenha «os elementos essenciais do contrato a cuja conclusão é dirigida» (art. 1336 c.1 cód. civ. [italiano])"; CARLOS FERREIRA DE ALMEIDA (*Texto e enunciado...*, vol. II, cit., pág. 784 ss. e autores aí citados) esclarece que, embora seja entendimento unânime que a proposta deve ser completa, o grau de exigência desta completude não é igual para todos os autores. Assim, enquanto alguns entendem que a proposta deve incluir todos os elementos do contrato ou os seus elementos essenciais e específicos, outros exigem apenas um conteúdo mínimo necessário, determinado ou determinável e que possa vir a ser completado. Essencial, em qualquer das orientações, para que a proposta se considere completa, é que seja suficiente «(...) que o declaratário responda "sim" para que o contrato fique concluído»; no mesmo sentido, fazendo referência à necessidade de a proposta conter os chamados *essentialia negotii*, vide HELMUT KÖHLER, *BGB Allgemeiner Teil*, cit., pág. 159; com a mesma orientação, vide ainda, WERNER FLUME, *Allgemeiner Teil...*, cit., pág. 635 ss.; JACQUES GHESTIN, *Traité de droit civil*, cit., pág. 261; JOSÉ DE OLIVEIRA ASCENSÃO, *Direito Civil...*, vol. II, cit., pág. 377 ss.; PEDRO PAIS DE VASCONCELOS, *Teoria Geral do Direito Civil*, cit., pág. 217 ss.

intenção[192]; por último, a declaração deverá ter a forma que a lei ou o costume exigem para o contrato que se pretende celebrar[193].

II. A proposta poderá ainda ser dirigida a uma ou várias pessoas determinadas, ou poderá ser dirigida a uma "generalidade de pessoas indeterminadas"[194], neste caso, verifica-se uma oferta ao público, que tem sido entendida, no ordenamento português – em que vem referida no art. 230.º, n.º 3, do CC[195] –, como uma modalidade da proposta con-

---

[192] ANTÓNIO MENEZES CORDEIRO, *Tratado de Direito Civil Português*, cit., pág. 348; *vide* também, MANUEL A. DOMINGUES DE ANDRADE, *Teoria Geral da Relação Jurídica*, vol. II, cit., pág. 122 ss.; CARLOS ALBERTO DA MOTA PINTO, *Teoria Geral do Direito Civil*, cit., pág. 328 ss.; CARLOS FERREIRA DE ALMEIDA, *Texto e enunciado...*, vol. II, cit., pág. 786; JACQUES GHESTIN, *Traité de droit civil*, cit., págs. 261, 263 ss.

[193] ANTÓNIO MENEZES CORDEIRO, *Tratado de Direito Civil Português*, cit., pág. 349; cf. ainda, MANUEL A. DOMINGUES DE ANDRADE, *Teoria Geral da Relação Jurídica*, vol. II, pág. 141 ss.; CARLOS ALBERTO DA MOTA PINTO, *Teoria Geral do Direito Civil*, cit., pág. 340 ss.; JOSÉ DE OLIVEIRA ASCENSÃO, *Direito Civil...*, vol. II, cit., pág. 47 ss.; PEDRO PAIS DE VASCONCELOS, *Teoria Geral do Direito Civil*, cit., pág. 217 ss.

[194] Expressão de FERNANDO PESSOA JORGE, *Lições de Direito das Obrigações*, cit., pág. 190; por seu turno KARL LARENZ fala em "círculo indeterminado de pessoas" (*Tratado...*, cit., pág. 709); FRANCESCO MESSINEO adopta "pluralidade inorgânica de pessoas" (*Il contrato in genere*, tomo I, cit., pág. 306 ss.); INOCÊNCIO GALVÃO TELLES, *Manual dos Contratos em Geral*, cit., pág. 196, refere também "(...) um *número maior ou menor* de pessoas indeterminadas" (sublinhado do autor). Seguindo esta linha, CARLOS FERREIRA DE ALMEIDA, entende que «[a] proposta pública, para merecer essa qualificação, tem de ter uma pluralidade de destinatários (proposta "ad incertas personas"), cada um dos quais esteja, em abstracto, em situação de a aceitar», acrescentando ainda que estes destinatários, potenciais aceitantes, se deverão caracterizar pela sua fungibilidade ou indiferenciação (*Texto e enunciado...*, vol. I, cit., págs. 588 ss., 808); *vide* ainda HELMUT KÖLHER, *BGB Allgemeiner Teil*, cit., pág. 160.

[195] Informa CARLOS FERREIRA DE ALMEIDA que são escassas as referências, em Códigos Civis, à proposta ao público, excepção feita para o art. 1336.º, al. 1, do CC Italiano: "La offerta al pubblico, quando contiene gli estremi essenziali del contratto alla cui conclusione è diretta, vale come proposta, salvo che risulti diversamente dalle circostanze o dagli usi". Sobre esta questão, veja-se, nomeadamente, em breve relance à doutrina italiana, FRANCESCO MESSINEO, *Il contrato in genere*, tomo I, cit., pág. 318 ss.; ENZO ROPPO, *O contrato*, cit., pág. 81; MICHAEL R. WILL, "A mensagem publicitária na formação do contrato", *Comunicação e Defesa do Consumidor*, IJC, Faculdade de Direito da Universidade de Coimbra, Coimbra, 1996, pág. 259-281, págs. 262-263, também informa que o art. 429 do Projecto de um Código Civil brasileiro (de 1975 e publicado em 1984) determina o seguinte: "A oferta ao público equivale a proposta quando encerra os requisitos essenciais ao contrato, salvo se o contrário resultar das circunstâncias ou dos

tratual[196], desde que preencha os requisitos acima indicados para a proposta. É portanto a "generalidade de pessoas indeterminadas" a quem se dirige que distingue a oferta da proposta *lato sensu*[197]. Neste contexto – a indeterminação das pessoas –, Carlos Ferreira de Almeida sublinha ainda a importância de ser utilizado um "(...) *meio público* de difusão dos enunciados que integram a declaração"[198].

Figura diferente da proposta contratual, na modalidade de oferta ao público ou não, é o convite a contratar. O convite a contratar distingue-se da proposta, na medida em que aquele não inclui todos os elementos necessários, de modo que a simples concordância do potencial aceitante não faz surgir o contrato[199], evidenciando-se apenas a disponibilidade para iniciar um processo negocial[200]. Pode assumir também a forma de um convite a propor, se, *v.g.*, se enviar um projecto de proposta, deixando em aberto alguns elementos cujo preenchimento é essencial para que se verifique uma verdadeira proposta[201]. E, tal como a proposta, também o convite a contratar ou o convite a propor poderá ser dirigido a uma pessoa determinada ou a um conjunto de pessoas indeterminadas[202].

No entanto, a fronteira entre a proposta e o convite a contratar pode ser muito ténue e nem sempre será fácil nem pacífico qualificar a situação

---

usos"; já no art. 1388 do CC do Peru de 1984 se dispõe que "[l]a oferta al público vale como invitación a ofrecer, considerándose oferentes a quienes accedan a la invitación y destinatario al proponente. Si el proponente indica claramente que su propuesta tiene el carácter obligatorio de una oferta, valdrá como tal".

[196] Neste sentido, veja-se INOCÊNCIO GALVÃO TELLES, *Manual dos Contratos em Geral*, cit., pág. 195 ss.; ANTÓNIO MENEZES CORDEIRO, *Tratado de Direito Civil Português*, cit., pág. 352; *Direito das Obrigações*, 1.º vol., reimpressão, 1990, AAFDL, pág. 445 ss.

[197] Terá que se verificar uma oferta ou proposta *ad incertas personas*: KARL LARENZ, *Tratado...*, cit., pág. 709; referindo-se também à fungibilidade da pessoa do aceitante, *vide*, entre nós, INOCÊNCIO GALVÃO TELLES, *Manual dos Contratos em Geral*, cit., pág. 197.

[198] CARLOS FERREIRA DE ALMEIDA, *Texto e enunciado...*, vol. II, cit., pág. 808 e nota 151 (sublinhado do autor).

[199] ANTÓNIO MENEZES CORDEIRO, *Tratado de Direito Civil Português*, cit., pág. 353.

[200] CARLOS FERREIRA DE ALMEIDA, *Texto e enunciado...*, vol. II, cit., pág. 807 ss.; PEDRO PAIS DE VASCONCELOS, *Teoria Geral do Direito Civil*, cit., pág. 219.

[201] CARLOS FERREIRA DE ALMEIDA especifica que algumas destas indicações poderão ser o modelo do objecto, a quantidade, as condições de pagamento, o preço, a identidade ou outras circunstâncias do contrato (*Texto e enunciado...*, vol. II, cit., pág. 808).

[202] CARLOS FERREIRA DE ALMEIDA, *Texto e enunciado...*, vol. II, cit., pág. 808.

em causa[203]. A legislação, a jurisprudência e a doutrina dos diversos países apresentam soluções contraditórias entre si, e mesmo dentro de cada país existem diversas orientações[204-205].

Elucidativo, no que respeita especificamente à oferta pública de venda, é o art. 9 da *Ley de Ordenación del Comercio Minorista* espanhola, que determina que a oferta pública de venda ou a exposição de artigos comerciais num estabelecimento constitui uma verdadeira oferta e não um simples convite a contratar, a não ser que expressamente se advirta que os objectos se não se encontram em venda, ou que façam parte das instalações ou da decoração do próprio estabelecimento[206-207].

---

[203] HELMUT KÖHLER, *BGB Allgemeiner Teil*, cit., pág. 160.

[204] CARLOS FERREIRA DE ALMEIDA informa que se verifica uma contraposição entre as doutrinas de países latinos, que, por norma, admitem as propostas contratuais dirigidas ao público, e a doutrina germânica, que revela relutância em admitir esta figura. O autor justifica esta diversidade de tendências com o facto de os direitos latinos (francês e italiano) – que tendem a admitir o instituto da proposta ao público – consagrarem também a revogabilidade da proposta. Já nos direitos alemão e suíço, que revelam alguma relutância em equiparar a proposta ao público às propostas recipiendas, é consagrado o regime da irrevogabilidade da proposta (*Texto e enunciado...*, vol. I, cit., pág. 586, nota 20 e vol. II, pág. 806 ss.). Ainda sobre estes sistemas, *vide* KONRAD ZWEIGERT e HEIN KÖTZ, *Introduction to Comparative Law*, cit., pág. 359 ss.

[205] A Convenção das Nações Unidas sobre os Contratos de Compra e Venda Internacional de Mercadorias, concluída em Viena em 11 de Março de 1980, por seu turno, determina, no art. 14, n.º 2, que a proposta a pessoas indeterminadas é considerada como convite a contratar, excepto se o proponente tiver indicado o contrário. Já nos termos do n.º 1, uma proposta dirigida a uma ou mais pessoas determinadas é considerada proposta contratual se for suficientemente precisa e indicar a vontade de o seu autor se vincular, não sendo necessária qualquer indicação expressa nesse sentido. Mas esta Convenção não visa a protecção do consumidor: *vide* MICHAEL R. WILL, "A mensagem publicitária...", cit., pág. 259-264.

[206] Sendo certo, no entanto, que as vendas poderão ficar, ainda assim, sujeitas ao preenchimento de determinados requisitos por parte dos compradores, *v.g.*, a compra de armas, de bebidas alcoólicas, etc. (SILVIA DÍAZ ALABART, *Comentarios*, pág. 90 ss.).

[207] Em sentido semelhante parecia apontar o art. 9.º do Dec.-Lei n.º 272/87, que tinha por epígrafe "Conteúdo da oferta". Esta disposição, tendo embora, pela sua natureza, uma vocação informativa, poderia indicar, pelo próprio termo utilizado na epígrafe, que, nos casos em que eram facultadas as informações indicadas nesse artigo – e que eram exigidas pela mesma disposição –, estaríamos perante uma verdadeira oferta a contratar e não uma *invitatio ad offerendum*. Militava ainda a favor desta orientação a redacção do art. 10.º, n.º 1, do mesmo diploma, em que se previa que o vendedor deveria enviar informações escritas ao consumidor, "[a]pós a recepção da comunicação do consumidor aceitando a oferta (...)".

Parece-nos, contudo, que, apesar das informações que podem, e devem, ser facul-

É também frequente que estas indicações sejam emitidas através de uma mensagem publicitária[208], mas não é simplesmente por este facto que a mensagem transmitida é qualificada como convite a contratar, podendo, de facto, tratar-se de uma proposta a contratar[209]. Sendo certo que, por norma, os anúncios publicitários não contêm todos os elementos, de modo que com a simples aceitação se possa dizer que existe um contrato[210], nem sempre assim acontece e a exigência de transmissão de informações pormenorizadas aos consumidores, especialmente no

---

tadas aos consumidores, dificilmente se poderá determinar *a priori* se iremos estar perante uma oferta ou um convite a contratar, pois o fornecedor pode indicar as referidas informações e ainda assim o futuro conteúdo contratual se não poder considerar completo. Contudo, acerca da determinação imperativa por lei do autor da oferta, *vide* JACQUES GHESTIN, *Traité de droit civil*, cit., pág. 268 ss.

[208] A publicidade é definida por CARLOS FERREIRA DE ALMEIDA como "(...) toda a informação dirigida ao público com o objectivo de promover, directa ou indirectamente, uma actividade económica", ("Conceito de publicidade", *BMJ*, n.º 349, 1985, pág. 115-134, pág. 133); ainda quanto à noção de publicidade no ordenamento jurídico português, *vide* PAULO MOTA PINTO, "Notas sobre a Lei n.º 6/99 de 27 de Janeiro – Publicidade domiciliária, por telefone e por telecópia", in *Estudos de Direito do Consumidor*, dir. António Pinto Monteiro, Centro de Direito do Consumo, Faculdade de Direito da Universidade de Coimbra, Publicação do Centro de Direito do Consumo, n.º 1, Coimbra, 1999, pág. 117-176, pág. 121 ss.; e «Publicidade domiciliária não desejada ("Junk mail", "junk calls" e "junk faxes")», *BFDC*, vol. LXXIV, 1998, pág. 273--325, pág. 276 ss.; ANTÓNIO MENEZES CORDEIRO, *Tratado de Direito Civil Português*, cit., pág. 474 ss.; no Código da Publicidade, art. 3.º, n.º 1, "[c]onsidera-se publicidade (...) qualquer forma de comunicação feita por entidades de natureza pública ou privada, no âmbito de uma actividade comercial, industrial, artesanal ou liberal, com o objectivo directo ou indirecto de: a) Promover, com vista à sua comercialização ou alienação, quaisquer bens ou serviços; b) Promover ideias, princípios, iniciativas ou instituições (...)".

[209] CARLOS FERREIRA DE ALMEIDA, *Texto e enunciado...*, vol. II, cit., pág. 701 ss.; com referência à jurisprudência francesa e italiana, que se pronunciam também neste sentido, *vide* MICHAEL R. WILL, "A mensagem publicitária...", cit., pág. 265; na doutrina brasileira, *vide*, designadamente CLÁUDIA LIMA MARQUES, *Contratos no Código de Defesa do Consumidor*, cit., pág. 304 ss.

[210] HELMUT KÖHLER, *BGB Allgemeiner Teil*, cit., pág. 160, oferece como exemplo de convite a propor ou *invitatio ad offerendum* justamente os prospectos publicitários; ANTÓNIO MENEZES CORDEIRO, *Tratado de Direito Civil Português*, cit., pág. 353; reconhecendo o possível valor contratual dos documentos publicitários, *vide* JACQUES GHESTIN, *Traité de droit civil*, cit., pág. 369 ss.; MICHAEL R. WILL, "A mensagem publicitária...", cit., pág. 262 ss.

campo dos contratos à distância, poderá vir a contribuir para inverter esta tendência[211-212].

III. A questão da determinação da oferta, em concreto, em sede de Internet, reside em saber se a apresentação de um produto ou serviço na rede com a indicação do preço e das suas características e outras informações relacionadas com o contrato a celebrar, como são as exigidas para os contratos à distância, é uma verdadeira proposta ou se, pelo contrário, esta mensagem é apenas um convite a contratar, uma *invitatio ad offerendum*.

Também aqui são reflectidas as considerações acima tecidas acerca da diversidade de legislação e doutrina no que respeita à oferta a contratar e os juristas têm oscilado entre uma e outra construção. Ambas as opiniões apresentam razões ponderosas a seu favor.

Deparamos assim com autores que defendem que a divulgação de bens ou serviços num sítio Internet deverá ser considerada, por regra, como um *invitatio ad offerendum*[213]. Já no caso de ser utilizado o correio electrónico, a qualificação da mensagem como convite ou proposta a contratar dependeria da análise do seu próprio conteúdo e também do número de mensagens iguais que fossem enviadas para outros destinatários[214]. Às

---

[211] É o próprio Código da Publicidade que, no seu art. 23.º e sob a epígrafe "Publicidade domiciliária e por correspondência", determina que toda a "(...) publicidade entregue no domicílio do destinatário, por correspondência ou qualquer outro meio, deve conter de forma clara e precisa ( )" informações referentes à identificação do anunciante, ao local onde o destinatário pode obter informações, "(...) descrição rigorosa e fiel do bem ou serviço publicitado e suas características (...)", preço do bem ou serviço, formas de pagamento, condições de aquisição, garantia, assistência pós-venda.

[212] Sobre a relevância contratual da publicidade, *vide* CARLOS FERREIRA DE ALMEIDA, "Relevância contratual das mensagens publicitárias", *RPDC*, n.º 6, 1996, pág. 9-25, pág. 10.

[213] GRAHAM JH SMITH e outros, *Internet Law and Regulation*, cit., pág. 97; STEFAN ERNST, "Verbraucherschutzrechtliche Aspects des Internets", *VuR*, 8/1997, pág. 259-264, pág. 260; CATRIN TURNER e SEAN BRENNAN, "Commercial Lawyers Guide to the Internet", *ICCLR*, vol. 8, n.º 11, 1997, pág. 382-386, pág. 383; LARS DAVIES, "Contract Formation on the Internet: Shattering a few myths", in *Law & the Internet, regulating cyberspace*, org. Lilian Edwards & Charlotte Waelde, Hart Publishing, Oxford, 1997, pág. 97-120, pág. 115; BRUNHILDE STECKER, "Electronic Commerce...", cit., pág. 82 ss.; JOSEF DREXL, "Verbraucherschutz im Netz", in *Rechtsgeschäfte im Netz – Electronic Commerce*, org. Michael Lehmann, Schaffer-Poeschel Verlag, Estugarda, 1999, pág. 75-103, pág. 83 ss.

[214] *Vide*, CATRIN TURNER e SEAN BRENNAN, "Commercial Lawyers...", cit., pág. 383; JOSEF DREXL, "Verbraucherschutz im Netz", cit., pág. 83.

considerações de cariz técnico-jurídico que apresentam e que se baseiam na própria "tradição" doutrinária e jurisprudencial, acrescem argumentos de inspiração prática, decorrentes da própria actividade comercial. Em primeiro lugar, existe o receio de que o fornecedor seja invadido de aceitações para as quais não tenha capacidade de resposta, ou simplesmente queira reavaliar o fornecimento do bem ou a prestação do serviço[215]. Além disso, há também o receio da insolvabilidade do consumidor[216] – que deixa de ser um obstáculo se o pagamento for efectuado a pronto[217]. A estes temores, acrescenta-se o risco de o fornecedor vir a celebrar contratos com partes contraentes cuja nacionalidade ou domicílio desconheça[218], com a consequente aplicação ao contrato de normas que são indesejáveis[219].

No entanto, outros autores consideram que se a mensagem integrar todos os elementos exigidos para que se possa falar de uma proposta, se, nomeadamente, for mostrado ou caracterizado o bem ou serviço que se quer vender, for revelado o seu preço, modalidades de pagamento e cumprimento, etc., e se for expresso na forma exigida por lei, a questão fulcral continua a ser a averiguação da intenção que o vendedor terá tido, ou não, de se vincular a uma resposta da parte contrária. A intenção do vendedor seria analisada de uma perspectiva objectiva da declaração de vontade e não atendendo à vontade subjectiva do emissor da mensagem. Aponta-se então, como bitola para discernir o sentido da declaração, a interpretação que o destinatário da declaração, dentro dos princípios da boa fé e considerando os usos e costumes de tráfego comercial, faria da mesma. Ou seja, qual a interpretação que o destinatário faria da mensagem, se a interpretaria como convite ou como proposta a contratar[220].

---

[215] MEHRINGS, "Vertragsabschluss im Internet", in *Multimedia und Recht*, org. Thomas Hoeren e Ulrich Sieber, Verlag C.H.Beck, Munique, 1999, págs. 25-26; J. TAUPITZ e TH. KRITTER, "Electronic Commerce – Probleme bei Rechtsgeschäften im Internet", *JuS*, 9/1999, pág. 839-846, pág. 840.

[216] MEHRINGS, "Vertragsabschluss im Internet", cit., pág. 26; J. TAUPITZ e TH. KRITTER, "Electronic Commerce...", cit., pág. 840.

[217] Vide CARLOS FERREIRA DE ALMEIDA, *Texto e enunciado...*, vol. II, cit., pág. 815 ss.

[218] Este é um dos riscos de quem utiliza técnicas de comunicação à distância, conforme sublinha NORBERT REICH, "Die neue Richtlinie 97/7/CE...", cit., pág. 583.

[219] MEHRINGS, "Vertragsabschluss im Internet", cit., pág. 25.

[220] CARLOS FERREIRA DE ALMEIDA, *Texto e enunciado...*, vol. II, cit., pág. 809; MEHRINGS, "Vertragsabschluss im Internet", cit., pág. 26 ss.; J. TAUPITZ e TH. KRITTER, "Electronic Commerce...", cit., pág. 840.

IV. Feitas estas considerações, parece-nos, salvo melhor opinião, que a doutrina preferível é a que defende que não é possível, nem desejável, qualificar, *a priori*, as informações e indicações do fornecedor, relativas ao bem ou ao serviço, como convite ou proposta. O fornecedor que tem um sítio Internet, no qual procede à divulgação de bens, deverá poder decidir se quer correr, ou não, o risco de contratar com todos os potenciais consumidores do mundo com acesso à rede. Assim as mensagens que integram todos os elementos de uma proposta, devem ser entendidas como tal[221]. No que respeita às limitações de *stock*, o fornecedor poderá expressamente declarar que a oferta, se no caso se aplicar, é limitada ao *stock* existente[222]. Quanto à possibilidade de vir a celebrar contratos com pessoas residentes em qualquer parte do mundo, o fornecedor que não queira correr este risco, sempre poderá incluir no seu sítio uma declaração de que as suas propostas se não dirigem aos consumidores de uma jurisdição indesejável[223], ou se dirigem apenas aos de uma determinada jurisdição, ou, de uma forma mais simples, certificar-se de que o contrato não é aceite mas proposto pelo consumidor, reservando-se assim a possibilidade de não celebrar o contrato indesejado[224].

---

[221] Neste sentido, *vide* MEHRINGS, "Vertragsabschluss im Internet", cit., pág. 25, que defende que, desde que a declaração possua as características exigidas para uma proposta, nos termos do § 145 BGB, se estará perante uma proposta e a respectiva aceitação tempestiva fará nascer o contrato. O mesmo entendimento é aplicado para as ofertas ao público.

[222] Embora acerca desta questão INOCÊNCIO GALVÃO TELLES, *Manual dos Contratos em Geral*, cit., pág. 196, defenda que a oferta ao público se considera "(...) limitada às possibilidades de quem a faz"; PESSOA JORGE, *Lições de Direito das Obrigações*, cit., pág. 191, defende que a oferta ao público deve se considerar limitada às possibilidades do oferente; ainda CARLOS FERREIRA DE ALMEIDA, *Texto e enunciado*..., vol. II, cit., pág. 813 ss. defende que "(...) toda a proposta genérica se tem de entender sob a condição resolutiva de ulterior insuficiência do objecto da proposta"; PEDRO PAIS DE VASCONCELOS, *Teoria Geral do Direito Civil*, cit., pág. 231; já JOSÉ DE OLIVEIRA ASCENSÃO, *Direito Civil*..., vol. II, cit., pág. 380, entende que "[n]ão parece dever considerar-se existente uma proposta quando o autor não está em condições de satisfazer todos os pedidos".

[223] MICHAEL R. WILL, "A mensagem publicitária...", cit., pág. 270; CLIVE GRINGRAS, *The Laws of the Internet*, cit., pág. 51; MATTHEW BURNSTEIN, "A Global Network...", cit., pág. 23.

[224] CLIVE GRINGRAS, *The Laws of the Internet*, cit., pág. 51; J. FRASER MANN e ALAN M. GAHTAN, "Overview of the Legal Framework for Electronic Commerce", in *Law of International On-line Business – A Global Perspective*, org. Dennis Campbell, Sweet & Maxwell, Londres, 1998, pág. 1-45, pág. 40.

Por último, cabe ainda fazer uma breve referência a uma outra perspectiva desta mesma questão. É que, segundo o entendimento de alguns autores, se o fornecedor incitar o consumidor, no seu sítio Internet, a digitar o seu número de cartão de crédito ou qualquer outro sistema de pagamento que garanta a solvabilidade do comprador e se não se verificarem dificuldades no que respeita ao *stock* dos bens ou à prestação de serviços, forem processadas todas as informações que sejam necessárias à sua identificação e à contratação, e se a celebração do contrato se efectuar sem intervenção de um colaborador humano, verifica-se uma situação análoga à da contratação por autómato[225]. Tem-se então defendido que, neste caso, se estaria perante uma situação de oferta *ad incertas personas*, funcionando, portanto, a mensagem divulgada como uma verdadeira proposta[226-227].

No entanto, cumpre sublinhar que os programas podem ser elaborados com vista às mais diversas opções, *maxime*, de modo a que seja o computador a aceitar ou a recusar a proposta que é feita. Os computadores ou os autómatos podem ser programados conforme aprouver ao seu programador, apenas se limitando a reproduzir a vontade de quem é por eles responsável[228].

Importa contudo sublinhar que, nos casos em que se entenda não existir qualquer intervenção humana na concreta celebração do contrato, em que a "contratação" é desenvolvida por um "agente inteligente", pode-

---

[225] STEFAN ERNST, "Verbraucherschutzrechtliche...", cit., pág. 260; STEFAN ERNST, "Der Mausklick als Rechtproblem – Willenserklärung im Internet", *NJW-CoR*, 3/97, pág. 165-167, pág. 165; J. TAUPITZ e TH. KRITTER, "Electronic Commerce...", cit., pág. 840; J. FRASER MANN e ALAN M. GAHTAN, "Overview of the Legal...", cit., pág. 45.

[226] STEFAN ERNST, "Verbraucherschutzrechtliche...", cit., pág. 260; J. TAUPITZ e TH. KRITTER, "Electronic Commerce...", cit., pág. 840.

[227] Acerca da contratação por computador, da "actividade jurídica" dos autómatos, as teorias da oferta automática e da aceitação automática e a tendência da doutrina maioritária para adoptar a primeira, *vide* CARLOS FERREIRA DE ALMEIDA, *Texto e enunciado...*, vol. II, cit., pág. 812 ss.; LUÍS A. CARVALHO FERNANDES, *Teoria Geral do Direito Civil*, vol II, cit., pág. 209; JOSÉ DE OLIVEIRA ASCENSÃO, *Direito Civil...*, vol. II, cit., pág. 383; PEDRO PAIS DE VASCONCELOS, *Teoria Geral do Direito Civil*, cit., pág. 230 ss.; ANTÓNIO MENEZES CORDEIRO, *Tratado de Direito Civil Português*, cit., pág. 357 ss.; na doutrina alemã *vide*, nomeadamente, KARL LARENZ, *Tratado...*, cit., pág. 709; WERNER FLUME, *Allgemeiner Teil...*, cit., pág. 636; HELMUT KÖLHER, *BGB Allgemeiner Teil*, cit., pág. 160; admitindo uma posição divergente da maioria doutrinária, DIETER MEDICUS, *Allgemeiner Teil des BGB*, 7.ª Edição, C.F.Müller Verlag, Heidelberga, 1997, pág. 139.

[228] JOSÉ DE OLIVEIRA ASCENSÃO, *Direito Civil...*, vol. II, cit., pág. 384; PEDRO PAIS DE VASCONCELOS, *Teoria Geral do Direito Civil*, cit., pág. 231; ANTÓNIO MENEZES CORDEIRO, *Tratado de Direito Civil Português*, cit., pág. 358 ss.

remos estar perante uma excepção à aplicação da Directiva 97/7/CE que, no seu art. 3.º, n.º 1, segundo travessão, exclui a aplicação desta directiva aos contratos "celebrados através de distribuidores automáticos ou de estabelecimentos comerciais automatizados"[229].

3.2.2. Direito de rescisão

3.2.2.1. Razão de ordem

I. Os contratos celebrados através da Internet enquadram-se, conforme já acima mencionámos, na definição de contratos à distância segundo vem determinado no art. 2.º, n.º 1, da Directiva 97/7/CE[230]. De acordo com o regime previsto nesta directiva, o consumidor que celebre um contrato à distância tem a possibilidade de, como estabelece o art. 6.º, "(...) rescindir o contrato sem pagamento de indemnização e sem indicação do motivo", tendo apenas de custear as despesas de reenvio da mercadoria e de exercer o seu direito de rescisão no prazo de sete dias[231]. As razões que estão por detrás deste direito, adiante explanadas, e que o justificam, não se conjugariam com a necessidade de pagamento de uma indemnização do consumidor para poder exercer o seu direito de rescisão, sob pena de esta previsão não passar de letra morta. Ao invés, os custos a ser suportados pelo consumidor limitam-se aos que estão directamente relacionados com a devolução do bem[232].

---

[229] PAOLA LEOCANI, "La direttiva UE sul commercio elettronico: cenni introdutivi", *Europa e diritto privato*, 2/2000, pág. 617-662, pág. 649 ss.

[230] Sobre a aplicação da Directiva 97/7/CE e, concretamente, do direito de rescisão aos contratos celebrados através da Internet, *vide* DIRK ARNOLD, "Verbraucherschutz im Internet", cit., pág. 531.

[231] WALDENBERGER, "Verbraucherschutz im Internet", cit., pág. 43; ao transpor esta directiva para o direito interno, o legislador português alargou este prazo para 14 dias (art. 6.º, n.º 1, do Dec-Lei n.º 143/2001); a lei italiana prevê um prazo de 10 dias úteis (art. 5, n.º 1, do Decreto legislativo 185/99); o legislador alemão estabeleceu, como regra geral, o prazo de duas semanas para o exercício este direito, § 361a, n.º 1, BGB *ex vi* § 3 FernAG (sobre o § 361a BGB *vide infra* nota 264 e texto correspondente).

[232] Neste sentido veja-se o considerando (14). Este direito do consumidor é ainda reafirmado no n.º 2 do art. 6.º, que fixa um prazo máximo de 30 dias para o fornecedor reembolsar o consumidor dos montantes pagos; NORBERT REICH, *Europäisches Verbraucherrecht*, cit., pág. 374, está em consonância com esta orientação. No art. 8.º, n.º 1, do Dec.-Lei n.º 143/2001, prevê-se de igual modo que, no caso de o consumidor exercer o seu direito de livre resolução, "(...) o fornecedor fica obrigado a reembolsar no prazo

Sublinha-se, no entanto, que o consumidor não pode exercer este direito de rescisão, de acordo com o determinado pela directiva, em relação a todos os contratos. Fica assim excluído o direito de rescisão, conforme vem previsto na Directiva 97/7/CE, nos contratos referidos no art. 3.º, n.º 1, a que o legislador comunitário decide, expressamente, não aplicar a referida directiva – nomeadamente os contratos relativos a serviços financeiros, os contratos celebrados através de distribuidores automáticos ou de estabelecimentos comerciais automatizados, os contratos celebrados com operadores de telecomunicações pela utilização de cabinas telefónicas públicas, os contratos relativos a bens imóveis, com excepção do arrendamento e os celebrados em leilões. Para além destes contratos, existem ainda outros que, embora lhes seja aplicável o regime previsto na directiva, não são susceptíveis de rescisão pelo consumidor sem pagamento de indemnização e sem indicação do motivo: são eles os previstos no art. 3.º, n.º 2 – contratos de fornecimento de géneros alimentícios, bebidas e outros bens de consumo corrente fornecidos no local onde se encontra o consumidor e prestação de serviços de alojamento, transporte, restauração ou tempos livres, quando o fornecedor se comprometa a prestar esses serviços numa data ou período determinados – e, salvo acordo em contrário entre as partes, os previstos no art. 6.º, n.º 3 – que se refere aos que tenham começado a ser executados antes do fim do prazo para o exercício do direito de rescisão, aos que visam o fornecimento de bens personalizados ou rapidamente perecíveis ou desactualizáveis, aos relativos a gravações de áudio, vídeo, discos e programas informáticos, a que, tendo vindo selados, tenha sido retirado o selo, etc.[233].

As excepções apresentadas nos arts. 3.º, n.º 2, e 6.º, n.º 3, retratam afinal casos em que a reposição da situação anterior já não é possível ou não é exigível, pois representam para o fornecedor um risco inaceitável, ou que poderiam propiciar comportamentos abusivos por parte dos consumidores[234].

---

máximo de 30 dias os montantes pagos pelo consumidor, sem quaisquer despesas para este, salvo eventuais despesas directamente decorrentes da devolução do bem quando não reclamadas pelo consumidor".

[233] THEO BODEWIG, "Die neue europäische...", cit., pág. 452; NORBERT REICH, *Europäisches Verbraucherrecht*, cit., pág. 379; em sentido semelhante, cf. art. 7.º do Dec.-Lei n.º 143/2001; art. 5, n.º 3, do *Decreto Legislativo* 185/99 italiano; § 3, n.º 2, FernAG: *vide* STEPHAN LORENZ, "Im BGB viel Neues...", cit., pág. 839 ss.

[234] DIRK ARNOLD, "Verbraucherschutz im Internet", cit., pág. 531; MIGUEL PASQUAU LIAÑO, *Comentarios,* pág. 348.

II. Resulta, da análise da redacção definitiva da Directiva 97/7/CE, que esta assenta, essencialmente, nos três pilares em que se baseia o conceito de protecção dos consumidores em matéria de contratos à distância: a informação a dar aos consumidores antes da celebração de contratos, a confirmação escrita da informação transmitida depois da celebração do contrato e o posterior direito de rescisão dos consumidores[235].

O direito de rescisão do contrato, previsto no art. 6.º da directiva, é assim mais uma medida de protecção, entendida como sendo "a" medida nuclear de protecção do consumidor em sede de contratos celebrados à distância[236].

Trata-se de uma prática comum nas vendas por correspondência clássicas, e consequentemente nas vendas à distância, e assim, a previsão deste direito na Directiva 97/7/CE não é uma novidade para qualquer dos Estados-membros.

De acordo com uma tabela de 1993[237], os países que então compunham a Europa dos doze, previam no seu ordenamento jurídico a existência deste direito, ou de um direito similar, quer por via legislativa, quer por meio de códigos de conduta, quer por prática comercial, e determinavam períodos de tempo diferentes para o seu exercício, sendo o período mínimo previsto de 7 dias e o período máximo de 15 dias.

Este é, de facto, um dos direitos dos consumidores que reflecte de uma forma mais expressiva a sua posição de parte contratual mais fraca e

---

[235] JAN GEERT MEENTS, *Verbraucherschutz...*, cit., pág. 175, MICHAEL MARTINEK, "Verbraucherschutz im Fernabsatz...", cit., pág. 207; sobre o mesmo tema, *vide* também NORBERT REICH, *Europäisches Verbraucherrecht*, cit., pág. 357; KARSTEN THORN, "Verbraucherschutz bei Verträgen im Fernabsatz", cit., pág. 6; P. BÜLOW e M. ARTZ, "Fernabsatzverträge...", cit., pág. 2053; STEPHAN LORENZ, "Im BGB viel Neues...", cit., pág. 834; também JOSÉ RAMÓN GARCÍA VICENTE, *Ley de contratos celebrados fuera de los Establecimientos mercantiles: el derecho de revocación*, Aranzadi, Pamplona, 1997, pág. 64, considera que os deveres de informação ao consumidor e a possibilidade de este se desvincular, livre e discricionariamente, do contrato celebrado são duas medidas para diminuir o desequilíbrio entre o consumidor e o fornecedor.

[236] NORBERT REICH, *Europäisches Verbraucherrecht*, cit., pág. 372.

[237] Apresentada por JEAN ALLIX, "La protection du consommateur...", cit., pág. 103; pode ver-se também, já de 1992, o quadro relativo ao prazo de reflexão exercido nos então países da Comunidade Europeia – prazo imposto por lei em sete Estados e nos então restantes cinco Estados deixado à iniciativa privada –, apresentado na Exposição de Fundamentos incluída na proposta de directiva do Conselho relativa à protecção dos consumidores em matéria de contratos negociados à distância [COM (92) 11 final – SYN 411, de 20/05/1992, págs. 21, 26].

a necessidade de protecção por eles sentida. O direito de rescisão ou os direitos similares visam afinal salvaguardar a vontade do consumidor de se não vincular ou de se desvincular do contrato[238], e que pode justificar--se, não apenas em sede de contratos celebrados à distância, mas em outros contratos de consumo, atentos os meios utlizados pelo fornecedor para convencer os consumidores a comprar, as técnicas de condicionamento psicológico, a assunção de compromissos de duração muito dilatada no tempo ou de especial gravidade[239].

Este direito não se verifica nos contratos celebrados entre partes que se consideram em situação de equilíbrio contratual e poderá inclusive colidir com o princípio da força vinculativa ou da obrigatoriedade ou do consensualismo que significa que o contrato celebrado válida e eficazmente deverá ser cumprido pelas partes contraentes, conforme decorre, no ordenamento jurídico português, do art. 406.º do CC[240]. O princípio da força vinculativa subdivide-se por seu lado em três outros princípios: o da pontualidade, que significa que todas as cláusulas do contrato deverão ser observadas; o da irretractabilidade dos vínculos do contrato e o da intangibilidade do conteúdo do mesmo, fundindo-se estes dois, por seu turno no princípio da estabilidade dos contratos[241].

Todavia, a própria lei, no caso português, o citado art. 406.º, n.º 1, *in fine*, admite que este princípio da força vinculativa seja excepcionado por mútuo consentimento ou nos casos admitidos na lei, e efectivamente tem-se entendido que em alguns contratos celebrados com consumidores se justifica abrir uma excepção a estes princípios[242], alegando-se, para o facto, várias ordens de razões. Por um lado, o consumidor não tem possibilidade de ver o produto ou de tomar conhecimento das características do bem ou do serviço no momento em que o encomenda, ou mesmo de avaliar a conveniência na aquisição do produto, sendo assim frequente que, quando recebe o bem ou quando se inteira das reais características do

---

[238] ARNALDO FILIPE OLIVEIRA, "Contratos negociados à distância...", cit., pág. 80.

[239] CARLOS FERREIRA DE ALMEIDA, "Negócio jurídico de consumo", cit., pág. 27, e ARNALDO FILIPE OLIVEIRA, "Contratos negociados à distância...", cit., pág. 60.

[240] MÁRIO JÚLIO DE ALMEIDA COSTA, *Direito das Obrigações*, cit., pág. 244 ss.

[241] MÁRIO JÚLIO DE ALMEIDA COSTA, *Direito das Obrigações*, cit., pág. 245.

[242] Estas técnicas de protecção do consumidor foram inclusive julgadas, por alguns autores, atentatórias da Teoria Geral das Obrigações: ANNE SINAY-CYTERMANN, "Les relations entre professionnels et consommateurs en droit français", in *La protection de la partie faible dans les rapports contractuels,* org. Jacques Ghestin e Marcel Fontaine, L.G.D.J., Paris, 1996, pág. 241-267, pág. 254.

serviço, fique desiludido e veja goradas as suas expectativas[243]. Por outro lado, as vendas à distância ainda se integram na categoria das chamadas *vendas agressivas*[244], já que, apesar de não serem tão violentas como as vendas porta à porta (em que o vendedor, com a sua presença, surpreende, pressiona e influencia o consumidor na sua casa, emprego ou nos seus tempos livres a adquirir bens ou serviços[245]), o consumidor é igualmente surpreendido em casa, no emprego ou onde quer que se encontre, em suma, num local onde à partida não estaria predisposto para efectuar compras e é instigado a comprar[246].

Em todos estes casos, a posição de desvantagem do consumidor é manifesta: o fornecedor recorre frequentemente a técnicas de condicionamento psicológico, de que o consumidor tem ainda muita dificuldade em se defender. Como consequência, o consumidor, irreflectida e inconsequentemente, cede à tentação de se vincular a contratos, de que frequentemente depois se virá a arrepender[247].

O direito de rescisão visa então, permitir que o consumidor se desvincule do compromisso que assumiu em função de pressões a que estava sujeito[248]. No fundo, o direito de rescisão permite que o consumidor tenha tempo para reflectir sobre a decisão tomada, ou a tomar[249], ou

---

[243] JEAN ALLIX, "La protection du consommateur...", cit., pág. 102; ARNALDO FILIPE OLIVEIRA, "Contratos negociados à distância...", cit., pág. 83; TIZIANA MONTECCHIARI, *I negozi unilaterali a contenuto negativo*, Dott. A. Giuffrè Editore, Milão, 1996, pág. 88; NORBERT REICH, *Europäisches Verbraucherrecht*, cit., pág. 372; SILVIA DÍAZ ALABART, *Comentarios*, pág. 99; MIGUEL PASQUAU LIAÑO, *Comentarios*, pág. 336.

[244] Vide CARLOS FERREIRA DE ALMEIDA, *Os direitos dos consumidores*, cit., pág. 90; JEAN CALAIS-AULOY, "Vente par démarchage et vente à distance en droit français", *Rev. eur. dt. cons.*, n.º 2, 1992, pág. 77-82, pág. 77; DANIELA VALENTINO, "Obblighi di informazione...", cit., pág. 375; CLÁUDIA LIMA MARQUES, *Contratos no Código de Defesa do Consumidor*, cit., pág. 365; P. BÜLOW e M. ARTZ, "Fernabsatzverträge...", cit., pág. 2053; seguindo entendimento diferente, cf. JEAN ALLIX, "La protection du consommateur...", cit., págs. 102-103.

[245] HELMUT KÖHLER, "Die Rechte des Verbrauchers beim Teleshopping (TV-Shopping, Internet-Shopping)", *NJW*, 4/1998, pág. 185-190, pág. 186.

[246] MIGUEL PASQUAU LIAÑO, *Comentarios*, pág. 337.

[247] ANNE SINAY-CYTERMANN, "Les relations entre professionnels...", cit., pág. 252.

[248] F. DOMONT-NAERT, "Professionnels et consommateurs en droit belge", in *La protection de la partie faible dans les rapports contractuels*, org. Jacques Ghestin e Marcel Fontaine, L.G.D.J., Paris, 1996, pág. 219-240, pág. 227; TIZIANA MONTECCHIARI, *I negozi unilaterali...*, cit., pág. 86.

[249] NORBERT REICH, *Europäisches Verbraucherrecht*, cit., pág. 357.

seja, pretende-se que o consumidor tome as suas decisões em consciência, livre, na medida do possível, das influências directas ou encobertas do fornecedor.

No entanto, e cumpre aqui sublinhar, ainda que estes sejam alguns dos fundamentos da existência do direito de rescisão, o exercício concreto deste direito não está sujeito a quaisquer justificações[250].

III. A questão que se pode levantar é a de saber se este direito de rescisão, inicialmente pensado para situações de vendas porta a porta, vendas por correspondência ou que implicassem um compromisso muito duradouro ou de especial gravidade, poderá ser aplicado às vendas feitas através da Internet, ou seja, importará saber se também aqui se verificam situações de pressão que coloquem o consumidor em especial situação de inferioridade e que justifiquem a aplicação do direito de rescisão.

Em sede de Internet, qualquer utilizador verifica que a esmagadora maioria dos sítios que se consultam têm as mais diversas referências publicitárias, com anúncios muito atractivos e com "hiperligações" aos sítios respectivos, e aí o consumidor pode celebrar contratos.

E estas referências publicitárias não se encontram apenas nos sítios Internet dos fornecedores dos respectivos bens ou prestadores de serviços. Em qualquer sítio, por mais "neutro" que possa ser, encontramos frequentemente os mais diversos e sedutores apelos ao consumo a que o consumidor resiste com muita dificuldade.

A título de exemplo, referimos que os sítios Internet que têm "motores de busca", isto é, aqueles a que os utilizadores acedem para localizar os sítios com os temas que lhes interessam – e face à sua função orientadora são muito utilizados –, têm frequentemente, *rectius*, sempre, inúmeros anúncios, por norma muito atractivos, e que permitem aceder aos sítios Internet respectivos por meio de um "clique" sobre o *ícone* publicitário. Ou seja, pode dar-se o caso de um utilizador recorrer a um "motor de busca" para descobrir como aceder ao sítio do Museu do Louvre e, conquistado por uma publicidade com que deparou e com que não contava, aceder a um endereço constante de um anúncio e celebrar uma série de contratos. Depois, o consumidor recebe em sua casa os bens e verifica que não correspondem às suas expectativas, concluindo, além

---

[250] Ou, como refere MIGUEL PASQUAU LIAÑO, *Comentarios,* pág. 338, "(...) el legislador ha querido condenar a la irrelevancia jurídica a los motivos por los cuales el consumidor decide revocar su aceptación".

disso, que afinal não necessita dos bens (ou que necessita mais do dinheiro que gastou com a sua compra), que adquiriu num momento de precipitação em que foi seduzido pelos fornecedores[251].

Assim, parece-nos razoável que também aos *ciberconsumidores* seja dada a possibilidade de exercer este direito de rescisão, que, aliás, vem previsto no art. 6.º da Directiva 97/7/CE, a qual, conforme já assinalámos, é aplicável aos contratos celebrados através da Internet[252].

Por um lado, tal como nas vendas por correspondência, o consumidor não tem oportunidade de ver o bem adquirido antes de o contrato ter sido celebrado; por outro lado, não são de menosprezar as técnicas utilizadas pelos fornecedores para convencer o consumidor a consumir no *ciberespaço*, incutindo-lhe, nomeadamente, a ideia de que está já a viver no futuro, com tecnologias muito avançadas e inovadoras, a cuja novidade é difícil de resistir, para além de todas as técnicas que habitualmente são utilizadas em vendas à distância e de cuja inocência o consumidor não está habituado a duvidar.

Reconhece-se, no entanto, que, ao contrário do direito de rescisão previsto na Directiva relativa à protecção dos consumidores no caso de contratos negociados fora de estabelecimentos comerciais, que pressupõe ou visa proteger o consumidor de uma situação de surpresa[253] e da impossibilidade de comparar com outras possíveis ofertas[254], ou da Directiva relativa ao crédito ao consumo, que pressupõe a verificação de qualquer compromisso financeiro de longa duração, a Directiva 97/7/CE associa a rescisão a pressupostos pouco exigentes: nem se exigem situações surpresa, que podem no entanto ocorrer[255], nem compromissos de longa

---

[251] Fala-se também a este propósito de compras por impulso: HELMUT KÖHLER, "Die Rechte des Verbrauchers beim Teleshopping...", cit., pág. 186.

[252] Neste sentido, HELMUT KÖHLER, "Die Rechte des Verbrauchers beim Teleshopping...", cit., pág. 186, defende que, apesar de, ao contrário das vendas porta a porta, o contacto entre fornecedor e consumidor ser anónimo e não pessoal, de este poder desligar a ligação com o fornecedor (e como tal afastar a aplicação da HWiG, aplicável às vendas porta a porta), não se pode negar os perigos de se verificarem compras irreflectidas na Internet e, por conseguinte, defende a aprovação de um diploma legal que, baseado na Directiva 97/7/CE e especificamente no seu art. 6.º, preveja a possibilidade de rescindir o contrato, adiantando embora que já muitos *ciberfornecedores* prevêem a possibilidade de exercício deste direito num prazo que varia entre 7 e 30 dias.

[253] NORBERT REICH, *Europäisches Verbraucherrecht*, cit., pág. 357.

[254] SILVIA DÍAZ ALABART, *Comentarios*, pág. 99.

[255] STEPHAN LORENZ, "Im BGB viel Neues...", cit., pág. 838.

duração, mas tão-somente que o contrato esteja celebrado[256], e que tenham sido utilizadas técnicas de comunicação à distância.

3.2.2.2. Enquadramento jurídico

I. A admissibilidade do direito de rescisão não é aceite unanimemente pela doutrina europeia ou, pelo menos, não o é com base nos mesmos fundamentos. Por exemplo, Jean Allix entende que deve haver um direito de rescisão nas vendas por correspondência, mas apenas por o consumidor não ter hipótese de ver o bem ou de verificar as características do serviço antes de ter dado ordem de compra e não por haver qualquer pressão comercial excessiva, que, a seu ver, não existe nos contratos à distância[257].

Outros autores, com referência à própria Directiva 97/7/CE, entendem mesmo que o direito de rescisão representa uma posição de força do consumidor, que não se justifica. E, em vez deste direito, há quem entenda que deve haver um dever de informar e que a sua violação deve ser gravemente sancionada[258].

No entanto, não parece ser esta a opinião dominante da doutrina, a qual tende a entender que, tal como em outros contratos à distância, também os negócios na Internet são caracterizados pela distância entre o fornecedor e o consumidor. O consumidor que acede à Internet para celebrar um contrato só pode ter uma ideia exacta do objecto do contrato no momento em que observa os bens. As extensas informações facultadas também não alteram nem emendam este circunstancialismo. Perante um tal cenário, não se pode suprimir o direito de rescisão dos consumidores, concluindo-se, aliás, que apenas este direito possibilita ao consumidor fruir as vantagens das vendas à distância e assumir uma posição comparável à dos outros consumidores, que têm oportunidade de examinar o bem, objecto do contrato, antes da sua celebração. Daqui se conclui que a obrigação de informar não representa uma alternativa ao direito de rescisão. Por isso, o postulado não deve ser "dever de informar em vez de direito de rescisão", mas "dever de informar e direito de rescisão", entendendo-se que a directiva prevê o dever de informar e o direito de rescisão lado a lado[259].

---

[256] JAN GEERT MEENTS, *Verbraucherschutz...*, cit., pág. 227.
[257] JEAN ALLIX, "La protection du consommateur...", cit., págs. 102-103.
[258] DIRK ARNOLD, "Verbraucherschutz im Internet", cit., pág. 531.
[259] JAN GEERT MEENTS, *Verbraucherschutz...*, cit., págs. 198-199.

Aliás, são esses os dois principais instrumentos de protecção do consumidor que estão plasmados nas directivas comunitárias relativas à protecção dos consumidores, no caso de contratos negociados fora de estabelecimentos comerciais, à protecção dos adquirentes, quanto a certos aspectos dos contratos de aquisição de um direito de utilização parcial de imóveis, e ao crédito ao consumo[260].

Além disso, o exercício do direito de rescisão pode dever-se, não apenas ao défice de informações anterior à celebração do contrato, mas também a uma precipitação do consumidor[261].

II. Antes de avançarmos mais na análise do regime do direito de rescisão e para o compreender, importa esclarecer uma questão prévia de índole terminológica, mas com incidências práticas relevantes: a de saber qual seja a natureza e o âmbito do "direito de rescisão".

Nos diplomas nacionais, este direito de rescisão, ou os direitos semelhantes na sua *ratio*, adoptam várias denominações, consoante os diplomas em que se inserem. No art. 11.º do Dec.-Lei n.º 272/87, que regulava a compra e venda fora de estabelecimentos, no art. 16.º do Dec.-Lei n.º 275/93, de 5 de Agosto, alterado pelo Dec.-Lei n.º 180/99, de 22 de Maio, que regula o contrato de aquisição do direito real de habitação periódica, fala-se em direito de resolução; no art. 8.º do Dec.-Lei n.º 359/91, de 21 de Setembro, alterado pelo Dec.-Lei n.º 101/2000, de 2 de Junho, que regula o contrato de crédito ao consumo, fala-se em período de reflexão, traduzindo nos primeiros diplomas o direito que o consumidor tem de se desvincular do contrato ou, no segundo caso, de afastar a eficácia da sua declaração negocial já emitida, sem prejuízos acrescidos; no art. 9.º, n.º 7, da Lei de Defesa do Consumidor encontramos o termo "direito de retractação". Em suma, trata-se de expressões que traduzem a ideia de voltar atrás na decisão de contratar que se havia tomado, já depois de se ter emitido a declaração de vontade. Também no art. 322.º do Código dos Valores Mobiliários[262] se estabelece, no seu n.º 1, que "[a]s ordens para execução de operações e os contratos de gestão de carteira cuja emissão ou conclusão por um investidor não institucional tenha tido lugar fora do estabelecimento do intermediário financeiro, sem anterior relação de clientela e sem solicitação do investidor, só produzem efeito três dias úteis após a declaração negocial do

---

[260] MICHAEL MARTINEK, "Verbraucherschutz im Fernabsatz...", cit., pág. 207.
[261] MIGUEL PASQUAU LIAÑO, *Comentarios*, pág. 337.
[262] Aprovado pelo Dec.-Lei n.º 486/99, de 13 de Novembro, e que entrou em vigor no dia 1 de Março de 2000.

investidor", acrescentando-se, depois, no n.º 2, que o investidor poderá, neste prazo, comunicar o seu arrependimento. A aplicação desta disposição tem como pressuposto um contacto não solicitado, assemelhando-se este direito de arrependimento, por um lado, a uma sanção às entidades que recorrem a esta técnica e, por outro, a um remédio para os investidores não institucionais que forem surpreendidos com uma comunicação que não solicitaram. Este regime aproxima-se do estabelecido para os consumidores, o que não se afasta muito da orientação seguida pelo diploma que, para efeitos "(...) de aplicação do regime sobre cláusulas contratuais gerais (...)", equipara os investidores não institucionais a consumidores.

Mais recentemente, no Dec.-Lei n.º 143/2001, o legislador português veio adoptar uma terminologia inédita, referindo-se a este direito como "direito de livre resolução". Adiante propomo-nos analisar esta noção com maior pormenor.

O legislador alemão seguiu uma orientação original. Aquando da recente aprovação da citada *Gesetz über Fernabsatzverträge und andere Fragen des Verbraucherrechts sowie zur Umstellung von Vorschriften auf Euro*, Art. 2, foram feitas alterações ao BGB. Esta reforma "(...) permitiu a unificação do regime da resolução por arrependimento do consumidor"[263]. Salientamos, em especial, o § 361a BGB que regula, uniformemente, o exercício do "direito de revogação" do consumidor ("Widerrufsrecht bei Verbraucherverträgen"), a sua índole, as condições de aplicação e os seus efeitos[264]. A sua aplicação depende, no entanto, de uma remissão prévia efectuada por uma outra norma de um diploma específico – *v.g.* § 3, n.º 1, FernAG[265], que regula o direito de revogação do consumidor nos contratos à distância. Esta disposição de um diploma específico determina os casos em que o consumidor tem este direito de revogação[266] previsto no § 361a BGB. Pretendeu-se assim promover, com a alteração ao BGB, a unidade do direito[267].

Também em sede de direito comunitário, encontramos, nas disposições de diversas directivas, expressões diferentes, que traduzem esta possibilidade de o consumidor poder "voltar atrás" com a palavra dada. Assim deparamos, por exemplo, no art. 4.º da Directiva 85/577/CEE, com

---

[263] ANTÓNIO MENEZES CORDEIRO, *Tratado de Direito Civil Português*, cit., pág. 360.
[264] P. BÜLOW e M. ARTZ, "Fernabsatzverträge...", cit., pág. 2052.
[265] STEPHAN LORENZ, "Im BGB viel Neues...", cit., pág. 835.
[266] P. BÜLOW e M. ARTZ, "Fernabsatzverträge...", cit., pág. 2052.
[267] STEPHAN LORENZ, "Im BGB viel Neues...", cit., pág. 835.

uma menção ao "(...) direito que lhe assiste [ao consumidor] de rescindir o contrato" e no art. 5.º do mesmo diploma o legislador comunitário já se refere a este direito recorrendo à expressão "(...) direito de renunciar aos efeitos do compromisso que assumiu (...)"; na Directiva 87/102/CEE, relativa ao crédito ao consumo, constam, da lista em anexo das condições referidas no art. 4.º, n.º 3, referências ao período de reflexão; no art. 5.º, n.º 1, da Directiva 94/47/CEE, relativa à protecção dos adquirentes quanto a certos aspectos dos contratos de aquisição de um direito de utilização parcial de bens imóveis[268], é feita referência ao direito de rescisão, no caso de o adquirente o exercer no prazo de dez dias após a assinatura do contrato, e ao direito de resolução, no caso de o adquirente não dispor das informações necessárias; no art. 3.º da proposta de directiva relativa à comercialização à distância dos serviços financeiros junto dos consumidores, era feita uma referência a um direito de reflexão antes da conclusão do contrato – durante o prazo para exercício do direito de reflexão, o fornecedor não poderia modificar unilateralmente as condições contratuais propostas, por um período de 14 dias[269] – e, caso o consumidor não tivesse sido convenientemente informado, a um posterior direito de retractação, após a celebração do contrato; já na proposta alterada de directiva determina-se um direito de retractação do contrato, sem indicação do motivo, e sem a sujeição a qualquer penalidade. Com a versão alterada, estabelece--se um princípio geral de retractação do contrato, abolindo-se o direito de reflexão, mas introduzindo-se uma enumeração, em pormenor, das informações que devem ser prestadas aos consumidores ainda antes da celebração do contrato. Mais uma vez se nota que o dircito de rescisão e o dever de informação, embora se não anulem, andam lado a lado.

A enumeração que aqui, exemplificativamente, fizemos, permite-nos comprovar a variedade de expressões utilizadas para traduzir a possibilidade de o consumidor reflectir melhor sobre a decisão de contratar já tomada. No entanto, não obstante a *ratio* comum, as diversas expressões podem traduzir realidades jurídicas com contornos que não são absolutamente coincidentes.

Verifica-se assim que, nos diferentes textos legislativos, são utilizadas fundamentalmente duas técnicas muito particulares de protecção

---

[268] Directiva 94/47/CEE do Parlamento Europeu e do Conselho, de 26 de Outubro de 1994, publicada no JOCE N.º L 280, de 29/10/1999.

[269] Em sentido semelhante dispõe o art. L.311-8, relativo ao contrato de crédito, do Código do Consumo francês, que cumula este período de proposta imodificável com um exercício posterior do direito de rescisão (art. L.311-15).

do consumidor contra tentações e compromissos irreflectidos: numa primeira orientação, o legislador procura atrasar a troca de consentimentos e a consequente formação do contrato, concedendo ao consumidor um período de tempo, que se situa na fase pré-contratual, em que ele poderá reflectir sobre a decisão tomada; na segunda orientação, o consumidor tem, durante um determinado período de tempo, a faculdade de se arrepender, pondo em causa um contrato que já havia celebrado[270].

Ou seja, e segundo informa Januário Gomes, a diferença entre a técnica utilizada pelos que fazem referência a um direito de resolução do contrato (rescisão, retractação ou arrependimento, acrescentamos nós) e os que se referem a um prazo de reflexão reside em que "[e]nquanto aqueles colocam o direito de arrependimento no âmbito do *contrato*, este insere-o, ainda na *fase de formação contratual*, alargando-a, para o efeito, até ao termo do período de reflexão"[271].

Todavia, qualquer qualificação que se pretenda fazer não é linear e diversas posições têm sido já defendidas nos vários ordenamentos jurídicos: uma possível orientação doutrinária tem identificado o direito de arrependimento como uma autêntica rescisão do contrato, embora se verifique um procedimento atípico, porquanto a eficácia do contrato fica sujeita a uma condição suspensiva, ou seja, neste caso, ao não exercício do direito de rescisão no prazo de x dias[272] ou simplesmente a uma condição (suspensiva ou resolutiva)[273]; outros autores qualificam o contrato cele-

---

[270] ANNE SINAY-CYTERMANN, "Les relations entre professionnels...", cit., pág. 253.

[271] JANUÁRIO GOMES, "Sobre o «direito de arrependimento» do adquirente de direito real de habitação periódica (*time-sharing*) e a sua articulação com direitos similares noutros contratos de consumo", *RPDC*, n.º 3, 1995, pág. 70-86, pág. 81 (sublinhado do autor); ainda sobre este problema, CARLOS FERREIRA DE ALMEIDA, *Os direitos dos consumidores*, cit., pág. 92, nota 43, informa, com referência a PIGASSOU, sobre um terceiro enquadramento possível para o direito de arrependimento – o de se tratar de um "direito de anulação baseado na presunção (inilidível) de dolo do vendedor"; JOÃO CALVÃO DA SILVA, *Responsabilidade civil do produtor*, cit., pág. 76, nota 3 e doutrina aí indicada; ARNALDO FILIPE OLIVEIRA, "Contratos negociados à distância...", cit., pág. 80 ss.

[272] SANTINI, *Il commercio*, Bologna, 1979, pág. 279, citado por TIZIANA MONTECCHIARI, *I negozi unilateral...*, cit., pág. 90.

[273] MARÍA ÁNGELES PARRA LUCÁN, *Comentarios*, pág. 156; vide ainda, acerca desta posição, MIGUEL PASQUAU LIAÑO, *Comentarios*, pág. 339; CLÁUDIA LIMA MARQUES, *Contratos no Código de Defesa do Consumidor*, cit., pág. 368; P. BÜLOW e M. ARTZ, segundo entendemos, consideram, por referência ao § 3.º FernAG, que trata esta matéria e remete para o § 361a BGB e que determina, no seu n.º 1, que, se o consumidor exercer o seu direito de revogação no prazo indicado na lei respectiva, deixa de estar obrigado pela sua declaração de vontade que conduziu à celebração do contrato, que esta será uma situação

brado como um pré-contrato, do qual só decorreriam obrigações para o vendedor, sendo o consumidor beneficiário da opção de compra[274]; outros ainda defendem que o direito de arrependimento não é mais do que uma revogação do contrato[275]; outras interpretações sustentam que o contrato é considerado celebrado no momento em que o consumidor adere à proposta do vendedor e o direito de arrependimento é uma rescisão do contrato já concluído, segundo uma técnica diversa da prevista usualmente no respectivo código[276]; Miguel Pasquau Liaño, autor espanhol, defende que se está simplesmente na presença de um *derecho de desistimiento*[277].

Também em relação ao direito de reflexão surgem inúmeras dúvidas doutrinárias quanto ao seu preciso enquadramento: alguns autores entendem que se trata de uma figura jurídica que parece oscilar entre a rescisão, a condição suspensiva e a opção[278], outros autores questionam-se sobre se se estará perante uma simples promessa de contratar, ou uma venda concluída sob condição suspensiva ou resolutiva, ou se existirá mesmo um direito de retractação[279].

Assumindo uma posição mais extrema, Raymonde Baillod, ainda que se refira apenas aos contratos de seguros, põe em causa o próprio direito de arrependimento (*droit de repentir*) em sede de contratos à distância. Entende que este direito se justifica como um "auxiliar da teoria clássica dos vícios do consentimento" e, como tal, se a contratação não tiver lugar no domicílio do consumidor e se não for acompanhada de um apelo ao crédito, a solução não consiste no direito de arrependimento.

---

de eficácia suspensa ("Fernabsatzverträge...", cit., pág. 2052); já STEPHAN LORENZ, segundo compreendemos, considera que se não está perante uma declaração de vontade com eficácia suspensa mas de uma declaração eficaz embora anulável ("Im BGB viel Neues...", cit., pág. 835).

[274] Fernandéz-Alber Altar, citado por MIGUEL PASQUAU LIAÑO, *Comentarios*, pág. 339.

[275] GALGANO, *Diritto civile e commerciale*, Pádua, 1990, II, 1, pág.166, citado por TIZIANA MONTECCHIARI, *I negozi unilaterali*..., cit., pág. 91.

[276] TIZIANA MONTECCHIARI, *I negozi unilaterali*..., cit., pág. 91.

[277] Entendido como "aquel acto por el cual una de las partes de la relación contractual pone fin al contrato antes del tiempo previsto, por causas que no tiene que justificar, sino comunicar dicha decisión a la otra u otras partes del contrato" (definição de RODRIGUEZ MARÍN, citado por MIGUEL PASQUAU LIAÑO, *Comentarios*, pág. 341); *vide* também, sobre esta figura jurídica, MARÍA ÁNGELES PARRA LUCÁN, *Comentarios*, pág. 154 ss.

[278] TIZIANA MONTECCHIARI, *I negozi unilaterali*..., cit., pág. 90.

[279] F. DORMONT-NAERT, "Professionnels et consommateurs...", cit., pág. 227.

Considera que a protecção dos consumidores passa antes pela regulamentação legislativa da matéria ou por um prazo de reflexão anterior ao compromisso assumido pelo consumidor. Apesar de tudo, admite a existência de um período de reflexão, mas não de um direito de arrependimento[280].

Aliás, a preferência dos fornecedores parece apontar para a eleição do direito de arrependimento, o que se deve menos a questões jurídicas do que a razões económicas, que têm igualmente um peso preponderante nas opções legislativas.

De facto, o direito de arrependimento parece ser mais favorável para o fornecedor, uma vez que ao consumidor será, à partida, mais difícil tomar a decisão de "voltar atrás na palavra dada" do que comunicar ao fornecedor, findo o período de reflexão, que afinal não pretende adquirir o bem ou o serviço. Com esta orientação, que não deixa de proteger o consumidor, mas que garante melhor a posição do fornecedor, defendem alguns autores que se encontra algum equilíbrio entre os interesses opostos das partes[281].

Atento o exposto, parece que do texto do art. 6.º da Directiva 97/7/CE se podem tirar algumas ilações: a epígrafe indica que o contrato foi efectivamente celebrado e a corroborar esta hipótese temos que no mesmo art. 6.º se menciona que o prazo para o exercício do direito de rescisão em relação à prestação de serviços é contado, em certas circunstâncias, a partir do dia da celebração do contrato, pelo que estaremos perante um caso de direito de arrependimento e não de um prazo de reflexão[282].

III. No ordenamento jurídico português, não podemos deixar de notar a semelhança do direito de reflexão e do direito de arrependimento com a primeira e segunda modalidades de venda a contento, previstas, respectivamente, nos arts. 923.º e 924.º do CC.

---

[280] RAYMONDE BAILLOD, "Le droit de repentir", *R. trim. civ.*, n.º 2, 1984, pág. 227--254, págs. 243-244.

[281] Neste sentido opinam RAYMONDE BAILLOD, "Le droit de repentir", cit., pág. 252 e ARNALDO FILIPE OLIVEIRA, "Contratos negociados à distância...", cit., pág. 82.

[282] NORBERT REICH, *Europäisches Verbraucherrecht*, cit., pág. 378, tendo ainda por referência o texto da proposta alterada de directiva do Conselho relativa à protecção dos consumidores em matéria de contratos celebrados à distância (93/C 308/02), publicado no JOCE N.º C 308/18, de 15/11/1993, entende também que o contrato já se encontra perfeitamente celebrado no momento em que o consumidor tem possibilidade de voltar atrás; *vide* ainda NORBERT REICH, "Die neue Richtlinie 97/7/CE...", cit., pág. 585; WALDENBERGER, "Verbraucherschutz im Internet", cit., pág. 43.

Nos termos do art. 923.º, a compra e venda pode ser feita sob reserva de agradar ao comprador, valendo, nesse caso como proposta de venda e não como contrato de compra e venda[283]. O potencial comprador tem então a faculdade discricionária[284] de se vincular ao contrato, bastando para isso não se pronunciar, ou não devolver a coisa[285-286]. Por seu turno, no art. 924.º está prevista uma segunda modalidade de venda a contento. Neste caso, se tal for acordado pelas partes, o contrato poderá ser resolvido unilateral e discricionariamente[287] se a coisa não agradar ao comprador, aplicando-se o disposto nos art. 432.º ss. do CC. Ou seja, o contrato é celebrado com a aceitação, não se considerando haver apenas uma proposta, como no caso anterior[288-289].

---

[283] PEDRO ROMANO MARTINEZ, *Direito das Obrigações (Parte Especial) Contratos*, Almedina, Coimbra, 2000, pág. 74 ss.

[284] FERNANDO ANDRADE PIRES DE LIMA e JOÃO DE MATOS ANTUNES VARELA, *Código Civil anotado*, vol. II, 3.ª Edição, Coimbra Editora, Lda., 1986, pág. 223; INOCÊNCIO GALVÃO TELLES, *Contratos Civis*, Lisboa, 1954, pág. 24, também qualifica esta faculdade de discricionária.

[285] Esta disposição, segundo informam FERNANDO ANDRADE PIRES DE LIMA e JOÃO DE MATOS ANTUNES VARELA, *Código Civil anotado*, vol. II, cit., pág. 223, terá encontrado a sua fonte de inspiração no art. 1520 do Código Civil italiano. Notamos também que, embora em sentido não absolutamente idêntico ao previsto nos Códigos português e italiano, no Código Civil espanhol se prevê a figura das vendas *ad gustum*, incluindo-as na mesma disposição das vendas sujeitas a prova. Assim, o art. 1453 determina: "La venta hecha a calidad de ensayo o prueba de la cosa vendida, y la venta de las cosas que es costumbre gustar o probar antes de recibirlas, se presumirán hechas siempre bajo condición suspensiva"; *vide* SILVIA DÍAZ ALABART, *Comentarios,* pág. 100 ss.; JOSÉ RAMÓN GARCÍA VICENTE, *Ley de contratos celebrados...*, cit., pág. 161 ss.

[286] FERNANDO ANDRADE PIRES DE LIMA e JOÃO DE MATOS ANTUNES VARELA, *Código Civil anotado*, vol. II, cit., pág. 224, consideram que se está perante um caso típico de opção, já que do contrato resulta a vinculação definitiva do vendedor, enquanto a outra parte tem a faculdade discricionária de aceitar ou não.

[287] INOCÊNCIO GALVÃO TELLES, *Contratos Civis*, cit., pág. 25; JOSÉ CARLOS BRANDÃO PROENÇA, *A resolução do contrato no Direito Civil,* Coimbra Editora, Coimbra, 1996, pág. 75; PEDRO ROMANO MARTINEZ, *Direito das Obrigações*, cit., pág. 75, entende estar-se perante uma compra e venda sujeita a condição resolutiva e potestativa em relação ao comprador.

[288] FERNANDO ANDRADE PIRES DE LIMA e JOÃO DE MATOS ANTUNES VARELA, *Código Civil anotado*, vol. II, cit., pág. 225.

[289] INOCÊNCIO GALVÃO TELLES esclarece ainda que na primeira e segunda modalidades de venda a contento se não fala de condição suspensiva e resolutiva, respectivamente, porque se trataria de uma condição potestativa, que se afasta da natureza e regime "de uma condição verdadeira e própria": *Contratos civis*, cit., pág. 26; PEDRO PAIS DE VAS-

Não obstante as similitudes que encontramos entre estas modalidades de venda a contento e os direitos de reflexão e arrependimento, deparamos também com outros aspectos que as afastam. Assim, por um lado, enquanto a venda a contento depende da vontade das partes, o direito de arrependimento decorre de disposições legais. Por outro lado, enquanto na venda a contento o comprador tem a faculdade de se não vincular, ou de resolver o contrato, se a coisa lhe não agradar, no direito de arrependimento, o consumidor não tem de justificar o motivo pelo qual exerce aquele direito, podendo, inclusive, o bem agradar-lhe muito, mas, por qualquer motivo, ele não o querer. E embora, na prática, seja de difícil prova o agrado ou desagrado de alguém relativamente uma coisa[290], existe ainda um fundamento que o comprador terá de justificar, ao contrário do direito de arrependimento, em que o consumidor, arbitrariamente, decide se se quer ou não desvincular do contrato celebrado[291].

IV. Regressando agora ao texto da directiva, encontramos o art. 6.º com a epígrafe "Direito de rescisão"; no entanto, e se atendermos às alterações que a directiva sofreu no seu processo de elaboração, observamos que, quer na proposta de directiva do Conselho, quer na proposta alterada, o artigo referente a esta matéria tinha por epígrafe "Direito de resolução".

CONCELOS, *Teoria Geral do Direito Civil*, cit., pág. 363, considera que, "[n]ão obstante a sua designação tradicional, as condições potestativas arbitrárias não são verdadeiras condições. As condições potestativas arbitrárias suspensivas são melhor qualificáveis como pactos de opção ou como propostas contratuais; as condições potestativas arbitrárias resolutivas como cláusulas de resolução ou de denúncia"; PEDRO ROMANO MARTINEZ, *Direito das Obrigações*, cit., pág. 74, defende também que se trata de uma condição imprópria por ser potestativa, isto é, dependente da vontade do comprador; ainda sobre a condição potestativa, *vide* JOSÉ DE OLIVEIRA ASCENSÃO, *Direito Civil...*, vol. II, cit., pág. 291; ANTÓNIO MENEZES CORDEIRO, *Tratado de Direito Civil Português*, cit., pág. 551.

[290] Conforme salienta INOCÊNCIO GALVÃO TELLES, "(...) o tribunal não pode sobrepor o próprio critério, ainda que baseado no laudo de peritos, à opinião e resolução do comprador": *Contratos civis*, cit., pág. 24; MARÍA ÁNGELES PARRA LUCÁN, *Comentarios*, pág. 157; PEDRO ROMANO MARTINEZ, *Direito das Obrigações*, cit., pág. 74.

[291] Assim, PEDRO ROMANO MARTINEZ, *Direito das Obrigações*, cit., pág. 75; neste sentido, o direito de arrependimento aproxima-se mais da venda a retro, em que o vendedor tem a possibilidade "(...) de desfazer arbitrariamente a venda (...)": INOCÊNCIO GALVÃO TELLES, *Contratos Civis*, cit., pág. 29 ss.; ainda acerca da venda a retro, *vide* PEDRO ROMANO MARTINEZ, *Direito das Obrigações*, cit., pág. 81 ss.

A resolução, tal como a rescisão, é uma das fórmulas extintivas voluntárias de uma relação jurídica privada[292].

E embora correspondendo a realidades diferentes, deparamos, quer na doutrina, quer na legislação, com divergências relevantes na definição e aplicação destes conceitos[293].

Assim, e no que se relaciona mais directamente com a questão ora em discussão, nomeadamente com a distinção entre rescisão e resolução e suas características, salientamos os ensinamentos de António Menezes Cordeiro, que, representando a orientação de alguma doutrina, informa que estas duas figuras não traduzem realidades substancialmente diferentes, sendo a rescisão uma resolução fundada na lei[294].

No que respeita às características da resolução, também parece não existir unanimidade na doutrina, pelo menos quanto a todas as características. Enquanto uma fracção entende que a resolução é condicionada[295] – só é admitida se for fundada na lei ou em convenção, como resulta do

---

[292] MÁRIO JÚLIO DE ALMEIDA COSTA, *Direito das Obrigações*, cit., pág. 248; ANTÓNIO MENEZES CORDEIRO, *Manual de Direito do Trabalho*, Almedina, Coimbra, 1994, pág. 778; do mesmo autor, *Direito das Obrigações*, 2.º vol., AAFDL, Lisboa, 1990, pág. 164 ss.; FERNANDO PESSOA JORGE, *Lições de Direito das Obrigações*, cit., pág. 210.

[293] Vejam-se as considerações tecidas por JOÃO DE CASTRO MENDES, *Direito Civil, Teoria Geral*, vol. III, Lisboa, 1973, pág. 486 ss.; JOÃO DE MATOS ANTUNES VARELA, *Das Obrigações em Geral*, vol. II, 5.ª Edição, Almedina, Coimbra, 1992, pág. 273; MÁRIO JÚLIO DE ALMEIDA COSTA, *Direito das Obrigações*, cit., pág. 248, nota 3; ANTÓNIO MENEZES CORDEIRO, *Manual de Direito do Trabalho*, cit., págs. 778-779.

[294] ANTÓNIO MENEZES CORDEIRO, *Manual de Direito do Trabalho*, cit., pág. 778; também segundo a doutrina de INOCÊNCIO GALVÃO TELLES, a rescisão seria a cessação dos efeitos negociais apoiada numa causa legal e não discricionária: vide JOÃO DE CASTRO MENDES, *Direito Civil...*, vol. III, cit., pág. 485; VAZ SERRA, "Resolução do contrato", *BMJ*, n.º 68, pág. 153-289, pág. 153, parece considerar que a rescisão e a resolução são sinónimos: "Há casos em que uma das partes num contrato tem o direito de o resolver ou rescindir"; vide ainda MÁRIO JÚLIO DE ALMEIDA COSTA, *Direito das Obrigações*, cit., pág. 248, nota 3. Sobre este tema veja-se também FERNANDO PESSOA JORGE, *Lições de Direito das Obrigações*, cit., pág. 211, que defende que a figura de que se ocupa o Código Civil nos arts. 432.º e seguintes não devia ser designada por resolução mas sim por rescisão. Defendendo que a rescisão é a extinção do negócio fundada em justa causa, vide JOSÉ DE OLIVEIRA ASCENSÃO, *Direito Civil...*, vol. II, cit., pág. 340.

[295] ANTÓNIO MENEZES CORDEIRO, *Direito das Obrigações*, 2.º vol., cit., pág. 164; no mesmo sentido, embora falando de vontade vinculada na rescisão, vide FERNANDO PESSOA JORGE, *Lições de Direito das Obrigações*, cit., pág. 211; defendendo o "relativo condicionamento" do direito de resolução, vide JOSÉ CARLOS BRANDÃO PROENÇA, *A resolução...*, cit., pág. 74.

art. 432.º, n.º 1, do CC -, opera retroactivamente[296] – verifica-se um regresso à situação anterior à celebração do contrato, art. 434.º do CC –, e é vinculada[297] – no sentido em que é necessário alegar e provar um fundamento que justifique a resolução, uma outra fracção não concorda com esta última característica, alegando que, embora as mais das vezes a resolução seja vinculada, se verificam, no próprio CC, excepções, como, por exemplo, no caso da venda a retro[298] (art. 927.º ss. do CC) em que a resolução depende da discricionariedade do contraente[299].

Passando agora à análise do "direito de rescisão" previsto na directiva, verificamos que apresenta as seguintes características: é uma forma

---

[296] FERNANDO PESSOA JORGE, *Lições de Direito das Obrigações*, cit., pág. 211; CARLOS ALBERTO DA MOTA PINTO, *Teoria Geral do Direito Civil*, cit., pág. 477; ANTÓNIO MENEZES CORDEIRO, *Direito das Obrigações*, 2.º vol., cit., pág. 164; MÁRIO JÚLIO DE ALMEIDA COSTA, *Direito das Obrigações*, cit., pág. 250; JOÃO DE MATOS ANTUNES VARELA, *Das Obrigações em Geral*, vol. II, cit., pág. 273; JOSÉ CARLOS BRANDÃO PROENÇA, *A resolução...*, cit., pág. 32; no entanto, JOÃO DE CASTRO MENDES, *Direito Civil...*, vol. III, cit., pág. 486, sublinha que a resolução pode ser ou não retroactiva, pois o art. 434.º assim o estabelece, entendendo que neste caso a figura será a dissolução.

[297] ANTÓNIO MENEZES CORDEIRO, *Direito das Obrigações*, 2.º vol., cit., pág. 164; também parece ser esta a orientação de JOSÉ CARLOS BRANDÃO PROENÇA, *A resolução...*, cit., pág. 75, que crê que "(...) a afirmação doutrinal-legal da discricionariedade da faculdade resolutiva ou da sua aplicação a situações contratuais não necessariamente danosas (...) não contendem com a unidade da resolução, pois parte-se de uma situação excepcional e perfeitamente justificada (a do art. 2248.º do CC) para posições discutíveis num plano de qualificação (a «resolução» da venda a retro, da segunda modalidade da venda a contento (...)"; JOÃO DE CASTRO MENDES, *Direito Civil...*, cit., págs. 488, 490 ss. procurando adaptar a terminologia utilizada no CC aos conceitos jurídicos, entende serem sinónimos a resolução arbitrária e a revogação *proprio et stricto sensu*; PEDRO ROMANO MARTINEZ, *Direito das Obrigações*, cit., pág. 99, defende que o "direito de resolução" previsto no Dec.-Lei n.º 272/87, ao permitir ao comprador "(...) resolver o contrato dentro de certo prazo sem necessidade de invocar qualquer causa justificativa, afasta-se dos pressupostos gerais em que assenta a resolução dos contratos".

[298] INOCÊNCIO GALVÃO TELLES, *Contratos Civis*, cit., pág. 27, não deixa de sublinhar que a venda a retro, pelo "(...) facto de o contrato perder os seus efeitos, deixando de vigorar, pelo mero querer de um dos contraentes, ajusta-se à ideia de *revogação* (...)". Esta, sim, caracteriza-se pela sua discricionariedade: *vide*, por todos, JOSÉ DE OLIVEIRA ASCENSÃO, *Direito Civil...*, vol. II, cit., pág. 340; no que respeita aos efeitos *ex nunc* da revogação, *vide*, MÁRIO JÚLIO DE ALMEIDA COSTA, *Direito das Obrigações,* cit., pág. 252.

[299] JOÃO DE MATOS ANTUNES VARELA, *Das Obrigações em Geral*, vol. II, cit., pág. 273 ss.; MÁRIO JÚLIO DE ALMEIDA COSTA, *Direito das Obrigações,* cit., pág. 250; JOSÉ CARLOS BRANDÃO PROENÇA, *A resolução...*, cit., pág. 76, reconhece que a lei afirma "(...) a natureza «discricionária» (*rectius*, optativa) da resolução (...)".

de extinguir o contrato prevista por lei; tem efeitos retroactivos (sendo exercido o direito de rescisão, o consumidor devolve o bem recebido e é-lhe devolvida a quantia que já tinha pago[300], ou seja, é como se o contrato não tivesse sido celebrado); é temporariamente limitado; e discricionário, *melius*, arbitrário, uma vez que o consumidor não tem de indicar nem de provar qualquer motivo para se desvincular do contrato.

Assim, se se entender que a vinculação é uma característica da resolução – como parece indicar a pureza do conceito, embora contrariando a orientação do legislador do CC –, então este direito não se enquadrará no âmbito da resolução, sendo antes uma figura *sui generis*, um direito temporalmente balizado e que, uma vez exercido, faz extinguir o contrato[301], um direito de arrependimento.

O legislador português, no art. 6.º do Dec.-Lei n.º 143/2001, veio adoptar uma terminologia interessante e inovadora, procurando, na nossa opinião, ultrapassar as dificuldades decorrentes de a vinculação ser uma característica da resolução. Um "direito de *livre* resolução" será, como o próprio nome indica, discricionário e não vinculado, e nesse sentido traduz de forma mais fiel a natureza da figura em causa.

Acresce ainda que, nos termos do art. 435.º do CC, a resolução "(...) não prejudica os direitos adquiridos por terceiro". Ora o exercício do "direito de rescisão" previsto no art. 6.º da Directiva 97/7/CE implica que, no caso de o preço do bem ou serviço ser, no todo ou em parte, coberto por um crédito concedido ao consumidor por um terceiro, com base em acordo que tenha sido celebrado entre o terceiro e o fornecedor, o contrato de crédito também será resolvido, sem que o terceiro tenha direito a qualquer indemnização[302-303].

Esta figura, pelas suas características, também parece não se enquadrar nem na figura da revogação – uma vez que este instituto opera *ex nunc*[304] –,

---

[300] O art. 6.º, n.º 2, *in fine*, da Directiva 97/7/CE, determina inclusive que o reembolso deverá ser efectuado no mais curto lapso de tempo possível, não podendo ultrapassar o prazo de trinta dias.

[301] Já se, por outro lado, se entender que a figura em discussão prevista na directiva, que apresenta características discricionárias, é mais uma das excepções ao carácter vinculativo da resolução, então poderemos estar perante um caso de resolução do contrato.

[302] Art. 6.º, n.º 4, da Directiva 97/7/CE. Também acerca desta disposição, cf. WALDENBERGER, "Verbraucherschutz im Internet", cit., pág. 44.

[303] No ordenamento jurídico português, *vide*, art. 8.º, n.º 3, do Dec.-Lei n.º 143/2001.

[304] MÁRIO JÚLIO DE ALMEIDA COSTA, *Direito das Obrigações*, cit., pág. 252; ANTÓNIO MENEZES CORDEIRO, *Manual de Direito do Trabalho*, cit., pág. 778-797.

nem na figura da denúncia – que pressupõe contratos com prestações duradouras e, salvo em contratos por tempo indeterminado, se deve fazer no termo do prazo para renovação, sendo, por regra, não retroactiva[305].

Conclui-se assim que a determinação da natureza jurídica da "rescisão", conforme vem prevista no art. 6.º da Directiva 97/7/CE, não é tarefa linear. Segundo afirma Norbert Reich, com quem concordamos, o direito de rescisão, cujos pormenores serão regulados posteriormente pelos Estados-membros aquando da transposição da directiva para o direito interno, cujo exercício não exige menção de qualquer fundamento ou pagamento de qualquer indemnização, é um conceito que terá de ser compreendido e apreendido numa perspectiva em que falha um exacto rigor técnico[306].

V. O direito de rescisão, ou o direito de arrependimento, é, como referimos, um direito discricionário, pois cabe ao consumidor, em consciência, decidir se se quer ou não desvincular do contrato. Mas, qualquer que seja a decisão tomada pelo consumidor, designadamente, se o consumidor se decidir pelo exercício do direito de arrependimento, tal não significa que tenha havido qualquer falta por parte do fornecedor em relação ao estipulado no contrato.

Da mesma forma, importa sublinhar que, findo o prazo de sete dias úteis, conferido por este direito, não ficam precludidos os direitos do consumidor, previstos na lei interna, quer no caso de se verificarem quaisquer vícios da vontade, quer no de o contrato não vir a ser cumprido conforme o estipulado pelas partes ou de qualquer outro motivo legalmente aceite[307]. Pensamos, nomeadamente, nos casos em que o fornecedor efectua a prestação dentro do prazo acordado, mas em que esta se apresenta com graves vícios, defeitos ou irregularidades, verificando-se um cumprimento

---

[305] CARLOS ALBERTO DA MOTA PINTO, *Teoria Geral do Direito Civil*, cit., pág. 478; MÁRIO JÚLIO DE ALMEIDA COSTA, *Direito das Obrigações*, cit., pág. 253; ANTÓNIO MENEZES CORDEIRO, *Manual de Direito do Trabalho*, cit., pág. 778.

[306] NORBERT REICH, "Die neue Richtlinie 97/7/CE...", cit., pág. 585; do mesmo autor, vide *Europäisches Verbraucherrecht,* cit., pág. 378; WALDENBERGER, "Verbraucherschutz im Internet", cit., pág. 43.

[307] ULRICH DROBNIG, "Neue rechtliche Konzepte für den europäischen Verbraucherschutz", in *Neues europäisches Vertragsrecht und Verbraucherschutz*, ERA, Bundesanzeiger, 1999, pág. 201-207, pág. 204; MIGUEL PASQUAU LIAÑO, *Comentarios*, pág. 346 ss.

defeituoso, ou, segundo a terminologia da doutrina alemã, uma "violação contratual positiva"[308].

Já no Parecer do Comité Económico e Social sobre a então proposta de directiva do Conselho relativa à protecção dos consumidores em matéria de contratos negociados à distância, no ponto 3.9., se manifestou a preocupação em proceder a uma distinção explícita entre o direito de fazer extinguir o contrato discricionariamente no prazo de sete dias, daquele que cabe ao consumidor, findo este prazo, de resolver o contrato por incumprimento de cláusulas contratuais ou em virtude de práticas fraudulentas. No seguimento deste parecer, foi aditado, na proposta alterada, ao então art. 12.º, com a epígrafe "Direito de resolução", o número cinco, no qual se determinava expressamente que o "direito de resolução" não prejudicava os direitos usuais dos consumidores, nomeadamente no que respeitasse à recepção de bens ou serviços deteriorados ou que não correspondessem à descrição dada na oferta.

Do texto adoptado da directiva não consta qualquer disposição com conteúdo semelhante ao art. 12.º, n.º 5, da proposta alterada; no entanto, no considerando (14) dispõe-se que o "direito de rescisão" não prejudica os direitos dos consumidores previstos na legislação interna[309]. De facto, a consagração deste direito do consumidor no articulado do texto comunitário seria redundante, atento o direito de que qualquer sujeito dispõe de resolver o contrato e de ver ressarcidos os seus danos, em caso de incumprimento ou de cumprimento defeituoso do contrato e que é independente do direito previsto no art. 6.º. Com efeito, se se entendesse o contrário, estar-se-ia a prejudicar o consumidor, a limitar a possibilidade de este ver os seus danos ressarcidos, o que em nada se coaduna com a filosofia que inspira este diploma.

---

[308] ANTÓNIO MENEZES CORDEIRO, *Direito das Obrigações*, 2.º vol., cit., pág. 440 ss.; JOÃO DE MATOS ANTUNES VARELA, *Das Obrigações em Geral*, vol. II, cit., pág. 124.

[309] "(...) este direito de rescisão não prejudica os direitos do consumidor previstos na legislação nacional, nomeadamente em matéria de recepção de produtos e serviços deteriorados ou de produtos ou serviços que não correspondem à descrição desses produtos ou serviços (...)".

3.2.2.3. As informações por escrito e o prazo para exercício do direito de rescisão

No art. 6.º, n.º 1, dispõe-se, como regra geral, que o consumidor poderá rescindir o contrato, num prazo de sete dias úteis[310], sem indicação do motivo e sem pagamento de qualquer indemnização.

Em relação aos bens, o prazo para exercício do direito de rescisão é contado a partir do dia da recepção do bem, desde que o fornecedor tenha confirmado por escrito as informações previstas no art. 5.º; já em relação aos serviços, o prazo para o exercício do direito de rescisão é contado a partir do momento da celebração do contrato ou do dia em que o consumidor tenha recebido a confirmação por escrito das informações prévias, se tal ocorrer em momento posterior, desde que não seja excedido o prazo de três meses a contar da celebração do contrato.

No caso de o fornecedor não ter cumprido a obrigação de confirmação de informações por escrito, a que estava vinculado, nos termos do art. 5.º, o prazo para exercer o direito de rescisão é dilatado para três meses, no caso dos bens, a contar do dia da sua recepção, e, no caso dos serviços, a contar do momento de celebração do contrato[311-312].

---

[310] Na proposta inicial da directiva referia-se que o consumidor dispunha de sete dias para resolver o contrato; no Parecer do Comité Económico e Social, no ponto 4.7., foi sublinhada a necessidade de uma harmonização do método de cálculo do número de dias: se se tratava de um prazo substantivo ou de um prazo processual; atentas estas considerações, na proposta alterada e na versão adoptada da directiva passou a determinar-se que o prazo é de sete dias úteis.

No entanto, de acordo com a Declaração do Conselho e do Parlamento Europeu relativa ao art. 6.º, n.º 1, fica ainda sujeita a estudo a possibilidade de harmonização do método de cálculo do "prazo de reflexão", no âmbito da legislação relativa à protecção dos consumidores, nomeadamente da Directiva 85/577/CEE, relativa à protecção dos consumidores no caso de contratos negociados fora dos estabelecimentos comerciais, em que se prevê, no art. 5.º, que o consumidor pode "(...) renunciar aos efeitos do compromisso que assumiu desde que envie uma notificação, no prazo de sete dias a contar (...)", sem especificar se se contam apenas os dias úteis ou não.

[311] No mesmo sentido, *i.e.*, dilatando o prazo para exercício do direito de livre resolução para três meses, *vide* o art. 6.º do Dec.-Lei n.º 143/2001. Também no direito italiano, *Decreto Legislativo* de 15 Janeiro de 1992, n.50, que transpôs para o direito interno a Directiva 85/577/CE, se estabelece no art. 6, n.º 2, que no caso de o fornecedor não prestar ao consumidor a informação relativa ao seu direito de rescisão, ou no de ter fornecido informação incompleta ou errada que não permita o seu correcto exercício pelo consumidor, é dilatado o prazo para exercício desse direito para sessenta dias: *vide,*

Por último, se as referidas informações forem fornecidas dentro do prazo de três meses, o consumidor terá, a partir desse momento, um prazo de sete dias úteis para exercer o seu direito de arrependimento.

Atenta esta alteração ao regime geral, poderá colocar-se a questão de saber qual o fundamento para esta prorrogação do prazo para exercício do direito de arrependimento, designadamente se terá um carácter sancionatório para o fornecedor, sendo, nesse caso, entendida como uma penalidade a que este estaria sujeito por não ter cumprido as suas obrigações de informação.

Numa primeira análise, parece decorrer desta disposição que se pretende conceder ao fornecedor a possibilidade de fornecer as informações em suporte duradouro durante um período mais dilatado de tempo, evitando-se assim possíveis atrasos. Parece-nos que o que se pretende é que o consumidor seja efectivamente informado, já que lhe é dado um maior período de tempo, durante o qual se poderá informar acerca dos seus direitos, o que por norma, no entanto, não acontece.

---

designadamente DANIELA VALENTINO, "Obblighi di informazione...", cit., pág. 385 ss.; GIUSEPPE COLAIACONO, "I contratti negoziati fuori dai locali commerciali", in *Codice del Consumo e del Risparmio*, org. GUIDO ALPA, Dott. A. Giuffrè Editore, Milão, 1999, pág. 439-449, pág. 444 ss.; o art. 5 do Decreto Legislativo 185/99, que transpôs a Directiva 97/7/CE para o direito interno italiano, apresenta-se muito semelhante ao art. 6.º da directiva; no § 3 FernAG, estabelece-se que o início do prazo para exercício do direito de revogação se não inicia antes de o fornecedor ter cumprido os seus deveres de informação previstos no § 2, n.ºs 3 e 4. Cumpridos estes deveres, o prazo não se inicia, no caso de prestação de serviços, antes do dia da celebração do respectivo contrato; no caso de fornecimento de bens, antes do dia da sua recepção pelo destinatário; no caso de prestações periódicas de bens semelhantes, não se inicia antes do dia da recepção da primeira parte do fornecimento. No entanto, determina-se ainda nesta disposição que o direito de revogação se não aplica no caso de fornecimento de mercadorias, se já tiverem decorrido mais de 4 meses sobre a data da sua recepção pelo destinatário; no caso de prestação de serviços, se tiverem decorrido mais de 4 meses sobre a data da celebração do contrato. O que, na prática, se traduz num alargamento, para 4 meses, do prazo de 3 meses previsto na directiva para os casos de incumprimento da obrigação de confirmação de informações por escrito.

[312] Antes da entrada em vigor do Dec.-Lei n.º 143/2001, no direito português, mais especificamente, nos termos do art. 11.º, do Dec.-Lei n.º 272/87, o consumidor podia resolver o contrato no prazo de sete dias úteis e devia ser informado, pelo outro contraente, deste direito que lhe cabia. No entanto, o incumprimento do dever de informação não tinha qualquer consequência no contrato, ao contrário do que se estabelecia por exemplo no art. 4.º, n.º 4, do mesmo diploma, aplicável *ex vi* art. 11.º, n.º 4, que determinava que se tinham por não escritas as cláusulas que estabelecessem uma renúncia a este direito ou que, de qualquer forma, limitassem o seu exercício.

No que respeita ao carácter sancionatório desta norma, efectivamente, verifica-se que o fornecedor incumpridor fica sujeito, durante um período de tempo mais dilatado, a que o consumidor exerça o direito de rescisão – aqui a situação de incerteza e insegurança é indubitavelmente mais lata[313].

No entanto, as desvantagens daqui decorrentes não parecem constituir uma verdadeira penalização para o fornecedor. Este desconforto assume um significado marginal se atendermos a que o consumidor, a quem não foram dadas as respectivas informações, não tem conhecimento, nomeadamente, de que existe um "direito de rescisão" – e não é de esperar que o consumidor tenha um grau de conhecimento que lhe permita estar actualizado quanto aos seus direitos – e assim não o exercerá, nem no prazo de sete dias nem no prazo de três meses, e ficará vinculado ao contrato, sendo neste sentido, a dilatação do prazo, irrelevante[314].

Conclui-se, portanto, que a dilatação do prazo não compensa o consumidor pela ausência da confirmação das informações através de um suporte duradouro, nem penaliza realmente o fornecedor, para quem a omissão da confirmação das informações por escrito continuará a ser vantajosa.

Surge então, inevitavelmente, a questão de saber quais as medidas que podem ser adoptadas para uma efectiva protecção do consumidor. Uma das hipóteses passa pela fiscalização do cumprimento destas normas e pela aplicação de sanções aos fornecedores que infrinjam quaisquer disposições previstas na directiva[315]. Outra solução possível consistiria numa redução percentual do preço de venda, como contrapartida da omissão dos deveres de informar[316]. Uma terceira hipótese viável seria a de não encetar o prazo de contagem para exercício do direito de rescisão antes de o fornecedor cumprir as obrigações de informação a que está sujeito nos termos do art. 5.º[317]. Ou, numa orientação menos drástica, uma dilatação

---

[313] O direito de rescisão traduz, por si só e durante o prazo para exercício desse direito, para o fornecedor, uma situação de incerteza e insegurança: ULRICH DROBNIG, "Neue rechtliche Konzepte...", cit., pág. 205.

[314] Sobre a discussão acerca do possível carácter sancionatório deste direito de rescisão, vide JAN GEERT MEENTS, Verbraucherschutz..., cit., págs. 202-203.

[315] DIRK ARNOLD, "Verbraucherschutz im Internet", cit., pág. 531.

[316] JAN GEERT MEENTS, Verbraucherschutz..., cit., pág. 202.

[317] HERBERT KRONKE, "Electronic Commerce und Europäisches Verbrauchervertrags-IPR", RIW, 12/1996, pág. 985-993, pág. 991; JAN GEERT MEENTS, Verbraucherschutz..., cit., pág. 195.

ainda maior do prazo dentro do qual o consumidor pode exercer o seu direito de rescisão[318]; esta hipótese poderia surtir algum efeito prático se a duração do período de exercício do direito de rescisão fosse tão lato que a insegurança e a incerteza sentidas pelos fornecedores não compensassem já a omissão[319]. Parece-nos, no entanto, que esta última solução contém as mesmas graves debilidades já acima referidas quanto à dilação para o prazo de três meses, sem que seja cumprida a obrigação prevista no art. 5.º da directiva.

Na proposta alterada de directiva relativa à protecção dos consumidores na comercialização à distância de serviços financeiros, o legislador comunitário assume uma posição muito interessante de defesa do consumidor – que vem ao encontro da orientação que defende que o prazo para o exercício do direito de arrependimento não deverá ser iniciado antes de serem fornecidas ao consumidor as informações exigidas por lei –, ao contar o período para o exercício do "direito de retractação":

"*a*) a partir da data da conclusão do contrato, se as condições contratuais e as informações tiverem sido prestadas ao consumidor antes da conclusão do contrato e nos termos exigidos pelo art. 3.º-A, n.º 2, ou seja, se o fornecedor tiver comunicado por escrito ou através de suporte durável, as informações previstas no art. 3.º, n.º 1.

ou

b) no caso de o contrato ter sido concluído antes de as condições contratuais e informações terem sido comunicadas ao consumidor, o prazo é contado a partir do dia da recepção daqueles elementos ou do último deles, nos termos exigidos pelo art. 3.º-A".

Nesta disposição não é estabelecido qualquer prazo limite para o exercício do "direito de arrependimento" que seja semelhante ao prazo de três meses previsto no art. 6.º da Directiva 97/7/CE. Desta forma, é sempre assegurada a possibilidade do exercício do direito de retractação, o que não ocorreria se o prazo para o exercício desse direito fosse sempre contado a partir da data da celebração do contrato.

Também no § 361a, n.º 1, BGB, em nosso entender, se determina que o prazo para o exercício do direito de revogação se inicia no momento em

---

[318] JAN GEERT MEENTS, *Verbraucherschutz...*, cit., pág. 203.

[319] Todas estas medidas seriam sempre mais eficazes se fossem acompanhadas de campanhas de informação aos consumidores, conforme vem, aliás, previsto no art. 16.º da Directiva 97/7/CE.

que o consumidor é informado com clareza das instruções relativas ao seu direito de revogação, transmitidas por meio de comunicação durável. Esta informação deverá ainda incluir o nome e o endereço dos respectivos fornecedores para envio da revogação e indicação do prazo para o exercício do direito. No entanto, os diplomas específicos que remetem para esta disposição poderão estabelecer um prazo limite fixo para o exercício do direito de revogação: é o caso, *v.g.*, do § 3, n.°1, FernAG, já referido *supra*.

3.2.2.4. *Momento da celebração do contrato. A aceitação*

3.2.2.4.1. Considerações gerais

I. A determinação do momento em que se tem por celebrado um contrato num determinado ordenamento jurídico não suscita grande dúvidas: entende-se que o contrato está celebrado quando se verificar "(...) o último elemento que a lei considera necessário para a perfeição do consenso"[320], ou seja, a aceitação[321]. Existe aceitação se a parte a quem foi dirigida a proposta contratual ou qualquer interessado, no caso de oferta ao público, manifestar, em tempo, absoluta concordância com a proposta feita, dirigindo a sua declaração de vontade ao proponente (declaração receptícia) e se esta declaração obedecer à forma exigida[322]. A não concordância absoluta com a proposta feita não se considera aceitação da proposta mas rejeição desta, como dispõe, no ordenamento jurídico português, o art. 233.° do CC. A não concordância absoluta com a proposta feita e a apresentação de modificações suficientemente precisas equivale a

---

[320] Referindo-se ao lugar de celebração do contrato, cf. ISABEL DE MAGALHÃES COLLAÇO, *Da compra e venda em Direito Internacional Privado, Aspectos fundamentais*, vol. I, Lisboa, 1954, pág. 226.

[321] Segundo ANTÓNIO MENEZES CORDEIRO, *Teoria Geral do Direito Civil*, 1.° vol., 2.ª Edição, AAFDL, Lisboa, 1992, pág. 506, "[o]s contratos resultam do encontro de duas vontades, através duma proposta e da sua aceitação"; JACQUES GHESTIN, *Traité de droit civil*, cit., págs. 260, 282 ss.; WERNER FLUME, *Allgemeiner Teil...*, cit., pág. 635; P.S. ATIYAH, *An Introduction to the Law of Contract*, 5.ª Edição, Oxford, 1995, pág. 65; HELMUT KÖHLER, *BGB Allgemeiner Teil*, cit., pág. 164; JOSÉ DE OLIVEIRA ASCENSÃO, *Direito Civil...*, vol. II, cit., págs. 382, 386.

[322] INOCÊNCIO GALVÃO TELLES, *Manual dos Contratos em Geral*, cit., pág. 202 ss.; KARL LARENZ, *Tratado...*, cit., pág. 712; PEDRO PAIS DE VASCONCELOS, *Teoria Geral do Direito Civil*, cit., pág. 223 ss.; ANTÓNIO MENEZES CORDEIRO, *Tratado de Direito Civil Português*, cit., pág. 354 ss.

nova proposta, desde que outro sentido não resulte da declaração – assim estabelece a segunda parte do art. 233.º do CC[323].

No entanto, determinar qual seja o momento em que a aceitação se considera eficaz nem sempre é tarefa fácil nem de solução linear.

Nos contratos celebrados entre presentes, o momento da sua celebração será fixado ao tempo em que o aceitante comunicar ao proponente, que o ouve ou vê, a aceitação da sua proposta[324].

Já nos contratos celebrados entre ausentes[325], a fixação do momento da celebração do contrato depende da orientação que o legislador seguir.

De facto, são várias as potenciais orientações seguidas pelos diversos países para determinação do momento da celebração do contrato, para determinação do momento em que a declaração negocial, neste caso a aceitação, é considerada eficaz, mas que se podem agrupar em quatro teorias principais[326]:

---

[323] INOCÊNCIO GALVÃO TELLES, *Manual dos Contratos em Geral*, cit., pág. 202; FERNANDO ANDRADE PIRES DE LIMA e JOÃO DE MATOS ANTUNES VARELA, *Código Civil anotado*, vol. I, cit., págs. 220-221; LUÍS A. CARVALHO FERNANDES, *Teoria Geral do Direito Civil*, vol. II, cit., pág. 213; JOSÉ DE OLIVEIRA ASCENSÃO, *Direito Civil...*, vol. II, cit., pág. 386; PEDRO PAIS DE VASCONCELOS, *Teoria Geral do Direito Civil*, cit., pág. 226; ANTÓNIO MENEZES CORDEIRO, *Tratado de Direito Civil Português*, cit., pág. 356; no mesmo sentido, embora por referência ao § 150, n.º 2, BGB, KARL LARENZ, *Tratado...*, cit., pág. 719; LUDWIG ENNECCERUS, *Derecho Civil*, vol. II, cit., pág. 270; ainda na doutrina estrangeira, JACQUES GHESTIN, *Traité de droit civil*, cit., pág. 290 ss.; P.S. ATIYAH, *An Introduction to the Law of Contract*, cit., pág. 65; GRAHAM JH SMITH e outros, *Internet Law and Regulation*, cit., pág. 97; CLIVE GRINGRAS, *The Laws of the Internet*, cit., pág. 18; TORALF NOEDING, "Distance selling...", cit., pág. 85.

[324] INOCÊNCIO GALVÃO TELLES, *Manual dos Contratos em Geral*, cit., pág. 204; MARIA TOMMASINI, "Osservazioni sulla conclusione del contratto tramite computers: aspetti problematici della comunicazione a distanza", *Rass. dir. civ.*, 3/98, pág. 569-598, pág. 593; JOSÉ DE OLIVEIRA ASCENSÃO, *Direito Civil...*, vol. II, cit., pág. 179. Mas mesmo nos contratos celebrados entre presentes nem sempre o momento de celebração do contrato é linear: veja-se o caso em que o proponente faz uma proposta, por telefone, a outra pessoa que a aceita, mas no momento em que o faz passa um avião ou a linha "cai", o que não permite ao proponente ouvir a aceitação. Nestes casos LORD DENNING entende que não existe contrato: CLIVE GRINGRAS, *The Laws of the Internet*, cit., pág. 26 ss.

[325] A distinção entre contratos celebrados entre presentes e contratos celebrados entre ausentes é feita em função da existência ou inexistência de um intervalo de tempo juridicamente relevante entre as declarações de vontade das partes: *vide* por todos, ANTÓNIO MENEZES CORDEIRO, *Tratado de Direito Civil Português*, cit., pág. 347 ss.

[326] Sobre a caracterização e análise crítica destas teorias, *vide* ISABEL DE MAGALHÃES COLLAÇO, *Da compra e venda...*, cit., pág. 226 ss.; INOCÊNCIO GALVÃO TELLES,

a) Teoria da exteriorização ou declaração ou aceitação: De acordo com esta teoria, o momento da celebração do contrato coincide com o momento em que o aceitante exterioriza a vontade de aceitar a proposta.

b) Teoria da expedição: O contrato considera-se celebrado no momento em que o aceitante envia a sua aceitação.

c) Teoria da recepção: O contrato considera-se celebrado no momento em que a aceitação chega ao poder do destinatário, quer o proponente tome ou não conhecimento do seu conteúdo.

d) Teoria do conhecimento ou da informação ou da percepção: O contrato considera-se celebrado no momento em que o proponente toma conhecimento, isto é, apreende a declaração de aceitação que lhe foi dirigida.

Os diversos Estados têm fixado, com algumas variações, o momento de celebração do contrato de acordo com uma destas teorias basilares. Desta forma sempre se determina, num certo ordenamento, quando é que o contrato é considerado celebrado.

Maiores dificuldades se colocam quando o contrato está em contacto com vários ordenamentos jurídicos, e isto porque não há consenso entre as legislações dos diversos países quanto à determinação do momento em que o contrato se deve considerar perfeito[327]. O mesmo contrato pode ser considerado celebrado em momentos diferentes, consoante seja analisado à luz de um ou de outro ordenamento jurídico.

Manual dos Contratos em Geral, cit., págs. 203-204 ss.; António Marques dos Santos, *Direito Internacional Privado, Sumários*, Lisboa, AAFDL, 1987, pág. 131; Paulo Mota Pinto, *Declaração tácita e comportamento concludente no negócio jurídico*, Almedina, Coimbra, 1995, pág. 570 ss.; Luís A. Carvalho Fernandes, *Teoria Geral do Direito Civil*, vol. II, cit., pág. 214 ss.; José de Oliveira Ascensão, *Direito Civil...*, vol. II, cit., págs. 178 ss., 387 ss.; Pedro Pais de Vasconcelos, *Teoria Geral do Direito Civil*, cit., pág. 205 ss.; António Menezes Cordeiro, *Tratado de Direito Civil Português*, cit., pág. 344 ss.; na doutrina estrangeira, *vide* Jacques Ghestin, *Traité de droit civil*, cit., pág. 321 ss.; Olivier Hance, *Business et droit d'Internet*, cit., pág. 146; Valérie Sédallian, *Droit de l'Internet*, Collection AUI, Association des utilisateurs d'Internet, 1996, pág. 192; Dieter Medicus, *Allgemeiner Teil des BGB*, cit., pág. 108 ss.; Maria Tommasini, "Osservazioni sulla conclusione del contratto", cit., pág. 588 ss.

[327] "(…) as várias legislações nacionais estão longe de concordar sobre a questão de saber em que momento deve entender-se perfeito um contrato celebrado entre ausentes": Isabel de Magalhães Collaço, *Da compra e venda...*, cit., pág. 226; Fausto Pocar, "La protection de la partie faible", *RCADI*, tomo 188, 1984-V, pág. 341--417, pág. 386.

Os problemas que se podem levantar, decorrentes desta falta de harmonização, são numerosos e têm consequências importantes. Com efeito, a determinação de qual seja o momento da celebração do contrato não é um exercício meramente académico, antes tem consequências práticas relevantes, especificamente, no que a este texto diz mais directamente respeito, em matéria de protecção dos consumidores: por exemplo, o prazo para o exercício do direito de rescisão em relação aos contratos à distância de prestação de serviços, é, conforme vimos, nos termos do art. 6.º, n.º 1, da Directiva 97/7/CE, contado a partir do dia da celebração do contrato[328].

Consideremos o seguinte exemplo:

A, fornecedor do Reino Unido, tem um anúncio a um serviço que presta, na televisão por cabo. Nesse anúncio, além de fazer publicidade, faz também, expressamente, uma oferta aos consumidores, de modo que basta a aceitação do consumidor para que o contrato se considere perfeito.

B, consumidor português, envia uma carta ao fornecedor do Reino Unido, pela qual aceita a oferta feita.

A análise deste exemplo exige que sejam tecidas algumas considerações no que respeita à eficácia da aceitação. É fundamental que se tenha presente que, no ordenamento jurídico português, a matéria da eficácia da declaração negocial vem regulada, conforme já referimos, no art. 224.º do CC, em que se prevê que a declaração recipienda, como é o caso da aceitação que se dirige ao proponente, se torna eficaz logo que chegar ao poder do destinatário ou dele for conhecida. Acolheu-se assim, no nosso ordenamento, a teoria da recepção, "(...) temperada embora nalguns dos seus aspectos (...)"[329], pois se o declaratário tiver conhecimento da aceitação antes de esta chegar ao seu poder pela via enviada pelo aceitante, considera-se o contrato celebrado logo nesse momento[330].

---

[328] Em relação aos bens, o prazo para o exercício do direito de rescisão é contado a partir do dia da recepção do bem, desde que o fornecedor tenha confirmado por escrito as informações previstas no art. 5.º; já em relação aos serviços, o prazo para o exercício do direito de rescisão é contado "(...) a partir do dia da celebração do contrato ou a partir do dia em que tenham sido cumpridas as obrigações referidas no art. 5.º, se tal suceder após a celebração do contrato, desde que o prazo não exceda o prazo de três meses indicado no parágrafo seguinte".

[329] ANTÓNIO MENEZES CORDEIRO, *Tratado de Direito Civil Português*, cit., pág. 346.

[330] LUÍS A. CARVALHO FERNANDES, *Teoria Geral do Direito Civil*, vol. II, cit., pág. 215; JOSÉ DE OLIVEIRA ASCENSÃO, *Direito Civil...*, vol. II, cit., pág. 179; ANTÓNIO MENEZES CORDEIRO, *Tratado de Direito Civil Português*, cit., pág. 345.

Segundo a orientação adoptada pelo legislador português que acolheu a teoria da recepção, o contrato considera-se celebrado quando a carta chegar à caixa do correio do fornecedor.

Já a orientação seguida no Reino Unido é diferente da portuguesa, e há que distinguir dois tipos de situações: na primeira, o aceitante transmite a sua declaração utilizando um meio que permite a comunicação instantânea, sendo, neste caso – por aplicação da *receipt rule*[331] –, o contrato considerado celebrado no momento em que o declaratário recebe a aceitação; na segunda situação, o meio de comunicação utilizado não proporciona a comunicação instantânea, como é o caso do correio ou de outro serviço similar, neste caso é aplicada a *postal rule*[332] ou *mail box rule*[333] – que corresponde à teoria da expedição –, e o contrato considera-se perfeito no momento em que a aceitação é enviada[334].

Face ao exposto, é fácil notar que cada um destes ordenamento tem regras diferentes para a determinação do momento da celebração do contrato, o que significa que, caso o consumidor português quisesse exercer o seu direito de rescisão, contaria o prazo de sete dias úteis a partir do momento em que se presume que a carta com a aceitação chegou ao seu

---

[331] MICHAEL CHISSICK e ALISTAIR KELMAN, *Electronic Commerce*, cit., pág. 71 ss.

[332] MICHAEL CHISSICK e ALISTAIR KELMAN, *Electronic Commerce*, cit., pág. 71 ss.

[333] "Acceptance of an offer by mail (or similar services) creates a contract at the moment of dispatch, provided that it is properly addressed and stamped. If the letter is improperly sent, then the acceptance becomes effective when the letter is received by the offeror. This is known as the *mailbox rule (...)*": EDWARD A. CAVAZOS e GAVINO MORIN, *Cyberspace and the Law*, cit., pág. 38.

[334] CLIVE GRINGRAS, *The Laws of the Internet*, cit., pág. 23. No mesmo sentido, EDWARD A. CAVAZOS e GAVINO MORIN, *Cyberspace and the Law,* cit., pág. 38; GRAHAM JH SMITH e outros, *Internet Law and Regulation*, cit., pág. 98; TORALF NOEDING, "Distance selling...", cit., pág. 85; LARS DAVIES, "Contract Formation...", cit., pág. 98, esclarece ainda que a essência da *postal rule* reside no facto de o aceitante ter confiado a sua declaração a uma terceira pessoa ou, de qualquer modo, ter colocado a aceitação fora do seu controlo. Para ilustrar a sua posição, o autor cita um trecho do Case *Household Fire Insurance v Grant*, que nos permitimos transcrever: "The acceptor, in posting the letter, has (...) put it out of his control and done an extraneous act which clenches the matter, and shows beyond all doubt that each side is bound"; segundo informam KONRAD ZWEIGERT e HEIN KÖTZ, *Introduction to Comparative Law*, cit., pág. 357 ss., a existência da *mail box rule* tem ainda outras razões: é que a lei anglo-americana determina que a proposta pode ser revogada até ao momento em que é aceite e com esta regra pretendeu-se diminuir o período em que é possível a revogação, evitar situações em que o proponente revogava a sua proposta depois de o aceitante já ter enviado a sua aceitação. Como consequência, o proponente pode estar vinculado a um contrato sem que de tal facto tenha conhecimento.

destino, momento em que o ordenamento jurídico português considera eficaz a declaração de aceitação; o fornecedor do Reino Unido contaria o prazo de sete dias úteis a partir do momento em que a carta foi colocada no marco de correio.

Ou seja, e continuando o nosso exemplo, o consumidor português entenderia que ainda estava em tempo de rescindir o contrato num momento em que o fornecedor considera que já passou o prazo para o fazer.

II. Conforme podemos observar, são grandes as dificuldades que se encontram na determinação do momento da celebração do contrato, especialmente quando são vários os ordenamentos jurídicos em contacto com o contrato.

Na celebração de contratos através da Internet, há dificuldades acrescidas para determinar o momento da perfeição do contrato. Por um lado, a possibilidade de celebrar contratos que estão em contacto com diversas ordens jurídicas é aumentada; por outro lado, enquanto na celebração de contratos tradicionais entre ausentes já existe doutrina e jurisprudência muito desenvolvida, nos contratos celebrados através da Internet existem ainda muitas dúvidas quanto ao momento da celebração.

Neste sentido, e procurando prevenir futuros conflitos, há autores que defendem que haverá toda a conveniência em as partes estipularem qual o momento da celebração do contrato[335].

Para compreender e apreender melhor a questão, há que fazer uma distinção prévia quanto aos meios a que o utilizador pode recorrer.

Com efeito, os utilizadores da Internet podem socorrer-se de formas diversas de comunicação para negociar e concluir a celebração dos seus contratos. E a utilização de um ou de outro meio não é juridicamente irrelevante, já que há técnicas de comunicação que permitem a transmissão instantânea de informação, em tempo real, enquanto outras não permitem a comunicação instantânea. Conforme já acima referimos, a distinção entre contratos celebrados entre presentes e entre ausentes é feita em função da existência ou da inexistência de um intervalo de tempo juridicamente relevante entre a proposta e a aceitação. E consoante a classificação do contrato, assim também a determinação do momento de celebração do contrato poderá variar.

---

[335] ALAIN BENSOUSSAN, *Internet, aspects juridiques*, cit., pág. 125.

3.2.2.4.2. Contratos celebrados por correio electrónico ou outra técnica de comunicação através da qual se celebrem contratos entre ausentes

I. A utilização do correio electrónico apresenta muitas semelhanças com a utilização do correio tradicional.

As comunicações feitas através de correio electrónico, por oposição aos telefones ou faxes, não são instantâneas. Apesar de o utilizador apenas notar que recorre a um programa para criar a sua mensagem, a endereça e a envia, o que efectivamente se passa é um pouco mais complexo[336]. As mensagens de correio electrónico não são, por norma, enviadas directamente de um utilizador para o outro[337]. São inicialmente enviadas para o *servidor* do emitente e este, tal como os correios, encaminha as mensagens para o seu destino, que, neste caso, poderão ter de passar pelo *servidor* do receptor. Este *servidor*, por sua vez, permitirá o acesso do receptor às mensagens que lhe são enviadas. O processo descrito que muito esquematicamente se traduz por:

utilizador emitente → *servidor* do emitente → *servidor* do receptor → utilizador receptor, poderá ser ainda mais complexo se passar por outros intermediários antes de chegar ao seu destinatário. Do mesmo modo, os correios tradicionais também poderão ter de entregar a correspondência a outras entidades, *maxime* a correios estrangeiros, para a fazerem chegar ao seu destino[338]; só que em sede de Internet a demarcação geográfica tem uma relevância reduzida.

Outra semelhança que se nota é que, da mesma forma que no correio tradicional, o emitente perde o controlo da sua missiva a partir do momento em que a introduz no marco do correio, também o utilizador perde o controlo da sua mensagem electrónica a partir do momento em que acciona o *ícone* "Enviar" no seu computador.

Além disso, importa notar que muitos utilizadores do correio electrónico não estão permanentemente ligados à Internet, nem têm sistemas que lhes permitam saber se há ou não mensagens na sua caixa de correio electrónico[339], tendo, pois, que aceder ao seu *servidor* para o veri-

---

[336] LARS DAVIES, "Contract Formation...", cit., pág. 102.

[337] A não ser que os utilizadores tenham um sistema próprio, uma rede particular, que os faz dispensar os *servidores*.

[338] CLIVE GRINGRAS, *The Laws of the Internet*, cit., pág. 17; LARS DAVIES, "Contract Formation...", cit., pág. 102 ss.

[339] No entanto, existe actualmente a possibilidade de o utilizador ser informado, para o seu telemóvel, de que tem uma mensagem electrónica a que pode aceder, sendo-lhe

ficar[340]. Face ao exposto, mais uma vez se nota que é grande a semelhança entre o correio electrónico e o correio tradicional.

Outra ideia que não corresponde à realidade é a de que o correio electrónico é um meio de comunicação absolutamente fiável e seguro. Com efeito, embora frequentemente as transmissões electrónicas se processem correctamente, não é raro que as mensagens não cheguem ao seu destino ou que cheguem deturpadas, devido a falhas técnicas ou à intervenção de "piratas informáticos", mais comummente denominados "hackers", pelo que se tem entendido que o envio de correspondência por correio tradicional é mais seguro do que por correio electrónico.

Atendendo às características do correio electrónico que muito resumidamente sumariámos, verificamos que, apesar das diferenças existentes, são grandes as semelhanças entre este meio de comunicação e o correio tradicional.

A questão que se coloca é a de saber se as semelhanças existentes permitem que, na determinação do momento da celebração do contrato, sejam aplicadas as teorias que acima referimos para os contratos entre ausentes, *maxime* para a celebração de contratos cujas declarações de vontade são enviadas por via postal.

II. Os contratos celebrados através da Internet apresentam-se como uma realidade recente, pelo que a jurisprudência que aborda este tema é ainda incipiente ou mesmo inexistente, não existindo até agora orientações verdadeiramente consolidadas a este respeito, embora as opiniões na doutrina sejam muito variadas.

Assim, alguns autores britânicos defendem que os contratos celebrados através de correio electrónico apenas deverão ser considerados celebrados no momento da recepção da aceitação, entendendo que a *postal rule* não deverá ser aqui aplicada, uma vez que o correio electrónico não é tão seguro nem estável como o correio tradicional – em que se presume e confia que o correio é entregue ao seu destinatário e, se o não for, é devolvido fechado –, adoptando-se portanto, neste caso, a teoria da recepção[341]; outros autores admitem que, havendo uma terceira parte que

---

dado o nome do emissor, o assunto e a hora a que chegou. Ou mesmo a possibilidade de ler e enviar mensagens a partir do telemóvel.

[340] CLIVE GRINGRAS, *The Laws of the Internet*, cit., pág. 18; LARS DAVIES, "Contract Formation...", cit., pág. 102 ss.

[341] HEATHER ROWE e LOVELL WHITE DURRANT, *A Practitioner's Guide...*, cit., pág. 82 ss.

transmite a mensagem – o *servidor* –, talvez seja de entender que o contrato é considerado celebrado quando a aceitação é enviada ao *servidor* do emissor, aceitando-se aqui a aplicação da *postal rule*[342], admitindo, contudo, alguns doutrinadores, que a solução anterior possa ser mais justa e acabando por remeter a solução para desenvolvimentos jurisprudenciais futuros[343].

Por seu turno, com referência ao ordenamento jurídico alemão, estabelece-se, nos termos do § 130 BGB, que a declaração de vontade, que inclui a aceitação da proposta, se torna eficaz a partir do momento em que chega ao destinatário, e entende-se que este momento ocorre quando, segundo informam K. Zweigert e H. Kötz, a declaração entra na esfera de influência do destinatário[344], ou seja, a partir do momento em que, conforme os usos de tráfego, o destinatário pode efectivamente aceder à declaração e conhecê-la[345].

---

[342] TORALF NOEDING, "Distance selling...", cit., pág. 85; CLIVE GRINGRAS, *The Laws of the Internet*, cit., pág. 41 ss.; J. FRASER MANN e ALAN M. GAHTAN, "Overview of the Legal...", cit., pág. 41 ss.

[343] GRAHAM JH SMITH e outros, *Internet Law and Regulation*, cit., pág. 98 ss.; MICHAEL CHISSICK e ALISTAIR KELMAN, *Electronic Commerce*, cit., pág. 71 ss.

[344] KONRAD ZWEIGERT e HEIN KÖTZ, *Introduction to Comparative Law*, cit., pág. 362 ss.

[345] A doutrina alemã não é unânime na qualificação dos contratos que são celebrados através da Internet, ou seja, nem todos os doutrinadores concordam que possam existir contratos celebrados através da Internet entre presentes e entre ausentes. O pomo da discórdia reside na própria redacção do § 147 BGB que, em referência aos contratos entre presentes, faz menção a "uma oferta feita de pessoa a pessoa através de telefone". Assim, enquanto uma fracção da doutrina, em que se incluem HERGET/ REIMER, entende que, na Internet, ainda pode haver celebração de contratos entre presentes porque são grandes as semelhanças apresentadas com as comunicações por telefone, outra fracção entende que estes contratos são celebrados entre ausentes, uma vez que não há contacto entre duas pessoas, sendo o contacto entre computador – computador ou pessoa – computador, e não existindo a possibilidade de comunicação entre as partes ou de discussão imediata do conteúdo das declarações negociais: sobre este assunto, *vide* MEHRINGS, "Vertragsabschluss im Internet", cit., págs. 28, 30 ss., que parece concordar com esta última posição; JOSEF DREXL, "Verbraucherschutz im Netz", cit., págs. 83-84, também afasta a analogia das comunicações em linha (*on-line*) com as comunicações telefónicas e defende a aplicação do § 130 BGB na determinação da eficácia das declarações negociais digitais, nomeadamente da aceitação, entendendo que a declaração é eficaz no momento da sua recepção pelo destinatário. Já STEFAN ERNST, "Der Mausklick...", cit., pág. 166, defende que, no caso de as partes estarem em comunicação simultânea, se deve considerar que estamos perante uma situação de transmissão de declarações entre presentes e aplicar o § 147,

No ordenamento jurídico português, por aplicação do art. 224.º do CC e da teoria da recepção e do conhecimento, o contrato deverá considerar-se celebrado no momento em que a aceitação chega ao poder do proponente ou é dele conhecida; se, em sede de correio tradicional, tem sido entendido pela doutrina nacional que é suficiente que o correio seja entregue na caixa respectiva[346], no que respeita a comércio electrónico surgem algumas dúvidas.

III. Outra circunstância, já acima referida, e que poderá ter aqui relevância é o facto de a alguns utilizadores não bastar abrir a caixa de correio para verificarem se têm ou não correio electrónico. Ao contrário do que acontece com o procedimento no correio tradicional, eles têm que aceder ao seu *servidor* e daí poderão fazer a transferência (*download*) das mensagens que lhes são dirigidas para o seu computador pessoal, para a sua caixa de correio[347]. Isto é, em sentido figurativo, podemos dizer que, no correio electrónico, nem sempre existem carteiros, sendo os próprios utilizadores quem acede ao *servidor* para recolher as mensagens que lhes são dirigidas.

A questão que se coloca é a de saber se a recepção das mensagens se verifica no momento em que estas chegam ao poder do *servidor* do destinatário, a partir do qual o proponente pode, querendo, aceder às mensagens, ou se o momento da recepção coincide com aquele em que o destinatário faz a transferência das mensagens do *servidor* para a sua caixa do correio, ainda que as não leia e não conheça o seu conteúdo.

O art. 224.º, n.º 1, do CC, prevê que a declaração se torna eficaz logo que chega ao poder do destinatário; se entendermos esta expressão como traduzindo a possibilidade que o destinatário tem de aceder à declaração, então esta será eficaz a partir do momento em que estiver à sua disposição, isto é, a partir do momento em que a declaração chegar ao sistema informático do *servidor* do receptor e este a puder consultar. Ou, conforme ensinam K. Zweigert e H. Kötz, a partir do momento em que a declaração entra na esfera de influência do destinatário[348].

---

n.º 1, BGB; no caso de o meio de comunicação permitir uma comunicação não instantânea, como pode ser o caso do correio electrónico, será aplicado o § 130, n.º 1, BGB.

[346] JOSÉ DE OLIVEIRA ASCENSÃO, *Direito Civil...*, vol. II, cit., pág. 387; ANTÓNIO MENEZES CORDEIRO, *Tratado de Direito Civil Português*, cit., pág. 346, faz referência à ideia de "*acolhimento*" ou "*armazenagem*" (sublinhado do autor).

[347] MEHRINGS, "Vertragsabschluss im Internet", cit., pág. 31.

[348] KONRAD ZWEIGERT e HEIN KÖTZ, *Introduction to Comparative Law*, cit., pág. 362 ss.

Alguns autores alemães têm-se pronunciado no que respeita ao momento da recepção das declarações negociais, defendendo que o contrato celebrado através da Internet se considera perfeito no momento em que a aceitação chega ao alcance do proponente[349], ou seja, a partir do momento em que o destinatário pode efectivamente dispor das mensagens e tomar conhecimento do seu conteúdo. Estando verificadas estas condições, já não interessa saber se o destinatário da declaração dela teve ou não efectivo conhecimento. A aceitação considera-se assim recebida no momento em que o *servidor*, entendido como um terceiro na relação contratual, armazena no seu computador a mensagem digital e a disponibiliza ao seu destinatário, ainda que este a não transfira para o seu computador[350].

A não se entender assim, dar-se-ia ao proponente a hipótese de, depois de fazer uma proposta e ultrapassada a possibilidade de a revogar, não verificar a sua correspondência electrónica, não a transferir para o seu computador e não celebrar o contrato. Aliás, no nosso entender, esta situação enquadra-se no âmbito de aplicação do art. 224.º, n.º 2, do CC e como tal, a aceitação sempre seria considerada eficaz por não ter sido recebida por culpa do destinatário.

Algumas vozes discordantes poderão levantar-se contra esta orientação, defendendo que, ao contrário do correio tradicional, a maioria dos utilizadores não tem o hábito de verificar com a frequência desejada o seu correio electrónico. Todavia, quem faz uma proposta e espera a respectiva aceitação através de correio electrónico, deverá estar atento à sua correspondência electrónica.

IV. Questão diferente, embora directamente conexa com a imediatamente anterior, reporta-se à admissibilidade e à razoabilidade da utilização do correio electrónico como meio para transmitir a declaração de aceitação.

Actuando dentro dos parâmetros permitidos pela autonomia da vontade, o proponente poderá estipular na sua proposta qual o meio de comunicação através do qual a aceitação deverá ser transmitida. No entanto, as partes nem sempre acordam este ponto no texto do contrato; daí que surjam dúvidas quanto à razoabilidade do meio utilizado.

---

[349] Embora por referência ao § 130 BGB, *vide* JOSEF DREXL, "Verbraucherschutz im Netz", cit., págs. 83-84.

[350] Assim informa MEHRINGS, "Vertragsabschluss im Internet", cit., págs. 30-31, também com referência aos autores aí citados; ainda neste sentido, segundo entendemos, *vide* JOSEF DREXL, "Verbraucherschutz im Netz", cit., pág. 84.

O correio electrónico, atenta a sua novidade, é um meio de comunicação que, embora seja objecto de uma crescente divulgação e aceitação por parte do público em geral, se não pode ainda considerar que seja corrente ou tradicional.

Existem então três tipos principais de situações que, no nosso entender, importa distinguir: numa primeira hipótese, os contraentes estipulam que a aceitação deverá ser transmitida por um determinado meio e para um dado endereço; numa segunda hipótese, o proponente faz a sua proposta por correio electrónico, nada estipula quanto ao meio de transmissão da aceitação, que vem a ser enviada por correio electrónico; numa terceira hipótese, o proponente não faz a proposta através de correio electrónico, nem se estipula que seja esse o meio de transmissão da aceitação, mas vem a recebê-la por correio electrónico.

No primeiro caso, se a aceitação não for transmitida pelo meio de comunicação e para o endereço indicados, deverá, no nosso entender, considerar-se a proposta aceite no momento em que o proponente dela tiver tido conhecimento, se ainda estiver em tempo de ser aceite. Isto porque, nesta situação, o aceitante não cumpriu o acordado, e será injusto vincular o proponente em função de uma declaração que, de boa fé, ele não considerava ter recebido.

No segundo caso, poderá entender-se que, se uma proposta for feita por correio electrónico, a aceitação, salvo indicação em contrário, também poderá ser transmitida pelo mesmo meio[351]. Caso o proponente não queira receber a mensagem por correio electrónico, deverá informar o potencial aceitante de qual o meio que deverá utilizar. Neste caso valerá, salvo melhor opinião, a teoria da recepção.

No terceiro caso, entendemos que, se o proponente receber a aceitação tempestiva por correio electrónico, o contrato deverá considerar-se celebrado. Haverá ainda aí um encontro de vontades das partes que permite a celebração do contrato. No entanto, no nosso entender, este tipo de situações exige que sejam feitas algumas considerações: como já foi referido, o correio electrónico não é um meio de comunicação ainda muito corrente entre toda a comunidade, e existem pessoas, singulares e colectivas, que fazem pouco ou nenhum uso deste, embora sejam detentoras de

---

[351] Segundo conclui CLIVE GRINGRAS, *The Laws of the Internet*, cit., pág. 24, não será descabido aplicar ao correio electrónico a regra que se aplica em sede de correio tradicional, a saber, que se uma oferta pode ser feita por via postal, a aceitação poderá ser transmitida utilizando o mesmo meio; J. FRASER MANN e ALAN M. GAHTAN, "Overview of the Legal...", cit., pág. 40.

endereço electrónico. Ora, se estas pessoas não fazem as suas ofertas através de correio electrónico, não estipulam no texto contratual que a aceitação deverá ser transmitida por este meio, então também se não verifica nenhum dever especial de consultar o seu correio electrónico para verificarem se existem declarações de aceitação. Neste sentido, parece-nos que a aceitação apenas deverá ser eficaz a partir do momento em que o proponente aceder ao seu *servidor* e transferir as mensagens que lhe estão destinadas para a sua caixa de correio electrónica[352].

No entanto, importa ainda considerar que, da mesma forma que a utilização de um determinado meio de comunicação para transmitir a proposta faz nascer no espírito do aceitante a convicção de que a aceitação poderá ser feita nos mesmos termos, também a indicação, na proposta ou em documento anexo, de endereços electrónicos, de números de telefone, de fax ou de telefax, ou de outros contactos, leva o aceitante a crer que poderá transmitir a sua aceitação recorrendo a qualquer um desses veículos de comunicação. Caso não seja essa a intenção do proponente, sempre poderá estipular que a aceitação deverá ser feita através do meio que expressamente indicar.

V. No que respeita directamente ao assunto da determinação do momento da conclusão do contrato, são ainda escassas as referências que encontramos; não podemos, no entanto, deixar de focar a Lei-Modelo da CNUDCI sobre o Comércio Electrónico, em especial o seu art. 15, que tem por epígrafe "tempo e lugar do envio e recepção de mensagens de dados". Nesta disposição prevê-se, com especial relevância para os sistemas de *common law*, que, excepto se houver acordo em contrário, o envio de uma mensagem ocorre quando entra num sistema de informação que se encontra fora do controle do emitente. No n.º 2 da mesma disposição, já com maior importância para os países que adoptam a teoria da recepção, determina-se que, excepto se outra coisa tiver sido acordada entre as partes, entende-se que, no caso de o destinatário ter designado um sistema de informação para receber as mensagens, a recepção ocorre no momento em que a mensagem entrar nesse sistema de informação; no caso de a mensagem ser enviada para um sistema de informação que não foi designado, a mensagem é recebida no momento em que for recuperada pelo destinatário; no caso de não ter sido designado qualquer sistema de informação,

---

[352] No mesmo sentido, *vide, infra*, art. 15 da Lei-Modelo de UNCITRAL sobre o Comércio Electrónico e sua análise.

a mensagem é considerada recebida no momento em que entrar no sistema de informação do destinatário[353].

Segundo se informa no *Guide to Enactment*, ponto 102., deve entender-se que existe um "sistema de informação designado" no caso, por exemplo, de situações em que for especificamente indicado por uma parte qual o endereço de correio electrónico para onde deve ser enviada a aceitação. Esclarece ainda o mesmo texto, desta feita no ponto 103., que se entende que uma mensagem entra no sistema de informação quando se tornar disponível para processamento nesse mesmo sistema.

Parece-nos assim que a orientação da CNUDCI vai no sentido de entender que o momento relevante será aquele em que a mensagem fica acessível ao receptor, excepto se a mensagem for enviada para um sistema de informação diferente do que foi indicado pelo receptor. Esta orientação vem ao encontro da questão que focámos no ponto imediatamente anterior, bem como da admissibilidade dos meios utilizados para transmitir a aceitação.

Também o legislador português, por seu turno, vem abordar, ainda que parcialmente, esta matéria, ao estabelecer, nos termos do art. 6.º, n.º 1, do regime jurídico dos documentos electrónicos e assinatura digital, que "[o] documento electrónico comunicado por um meio de telecomunicação considera-se enviado e recebido pelo destinatário se for transmitido para o endereço electrónico definido por acordo das partes e neste for recebido". A disposição não oferece soluções para o caso de o documento ser enviado para um endereço electrónico que não tenha sido definido pelas partes,

---

[353] Lei-Modelo da CNUDCI sobre Comércio Electrónico:
"Article 15. Time and place of dispatch and receipt of data messages.

(1) Unless otherwise agreed between the originator and the addressee, the dispatch of a data message occurs when it enters an information system outside the control of the originator or of the person who sent the data message on behalf of the originator.

(2) Unless otherwise agreed between the originator and the addressee, the time of receipt of the data message is determined as follows:

  (a) if the addressee has designated an information system for the purpose of receiving data messages, receipt occurs:

    (i) at the time when the data message enters the designated information system; or

    (ii) if the data message is sent to an information system of the addressee that is not the designated information system, at the time when the data message is retrieved by the addressee;

  (b) if the addressee has not designated an information system, receipt occurs when the data message enters an information system of the addressee.

  (...)".

parecendo, no entanto, decorrer da interpretação *a contrario* da disposição que, neste caso, o documento electrónico não se considera enviado nem recebido. Contudo, consideramos que, aqui, e conforme acima referimos, atendendo a que o destinatário não contava com a mensagem enviada para aquele endereço, deverá ser aplicada a teoria do conhecimento e a mensagem deverá considerar-se recebida quando o seu destinatário a transferir para a sua caixa de correio e a abrir.

Voltando ainda ao contexto da Lei-Modelo, importa frisar que este texto não observou quaisquer princípios de protecção do consumidor, nem é especialmente vocacionada para os contratos de consumo, pelo que, embora encontre aplicação em contratos celebrados com consumidores, é sublinhado no seu art. 1 que não visa colidir com a aplicação de normas de protecção dos consumidores.

Com efeito, de acordo com a *Consumers' Association*, deveria ser favorecida a aplicação da regra segundo a qual o contrato seria considerado celebrado no momento em que fosse transmitida a declaração de aceitação, solução que, segundo entendem, favoreceria os consumidores, na medida em que o contrato seria considerado celebrado no ordenamento destes[354]. Todavia, tal solução, a ser adoptada, não significa necessariamente uma melhor protecção dos consumidores. Conforme acima notámos, é prática comum dos fornecedores que celebram contratos através da Internet, divulgarem nos seus sítios meros convites a contratar e não verdadeiras propostas, pelo que as propostas são feitas pelos consumidores e as aceitações são enviadas pelos fornecedores. Assim, a adopção de uma teoria, para determinação do momento em que a declaração de aceitação é considerada eficaz, que vise a protecção dos consumidores, é tarefa complicada, atenta a diversidade de práticas seguidas pelos fornecedores na formação dos contratos.

VI. Por seu turno, em sede de Direito Comunitário, encontramos algumas referências ao momento da celebração do contrato, nomeadamente no art. 6.º, n.º 1, da Directiva 97/7/CE, sem que seja depois concretizado qual seja esse momento.

Já na Directiva sobre o comércio electrónico, mais concretamente no seu art. 11.º, sob a epígrafe "Ordem de encomenda", se determina no seu n.º 1 que, "(...) nos casos em que o destinatário de um serviço efectue a sua encomenda exclusivamente por meios electrónicos (...)", o prestador de serviços deve acusar a recepção da encomenda por meios electrónicos, e

---

[354] TORALF NOEDING, "Distance selling...", cit., pág. 85.

no segundo travessão esclarece-se que a encomenda e aviso de recepção são considerados recebidos "(...) quando as partes a que são endereçadas *têm possibilidade de aceder a estes*"³⁵⁵. O legislador comunitário, que, quer na proposta, quer na proposta alterada de directiva, havia redigido o art. 11.º sob a epígrafe "Momento de celebração"³⁵⁶, veio adoptar uma disposição com uma epígrafe menos ambiciosa, mas que assume um âmbito de aplicação mais vasto, já que o seu n.º 1, segundo parágrafo, que determina qual o momento de recepção da encomenda e do aviso de recepção, se aplica independentemente da tecnologia utilizada e do sujeito que faz a proposta.

No art. 11.º, n.º 1, segundo parágrafo, também domina a teoria da recepção, entendendo-se que a encomenda e o aviso serão considerados recebidos quando os seus destinatários tiverem possibilidade de a eles aceder.

VII. O legislador português, vem esclarecer, nos termos do art. 6.º, n.º 1, do regime jurídico dos documentos electrónicos e da assinatura

---

³⁵⁵ Sublinhado nosso.

³⁵⁶ Quer na proposta, quer na proposta alterada desta directiva, a redacção deste artigo era distinta. Assim, na proposta de directiva do Parlamento Europeu e do Conselho relativa a certos aspectos jurídicos do comércio electrónico no mercado interno, mais concretamente no seu art. 11.º, sob a epígrafe "Momento da celebração", eram enunciados princípios relativos à determinação do momento da celebração. É de sublinhar, no entanto, que estes artigos apenas se referiam a situações em que, no processo contratual, o destinatário do serviço não tinha outra alternativa que não fosse "clicar" "sim" ou "não" e em que a proposta era feita pelo prestador de serviço [vide Exposição de Motivos, COM (1998) 586 final, 98/0325 (COD), de 18/11/1998, pág. 26]. Estas disposições eram, no entanto, reveladoras da fraca confiança que o legislador comunitário parecia depositar nos recentes meios tecnológicos, primando então pela complexidade. Assim, entendia-se que, nos contratos em que se solicitasse ao destinatário de um serviço que expressasse o seu consentimento utilizando meios tecnológicos para aceitar a proposta de um prestador, como, por exemplo, "clicando" num *ícone*, o contrato se considerava celebrado quando o destinatário desse serviço tivesse recebido, por via electrónica, do prestador de serviço, o aviso de recepção da aceitação pelo destinatário do serviço e tivesse confirmado a recepção desse aviso. Ou seja, de acordo com esta disposição, exigia-se que existisse uma proposta contratual, uma aceitação expressa em termos tecnológicos, o recebimento do aviso de recepção da aceitação pelo destinatário do serviço e ainda a confirmação da recepção deste aviso, processo no mínimo complexo, quando a palavra de ordem é a simplificação no comércio electrónico.

O legislador comunitário, ainda atento à divergência de orientações nos vários Estados-membros quanto ao momento de celebração do contrato, dispunha, no art. 11.º, n.º 1, al. b), da mesma proposta de directiva, que duas das comunicações necessárias à formação digital, que o documento electrónico comunicado, designadamente pela Internet, se considera "(...) enviado e recebido pelo destinatário, se for transmitido para o endereço electrónico definido por acordo das partes e neste for recebido".

Esta disposição permite determinar o momento em que o documento electrónico é considerado enviado e recebido, pelo menos no caso de ter sido enviado para o endereço electrónico indicado por acordo das partes. E também aqui o legislador português veio acolher a teoria da recepção[357]. Igualmente neste caso, entendemos que se não exige que a mensagem tenha sido transferida do *servidor* para a caixa de correio do destinatário, bastando que este tenha possibilidade de aceder àquela[358-359].

---

do contrato em causa – o aviso de recepção e a confirmação – se consideravam feitas quando as partes a quem foram dirigidos a elas pudessem ter acesso.

Na proposta alterada da mesma directiva, o art. 11.º sofreu algumas alterações. Conforme esta versão, "(...) o contrato considera-se celebrado quando o destinatário do serviço tiver recebido do prestador, por via electrónica, o aviso de recepção da aceitação pelo destinatário do serviço", entendendo-se também aqui que o aviso de recepção é considerado recebido "(...) quando o destinatário a ele puder ter acesso". Esta segunda versão simplificou ligeiramente o processo descrito na versão antecedente, já que eliminou a última fase, a confirmação da recepção do aviso. Parecia decorrer daqui que o legislador comunitário pretendia adoptar um sistema seguro, que não deixasse qualquer margem para dúvidas no que respeita ao momento de celebração do contrato. No entanto, a simplificação do processo contratual é um factor importante na conquista dos utilizadores para o comércio electrónico, um ambiente que, em si, ainda é obscuro na mente dos consumidores.

[357] Conforme sublinha MIGUEL PUPO CORREIA, in AAVV, *As leis do comércio electrónico*, Edições Centro Atlântico, Portugal, 2000, pág. 67 ss., o art. 6.º vem confirmar o que já decorria do direito existente.

[358] Neste sentido, *vide* PAULA COSTA E SILVA, "Transferência electrónica de dados: a formação do contrato", in *Direito da sociedade da informação*, vol. I, FDUL, APDI, Coimbra Editora, 1999, pág. 201-228, pág. 226.

[359] No n.º 2 da mesma disposição, o legislador vem especificar que poderão ser oponíveis às próprias partes ou a terceiros a data e a hora de criação, da expedição ou recepção do documento electrónico, desde que tenha uma validação cronológica emitida por entidade certificadora. Já no seu n.º 3 é equiparada a remessa por via postal registada à transmissão, por meio de telecomunições que assegure a sua recepção, de documento electrónico assinado (com assinatura digital, nos termos previstos neste diploma), e, se o destinatário comprovar a recepção com mensagem de confirmação dirigida ao remetente com assinatura digital e este a tiver recebido, equivalerá à remessa por via postal registada com aviso de recepção.

VIII. Por último, cumpre fazer um esclarecimento: as considerações que tecemos em relação ao momento da celebração do contrato através de correio electrónico poderão ainda ter cabimento, com maiores ou menores adaptações, se for utilizada uma outra técnica de comunicação, a que as partes recorram para transmitir as suas declarações contratuais, desde que entre a proposta e a aceitação decorra um lapso temporal juridicamente relevante.

3.2.2.4.3. Contratos celebrados em tempo real

As partes contratantes podem ter ainda a possibilidade de utilizar outras técnicas de comunicação disponibilizadas na Internet que lhes permitam estar em comunicação simultânea (interactiva e em tempo real), assemelhando-se o contacto a uma conversação telefónica[360], mas por intermédio de computadores, de modo que se uma das partes sair da linha, a outra tem, imediatamente ou em breves segundos, notícia do facto[361].

Nestes contratos, em que já se não verifica um lapso de tempo juridicamente relevante entre a proposta e a aceitação e em que a transmissão de informações é praticamente simultânea, os autores britânicos tendem a aplicar a *receipt rule* e portanto a considerar o contrato celebrado no momento em que o proponente recebe a declaração de aceitação[362].

No entanto, parece-nos que, no caso de serem utilizadas técnicas que permitam a comunicação em tempo real, poderá ser ainda de tomar em conta o critério da acessibilidade. Se, *v.g.*, depois de feita uma proposta, o proponente sair de linha, não tomando conhecimento imediato da aceitação do seu co-contraente, e se este a tiver enviado através da mesma técnica de comunicação, o contrato deverá considerar-se celebrado a partir do momento em que o proponente tem acesso à aceitação. Neste caso, o contrato já poderá ser considerado entre ausentes e não entre presentes.

3.2.2.4.4. Lei aplicável à determinação do momento da celebração do contrato

I. Conforme tivemos oportunidade de verificar, a determinação do momento da celebração do contrato é ainda um tema que não reúne con-

---

[360] MARIA TOMMASINI, "Osservazioni sulla conclusione del contratto", cit., pág. 594.
[361] CLIVE GRINGRAS, *The Laws of the Internet*, cit., pág. 26 ss.; MICHAEL CHISSICK e ALISTAIR KELMAN, *Electronic Commerce*, cit., pág. 75.
[362] CLIVE GRINGRAS, *The Laws of the Internet*, cit., pág. 43; LARS DAVIES, "Contract Formation...", cit., pág. 106 ss.; TORALF NOEDING, "Distance selling...", cit., pág. 86; MICHAEL CHISSICK e ALISTAIR KELMAN, *Electronic Commerce*, cit., pág. 75.

senso nos diversos ordenamentos jurídicos. E esta questão apresenta contornos tanto mais acidentados quanto, conforme vimos, em sede de contratos celebrados através da Internet, as técnicas de comunicação utilizadas podem variar, recorrendo os utilizadores a técnicas que permitem a comunicação simultânea, em tempo real e interactiva – a que tendem a aplicar-se as regras dos contratos entre presentes –, ou a comunicação "em diferido" – a que tendem a aplicar-se as regras dos contratos entre ausentes.

Não obstante as dificuldades que encontramos na determinação do momento de celebração do contrato, é inegável a sua relevância. A Internet permite a celebração de contratos em que participam partes contratantes dos mais diversos pontos do globo; atendendo a que os respectivos ordenamentos jurídicos podem adoptar orientações de determinação do momento da celebração do contrato diferentes, importa saber qual a lei que fixará esse momento.

Não havendo regras uniformes que regulem esta matéria, cada contraente tenderá a aplicar a sua própria lei[363], situação que pode não gerar qualquer conflito se os ordenamentos em questão seguirem a mesma teoria de determinação do momento da formação do contrato, mas que será fonte de dúvidas e incertezas se assim não for, conforme se demonstrou no exemplo acima dado.

Ora, atendendo à rápida expansão do mercado que os contratos à distância provocam, nomeadamente em sede de comércio transfronteiras, urge procurar uma solução que responda a esta questão.

II. Casuisticamente, tem-se entendido que uma solução possível e que garante alguma segurança, quer aos fornecedores, quer aos consumidores, consiste em inserir uma cláusula no próprio contrato, *maxime* em estabelecer na oferta que o contrato se considerará celebrado no momento X[364], o que, em sede de contratos à distância transfronteiras, parece ser a medida mais adequada e que garante ambas as partes contra possíveis surpresas de regime.

Numa perspectiva mais abstracta, e caso as partes não tenham estabelecido expressamente em que momento o contrato deve ser considerado

---

[363] OLE LANDO, "European Contract Law", in *International Contracts and Conflicts of Laws – A Collection of Essays*, org. Petar Šarčević, Graham & Troman/Martinus Nijhoff, Londres/Dordrecht/Boston, 1990, pág. 1-14, pág. 6.

[364] EDWARD A. CAVAZOS e GAVINO MORIN, *Cyberspace and the Law*, cit., pág. 38; OLIVIER HANCE, *Business et droit d'Internet*, cit., pág. 150.

celebrado, continua a ser necessário encontrar uma solução que indique qual a lei que determina o momento da celebração do contrato.

Alguns autores, como Chrétien e Batin, citados pela Professora Isabel de Magalhães Collaço, inclinavam-se a entender que, na fixação do momento de celebração do contrato, se atenderia à lei do proponente ou do aceitante, consoante a que adoptasse a teoria que considerasse o contrato celebrado em tempo mais recuado[365].

Uma outra referência entre as hipóteses de solução possíveis a esta questão é a de considerar que a lei que determina o momento de celebração do contrato é a lei do foro onde a questão estiver a ser litigada. A ideia de se socorrer dos critérios da *lex fori* para determinar o momento da celebração do contrato não é original, pois já tinha sido, naturalmente, proposta pela Professora Isabel de Magalhães Collaço[366] para fixar o lugar e, consequentemente, o momento de celebração do contrato, embora, nesse contexto, a determinação do lugar de celebração do contrato relevasse para designar qual a lei aplicável ao contrato. De facto, nos termos do art. 4.º, 1.º, do Código Comercial Português, determinava-se que, salvo convenção em contrário, a substância e efeitos dos actos de comércio seriam regulados pela lei do lugar onde foram celebrados. Esta situação não é absolutamente igual à que ora discutimos, uma vez que, no nosso caso, a *lex contractus* não é determinável por recurso ao elemento de conexão "lugar de celebração", mas por recurso aos elementos de conexão previstos nas normas de conflitos da Convenção de Roma.

E a mesma ilustre Professora refere os inconvenientes decorrentes dessa possível solução[367] a que, como afirma, "(...) tristemente nos resignamos (...)"[368], que pode, nomeadamente, conduzir a situações em que a lei do foro considere celebrado um contrato num momento em que nenhum dos ordenamentos em conflito o consideraria celebrado, além de que, esta solução conduz ao *forum shopping*, ou seja, à possibilidade de as partes, ou a parte mais forte, escolher o foro cuja lei melhor protege os seus interesses.

---

[365] ISABEL DE MAGALHÃES COLLAÇO, *Da compra e venda...*, cit., pág. 235.

[366] ISABEL DE MAGALHÃES COLLAÇO, *Da compra e venda...*, cit., pág. 237 ss., e *Direito Internacional Privado*, vol. II, Lições proferidas pela Exma. Senhora Doutora D. Isabel de Magalhães Collaço ao 5.º ano jurídico 1958-1959, Associação Académica da Faculdade de Direito, Lisboa, 1959, págs. 261 ss., 266 ss.

[367] ISABEL DE MAGALHÃES COLLAÇO, *Da compra e venda...*, cit., pág. 229 ss.; vide também FAUSTO POCAR, "La protection de la partie faible", cit., pág. 386.

[368] ISABEL DE MAGALHÃES COLLAÇO, *Da compra e venda...*, cit., pág. 238.

No entanto, na prática, e em relação aos consumidores que tenham domicílio num Estado Contratante da Convenção de Bruxelas[369] ou da Convenção de Lugano, que dispõe em sentido substancialmente semelhante, e caso o co-contratante do consumidor tenha domicílio no território de um Estado Contratante ou ainda que não tenha, possua algum estabelecimento num Estado Contratante[370], não é uma solução muito desfavorável a determinação do momento de celebração do contrato segundo a orientação seguida pela *lex fori*.

De acordo com a Convenção de Bruxelas[371], se:

a) estiver em litígio um contrato cujo objecto seja o fornecimento de bens móveis corpóreos ou a prestação de serviços e

b) em momento prévio à celebração do contrato o consumidor tiver recebido, no Estado do seu domicílio, uma proposta ou um anúncio publicitário e

c) o consumidor tiver aí executado todos os actos necessários à celebração do contrato,

(conjunto de circunstâncias que, embora não abarcando a totalidade dos contratos potencialmente celebrados através da Internet, abrange um número muito considerável), sendo o consumidor a intentar a acção, pode fazê-lo, alternativamente, nos tribunais do Estado Contratante em que se encontra domiciliado, ou nos tribunais do Estado Contratante em que se encontra domiciliado o co-contratante, no nosso caso, o fornecedor; por seu turno, a acção proposta contra o consumidor só pode ser intentada nos tribunais do Estado Contratante em cujo território este se encontrar domiciliado[372].

---

[369] Sobre o estatuto dos consumidores na Convenção de Bruxelas, veja-se, designadamente, RUI MANUEL MOURA RAMOS, "La protection de la partie contractuelle...", cit., pág. 129; MIGUEL TEIXEIRA DE SOUSA e DÁRIO MOURA VICENTE, *Comentário à Convenção de Bruxelas*, cit., pág. 107 ss.; NADINE WATTÉ, "Vers une interprétation uniforme et cohérente des Conventions de Rome et de Bruxelles", *Rev. dr. ULB*, vol. 10, 1994-2, Bruxelas, pág. 21-54; PAUL F. OMAR, "The Special Status of Consumer and Employment in the Brussels Convention", *European Business Law Review*, Abril, 1996, pág. 90-95.

[370] *Vide* art. 13.º, § 2.º, da Convenção de Bruxelas, em que se determina que "[o] co-contratante do consumidor que, não tendo domicílio no território de um Estado Contratante, possua sucursal, agência ou qualquer outro estabelecimento num Estado Contratante, será considerado, quanto aos litígios relativos à exploração daqueles, como tendo domicílio no território desse Estado".

[371] *Vide* o art. 13.º, § 1.º, n.º 3), da Convenção de Bruxelas.

[372] *Vide* o art. 14.º da Convenção de Bruxelas.

Significa isto que cabe ao consumidor decidir onde será intentada a acção e, de acordo com a orientação de que é a *lex fori* que determina o momento da celebração do contrato, consequentemente, decidir qual o sistema de determinação do momento da celebração do contrato que se deverá seguir.

Caso a acção seja intentada contra o consumidor, será a lei do seu domicílio que determinará qual o momento de celebração do contrato, o que tem a vantagem de ser essa a orientação em sede de determinação do momento da celebração do contrato com que o consumidor estava mais familiarizado e que esperaria ver aplicada, o que não significa que esta seja, necessariamente, a mais favorável.

No entanto, fora do âmbito da Convenção – e os contratos através da Internet tendem, cada vez mais, a ser celebrados entre partes não necessariamente domiciliadas no espaço europeu –, o consumidor não ficará protegido por estas disposições e o fenómeno de *forum shopping* pode de novo colocar-se. O consumidor poderá ser confrontado com decisões judiciais que não previa e a insegurança instala-se.

III. Face ao actual enquadramento normativo, cumpre, também, procurar encontrar a solução para esta questão na Convenção de Roma, diploma particularmente vocacionado para a resolução de "situações que impliquem um conflito de leis" em matéria de obrigações contratuais e de que todos os Estados-membros da Comunidade Europeia são também Estados Contratantes.

O art. 5.º, referente aos contratos celebrados por consumidores, não nos oferece qualquer critério que nos permita descortinar a partir de que momento o contrato é eficaz. No art. 5.º, n.º 2, primeiro parágrafo, estabelece-se que o consumidor não será privado da "(...) protecção que lhe garantem as disposições imperativas da lei do país em que tenha a sua residência habitual (...) se o consumidor tiver executado nesse país todos os actos necessários à celebração do contrato (...)"; contudo, o facto de o consumidor ter executado todos os actos necessários à celebração do contrato não significa que o contrato seja, desde esse momento, eficaz e portanto que seja considerado celebrado no país da residência habitual do consumidor[373]. Como já tivemos oportunidade de notar, nem todos os

---

[373] Segundo informa, a propósito desta disposição, PAUL LAGARDE, "Le nouveau droit international privé des contrats après l'entrée en vigueur de la Convention de Rome du 19 Juin 1980", *Rev. Crit.*, n.º 2, 1991, pág. 287-340, pág. 315 ss., "[p]eu importe où le

ordenamentos jurídicos seguem a orientação de que o momento da celebração do contrato coincide com o momento em que é expedida a aceitação.

Outra disposição da mesma Convenção que, à primeira vista, nos parece poder contribuir para a solução desta questão, é o art. 8.º, n.º 1, relativo à existência e validade do contrato; de acordo com o Relatório de M. Giuliano e P. Lagarde, esta disposição destina-se a regular os aspectos de formação do contrato com excepção dos relativos à validade formal[374]. O autor italiano Tito Ballarino considera que esta é a disposição a aplicar para identificar qual a lei aplicável à determinação do momento da celebração do contrato[375].

No entanto, segundo a opinião de outros doutrinadores[376] e conforme parece decorrer da respectiva anotação que consta do Relatório de M. Giuliano e P. Lagarde, este artigo será aplicável à formação do contrato no que se refere à existência, à validade e aos vícios das declarações negociais que conduzem à celebração do contrato. Este artigo aplica-se aos casos em que se averigua da validade do conteúdo, da causa, do objecto dos contratos, mas não já para se aferir do momento da celebração do contrato.

Jacques Foyer defende assim que algumas questões ficaram mais ou menos voluntariamente esquecidas na Convenção de Roma. Segundo a opinião deste autor, inserem-se neste grupo todas aquelas que a doutrina francesa faz entrar na categoria da eficácia do contrato. Ora, a determinação do momento de celebração do contrato passa por determinar a partir de que altura é eficaz a declaração de aceitação da proposta, e logo, a partir de que momento é eficaz o contrato entre as partes.

---

contrat a été juridiquement conclu, du moment que c'est dans le pays de sa résidence habituelle que le consommateur a signé les papiers qui lui étaient présentés ou a envoye sa commande au fournisseur".

[374] MARIO GIULIANO e PAUL LAGARDE, *Relatório relativo à Convenção...*, cit., pág. 25.

[375] TITO BALLARINO, *Internet nel mondo della legge*, Cedam, Pádua, 1998, págs. 118-119; no mesmo sentido, *vide* MICHAEL CHISSICK e ALISTAIR KELMAN, *Electronic Commerce*, cit., pág. 112.

[376] PAUL LAGARDE, "Le nouveau droit international privé...", cit., pág. 326; JACQUES FOYER, "Entrée en vigueur de la Convention de Rome...", cit., pág. 615; ANDREA BONOMI, "Il nuovo diritto internazionale privato dei contratti: La Convenzione di Roma del 19 Giugno 1980 è entrata in vigore", *BBTC,* Ano LV, Fasc. I-1992, pág. 36-107, pág. 92 ss.

Parece, portanto, que esta questão estaria "esquecida" na Convenção de Roma; no entanto, este mesmo autor defende que a maioria destas questões "esquecidas" deverão ser submetidas à lei que regula o contrato, à *lex contractus*, como é interpretação tradicional no Direito Internacional Privado francês em questões delicadas e de fronteira.

Aliás, esta interpretação encontra ainda fundamento no – e coaduna--se com o espírito do – art. 10.º da Convenção de Roma, no qual se determina que a lei aplicável ao contrato regula, nomeadamente, as questões expressas nas alíneas a) a e) do mesmo artigo. E, se bem que a questão da determinação do momento da celebração do contrato não venha expressamente mencionada, o advérbio *nomeadamente* deixa aberta a hipótese de a lei do contrato se aplicar à solução de questões que não vêm expressamente tratadas, nem no art. 10.º, nem nas restantes disposições da Convenção[377]. No seguimento deste raciocínio, conclui-se então que a Convenção de Roma resolve a questão de saber qual a lei que determina o momento da celebração do contrato: será então a *lex contractus*. A este resultado se chegaria também por aplicação do art. 8.º, n.º 1, da mesma Convenção.

A determinação do momento da celebração do contrato por aplicação da *lex contractus* é, aliás, uma solução consonante com os objectivos da própria Convenção de Roma, que visa criar nos Estados-membros um DIP uniforme em matéria de contratos[378]. Ora, em "matéria de contratos", engloba-se também a determinação do momento da formação dos contratos, que corresponde, aliás, ao nascimento do contrato, ao momento a partir do qual este ganha eficácia em sentido jurídico.

A aplicação da mesma lei a todos, ou à maioria, dos aspectos relacionados com o contrato permite uma regulamentação uniforme e coerente do contrato, evitando-se assim dificuldades de coordenação, de coerência e de certeza que o *dépeçage* pode implicar[379].

---

[377] JACQUES FOYER, "Entrée en vigueur de la Convention de Rome...", cit., pág. 622.

[378] Conforme informa A. FERRER CORREIA, "Algumas considerações acerca da Convenção de Roma de 19 de Junho de 1980 sobre a lei aplicável às obrigações contratuais", *RLJ*, Ano 122.º, 1990, n.º 3787, pág. 289, "[o] objectivo precípuo da Convenção é criar no direito nacional dos Estados-membros da CEE um conjunto de regras *uniformes*, pelas quais se resolvam os conflitos de leis em matéria de contratos internacionais (...)". E, mais adiante, acrescenta que "[a] Convenção de Roma de 1980 visa criar nos países da comunidade um DIP *uniforme* no domínio dos contratos" (sublinhado do autor).

[379] OLE LANDO, "The EEC Convention on the Law Applicable to Contractual Obligations", *CMLRev.*, vol. 24, 1987, pág. 159-214, pág. 168 ss.

O recurso à *lex contractus* para determinar o momento da celebração do contrato apresenta ainda a vantagem de evitar o fenómeno do *forum shopping*: já não terá tanta relevância, para a decisão do litígio, o tribunal em que seja proposta a acção, pois a lei que regula o contrato é a lei escolhida pelas partes e assim se podem evitar "decisões de surpresa", já que as partes sabem, desde a fase pré-contratual, qual a lei que regula o contrato, neste caso, especificamente, qual a lei que determina o momento da respectiva celebração.

IV. No entanto, não há soluções perfeitas, e esta proposta de solução não está isenta de críticas. A lei que determina o momento em que é celebrado o contrato é a lei que for escolhida pelas partes ou, na falta de escolha, a que tiver sido designada de acordo com as normas de conflito da Convenção de Roma. Como adiante teremos oportunidade de melhor esclarecer, a escolha da lei aplicável ao contrato pode ser influenciada pelo fornecedor, entendido enquanto parte mais forte, de modo que seja escolhida a lei que for mais favorável aos seus interesses. Em relação, especificamente, ao momento da celebração do contrato, o fornecedor pode escolher uma lei que lhe seja mais favorável do que ao consumidor. E, caso as partes não tenham escolhido a lei que irá reger o contrato, se este se enquadrar no âmbito do art. 5.º, n.ºs 2 e 3, da Convenção de Roma, o contrato será regido pela lei da residência habitual do consumidor; caso contrário, será aplicável o art. 4.º da mesma Convenção, que conduz a que, tendencialmente, seja a lei do país do fornecedor que irá regular o contrato, situação que *a priori* se não revela muito favorável ao consumidor, que se encontra mais familiarizado com a lei do país da sua residência habitual.

Nesse sentido, vem já sendo defendido por alguma doutrina francesa que, para uma melhor protecção dos consumidores, a legislação poderia prever medidas que determinassem que os contratos celebrados à distância fossem considerados concluídos no domicílio do consumidor[380].

3.2.3. Envio de bens ou prestação de serviços não solicitados

I. O CC português prevê, no seu art. 217.º, n.º 1, que a declaração negocial pode ser expressa – quando feita por palavras, escrito ou outra forma directa de expressão da vontade – ou tácita – quando se infere de factos que a manifestem.

---

[380] OLIVIER HANCE, *Business et droit d'Internet*, cit., pág.152.

Quer num caso, quer no outro, não se regista uma inactividade do declarante. De facto, este manifesta-se, exterioriza a sua vontade, podendo fazê-lo de uma forma directa ou indirecta[381].

O art. 234.º do CC prevê situações em que é o comportamento do declaratário que, segundo a epígrafe do artigo, dispensa a declaração de aceitação, levando a concluir que o contrato se deve ter por celebrado. Dispõe este preceito que certas propostas, pela sua natureza ou pelas circunstâncias do negócio ou dos usos, podem fazer dispensar a declaração de aceitação, entendendo-se que o contrato está concluído logo que o declaratário expresse a intenção de aceitar a proposta[382].

Ainda de acordo com o nosso ordenamento jurídico, o silêncio, que, por natureza, nada revela, significa "(...) *ausência de qualquer declaração, expressa ou tácita*"[383], poderá, no entanto, excepcionalmente, valer "(...) como declaração negocial, quando esse valor lhe seja atribuído por lei, por uso ou por convenção" – art. 218.º do CC[384].

No entanto, a possibilidade de aceitação de uma proposta contratual por outras formas que não a declaração expressa tem sido um dos meios utilizados pelos fornecedores menos leais para forçar o consumidor a adquirir bens ou serviços que, de facto, não pretende adquirir.

O envio de bens ou a prestação de serviços não solicitados tem sido uma das técnicas utilizadas pelos fornecedores para induzir o consumidor a comprar o que não pretende, sendo este comportamento catalogado como uma das vendas agressivas por excelência[385].

---

[381] ANTÓNIO MENEZES CORDEIRO, *Tratado de Direito Civil Português*, cit., pág. 341.

[382] A doutrina portuguesa tem debatido a questão de saber se neste preceito se está perante uma aceitação mediante declaração tácita ou se não há declaração; sobre este debate *vide*, por todos, CARLOS FERREIRA DE ALMEIDA, *Texto e enunciado...*, vol. II, cit., designadamente, na pág. 793, em especial, nota 105.

[383] ANTÓNIO MENEZES CORDEIRO, *Tratado de Direito Civil Português*, cit., pág. 341 (sublinhado do autor); *vide* também PAULO MOTA PINTO, *Declaração tácita...*, cit., pág. 631; JOSÉ DE OLIVEIRA ASCENSÃO, *Direito Civil...*, vol. II, cit., pág. 29 ss.

[384] Sobre o valor negocial do silêncio, *vide* MANUEL A. DOMINGUES DE ANDRADE, *Teoria Geral da Relação Jurídica*, vol. II, cit., pág. 134 ss.; CARLOS ALBERTO DE MOTA PINTO, *Teoria Geral do Direito Civil*, cit., pág. 337 ss.; FERNANDO ANDRADE PIRES DE LIMA e JOÃO DE MATOS ANTUNES VARELA, *Código Civil anotado*, vol. I, cit., pág. 209 ss.; CARLOS FERREIRA DE ALMEIDA, *Texto e enunciado...*, vol. II., cit., pág. 714 ss.; PAULO MOTA PINTO, *Declaração tácita...*, cit., pág. 633 ss.; LUÍS A. CARVALHO FERNANDES, *Teoria Geral do Direito Civil*, vol. II, cit., pág. 191; JOSÉ DE OLIVEIRA ASCENSÃO, *Direito Civil...*, vol. II, cit., pág. 30 ss.; ANTÓNIO MENEZES CORDEIRO, *Tratado de Direito Civil Português*, cit., pág. 341 ss.

[385] Sobre esta questão, *vide*, designadamente, CARLOS FERREIRA DE ALMEIDA, *Os direitos dos consumidores*, cit., pág. 90; JEAN ALLIX, "La protection du consommateur...",

Os potenciais consumidores são surpreendidos com a recepção em sua casa de bens ou com a prestação de serviços que não encomendaram, acompanhados, por vezes, da indicação de que, em caso de silêncio ou abstenção durante um determinado período de tempo, o contrato se considera celebrado. Face a esta contingência e à falta de informação que frequentemente rodeia o consumidor, são celebrados contratos que este de facto não desejou.

Ainda assim, o consumidor sempre poderia utilizar o bem ou serviço que lhe foi enviado, sem o ter solicitado, e daqui poderia deduzir-se que a sua conduta mostrava intenção de aceitar a proposta e, nos termos do art. 234.º do CC, o contrato ter-se-ia por concluído, não obstante o consumidor ter sido "invadido" em sua casa ou no seu trabalho com a violência da exposição do bem que se pretende vender.

A utilização da Internet também permite estes comportamentos abusivos por parte dos fornecedores: poderão ser enviadas, para os consumidores, mensagens por correio electrónico, em que se afirme que lhe é feita uma proposta para celebração de um contrato e que, se nada disser num determinado prazo, o contrato é considerado celebrado e fica obrigado a proceder a um pagamento. Ou poderá mesmo ser enviado, em suporte electrónico, um determinado bem, acompanhado de uma afirmação semelhante.

Também o legislador comunitário determinou, no art. 9.º da Directiva 97/7/CE, que o silêncio não valerá como consentimento. E foi mais além, estabelecendo que o consumidor está dispensado de qualquer contraprestação em caso de fornecimento ou prestação não encomendadas, *i.e.*, que o consumidor poderá fazer suas as coisas que lhe forem enviadas sem serem solicitadas[386]. Em sentido semelhante, no que respeita à comercialização à distância de serviços financeiros junto dos consumidores, determina a respectiva proposta alterada de directiva, no art. 9.º, que os Estados-membros deverão adoptar as medidas necessárias para proibir a

---

cit., págs. 102-103; JEAN CALAIS-AULOY, "Vente par démarchage et vente à distance...", cit., pág. 80; ARNALDO FILIPE OLIVEIRA, "Os contratos negociados à distância...", cit., pág. 66 ss.; M.G. BRIDGE, *The Sale of goods*, Clarendon Press, Oxford, 1997, pág. 12; MIGUEL PASQUAU LIAÑO, *Comentarios*, págs. 317, 319 ss.

[386] NORBERT REICH, "Die neue Richtlinie 97/7/CE...", cit., pág. 587, considera que nesta disposição já se extravasa do estrito âmbito de aplicação da directiva, uma vez que se trata aqui de um método de venda e não da formação, celebração ou execução do contrato.

prestação à distância de serviços financeiros que não tenham sido previamente solicitados, desde que essa prestação implique o pagamento imediato ou diferido – não se proíbem as ofertas a título gratuito. Acrescenta-se ainda que os mesmos Estados deverão adoptar medidas para que a ausência de resposta do consumidor não tenha valor negocial, *i.e.*, não valha como consentimento.

Ou seja, pelo menos no que respeita aos contratos celebrados à distância com consumidores, o silêncio não terá qualquer valor de declaração negocial e a conduta do consumidor não deverá ser entendida como reveladora de aceitação do contrato.

O legislador português, aquando da transposição da Directiva 97/7/CE para o direito interno, determinou, no art. 28.º, n.º 1, do Dec.-Lei n.º 143/2001, a proibição da "(...) utilização da prática comercial em que a falta de resposta de um consumidor a uma oferta ou proposta que lhe tenha sido dirigida é presunção da sua aceitação (...)". Esclarece-se ainda no n.º 4 da mesma disposição que o consumidor não fica vinculado ao cumprimento de qualquer obrigação decorrente de vendas forçadas, ainda que se tenha expressamente indicado que o decurso de um determinado prazo sem reacção traduziria a sua aceitação.

No art. 29.º do mesmo diploma, sob a epígrafe "Fornecimento de bens ou prestação de serviços não encomendados ou solicitados", estabelece-se, no seu n.º 1, como proibido o fornecimento de bens ou a prestação de serviços, ao consumidor, em troca de um pagamento determinado, se este os não tiver solicitado. Mais se esclarece, desta feita no n.º 2, que o destinatário daqueles bens ou serviços, que os tiver recebido sem os ter encomendado, poderá conservá-los a título gratuito, não ficando, portanto, obrigado à sua devolução nem pagamento. Em sentido semelhante ao já plasmado no art. 28.º, n.º 4, determina-se que nos casos acima referidos, a falta de resposta do destinatário não vale como consentimento[387].

---

[387] Numa tentativa de obviar a esta situação violenta e desleal e procurando proteger o consumidor, já o Dec.-Lei n.º 272/87 – revogado pelo Dec.-Lei n.º 143/2001 –, no seu art. 14.º, n.º 1, proibia o recurso a práticas comerciais que presumissem a aceitação pela falta de resposta do consumidor a uma oferta ou proposta que lhe tivesse sido dirigida. Esclarecia-se, no n.º 2 do mesmo artigo, que, "(...) mesmo que nas ofertas ou propostas se tenha expressamente indicado que o decurso de um certo prazo sem qualquer reacção implica a sua aceitação", o consumidor não ficava vinculado ao cumprimento de qualquer obrigação (sobre esta disposição, *vide* PAULO MOTA PINTO, *Declaração tácita...*,

Se, no entanto, o consumidor decidir devolver o bem recebido e não solicitado, tem direito a ser reembolsado das despesas decorrentes da devolução, no prazo de 30 dias a contar da data em que as efectuou (art. 29.º, n.º 4).

O legislador português entendeu conveniente afastar este regime de proibição de fornecimento de bens não solicitados "(...) às amostras gratuitas ou ofertas comerciais, bem como às remessas efectuadas com finalidade altruística por instituições de solidariedade social, desde que, neste último caso, se limitem a bens por elas produzidos" (art. 29.º, n.º 5), embora também nesta situação o destinatário não fique "(...) obrigado à devolução ou pagamento dos bens recebidos, podendo conservá-los a título gratuito" (art. 29.º, n.º 6).

O art. 9.º, n.º 4, da Lei de Defesa do Consumidor, determina, em sentido semelhante ao já exposto, que "[o] consumidor não fica obrigado ao pagamento de bens ou serviços que não tenha prévia e expressamente encomendado ou solicitado (...)", assim como também não lhe cabe o encargo da devolução ou da compensação[388-389].

---

cit., pág. 640, em especial, notas 481e 482). No art. 15.º do mesmo diploma, era consagrada uma consequência civil em benefício do consumidor, a saber, que, no caso de envio de produtos não solicitados ou encomendados, o destinatário não ficava obrigado à sua devolução ou pagamento, podendo conservá-los a título gratuito. Acerca destas disposições, *vide* PEDRO ROMANO MARTINEZ, *Direito das Obrigações*, cit., pág. 101 ss.

[388] No art. 23.º, n.º 4, do Código da Publicidade determina-se que o destinatário da publicidade domiciliária e por correspondência "(…) não é obrigado a adquirir, guardar ou devolver quaisquer bens ou amostras que lhe tenham sido enviados ou entregues à revelia de solicitação sua".

[389] O legislador brasileiro seguiu a mesma orientação no Código do Consumidor (*vide* art. 39 III e parágrafo único: esta disposição equipara os serviços prestados e os produtos enviados sem prévia solicitação às amostras grátis, determinando a inexistência de obrigação de pagamento), sobre este tema *vide* CLÁUDIA LIMA MARQUES, *Contratos no Código de Defesa do Consumidor,* cit., pág. 354 ss. Também o legislador francês proíbe e sanciona esta prática (*vide* art. R.635-2 do Código Penal e art. L.122-2 ss. do Código do Consumo). No art. 41 da Lei espanhola n.º 7/1996, estabelece-se que a falta de resposta a uma oferta de venda à distância, não é considerada aceitação. No art. 42., n.º 1, da mesma Lei, é proibido o envio de bens não solicitados, mas caso tal ocorra, o consumidor não está obrigado à sua devolução nem a pagar o preço respectivo. Em sentido semelhante dispõe o art. 9 do Decreto Legislativo italiano que transpôs a Directiva 97/7/CE para o direito interno. O recente § 241a, n.º 1, BGB vem determinar que o fornecedor que envia bens, ou presta serviços, não solicitados pelo consumidor, não poderá vir depois fazer-lhe quaisquer reivindicações; no entanto, esclarece-se, no n.º 2 da mesma disposição, que o n.º 1 poderá não se aplicar se o bem ou serviço não fosse destinado para aquele receptor ou se o envio

II. Esta matéria também não deixa de ser focada na Convenção de Roma, que determina, no art. 8.º, n.º 2, que tende nomeadamente a solucionar questões relacionadas com o valor do silêncio na declaração negocial de uma das partes quanto à formação do contrato[390], que, apesar de ser a lei que rege o contrato a que determina qual o valor do silêncio, o contraente, para demonstrar que não deu o seu acordo, pode invocar a lei do país da sua residência habitual, "(...) se resultar das circunstâncias que não seria razoável que o valor do comportamento desse contraente fosse determinado pela lei prevista no número anterior".

3.2.4. Comunicações comerciais não solicitadas

I. Uma das técnicas de divulgação de bens ou serviços, utilizadas pelos fornecedores, é justamente o envio de comunicações comerciais a potenciais clientes que as não solicitaram. E, de uma forma ainda mais insidiosa, alguns fornecedores menos leais poderão não identificar estas mensagens como comerciais, deixando na dúvida o seu verdadeiro carácter e/ou não permitindo ao consumidor escolher, *ab initio*, por não tomar conhecimento da natureza dessa comunicação.

---

tivesse sido feito estando o fornecedor em erro quanto à encomenda e o receptor se tivesse, – ou se se devesse, ter – apercebido deste erro; acrescenta-se ainda, no n.º 3 do mesmo artigo, que não se estará na presença de um envio não solicitado se, em vez de ser enviado o bem ou prestado o serviço que ele solicitou, lhe for oferecido um bem ou serviço equivalente na relação qualidade/preço e for referido que ele não fica obrigado a aceitar e que não suporta os custos de uma possível devolução: sobre esta disposição, *vide*, designadamente, STEPHAN LORENZ, "Im BGB viel Neues...", cit., pág. 840 ss. Por seu turno, na secção 1 (1) do *Unsolicited Goods and Services Act 1971*, com alteração de 1975, prevê-se que o receptor de bens não encomendados pode usar ou dispor dos bens recebidos como se de uma oferta incondicional se tratasse, desde que sejam observados alguns requisitos, nomeadamente, que os bens tenham sido enviados com vista à sua aquisição, que o receptor tivesse motivos para acreditar que os bens lhe tinham sido enviados com intenção de ele os adquirir, que o receptor não tivesse pedido os bens nem concordado em devolvê-los e que o emissor não tenha aproveitado a oportunidade de reaver os bens num período de 6 meses a contar da recepção dos bens ou de 30 dias a contar da notícia dada pelo receptor de que o emissor dos bens os deverá ir buscar: M.G. BRIDGE, *The Sale of Goods*, cit., pág. 12 ss.

[390] JACQUES FOYER, "Entrée en vigueur de la Convention de Rome...", cit., pág. 615; PAUL LAGARDE, "Le nouveau droit international privé...", cit., pág. 326 ss.; MARIO GIULIANO e PAUL LAGARDE, *Relatório relativo à Convenção*..., cit., pág. 26.

Esta prática poderá vir perturbar a tranquilidade dos consumidores que são surpreendidos em locais não públicos – v.g., a sua residência ou local de trabalho –, onde não estão predispostos para a recepção da mensagem comercial[391-392]. Acresce ainda que o consumidor, perante o inesperado da situação, fica, por regra, com menor capacidade de se opor ao fornecedor, e por conseguinte, mais vulnerável.

A Internet proporciona a possibilidade de os fornecedores utilizarem o correio electrónico ou outros meios de transmissão para enviarem as suas mensagens comerciais a um grande número de pessoas (*spamming*) e a custos muito baixos[393].

Com vista a disciplinar esta prática, no art. 7.º, n.º 1, da Directiva sobre comércio electrónico, determina-se que os Estados-membros devem tomar medidas para que a comunicação comercial não solicitada por correio electrónico seja clara e inequivocamente identificada como tal, a partir do momento em que é recebida pelo seu destinatário[394]. Esta identificação é possível antes mesmo de o destinatário abrir a mensagem que lhe foi enviada por correio electrónico se, no espaço disponibilizado para "Assunto", o emitente incluir qualquer expressão ou palavra que permitam saber que se trata de uma comunicação comercial.

No n.º 2 da mesma disposição, prevê-se que os Estados-membros deverão tomar medidas que garantam que os prestadores de serviços que enviam mensagens comerciais não solicitadas por correio electrónico consultem e respeitem registos em que se podem inscrever pessoas singulares que não desejam receber este género de comunicações[395]. Em sentido

---

[391] Sobre um enquadramento constitucional desta matéria, *vide* designadamente, PAULO MOTA PINTO, "Notas sobre a Lei n.º 6/99...", cit., pág. 131 ss.; CARLA AMADO GOMES, "O direito à privacidade do consumidor, A propósito da Lei n.º 6/99 de 27 de Janeiro", *RPDC*, n.º 18, 1999, pág. 11-24, pág. 19 ss.

[392] Acerca da privacidade, tema que não vamos desenvolver, *vide*, designadamente, PAULO MOTA PINTO, "Notas sobre a Lei n.º 6/99...", cit., pág. 128 ss. e autores aí indicados; PEDRO PAIS DE VASCONCELOS, *Teoria Geral do Direito Civil*, cit., pág. 48 ss.; JOSÉ DE OLIVEIRA ASCENSÃO, *Direito Civil...*, vol. I, cit., em especial, pág. 118 ss.

[393] PAOLA LEOCANI, "La direttiva UE...", cit., pág. 638.

[394] Nos termos do art. 2.º, al. f), da Directiva sobre o comércio electrónico, a comunicação comercial é definida como abrangendo "todas as formas de comunicação destinadas a promover, directa ou indirectamente, mercadorias, serviços ou a imagem de uma empresa, organização ou pessoa que exerça uma profissão regulamentada ou uma actividade de comércio, indústria ou artesanato".

[395] O Comité Económico e Social, no Parecer sobre a "Proposta de directiva do Parlamento Europeu e do Conselho relativa a certos aspectos jurídicos do comércio

semelhante, embora não se referindo especificamente às comunicações comerciais não solicitadas, e complementando o sentido um tanto ambíguo da disposição atrás mencionada, dispõe também o art. 10.º, n.º 2, da Directiva 97/7/CE, em cuja redacção se prevê que, com excepção do telefax e do aparelho de chamada automática, a utilização de técnicas de comunicação à distância só deverá poder ser utilizada se não houver "oposição manifesta do consumidor"[396].

Esta orientação significa que o legislador comunitário, no que respeita às comunicações comerciais enviadas por correio electrónico, terá considerado ser mais adequado o sistema *opt-out*[397], que, afinal, procura conciliar os interesses de ambas as partes. Por um lado, garante ao fornecedor a possibilidade de enviar as suas mensagens comerciais e assim de se expressar livremente e de divulgar a sua actividade. Por outro lado, ao consumidor deverá ser garantida a possibilidade de receber ou não comunicações comerciais que não tenham sido por si solicitadas[398]. E, no caso de não ter excluído a possibilidade da respectiva recepção, de ser informado do carácter comercial da mensagem que lhe for dirigida[399].

---

electrónico no mercado interno", considerou que o sistema de *"opt-out"* não é o ideal e defende o sistema *"opt-in"*, admitindo, no entanto, que esta opção deveria ser aplicada à escala global (JOCE N.º C 169, de 16/06/1999).

[396] No art. 10.º da proposta alterada de directiva relativa à comercialização à distância de serviços financeiros junto dos consumidores, o legislador comunitário deixa à discrição de cada Estado-membro a escolha entre um sistema de opção negativa – a comunicação não solicitada só pode ser enviada se o consumidor tiver dado o seu consentimento expresso prévio – e um sistema de opção positiva – a comunicação não solicitada pode ser enviada desde que o consumidor não tenha manifestado oposição nesse sentido; ainda no que respeita a "chamadas não solicitadas", *vide* o art. 12.º da Directiva 97/66/CE relativa ao tratamento de dados pessoais e à protecção da privacidade no sector das telecomunicações.

[397] NORBERT REICH, "Die neue Richtlinie 97/7/CE...", cit., pág. 586 ss.; PAULO MOTA PINTO, "Notas sobre a Lei n.º 6/99...", cit., pág. 149 ss.; STEPHAN LORENZ, "Im BGB viel Neues...", cit., pág. 842. Seguindo uma orientação diferente, no art. 13.º, n.º 1, da Proposta de directiva do Parlamento Europeu e do Conselho relativa ao tratamento de dados pessoais e à protecção da privacidade no sector das comunicações electrónicas, publicada no JOCE N.º C 365, de 19/12/2000, determina-se que a utilização de "(...) correio electrónico para fins de comercialização directa apenas poderá ser autorizado em relação a assinantes que tenham dado o seu consentimento prévio".

[398] PAOLA LEOCANI, "La direttiva UE...", cit., pág. 643 ss.

[399] Estas disposições comunitárias procuram assim o equilíbrio entre o art. 8.º da Convenção Europeia de Salvaguarda dos Direitos do Homem e das Liberdades Funda-

II. A eficácia deste sistema fica, no entanto, dependente da manifestação do consumidor, opondo-se à recepção de comunicação comercial não solicitada. Em sede de comércio electrónico, encontramos já algumas mensagens promocionais que surgem acompanhadas da indicação de um endereço a que o consumidor pode aceder, para expressar o seu desagrado pelo envio de textos promocionais para o seu endereço e pedir a sua remoção da lista do fornecedor. Noutros casos, pede-se apenas ao consumidor que responda ao emissor do texto com uma comunicação em branco, significando que não deseja receber mais mensagens promocionais.

Outra hipótese de solução, que parece ser indicada pela Directiva sobre comércio electrónico, passa pela elaboração de listas, em que os consumidores se possam registar, com vista a não serem importunados com comunicações comerciais que não solicitaram, também designadas "listas de Robinson"[400]. No entanto, em nenhuma das directivas é feita referência a um dever de os Estados-membros criarem estas listas, que, usualmente, encontram a sua génese na iniciativa dos próprios comerciantes. Com efeito, no art. 5, n.º 6, das Linhas Orientadoras da CCI sobre

---

mentais, de 4 de Novembro de 1950, que prevê que a todos deve ser reconhecido o direito à protecção da vida privada, designadamente o respeito pela sua vida familiar, lar e correspondência, aqui se podendo enquadrar o direito à tranquilidade em relação à utilização de determinadas técnicas de comunicação particularmente agressivas, e o art. 10.º da mesma Convenção que, sob a epígrafe "Liberdade de Expressão", prevê o direito de emitir opiniões e receber informações e ideias sem interferência das autoridades públicas. No entanto, no seu n.º 2, reconhece-se a necessidade de, em certos casos, submeter o exercício destas liberdades a determinadas formalidades, condições, restrições ou penalidades, conforme seja exigido por lei ou necessário numa sociedade democrática: cf. o texto disponível pelo endereço http://www.coe.fr/eng/legaltxt/5e.htm; *vide* ainda THEO BODEWIG, "Die neue europäische...", cit., pág. 454; ainda acerca desta Convenção, *vide* LUÍS DE LIMA PINHEIRO, *Direito Internacional Privado, Parte Especial*, Livraria Almedina, Coimbra, 1999, pág. 40. Também na Carta dos Direitos Fundamentais da União Europeia, publicado no JOCE N.º C 364, de 18/12/2000, se estabelece, de forma semelhante, no art. 7.º, que "[t]odas as pessoas têm direito ao respeito pela sua vida privada e familiar, pelo seu domicílio e pelas suas comunicações". No art. 11.º, n.º 1, do mesmo texto, determina-se que as pessoas têm direito à liberdade de expressão, esclarecendo que "[e]ste direito compreende a liberdade de opinião e a liberdade de receber e de transmitir informações ou ideias (...)".

[400] THEO BODEWIG, "Die neue europäische...", cit., pág. 454; ALAIN BENSOUSSAN, *Internet, aspects juridiques*, cit., pág. 88; PAULO MOTA PINTO, "Notas sobre a Lei n.º 6/99...", cit., pág. 160 ss.

Publicidade e *Marketing* da Internet, determina-se que as mensagens comerciais não solicitadas não devem ser enviadas a utilizadores que tenham indicado que as não pretendiam receber. Além disso, as entidades que as enviam deverão criar um mecanismo em linha (*on-line*), acessível pelos utilizadores e em que possam indicar que não pretendem receber futuras solicitações. E acrescenta-se ainda que as mensagens comerciais não solicitadas devem ser claramente identificadas como tais, assim como devem indicar o respectivo emissor.

Também na Recomendação do Conselho da OCDE relativa às linhas orientadoras para a protecção do consumidor no contexto do comércio electrónico, Parte Dois, ponto II, se determina que deve ser respeitada a escolha dos consumidores que indicaram não querer receber mensagens comerciais não solicitadas.

Por seu turno, na legislação portuguesa, encontramos, no art. 23.º do Código da Publicidade, uma referência aos requisitos a que deve obedecer a publicidade domiciliária, por correspondência, ou que recorra a qualquer outro meio análogo, sem indicação de adopção do sistema "*opt-out*" ou "*opt-in*". Nos termos do art. 8.º do mesmo texto, determina-se que a publicidade tem de ser identificada como tal, aliás como também se dispõe, no art. 7.º, n.º 4, da Lei de Defesa do Consumidor. A Lei n.º 6/99, de 27 de Janeiro, que regula a publicidade domiciliária por telefone ou por telecópia, afasta expressamente a sua aplicação, no seu art. 1.º, n.º 2, à publicidade divulgada por correio electrónico.

Mais recentemente, no art. 11.º do Dec.-Lei n.º 143/2001, com a epígrafe "Restrições à utilização de determinadas técnicas de comunicação à distância", o legislador interno acolheu o sistema de *opt-in* quando o fornecedor de um bem ou serviço utilize como técnica de comunicação à distância "sistema automatizado de chamada sem intervenção humana, nomeadamente os aparelhos de chamada automática" ou o telefax. Já no caso de serem utilizadas outras técnicas de comunicação que admitam uma comunicação individual, vigora o sistema de *opt-out* e como tal, só poderão ser utilizadas se não houver "(...) oposição manifesta do consumidor (...)".

3.2.5. *Prazo para cumprimento do contrato*

Nos termos do art. 7.º, n.º 1, da Directiva 97/7/CE, e salvo acordo em contrário, o fornecedor deve executar a encomenda, isto é, prestar os serviços acordados ou proceder ao envio do bem no prazo de

30 dias[401], a contar do dia seguinte àquele em que o consumidor transmitiu a sua encomenda ao fornecedor, o que não significa que o bem chegue necessariamente ao seu destino dentro deste prazo[402].

Caso o fornecedor não cumpra o acordado, o consumidor deve ser informado do seu direito de ser reembolsado dentro de um prazo não superior a 30 dias[403] [404], ou então receber um bem ou uma prestação de serviço de qualidade e preço equivalentes, desde que esta possibilidade tenha sido prevista antes da celebração do contrato ou no próprio contrato[405]. Neste caso, as despesas decorrentes do direito de rescisão que vier a ser exercido pelo consumidor ficam a cargo do fornecedor, o que bem se entende, pois não era aquele o bem que o consumidor tinha encomendado.

No direito interno, esta matéria é actualmente regulada no art. 9.º no Dec.-Lei n.º 143/2001, aí se determina, no seu n.º 1, que o fornecedor deverá "(...) dar cumprimento à encomenda o mais tardar no prazo de 30 dias a contar do dia seguinte àquele em que o consumidor lha transmitiu".

Se o fornecedor não cumprir o contrato devido a indisponibilidade do bem ou serviço encomendado, deverá informar o consumidor desse facto e reembolsá-lo dos montantes por este pagos no prazo máximo de 30 dias a contar do momento em que teve conhecimento da indisponibilidade. No

---

[401] Neste sentido, o art. 43, n.º 1, da Lei 7/1996 espanhola, determina que se, na oferta, não for indicado o prazo de execução do pedido, este deverá ocorrer nos 30 dias seguintes à sua recepção pelo vendedor; no mesmo sentido da directiva, cf. o art. 6 do Decreto Legislativo 185/99, que transpôs a Directiva 97/7/CE para o direito interno italiano.

[402] CLIVE GRINGRAS, *The Laws of the Internet*, cit., pág. 57.

[403] A Lei 7/1996 espanhola, estabelece no seu art. 43, n.º 2, que o pagamento antecipado só poderá ser exigido se o pedido tiver sido elaborado com algum elemento particular para um cliente específico e a solicitação do mesmo.

[404] O prazo de 30 dias aqui referido presume-se que seja um prazo substantivo e, portanto, inclua Sábados, Domingos e feriados; se outra devesse ser a interpretação, o legislador teria explicitado que o prazo seria de 30 dias úteis, tal como o fez no art. 6.º.

[405] Na proposta alterada de directiva relativa à comercialização à distância dos serviços financeiros junto dos consumidores, prevê-se, no seu art. 8.º, que, no caso de indisponibilidade do serviço, o fornecedor deverá informar o consumidor, logo que possível, dessa indisponibilidade. Em caso de indisponibilidade total, o fornecedor deve reembolsar o consumidor no prazo máximo de 30 dias. Em caso de indisponibilidade parcial, o contrato só será cumprido com o acordo expresso do consumidor e do fornecedor. Não havendo acordo, o fornecedor deve reembolsar o consumidor das somas dispendidas. Havendo cumprimento parcial, o fornecedor deve, no mesmo prazo de 30 dias, reembolsar o consumidor quanto ao remanescente.

entanto, a lei prevê a possibilidade de o fornecedor enviar um bem ou prestar um serviço de qualidade e preço equivalentes, desde que essa substituição tenha sido prevista de forma clara e compreensível antes da celebração do contrato ou acordada neste. Além disso, se, neste caso, o consumidor decidir exercer o seu direito de livre resolução, as despesas inerentes à devolução do bem ficam a cargo do fornecedor que, aliás, deve, por escrito, informar o consumidor desse encargo (art. 9.º, n.ºs 3 e 4).

4. A FORMA

I. Durante muitos anos o papel foi o principal veículo de transmissão da vontade das partes e de prova dessa vontade. Vivia-se então numa cultura baseada no papel. No entanto, e sem que a maioria das pessoas disso se apercebesse, um grande número de contratos, fundamentalmente os celebrados no dia a dia, não exigiam, nem exigem, qualquer espécie de formalismo, *v.g.*, a compra de um bilhete de autocarro, a oferta de uma prenda a um amigo, etc.[406].

Mas, mesmo nos contratos tradicionalmente formais, a evolução ditou que as exigências de forma, especialmente as que estão associadas à exigência de documentos escritos em papel, fossem sendo atenuadas. Assim, temos que a tendência verificada, dependendo do tipo de contratos celebrados, vai no sentido da aceitação da liberdade de forma na celebração de contratos[407]: oralmente, por telefone, por fax, em suporte de papel, etc.[408].

A introdução de práticas informáticas na vida dos particulares e das empresas, nomeadamente a troca de dados informatizados entre empresas, como é o EDI (*Electronic Data Interchange*), veio anunciar a desmaterialização do suporte utilizado para transmitir as declarações de vontade. O comércio electrónico afecta não apenas empresas, mas ainda indivíduos anónimos que têm de lidar com a tecnologia que afasta o papel, embora tenha que garantir a mesma – ou maior – segurança dos métodos de prova tradicionais, ou seja, tem que encontrar um equivalente electrónico do documento em papel[409].

---

[406] MICHAEL CHISSICK e ALISTAIR KELMAN, *Electronic Commerce*, cit., pág. 80.

[407] Aliás, assim estabelece o art. 219.º do CC: JOSÉ DE OLIVEIRA ASCENSÃO, *Direito Civil...*, vol. II, cit., pág. 48; PUPO CORREIA, "Comércio electrónico: forma e segurança", cit., pág. 232; ENZO ROPPO, *O contrato*, cit., pág. 96, considera que o princípio da liberdade de forma é um dos princípios que "(…) carateriza o direito moderno, em comparação com os direitos menos evoluídos".

[408] MICHAEL CHISSICK e ALISTAIR KELMAN, *Electronic Commerce*, cit., pág. 54.

[409] GABRIELLE KAUFMANN-KOHLER, "Internet: Mondialisation...", cit., pág. 126.

A tendência dos textos internacionais mais recentes tem-se orientado no sentido de uma equiparação entre as mensagens informatizadas e o documento em papel, entendendo-se que a exigência de documentos em suporte de papel constitui o principal obstáculo ao desenvolvimento dos meios de comunicação modernos[410].

Encontramos uma das mais recentes referências a esta matéria na Lei-Modelo da CNUDCI sobre o Comércio Electrónico, que se guia pelo princípio do reconhecimento das mensagens informatizadas[411].

A exigência de uma forma especial, solene[412], para determinados negócios jurídicos, está usualmente associada à salvaguarda da autonomia privada e da justeza do processo de negociação, da ponderação da decisão de contratar, da certeza, da autenticidade, da solenidade, da facilidade de prova[413-414]. A forma exigida para os diversos contratos nos vários países

---

[410] Ponto 15 do *Guide to Enactment*.

[411] No seu artigo 5 prevê-se que não deverá ser negada eficácia, validade ou obrigatoriedade a dados informatizados, com fundamento apenas na sua forma electrónica. "Art. 5. Legal recognition of data messages: Information shall not be denied legal effect, validity or enforceability solely on the grounds that it is in the form of a data message". Orientação reiterada no art. 11, em que se prevê que, no contexto da formação do contrato, salvo acordo contrário estabelecido pelas partes, a oferta e a aceitação podem ser expressas por mensagens informatizadas: Art. 11. "In the context of contractual formation, unless otherwise agreed by the parties, an offer and the acceptance of an offer may be expressed by means of data messages. Where a data message is used in the formation of a contract, that contract shall not be denied validity or enforceability on the sole ground that a data message was used for that purpose or stored by electronic, optical or similar means, including electronic mail".

[412] JOSÉ DE OLIVEIRA ASCENSÃO, *Direito Civil*..., vol. II, cit., pág. 49 ss.

[413] ENZO ROPPO, *O contrato*, cit., pág. 100 ss.; HELMUT KÖHLER, *BGB Allgemeiner Teil*, cit., pág. 228 ss.; JOSÉ DE OLIVEIRA ASCENSÃO, *Direito Civil*..., vol. II, cit., pág. 54 ss.; ANTÓNIO MENEZES CORDEIRO, *Tratado de Direito Civil Português*, cit., pág. 377.

[414] Na preparação da Lei-Modelo da CNUDCI sobre Comércio Electrónico, ponto 48, foram identificadas, numa lista não exaustiva, as principais razões que fundamentam as exigências de forma em suporte de papel nos diversos países. De entre essa enumeração salientamos: 1) assegurar a existência de prova material e tangível dos actos e obrigações assumidas pelas partes; 2) ajudar as partes a tomarem consciência das consequências da celebração do contrato; 3) garantir que o documento será legível por quem queira; 4) assegurar a inalterabilidade e registo do documento; 5) permitir a reprodução do documento de modo a que cada parte seja detentora de uma cópia dos mesmos dados; 6) permitir a autenticação dos dados através da assinatura; 7) assegurar que o documento tem a forma aceitável por autoridades públicas e tribunais; 8) consignar a intenção do autor do documento e conservar o registo desta intenção; 9) garantir a facilidade de arquivamento

é variável, verificando-se, contudo, uma tendência para uma diminuição das exigências a este respeito[415].

II. As exigências de forma solene, *in casu*, nos contratos celebrados com os consumidores, podem constituir um obstáculo à fluidez do tráfego comercial electrónico. Assim, encontrávamos, por exemplo, no art. 10.º, n.º 3, do Dec.-Lei n.º 272/87, uma disposição em que se previa que, nas vendas por correspondência – incluindo-se aqui os contratos celebrados através da Internet –, "(...) os contratos de valor igual ou superior a 10.000$00[416] serão sempre reduzidos a escrito". E nos termos do CC português, art. 220.º, a inobservância da forma legal é sancionada com a nulidade[417].

O legislador português, tomando uma posição de relativa vanguarda, elaborou um diploma, o já referido Dec.-Lei n.º 290-D/99, que aprovou o regime jurídico dos documentos electrónicos e da assinatura digital[418]. Este diploma, que tem como objecto regular "(...) a validade, eficácia e valor probatório dos documentos electrónicos e da assinatura digital"[419], vem reconhecer, no seu art. 3.º, n.º 1, que o requisito legal da forma escrita estará preenchido, no caso do documento electrónico, se o seu conteúdo for susceptível de representação como declaração escrita[420]-[421]. O "do-

---

de dados de uma forma física; 10) facilitar o controlo e a subsequente verificação de dados para fins diversos; 11) permitir a constituição de direitos e obrigações nos casos em que a forma escrita é condição de validade.

[415] HERBERT KRONKE, "Applicable Law...", cit., pág. 80.

[416] Valor fixado pela Portaria n.º 1300/95, de 31 de Outubro.

[417] JOSÉ DE OLIVEIRA ASCENSÃO, *Direito Civil...*, vol. II, cit., pág. 57; PEDRO ROMANO MARTINEZ, *Direito das Obrigações,* cit., pág. 30.

[418] Este diploma deverá ser ainda objecto de regulamentação complementar (cf. art. 38.º), pelo que a sua aplicação integral fica ainda sujeita à aprovação de tais regras regulamentares.

[419] Cf. art. 1.º, n.º 1.

[420] Em sentido semelhante determina o art. 6. (1) da Lei-Modelo de CNUDCI sobre o Comércio Electrónico, no qual se pode ler que a exigência legal de forma escrita estará preenchida se a informação contida numa mensagem electrónica estiver acessível, legível, interpretável e se tiver mantido inalterável para consultas futuras. Na versão original: "Article 6. Writing (1) Where the law requires information to be in writing, that requirement is met by a data message if the information contained therein is accessible so as to be usable for subsequent reference". Em sede de legislação em vigor, e tendo também servido de fonte à disposição nacional, *vide* o art. 4, n.º 1, do Decreto italiano de 10/11/1997, n.513; no Reino Unido entrou em vigor, em 31 de Janeiro de 1997, o *Civil Evidence Act 1995*, que veio confirmar que os documentos informáticos são admissíveis

cumento electrónico" vem definido no art. 2.º, al. a), do mesmo diploma como "documento elaborado mediante processamento electrónico de dados". A exigência de forma escrita deixa, pois, de ter como suporte indispensável o papel, admitindo-se o recurso a outros veículos de transmissão menos arcaicos e que permitem uma maior fluidez e rapidez nas comunicações. Isto significa, na prática, que, quer os documentos electrónicos *lato sensu,* ou documentos informáticos – ou seja, os documentos "gerados pelo computador através dos seus órgãos de saída"[422] –, quer os documentos electrónicos *stricto sensu – i.e.,* os documentos que, sendo criados e memorizados em forma digital, não sejam impressos em papel, apenas podendo tornar-se perceptíveis aos sentidos por computador[423] –, preenchem a exigência de forma escrita[424].

Neste sentido, também as exigências de forma escrita relativas às informações a prestar ao consumidor por escrito deverão considerar-se preenchidas se o documento electrónico que as transmite obedecer ao previsto no art. 3.º, n.º 1.

Posteriormente, o legislador português com a aprovação do Dec.-Lei n.º 143/2001, que veio revogar o Dec.-Lei n.º 272/87, deixou de exigir a forma escrita nos contratos com um determinado valor. Exige-se, no entanto, conforme já acima se referiu, no art. 5.º, n.º 1, que o consumidor deverá "(...) receber a confirmação por escrito ou através de outro suporte durável à sua disposição das informações referidas no artigo 4.º, n.º 1, alíneas a) a f)". Esta disposição deverá ser, portanto, articulada com o supracitado art. 3.º, n.º 1 do Dec.-Lei n.º 290-D/99.

---

em procedimentos legais e por esta razão podem ser tratados da mesma forma que os documentos em papel: CATRIN TURNER e SEAN BRENNAN, "Commercial Lawyers...", cit., pág. 121; MICHAEL CHISSICK e ALISTAIR KELMAN, *Electronic Commerce*, cit., pág. 81.

[421] Sobre esta disposição, *vide* PAULA COSTA E SILVA, "Transferência electrónica de dados...", cit., pág. 225; MIGUEL PUPO CORREIA, in AAVV, *As leis do comércio electrónico*, cit., pág. 46 ss.

[422] MIGUEL PUPO CORREIA e HENRIQUE CARREIRO, in AAVV, *As leis do comércio electrónico*, cit., pág. 36.

[423] MIGUEL PUPO CORREIA e HENRIQUE CARREIRO, in AAVV, *As leis do comércio electrónico*, cit., pág. 36.

[424] Esclarece MIGUEL PUPO CORREIA, referindo-se ao art. 3.º do Dec.-Lei n.º 290--D/99, que "[o] n.º 1 deste artigo clarifica nitidamente que a mera circunstância de o texto estar acedível ao leitor apenas no monitor de um computador ou num terminal de vídeo, antes e à margem da sua impressão em papel, não retira a esse texto o carácter de escrito": AAVV, *As leis do comércio electrónico*, cit., pág. 49; ainda acerca do art. 3.º, n.º 1, *vide* PAULA COSTA E SILVA, "Transferência electrónica de dados...", cit., pág. 225.

III. A validade formal dos contratos é um tema que, no direito interno, suscita já diversas questões; quando se trata de situações privadas internacionais, as dúvidas agudizam-se. A Convenção de Roma, no art. 9.º, sob a epígrafe "Requisitos de forma", procura apresentar soluções que seguem uma orientação de *favor negotii*, embora com respeito pelas exigências de fundo quanto à forma[425]. Assim, no caso de o contrato ter sido celebrado entre pessoas que se encontram no mesmo país, defende-se a validade formal do contrato desde que preencha alternativamente[426], e sem qualquer hierarquia, os requisitos prescritos pela *lex causae*, aplicável por força da Convenção, ou pela *lex loci actus*. Já na hipótese de os contraentes se encontrarem em países diferentes, o contrato será formalmente válido se preencher as exigências de forma prescritas pela *lex causae* ou pela lei de um desses países. No n.º 5 deste mesmo artigo prevê-se uma excepção importante à regra geral constante dos dois primeiros números, que se refere exactamente aos contratos celebrados com consumidores, previstos no art. 5.º da Convenção de Roma, em que se prescreve que a forma é regulada pela lei do país da residência habitual do consumidor[427].

---

[425] MARIO GIULIANO e PAUL LAGARDE, *Relatório relativo à Convenção...*, cit., pág. 27.

[426] LUÍS DE LIMA PINHEIRO, *Direito Internacional Privado*, cit., pág. 149, defende que se está perante uma conexão alternativa.

[427] É de notar que, conforme é sublinhado por MARIO GIULIANO e PAUL LAGARDE, *Relatório relativo à Convenção...*, cit., pág. 27, o art. 9.º não apresenta qualquer definição de *forma* dos actos, ausência que não é dramática, em virtude das conexões que foram adoptadas. Entendam, no entanto estes autores, por referência a DELAPORTE, que se poderá entender por forma "(...) qualquer comportamento externo imposto ao autor de uma manifestação de vontade jurídica e sem o qual esta manifestação de vontade não poderá ser considerada plenamente eficaz".

5. A ASSINATURA DIGITAL

I. Não desejamos terminar esta primeira parte, sem fazer uma referência, ainda que muito sucinta, à assinatura digital e às suas repercussões no que respeita à protecção dos consumidores.

Ora, no plano comunitário, entre outras medidas, anotamos a adopção da Directiva 1999/93/CE do Parlamento e do Conselho, de 13 de Dezembro de 1999, relativa a um quadro legal comunitário para assinaturas electrónicas[428]. O legislador nacional antecipou-se à adopção e publicação da versão definitiva da directiva e, em 2 de Agosto de 1999, foi publicado o regime jurídico dos documentos electrónicos e da assinatura digital já referido. Este diploma não tem exactamente o mesmo âmbito de aplicação da directiva, já que esta se refere às assinaturas electrónicas enquanto aquele apenas regula uma das modalidades da assinatura electrónica, a saber, a assinatura digital, que o legislador interno declarou ser o modelo tecnológico de assinatura electrónica prevalecente, que se tem por mais desenvolvido e reconhecido e que assegura o nível mais elevado na transmissão de dados em redes abertas[429-430].

O regime jurídico dos documentos electrónicos e da assinatura digital não limitou o seu âmbito de aplicação à matéria das assinaturas digi-

---

[428] JOCE N.º L 013, de 19/01/2000.

[429] No mesmo sentido, *vide* o considerando (6) da proposta de directiva do Parlamento Europeu e do Conselho relativa a um quadro comum para as assinaturas electrónicas, COM(1998) 297 final, 98/0191 (COD), de 13/05/1998. Acerca do funcionamento pormenorizado das assinaturas digitais, *vide*, nomeadamente, Comunicação da Comissão ao Conselho, ao Parlamento Europeu, ao Comité Económico e Social e ao Comité das Regiões – *Garantir a segurança e a confiança nas comunicações electrónicas – Contribuição para a definição de um quadro europeu para as assinaturas digitais e cifragem*, COM(97) 503 final, 08/10/1997.

[430] No art. 1.º, n.º 2, do Dec.-Lei em análise não se veda a aplicação do regime a outras assinaturas electrónicas, desde que satisfaçam exigências de segurança similares às da assinatura digital.

tais, tendo também como objecto questões intimamente relacionadas com aquelas, como a validade, a eficácia e o valor probatório dos documentos electrónicos.

II. Importa então compreender em que medida a utilização de assinaturas digitais pode trazer benefícios ao consumidor que utiliza a Internet para contratar.

A assinatura digital é definida, no mesmo diploma como um "processo de assinatura electrónica baseado em sistema criptográfico assimétrico composto por um algoritmo ou série de algoritmos, mediante o qual é gerado um par de chaves assimétricas exclusivas e interdependentes, uma das quais privada e outra pública, e que *permite ao titular usar a chave privada para declarar a autoria do documento electrónico ao qual a assinatura é aposta e a concordância com o seu conteúdo*, e ao *declaratário usar a chave pública para verificar se a assinatura foi criada mediante o uso da correspondente chave privada e se o documento electrónico foi alterado depois de aposta a assinatura*"[431].

A assinatura digital assegura então a *autenticidade* do documento – ao possibilitar ao declaratário da mensagem, que utiliza a chave pública, a verificação da origem da mensagem -, a sua *integridade* – ao admitir também ao declaratário verificar se os dados foram ou não alterados depois de terem sido assinados – e permite, ao declarante, que usa a chave privada, declarar a autoria do documento e a sua concordância com o conteúdo do mesmo[432-433].

---

[431] Sublinhado nosso.

[432] No art. 7 da Lei-Modelo da CNUDCI sobre o Comércio Electrónico, sob a epígrafe "Assinatura", são focadas duas funções básicas da assinatura – a identificação do autor do documento e a aprovação do autor em relação ao teor do documento – fazendo-se também referência ao nível de segurança obtido por esse método de identificação; neste sentido, cf. os pontos 56 e 57 do *Guide to Enactment*. Também no art. 1316-4 do Código Civil francês, que foi alterado pela Lei n.º 2000-230, de 13 de Março, relativa à adaptação do direito da prova às tecnologias da informação e relativa à assinatura electrónica, se estabelece que a assinatura necessária à perfeição de um acto jurídico identifica quem a apõe e manifesta o consentimento das partes às obrigações decorrentes desse acto. Sendo a assinatura electrónica, garante a sua ligação com o acto a que está conectada e assegura a identidade do signatário e a integridade do acto. A fiabilidade deste procedimento é presumida até prova em contrário; *vide* também Decreto italiano de 10 de Novembro de 1997, n. 513, cujo art. 1, n.º 1, al. b), define a assinatura digital e que, no art. 10, n.º 2, equipara a assinatura digital em documento informático à assinatura em documento escrito em suporte cartular.

[433] Mais adiante, no art. 7.º, n.º 1, vêm-se qualificar apenas como presunções de

O consumidor sentir-se-á mais seguro quanto à integridade e autenticidade do documento electrónico que envia ou que recebe, procurando-se estabelecer um clima de confiança e potenciar o crescimento do próprio comércio electrónico.

III. Acresce ainda que, nos termos do art. 3.º, n.º 2, do regime jurídico dos documentos electrónicos e da assinatura digital, o documento electrónico cujo conteúdo seja susceptível de representação como declaração escrita e a que seja aposta uma assinatura digital certificada por uma entidade credenciada[434], de acordo com este diploma, tem a força probatória de um documento particular assinado, nos termos do art. 376.º do CC, ou seja, fará "(...) prova plena quanto às declarações atribuídas ao seu autor (...)", sem prejuízo da aplicação do restante regime previsto nesta disposição[435].

Já o documento electrónico a que seja aposta uma assinatura digital certificada por entidade credenciada, mas "(...) cujo conteúdo não seja susceptível de representação como declaração escrita (...)", terá a força probatória prevista no art. 167.º do CPP e no art. 368.º do CC para as reproduções mecânicas, ou seja, terá o mesmo valor probatório, *v.g.*, de um filme.

---

autenticidade, integridade e concordância com o teor do documento, a aposição da assinatura digital em documento electrónico. Acerca desta "discrepância de conceitos", *vide* PAULA COSTA E SILVA, in "Transferência electrónica de dados...", cit., pág. 227.

[434] Nos termos deste diploma, art. 8.º, a utilização da assinatura digital para os fins previstos neste texto legislativo, depende da criação ou da obtenção do par de chaves assimétricas, bem como da obtenção do certificado da respectiva chave pública emitido por entidade certificadora. A estas entidades cabe, quando forem solicitadas por pessoa singular ou colectiva, emitir a favor desta um par de chaves pública e privada, ou colocar à sua disposição os meios técnicos necessários à criação do par de chaves (cf. art. 29.º, n.º 1). As entidades certificadoras poderão ainda pedir a sua credenciação à autoridade credenciadora, cuja designação, nos termos do art. 40.º do mesmo diploma, ficou dependente de designação em diploma próprio, no prazo de 150 dias. No Dec.-Lei n.º 234/2000, de 25 de Setembro, foi designada, como autoridade credenciadora competente para a credenciação e fiscalização das entidades certificadoras, o Instituto das Tecnologias da Informação na Justiça. As entidades certificadoras poderão ser credenciadas se para isso desenvolverem os procedimentos necessários e obedecerem aos requisitos legais (cf. arts. 12.º a 19.º).

[435] PAULA COSTA E SILVA, "Transferência electrónica de dados...", cit., pág. 226, coloca aqui a questão de saber se o restante regime previsto no art. 376.º do CC também terá aplicação; *vide* ainda, MIGUEL PUPO CORREIA, in AAVV, *As leis do comércio electrónico*, cit., pág. 50 ss.

No caso de ser aposta uma assinatura digital não certificada por uma entidade credenciada, o valor probatório do documento electrónico será apreciado nos termos gerais, ou seja, valerá aqui o princípio da liberdade de apreciação da prova pelo juiz[436-437].

O reconhecimento do valor probatório dos documentos electrónicos a que é aposta uma assinatura digital vem no seguimento de uma orientação comunitária. Assim, no art. 5.º, n.º 1, al. b), da Directiva sobre as assinaturas electrónicas, determina-se que os Estados-membros deverão assegurar que as assinaturas electrónicas avançadas[438] baseadas num certificado qualificado[439] – tendencialmente correspondentes às nossas assinaturas digitais certificadas por entidade credenciada – serão "(...) admissíveis como meio de prova para efeitos processuais". E no n.º 2 do mesmo artigo prevê-se que, no entanto, não deverão ser negados os efeitos legais e a admissibilidade probatória pelo facto de a assinatura se apresentar sob forma electrónica ou de se não basear em certificado qualificado, ou de este certificado não ter sido emitido por prestador de serviços de certificação acreditado ou de não ter sido criado por dispositivo seguro de criação de assinaturas[440].

---

[436] Vide MIGUEL PUPO CORREIA, in AAVV, As leis do comércio electrónico, cit., pág. 51.

[437] Para algumas considerações quanto ao regime geral, vide PAULA COSTA E SILVA, "Transferência electrónica de dados...", cit., pág. 211 ss.; MARIA RAQUEL GUIMARÃES, As transferências electrónicas de fundos e os cartões de débito, Almedina, Coimbra, 1999, pág. 250 ss.

[438] A assinatura electrónica avançada é definida, no art. 2.º, n.º 2, da Directiva sobre as assinaturas electrónicas, como "uma assinatura electrónica que obedeça aos seguintes requisitos: a) estar associada inequivocamente ao signatário; b) permitir identificar o signatário; c) ser criada com meios que o signatário pode manter sob seu controlo exclusivo; e d) estar ligada aos dados a que diz respeito, de tal modo que qualquer alteração subsequente aos dados seja detectável".

[439] O certificado qualificado é definido, no art. 2.º, n.º 10, da Directiva sobre as assinaturas electrónicas, como "um certificado que obedece aos requisitos constantes do anexo I e é fornecido por um prestador de serviços de certificação que cumpre os requisitos constantes do anexo II". O preenchimento dos requisitos desses anexos garante, em princípio, uma maior fiabilidade dos certificados e dos prestadores de serviços de certificação.

[440] Também no art. 1316-3 do Código Civil francês, alterado pela citada Lei n.º 2000-230, se estabelece, como princípio geral, que o documento escrito em suporte electrónico tem a mesma força probatória do documento escrito em suporte de papel; vide o art. 5.º do Decreto italiano de 10 de Novembro de 1997, n. 513, que confere eficácia probatória ao documento informático.

I Parte – Perspectiva de Direito Material 163

Esta medida legislativa respeitante ao valor probatório dos documentos electrónicos poderá criar uma maior confiança do consumidor no comércio electrónico e na transmissão de dados na rede, uma vez que os documentos electrónicos a que seja aposta assinatura digital têm valor probatório para efeitos processuais em tribunal[441-442].

Questão diferente é a de saber se a maioria dos consumidores estará suficientemente sensibilizada e informada quanto à utilização das assinaturas digitais[443]. Neste caso, como em qualquer matéria relacionada com a protecção dos consumidores, deverá proceder-se a campanhas de informação junto destes.

---

[441] No mesmo sentido, *vide* a Directiva 1999/93/CEE, considerando (21).

[442] Também invocando a admissibilidade e o valor probatório das mensagens electrónicas, cf. o art. 9 da Lei-Modelo da CNUDCI sobre o Comércio Electrónico.

[443] J. FRASER MANN e ALAN M. GAHTAN, "Overview of the Legal...", cit., pág. 44.

II PARTE

PERSPECTIVA DE DIREITO INTERNACIONAL PRIVADO

1. LEI APLICÁVEL AOS CONTRATOS CELEBRADOS ATRAVÉS DA INTERNET COM OS CONSUMIDORES

1.1. Carácter transfronteiriço dos contratos

I. A Internet é frequentemente definida como sendo a rede das redes, procurando-se assim traduzir os inúmeros contactos que permite no espaço virtual.

A Internet apresenta, como uma das características que melhor define a sua essência, a transnacionalidade[444]. Este meio de comunicação inovador, que permite a ligação instantânea entre internautas, parece, aparentemente, ignorar as fronteiras políticas e transcender as barreiras geográficas ou territoriais. Pensemos, por exemplo, nas teleconferências – ou noutros programas como o *IRC*[445] ou *ICQ*[446] – que, para além do envio de mensagens – e imagens, neste caso – permitem ainda a interacção entre as partes, as quais podem assim comunicar em tempo real, ainda que se encontrem fisicamente em continentes diferentes[447]. "Local" é uma palavra com pouco significado na Internet[448]. Encontramos, contudo, algumas referências que podem conectar determinados elementos com um certo lugar: pense-se, *v.g.*, nos endereços electrónicos em cuja terminação, após os nomes de domínio, encontramos duas letras de extensão que tendem a significar a localização física do dono do respectivo sítio Internet ("pt." para Portugal, "es." para a Espanha, "de." para a Alemanha, etc.). No entanto, esta indicação tem uma utilidade relativa: por um lado, é pos-

---

[444] CATHERINE KESSEDJIAN, "Rapport de synthèse", in *Internet, Which Court Decides? Which Law Applies? Quel tribunal décide? Quel droit s'applique?*, org. Katharina Boele-Woelki e Catherine Kessedjian, Kluwer Law International, Haia/ /Londres/Boston, 1998, pág. 143-154, pág. 149.
[445] Iniciais de *Internet Relay Chat*.
[446] "I Seek you".
[447] MATTHEW BURNSTEIN, "Conflicts on the Net...", cit., pág. 79.
[448] MATTHEW BURNSTEIN, "A Global Network...", cit., pág. 23.

sível falsificar a verdadeira localização física usando uma extensão fictícia[449]; por outro lado, a extensão significa apenas que o dono do sítio Internet utiliza o *servidor* de um determinado país mas não que seja lá que ele efectivamente se encontra; além disso, estas extensões não são utilizadas em todos os países – *v.g.* nos Estados Unidos nunca foram usadas[450]. Daqui resulta que a navegação na Internet é uma viagem internacional digital em que o viajante nem sempre tem consciência das fronteiras que ultrapassa nem do seu destino. Só muito dificilmente os donos dos sítios Internet poderão restringir o seu acesso a consumidores determinados: na *WWW* não é possível seleccionar os utilizadores que acedem ao material que está exposto em linha[451], excepto se os fornecedores introduzirem barreiras de acesso (*v.g.* códigos de acesso, questionários prévios obrigatórios), com vista a restringir a visita de utilizadores não desejados, o que nem sempre acontece. "De repente, a distribuição é global e não local"[452].

O acentuado carácter multinacional destes contactos proporcionados pela Internet, aproveitado pelos fornecedores para um aumento do número de contratos celebrados, propicia, especialmente, o surgimento de situações que estão em contacto com mais do que um ordenamento jurídico e de consequentes problemas relacionados com o Direito Internacional Privado[453].

II. A globalização do mercado e das técnicas de comunicação vem suscitar questões muito específicas quanto à adequação ou inadequação do DIP clássico quando aplicado às situações que se desenvolvem em ambiente de Internet[454].

O DIP convencional tende a atribuir especial relevância à localização geográfica quando seleciona a lei aplicável ao contrato e a jurisdição que o deve julgar[455]. Veja-se, por exemplo, a Convenção de Roma, na qual se prevê, como regra geral, que o contrato se rege pela lei escolhida pelas partes. Apesar de a *electio iuris* não ter necessariamente qualquer ligação

---

[449] MICHAEL CHISSICK e ALISTAIR KELMAN, *Electronic Commerce*, cit., pág. 62.
[450] MATTHEW BURNSTEIN, "A Global Network...", cit., pág. 24.
[451] CLIVE GRINGRAS, *The Laws of the Internet*, cit., pág. 51; MATTHEW BURNSTEIN, "A Global Network...", cit., pág. 24.
[452] MATTHEW BURNSTEIN, "A Global Network...", cit., pág. 24.
[453] MATTHEW BURNSTEIN, "A Global Network...", cit., pág. 26.
[454] PETER MANKOWSKI, "Internet im Internationalen Vertrags...", cit., pág. 207.
[455] MATTHEW BURNSTEIN, "A Global Network...", cit., pág. 24.

com nenhum território e depender apenas da vontade das partes, verifica-se, neste mesmo texto, a presença de limitações à aplicação da lei escolhida, e estas assentam em critérios territoriais: atente-se, *v.g.*, numa enumeração exemplificativa, nos arts. 3.º, n.º 3, 5.º, n.º 2, 6.º, n.º 1, 8.º, n.º 2.

Ora, a questão da aplicação do DIP, conforme o conhecemos, às situações internacionais ocorridas no espaço digital, coloca-se entre dois conceitos antagónicos: por um lado, a ubiquidade da rede, por outro, a territorialidade das normas de conflitos[456].

Ainda não existem muitas decisões judiciais que permitam determinar, com precisão, orientações jurisprudenciais. Por exemplo, nos E.U.A., um dos países com maior actividade jurisdicional neste campo, os tribunais também parecem não ter ainda chegado à definição de uma orientação: ora aplicam a lei do domicílio do queixoso ou do principal local das actividades negociais, quando coincide com a lei do destinatário da transmissão da Internet, ora aplicam a lei da residência do réu, quando coincide com o local donde as transmissões da Internet têm a sua origem[457].

A revolução provocada pela Internet poderá assumir contornos ainda mais arrebatadores, se pensarmos que, para os contratos celebrados neste ambiente, surgem conceitos e espaços novos que dificilmente encontram correspondência no DIP tradicional ou mesmo no direito dos contratos tradicional.

Tomemos o exemplo do *servidor*, elemento fundamental no funcionamento da rede, já que permite o acesso dos utilizadores à Internet[458]. Associados ao conceito de *servidor* estão espaços geográficos determinados, como a localização da sede do *servidor* ou o local onde tem instalado o suporte material que lhe permite desenvolver esta actividade, e, para lá destes locais facilmente identificáveis em qualquer mapa comum, poderemos ter alguma dificuldade em proceder, com segurança, a outras localizações físicas. Os *servidores* poderão ter clientes em qualquer parte do mundo e que se podem deslocar sem que tal facto seja perceptível na Internet; os *servidores* procedem à transmissão das mensagens digitais dos utilizadores através de canais que não são mais do que fios e cabos de telecomunicações; entre os próprios *servidores* podem ser celebrados protocolos de transmissão de mensagens, etc., e a questão de saber onde é que as situações ocorrem não será com certeza de resposta linear.

---

[456] GABRIELLE KAUFMANN-KOHLER, "Internet: Mondialisation...", cit., pág. 91.
[457] MATTHEW BURNSTEIN, "A Global Network...", cit., pág. 25.
[458] MATTHEW BURNSTEIN, "A Global Network...", cit., pág. 23; ALAIN BENSOUSSAN, *Internet, aspects juridiques*, cit., pág. 25.

Também os utilizadores, face visível nas comunicações ocorridas na Internet, e que encontraram na utilização da rede uma mobilidade discreta, são um outro exemplo elucidativo da fragilidade com que deparamos ao procurar relacionar a sua actividade com um elemento geográfico seguro e pré-definido. De facto, o utilizador poderá, simultaneamente, atravessar fronteiras no espaço virtual e no espaço real, pois o acesso à Internet através de linhas telefónicas ligadas a telemóveis assim o permite[459]. Da mesma forma que o utilizador poderá até não ter computador, nem *modem* nem protocolo de comunicação, e utilizar computadores que são colocados à sua disposição em *cibercafés* ou em lojas exploradas pelos próprios fornecedores de acesso.

III. No entanto, e apesar das grandes dificuldades que se encontram, a deslocação dos pontos de referência que podem servir de base a eventuais fixações de localização, permitindo a aplicação das regras de DIP, não é total. As partes contraentes, independentemente do *servidor* que utilizem, do local de onde digitem as informações que transmitem, do tempo ou local onde celebram o contrato, continuam, como nos outros contratos celebrados por meios mais convencionais, a ter, ou não, uma residência habitual, uma sede, uma administração central. A determinação de quais sejam efectivamente estes locais pode ser mais complicada e as informações que se lhes referem serem menos fiáveis, mas, ainda assim, são possíveis.

1.2. Ausência de regulamentação centralizada

I. Não obstante a flagrante existência da Internet, bem como a já inegável e vincada influência que exerce na vida dos cidadãos, impondo-se nas suas actividades rotineiras, verifica-se que a rede é utilizada sem que exista uma organização estruturada, sem gestão centralizada e sem a identificação precisa dos caminhos efectuados pela informação[460].

---

[459] HERBERT KRONKE, "Electronic Commerce und Europäisches...", cit., pág. 988, apresenta um curioso exemplo de um indivíduo que faz uma viagem de avião entre Heidelberga e S. Petersburgo e, no aeroporto de Francoforte, recorrendo a um computador portátil e a um telemóvel, negoceia a possível celebração de um contrato com a outra parte que está em Milão; na escala em Copenhaga, é celebrado o contrato.

[460] PIERRE SIRINELLI, "L'adéquation entre le village virtuel...", cit., pág. 1 ss.; MATTHEW BURNSTEIN, "A Global Network...", cit., pág. 23; HERBERT KRONKE, "Applicable

Esta ausência de uma regulamentação centralizada poderia não ter especial relevância quando a rede era utilizada por um restrito número de sujeitos, que actuavam essencialmente com fins militares e académicos, e na qual poderia facilmente ser imposto e respeitado um código deontológico que estabelecesse as regras essenciais de utilização da rede[461]. No entanto, este não é o panorama actual em que, afinal, se detecta uma massificação da utilização da Internet, sem que haja qualquer controlo centralizado sobre os seus utilizadores e em que a imposição, e observância, de um código deontológico parece utópica. Em comum com as suas origens encontramos apenas a ausência de normas imperativas inteiramente pré-determinadas, mesmo as mais elementares regras da vida em sociedade[462].

A Internet, em parte devido ao seu carácter transnacional, em parte por se encontrar aqui um hiato regulamentar, é justamente um espaço muito propício ao desenvolvimento de actividades que, fora do *ciberespaço*, ou são proibidas ou estão sujeitas, em alguns países, a regimes legais exigentes, como é o caso da venda de medicamentos, casinos, divulgação de sondagens eleitorais sem respeitar a lei do país em causa, etc.[463].

A questão que imediatamente se suscita é a de saber se os Estados deverão intervir na aldeia virtual estabelecendo normas que deverão ser respeitadas pelos internautas. E aqui as opiniões divergem. Assinalamos, por um lado, e a título exemplificativo, a existência de uma "Declaração de

---

Law...", cit., pág. 66; GABRIELLE KAUFMANN-KOHLER, "Internet: Mondialisation...", cit., pág. 90; ALAIN BENSOUSSAN, *Internet, aspects juridiques*, cit., pág. 14

[461] ALAIN BENSOUSSAN, *Internet, aspects juridiques*, cit., pág. 18.

[462] PIERRE SIRINELLI, "L'adéquation entre le village virtuel...", cit., pág. 4, traduz muito bem o ambiente anárquico e o espírito libertário que se vive na rede pela expressão "ni Dieu, ni Maître".

[463] Ilustramos aqui esta dificuldade de controlo do conteúdo das páginas divulgadas na Internet com um exemplo que nos é oferecido por PIERRE SIRINELLI, "L'adéquation entre le village virtuel...", cit., pág. 12 ss., e que relata o caso de um *servidor* holandês (XS4ALL) que albergava uma página que se intitulava de "Radikal", em que um jornal extremista, em língua alemã, fazia apologia do terrorismo, o que tornava a sua distribuição proibida na Alemanha. Em Setembro de 1996, o Procurador federal de Karlsruhe ordenou a todos os *servidores de acesso* alemães que impedissem o acesso à página do jornal "Radikal". Para cumprir esta ordem, os *servidores* não têm outro meio que não seja o de bloquear o acesso do *servidor* XS4ALL, o que implica que todas as outras páginas albergadas por este *servidor* ficam também vedadas sem qualquer causa justificativa. Além disso, esta solução também se revelou pouco eficaz já que, alguns dias volvidos, algumas "páginas espelho" reproduziam, por todo o mundo, e mesmo em páginas albergadas por *servidores* alemães, a página original do "Radikal".

Independência do Ciberespaço", da autoria de John Perry Barlow, em que se defende a eliminação de qualquer controlo estadual no *ciberespaço*[464].

Por outro lado, acusando uma posição menos radical, alguns observadores notam que a adopção pelos Estados de normas reguladoras das actividades desenvolvidas na Internet poderá encontrar os primeiros obstáculos na inadequação do conteúdo das normas existentes para regular *ciberconflitos* e na dificuldade em estabelecer regras que resistam a três das características mais marcantes da Internet: a transnacionalidade, o carácter fugaz dos conteúdos aí divulgados, bem como a evolução rápida da técnica e da estratégia dos seus utilizadores[465]. Para além disso, haverá ainda que lidar com a possível ineficácia dessas normas para solucionar estes conflitos e para criar os mecanismos susceptíveis de fazer cumprir as suas estatuições. E aqui questiona-se a bondade ou oportunidade da elaboração de normas puramente internas, em alternativa a soluções que se fundem na colaboração entre diversos Estados[466], opção que, à partida, parece oferecer maiores garantias de eficácia na aplicação de tais normas e de minimização dos conflitos positivos ou negativos na determinação da lei nacional competente, evitando-se assim as sobreposições ou as lacunas de normas materiais aplicáveis.

II. Através da Internet, hoje, e cada vez mais, ocorrem situações que estão em contacto com mais de um ordenamento jurídico. Defender a ausência de regulamentação ou a mera adopção de normas de carácter deontológico, sem verdadeira imperatividade e cujo cumprimento, face à multiplicidade e heterogeneidade de interessados, se revela impossível, significa admitir que a Internet é uma "zona de não direito"[467], desprovida de regulamentação imperativa.

---

[464] Acessível em http://www.eff.org/~barlow/Declaration-Final.html, e na qual se pode ler, designadamente, que "Governments of the Industrial World (...) You have no sovereignty where we gather (...) You have no moral right to rule us nor to possess any methods of enforcement we have true reason to fear (...) We must declare our virtual selves immune to your sovereignty (...)", ainda sobre esta "Declaração", *vide* PIERRE SIRINELLI, "L'adéquation entre le village virtuel...", cit., pág. 5 ss.; GABRIELLE KAUFMANN--KOHLER, "Internet: Mondialisation...", cit., pág. 91.

[465] Relatório da Missão Interministerial sobre a Internet, presidida por Isabelle Falque-Pierrotin e citado por PIERRE SIRINELLI, "L'adéquation entre le village virtuel...", cit., pág. 7 ss.

[466] PIERRE SIRINELLI, "L'adéquation entre le village virtuel...", cit., pág. 5.

[467] Expressão utilizada por PIERRE SIRINELLI, «zone de "non-droit"» ("L'adéquation entre le village virtuel...", cit., pág. 5); na realidade, a expressão é do Prof. JEAN CAR-

Ora a Internet, independentemente das interessantes questões sociológicas que a utilização deste meio de comunicação suscita, não poderá ser encarada como um mundo à parte, tal como os internautas não poderão beneficiar de imunidade em relação aos seus actos pelo simples facto de utilizarem este meio para desenvolver actividades que, num outro ambiente, não seriam admitidas.

A falibilidade da eficácia das leis quando aplicadas ao caso concreto não se verifica apenas no *ciberespaço*. Também no espaço não digital se poderão encontrar dificuldades na atribuição de responsabilidades a sujeitos determinados ou na execução de decisões tomadas por tribunais situados em países diferentes daqueles onde a sentença deve ser acatada.

Os Estados têm leis que regulam as diversas situações em caso de litígio se houver ligação com mais de um ordenamento jurídico: por recurso ao DIP de cada um dos Estados, procurar-se-á encontrar a lei ou leis que devem ser aplicadas ao caso concreto e qual o tribunal competente para julgar o caso. Admitimos que a maioria da legislação existente não terá sido pensada para solucionar casos ocorridos em ambiente de Internet, o que não significa porém que ela não possa aí encontrar aplicação, nem que os Estados não venham a adaptar a sua legislação à evolução entretanto ocorrida neste domínio.

1.3. Localização

I. "The trouble with cyberspace, lawyers say, is that there's no there, there"[468] ou, conforme parece defender a jurisprudência alemã e norte--americana, "everywhere is there, on the Internet"[469].

Alguns autores salientam mesmo que os conceitos tradicionais de jurisdição estão ultrapassados num mundo que já não surge dividido em nações, Estados e províncias, mas sim em redes, domínios e *servidores*[470].

BONNIER: *Flexible droit – Pour une sociologie du droit sans rigueur*, 7.ª Edição, L.G.D.J., Paris, 1992, pág. 7 ss.

[468] ROSALAND RESNICK citada por MATTHEW BURNSTEIN, "Conflicts on the Net...", cit., pág. 81.

[469] HERBERT KRONKE, "Applicable Law...", cit., pág. 65.

[470] MATTHEW BURNSTEIN, "Conflicts on the Net...", cit., pág. 81, citando, também neste sentido DAVID JOHNSON; ainda sobre este tema, *vide*, STEFANIA BARIATTI, "Internet: aspects relatifs aux conflits de lois", *RDIPP*, n.º 3, 1997, pág. 545-556, pág. 548 ss.

Seguindo esta linha, encontram-se já vozes que, entendendo que o *ciberespaço*, apesar de transnacional, não é nacional, o comparam ao alto mar ou ao espaço extra-atmosférico, no sentido em que estes espaços ficam excluídos da jurisdição de qualquer país[471]. Ocorrendo um qualquer litígio nestes espaços, procura-se encontrar factores de conexão tais como a nacionalidade da nave ou a bandeira do navio, que os permitam associar aos ordenamentos a que estão ligados. Transpondo este esquema para o *ciberespaço*, defende-se que a escolha da lei poderia aqui ser decidida por referência à lei do local onde o *servidor* ou *servidores* dos utilizadores envolvidos se encontram localizados[472]. Nesta situação, a localização dos *servidores* serviria de orientação para a determinação da lei aplicável, mas esta opção apresenta, no entanto, o inconveniente de poder fazer surgir um fenómeno de "flag shopping" ou "bandeira de conveniência", concluindo--se assim que esta opção também não seria a mais adequada[473].

Assim, M. Burnstein, ainda centrando a regulamentação do *ciberespaço* na figura do *servidor*, sugere, em suma, que o processo de determinação da lei aplicável seja dominado por aquela entidade[474]. Este autor propõe então que, no contrato que o *servidor* celebrasse com o utilizador, deveria estar incluída uma cláusula de escolha do foro e da lei aplicável. Esta lei, acordada entre *servidor* e utilizador, seria aplicada não apenas no que toca ao contrato celebrado entre estes, mas também em relação a qualquer contrato celebrado entre utilizadores, ou a litígios que entretanto surgissem, situação que não suscitaria problemas especiais, desde que os utilizadores tivessem o mesmo *servidor*. No caso de ocorrerem litígios entre utilizadores com contratos com diferentes *servidores*, seria aplicável a lei escolhida pelos respectivos *servidores*[475]. Ou seja, segundo o panorama desenhado por este autor, todos os *servidores* e seus clientes deveriam escolher uma determinada lei e os *servidores* entre si adoptariam acordos em que se determinaria qual a lei aplicável nas relações entre utilizadores de diferentes *servidores*. Os acordos celebrados entre os *servidores* seriam equivalentes aos tratados internacionais pactuados entre os

---

[471] MATTHEW BURNSTEIN, "Conflicts on the Net...", cit., pág. 110 ss.
[472] MATTHEW BURNSTEIN, "Conflicts on the Net...", cit., pág. 104 ss.
[473] MATTHEW BURNSTEIN, "Conflicts on the Net...", cit., pág. 105 ss.
[474] MATTHEW BURNSTEIN, "Conflicts on the Net...", cit., pág. 97 ss.
[475] MATTHEW BURNSTEIN, "Conflicts on the Net...", cit., pág. 97 ss.; CHRISTOPHER KUNER, "Internationale Zustandigkeitskonflikte im Internet", *CR*, 8/1996, pág. 453-458, pág. 457, também equaciona a possibilidade de serem os utilizadores, ou grupos de utilizadores, a celebrar acordos de competência.

Estados. E assim poder-se-ia ter alguma certeza e segurança na designação da lei aplicável[476].

Esta construção foi já objecto de críticas dirigidas por H. Kronke[477]. Este autor considera que alguns utilizadores têm poder suficiente para negociar com o seu *servidor*, forçando-o a escolher uma lei que é particularmente favorável àqueles; além disso, é difícil definir, numa estrutura pluricontratual tão ampla, uma conexão dominante e caracterizar outras como acessórias; os ordenamentos jurídicos tendem a não admitir que terceiros sejam obrigados por contratos que são onerosos; por último, esta opção não parece ser um meio de assegurar elementos de conexão adequados.

II. Atendendo a estas e outras considerações, e procurando enriquecer este debate, encontramos, naturalmente, diversas orientações que se baseiam na premissa de que nem todas as situações ocorridas no *ciberespaço* assumem contornos absolutamente distintos daquelas que se passam fora deste ambiente, e que, como tal exijam tratamento especial.

No que respeita ao Direito Internacional Privado, H. Kronke defende que, sem um espaço real, as situações ocorridas no *ciberespaço* não terão relevância para aquele ramo do direito. É que, apesar de a Internet se apresentar como um palco fisicamente fluido, os actos que aí se desenrolam são cometidos em algum sítio e produzem efeitos em certo lugar físico e real. Esse território poderá estar sujeito a um determinado ordenamento nacional e à jurisdição do tribunal de um certo Estado ou ficar excluído da jurisdição de qualquer país como é o caso do espaço extra-atmosférico ou do alto mar. Nestes últimos casos, procura-se encontrar outros factores de conexão, atrás referidos, que não o local onde a situação ocorreu. Contudo, o recurso a estas conexões não significa que exista uma "terra de ninguém", mas apenas que se estende a esfera de aplicação da lei dos países relacionados com a situação[478].

Também os actos praticados através da Internet e os seus efeitos poderão ser conectados com um espaço real e com o respectivo sistema legal, mas isso poderá ser um pouco mais complicado[479].

---

[476] MATTHEW BURNSTEIN, "A Global Network...", cit., pág. 31.
[477] HERBERT KRONKE, "Applicable Law...", cit., pág. 85 ss.
[478] HERBERT KRONKE, "Applicable Law...", cit., pág. 65 ss.; discordando também das analogias propostas por M. BURNSTEIN com o regime jurídico do alto mar e do espaço extra-atmosférico, *vide* GABRIELLE KAUFMANN-KOHLER, "Internet: Mondialisation...", cit., pág. 91, nota 3.
[479] HERBERT KRONKE, "Applicable Law...", cit., pág. 65 ss.; STEFANIA BARIATTI, "Internet: aspects relatifs aux conflits de lois", cit., pág. 549; I. TROTTER HARDY, citado

E esta dificuldade não decorre do único facto de a situação ocorrer no *ciberespaço* – denominação com que Gabrielle Kaufmann-Kohler, muito logicamente, não concorda, uma vez que não existe nenhum espaço ou lugar ou lugares específicos a que se possa chamar *ciberespaço*, qualificando a Internet como um mero meio de comunicação[480] – mas das especificidades ou peculiaridades que a sua utilização pode implicar.

Em nosso entender, encarar-se a Internet como um simples meio de comunicação poderá ser uma perspectiva demasiado simplista da complexidade da situação. Se, por um lado, a Internet funciona inegavelmente como um meio de comunicação, por outro lado, é um meio de comunicação com características especiais e cujas potencialidades são exponencialmente utilizadas: através deste meio é possível não apenas a transmissão de declarações de vontade em tempo real como também o cumprimento do contrato, bem como o seu incumprimento, e outras situações reveladoras de que a realidade pode superar a imaginação humana.

É ponto assente que a utilização da Internet não poderá ser entendida como uma porta para se entrar num campo de não-direito; contudo, reconhece-se que o recurso a este meio de comunicação apresenta especificidades muito próprias, as quais, designadamente no campo do Direito Internacional Privado, implicam que as normas existentes sejam analisadas de uma nova perspectiva, adaptada às evoluções tecnológicas recentes e, nomeadamente, ao carácter imaterial e transnacional que a Internet proporciona aos contactos transmitidos por esse meio.

1.4. Protecção dos consumidores internautas nos contratos internacionais: considerações gerais

I. Após um relance muito sucinto sobre algumas questões que a utilização da Internet pode suscitar e sobre algumas especificidades que pode revestir, a pergunta que se impõe, atento o tema que se procura desenvolver neste texto, é a de saber qual a situação do consumidor no palco do *ciberespaço*, dado o carácter transfronteiriço da Internet e a consequente elevada probabilidade de celebrar contratos que estejam em contacto com mais do que uma ordem jurídica.

---

por MATTHEW BURNSTEIN, "Conflicts on the Net...", cit., pág. 89, defende que "[s]ome cyberspace issues seem wholly unremarkable: it is evident to any legal eye that they are readily governed by the same rules applicable to other forms of communication".

[480] GABRIELLE KAUFMANN-KOHLER, "Internet: Mondialisation...", cit., pág. 91.

Na primeira parte deste trabalho, focámos, essencialmente, questões da ordem do direito material, tendo verificado que existe uma preocupação em adoptar normas cujo conteúdo procura garantir ao consumidor uma protecção que visa atenuar o desequilíbrio que existe entre as partes contratantes, sendo o consumidor a parte contratante mais débil.

Mas a protecção do consumidor não terá de se resumir a uma dimensão meramente interna, podendo ser, e tendo sido, ampliada numa perspectiva internacionalprivatista, sensível a valorações materiais[481].

Em situações internacionais que estejam em contacto com mais de uma ordem jurídica e que impliquem a designação de uma ou mais leis para reger o contrato, o direito material de cada ordenamento jurídico, por maior protecção que confira ao consumidor, só será aplicado se for designado para tal por normas de Direito Internacional Privado. A aplicação de uma ou de outra lei poderá não ser irrelevante para o consumidor, já que não existe uma uniformidade internacional em matéria de normas de protecção do consumidor e nem todas as leis conferem padrões de garantia semelhantes. Daí que, antes mesmo de se discutir o regime material da lei que regula o contrato, importa analisar se as regras aplicadas na determinação da lei competente protegem o consumidor e compensam o desequilíbrio existente entre os sujeitos contratuais.

A preocupação de protecção do contraente mais débil em sede internacionalprivatista colide com uma perspectiva meramente técnica e formal do DIP que se resumisse à soma de regras de determinação da lei aplicável impermeáveis a valores sociais[482]. De facto, para a concepção clássica do DIP, é através das normas de conflitos que o DIP procura regular as "(...) relações da vida jurídica internacional"[483], residindo a preocupação essencial na escolha do elemento de conexão para a determinação de qual seja a lei mais adequada a regular determinada situação da vida jurídico-privada internacional, sendo certo, no entanto, que esta adequação não está directa-

---

[481] PAUL LAGARDE "Le principe de proximité dans le droit international contemporain. Cours général de droit international privé", *RCADI*, tomo 196, 1986 – I, pág. 9-237, pág. 56; RUI MANUEL MOURA RAMOS, Contratos internacionais e protecção da parte mais fraca no sistema jurídico português – Versão escrita de comunicação apresentada no Congresso Internacional de 28 a 30 de Novembro de 1991 sobre Contratos, Actualidade e Evolução, pág. 5; do mesmo autor, "La protection de la partie contractuelle la plus faible...", cit., págs. 98, 104 e também *Da lei aplicável...*, cit., pág. 746.

[482] RUI MANUEL MOURA RAMOS, Contratos internacionais e protecção..., cit., pág. 3.

[483] A. FERRER CORREIA, *Direito Internacional Privado – Alguns problemas*, 3.ª reimpressão, Coimbra, 1995, pág. 21.

mente relacionada com a justiça material que essa lei proporciona, mas sim com a designação da lei que, em função da localização da situação a regular[484] ou das relações com ela conexas, se apresentar como "(...) *melhor colocada* para intervir (...)"[485]. Neste sentido, e ainda na senda da mesma doutrina clássica, o Direito Internacional Privado não contemplaria questões de justiça material[486], não designando, de entre as várias leis em contacto com a situação, a que melhor a realizaria, mas procurando, pelo contrário, prosseguir valores dominados pela segurança, certeza jurídica, continuidade e estabilidade das situações jurídicas multinacionais[487].

No entanto, verificou-se que, mesmo dentro do esquema clássico, a justiça material poderá marcar a sua influência no campo do Direito Internacional Privado, chamando à colação juízos de valor que deverão ser atendidos na elaboração de normas de conflitos[488] e, consequentemente,

---

[484] JOÃO BAPTISTA MACHADO, *Lições de Direito Internacional Privado*, 3.ª Edição, actualizada (reimpressão), Almedina, Coimbra, 1999, pág. 44 e *Âmbito de eficácia e âmbito de competência das leis*, (reimpressão), Almedina, Coimbra, 1998, pág. 162 ss.

[485] A. FERRER CORREIA, *Direito Internacional Privado – Alguns problemas*, cit., págs. 23, 121 (sublinhado do autor); ainda sobre a diferenciação entre justiça material e justiça formal ou conflitual, *vide* JOÃO BAPTISTA MACHADO, *Lições de Direito Internacional Privado*, cit., pág. 43 ss. e *Âmbito de eficácia...*, cit., pág. 161 ss.; A. FERRER CORREIA, *Lições de Direito Internacional Privado, I*, Almedina, Coimbra, 2000, pág. 31, refere que "(...) a justiça do direito de conflitos é predominantemente de cunho formal".

[486] JOÃO BAPTISTA MACHADO, *Lições de Direito Internacional Privado*, cit., pág. 46 e *Âmbito de eficácia...*, cit., pág. 168 ss.

[487] A. FERRER CORREIA, *Direito Internacional Privado – Alguns problemas*, cit., págs. 23 ss., 109 ss.; *vide* ainda, ANTÓNIO MARQUES DOS SANTOS, *Direito Internacional Privado, Sumários*, cit., pág. 15; JOÃO BAPTISTA MACHADO, *Lições de Direito Internacional Privado*, cit., pág. 46 ss.

[488] A. FERRER CORREIA, *Lições de Direito Internacional Privado*, cit., pág. 57, a propósito da relação entre o Direito Internacional Privado e o Direito Constitucional, considera que, embora não sejam "(...) os valores de justiça material que no DIP predominam. (...) os seus preceitos não são meros preceitos de ordem, porque a ordem para que tendem não é arbitrária, cega a valores, antes uma regulamentação orientada para certos fins: os objectivos que o DIP considerado globalmente pretende atingir e os objectivos específicos colimados pelas suas diferentes normas. À justiça conflitual – e por conseguinte ao sistema axiológico do ordenamento jurídico – não pode ser indiferente que a lei aplicável, *v.g.*, em matéria de relações entre os cônjuges, seja a lei pessoal destes ou a da situação dos bens do casal". E mais adiante acrescenta que "[a]s normas de conflitos *não são, portanto, regras técnicas axiologicamente neutrais* (...) regras que não tenham o sentido de servir a justiça", esclarecendo ainda que "[s]ó que a justiça que servem é de cunho *predominantemente formal*, nela avultando o ingrediente da *certeza* e da *estabilidade jurídica*" (sublinhado do autor).

na escolha da lei aplicável, podendo algumas regras de conflitos inclusive procurar atribuir preferência à aplicação da lei que "(...) melhor proteja determinada pessoa (...)"[489]. Admite-se, portanto, que um direito mais favorável aos consumidores, embora menos certo e previsível, possa ser aplicado em prol da protecção dos mesmos[490].

II. A ideia da defesa da parte contratual mais fraca – e no que mais directamente nos diz respeito, a política de protecção do consumidor – tem vindo a ganhar foros de grande, e crescente, relevância no plano do direito material. A transposição desta política para uma dimensão internacionaprivatista nem sempre terá encontrado o apoio unânime da doutrina. Alguns autores, considerando que a função do Direito Internacional Privado se deverá manter distinta da que é desempenhada pelo direito material, defendem que o DIP deverá limitar a sua actuação à indicação da lei aplicável e que, assim sendo, a apreciação de aspectos de justiça material se deverá manter afastada da função e objectivos prosseguidos pela norma de conflitos[491].

No entanto, outros autores reconhecem que as questões de justiça material também se colocam a nível do DIP e, mais concretamente, das normas de conflitos, aceitando mesmo a existência de uma justiça de conflitos de leis específica, distinta da justiça material.

Ora, alguns autores, como Fausto Pocar, entendem que a justiça conflitual, não devendo embora coincidir forçosamente com o conceito de justiça material, também não deverá ser objecto de uma distinção radical, já que um tal entendimento poderá ser conectado com a ideia de um Direito Internacional Privado neutro, despojado de uma dimensão social ou imbuído ainda de uma dimensão social, mas, no entanto, distinta e autónoma em relação à que está presente no direito material[492]. Esta distinção

---

[489] A. FERRER CORREIA, *Direito Internacional Privado – Alguns problemas*, cit., págs. 53, 47 ss., 126. PAUL LAGARDE, "Le principe de proximité...", cit., pág. 49, salienta que o princípio da proximidade não é o único fundamento da regra de conflitos, pois existem outros princípios concorrentes, como o princípio da finalidade material atribuída a certas regras de conflitos, o que revela afinal que para além de um pluralismo de métodos utilizados em Direito Internacional Privado, há também um pluralismo de fundamentos das próprias normas de conflitos; RUI MANUEL MOURA RAMOS, "La protection de la partie contractuelle...", cit., pág. 99.

[490] STAUDINGER/REINHART, pág. 485, anotação 8.

[491] Sobre este tema, *vide* FAUSTO POCAR, "La protection de la partie faible", cit., pág. 353.

[492] FAUSTO POCAR, "La protection de la partie faible", cit., pág. 355.

poderá ser difícil de compreender, uma vez que, quer as regras de Direito Internacional Privado, quer as normas de direito material, são elaboradas pela mesma sociedade estatal e, para além disso, que todas as regras jurídicas se destinam, em última instância, a uma regulamentação material satisfatória das relações jurídicas que afectam a comunidade nacional, ainda que estejam presentes elementos de estraneidade[493].

Este autor, segundo afirma, não pretende misturar as funções desenvolvidas pela regra de conflitos e pela norma material, nem sequer negar que o Direito Internacional Privado visa, fundamentalmente, determinar qual a lei mais adequada para regular as situações privadas internacionais. Simplesmente, na elaboração destas regras de conflitos, e na busca dos elementos de conexão mais adequados, não se poderá abstrair da dimensão social, política e económica circundante, que também pauta a actividade do legislador material. Neste sentido, conclui defendendo que a justiça conflitual se deverá harmonizar com a justiça material, ponderando outros aspectos que não a simples concretização do princípio da proximidade entre uma situação da vida internacional privada e um determinado sistema jurídico[494].

Temos então que nem todas as normas que determinam qual a lei aplicável às situações que estão em contacto com mais de um ordenamento jurídico e, mais especificamente, nem todos os elementos de conexão geralmente utilizados em matéria contratual, procuram garantir ao consumidor um equilíbrio na relação contratual. De facto, e conforme adiante teremos oportunidade de analisar mais aprofundadamente, *v.g.*, o elemento de conexão vontade das partes, que tende a reinar em sede contratual, poderá, em vez de corrigir, agravar a situação de desequilíbrio em que o consumidor já se encontra: a escolha da lei poderá ser manipulada pelo contraente mais forte, já que entre as partes se não verifica um verdadeiro equilíbrio contratual[495].

---

[493] FAUSTO POCAR, "La protection de la partie faible", cit., pág. 355; sobre o DIP como "direito de decisão" (*Entscheidungsrecht*) e não como "direito de remissão" (*Verweisungsrecht*), cf. ANTÓNIO MARQUES DOS SANTOS, *Defesa e ilustração do Direito Internacional Privado*, *RFDUL*, Suplemento, Coimbra Editora, 1998, pág. 191.

[494] "La justice conflictuelle doit, en d'autres termes, s'harmoniser avec la justice matérielle (…)": FAUSTO POCAR, "La protection de la partie faible", cit., pág. 355 ss. No mesmo sentido, vide PAUL LAGARDE "Le principe de proximité...", cit., pág. 49; RUI MANUEL MOURA RAMOS, Contratos internacionais e protecção..., cit., pág. 3.

[495] FAUSTO POCAR, "La protection de la partie faible", cit., pág. 361 ss.; RUI MANUEL MOURA RAMOS, Contratos internacionais e protecção..., cit., pág. 5.

No entanto, também é necessário determinar em que medida o recurso a determinados elementos de conexão, como a vontade das partes, deverá ser limitado, e quais os contratos que merecem ou reclamam uma intervenção especial[496]. É que os contratos não podem ser objecto de uma intervenção generalizada, já que é próprio da sua natureza e da sua função na vida jurídica que cada um dos contraentes possa retirar do contrato o máximo de utilidade possível.

E é justamente entre estes pressupostos – a saber, por um lado, a necessidade de proteger a parte mais fraca contra a possível opressão do contraente mais forte que lhe limita a própria liberdade de contratar e, como tal, exige uma protecção especial e, por outro lado, a natureza dos contratos, que pressupõe que cada contraente tentará daí retirar o maior número de benefícios – que terão de ser determinados quais os contratos que deverão ser objecto de uma especial política de protecção[497].

Estas políticas especiais, a que deverão corresponder também regras de aplicação específicas, poderão fundar-se em critérios objectivos, que respeitam ao próprio conteúdo do contrato[498], ou em critérios subjectivos, que se prendem com as características das partes ou com as circunstâncias em que estas contratam, como é o caso, por exemplo, dos contratos celebrados com os consumidores[499]-[500]. A este propósito, cumpre salientar a importância, já acima sublinhada, que a noção de consumidor assume, já que é com base neste conceito que algumas regras especiais de protecção ao consumidor serão aplicadas.

III. No que respeita aos consumidores que utilizam a Internet para celebrar contratos com os fornecedores, importa, seguindo a mesma linha de orientação, garantir a sua protecção não apenas no âmbito do direito material mas também no domínio do Direito Internacional Privado.

A utilização da Internet, conforme já foi exaustivamente referido, proporciona contactos entre utilizadores que se encontram em locais diferentes, resultando daí que é colocada à disposição do consumidor que acede à Internet, uma série de opções de compra, quer através de propostas contratuais concretas, quer através de convites a contratar conducentes a uma posterior contratação, e que podem ser provenientes dos mais diver-

---

[496] FAUSTO POCAR, "La protection de la partie faible", cit., pág. 362.
[497] FAUSTO POCAR, "La protection de la partie faible", cit., pág. 362 ss.
[498] V.g., contrato de seguro, contrato de trabalho, etc.
[499] Este foi, aliás, o critério seguido pela Convenção de Roma – vide art. 5.º.
[500] FAUSTO POCAR, "La protection de la partie faible", cit., pág. 369 ss.

sos pontos do globo. Esta variedade de oferta, talvez mais do que através da utilização de qualquer outro meio, propicia a contratação e, em especial, a celebração de contratos que entram em contacto com mais do que um ordenamento jurídico.

Acresce ainda que o consumidor internauta, ao "navegar" na Internet, e ao aceder aos diversos sítios que aí estão à disposição, nem sempre tem consciência das fronteiras estatais que atravessa. Esta falta de percepção é ainda mais facilmente compreensível se pensarmos nas "hiperligações" que se encontram nas páginas a que se acede; um "clique" com o "rato" nestas "hiperligações", permite ao internauta aceder a sítios que em nada se relacionam já com o sítio inicial e assim entrar, por exemplo, em lojas virtuais, nas quais os consumidores compram bens, sem que tenham a noção de que país provêm, ou onde é que se encontra o seu co-contraente. E, para além da facilidade em transpor fronteiras, em alguns casos, mesmo os consumidores mais atentos e esclarecidos podem deparar com dificuldades sérias quando procuram encontrar qualquer elemento que associe o contrato a um ponto geográfico, já que nem sempre os endereços electrónicos são esclarecedores quanto a este aspecto[501].

Tendo em conta o número crescente de consumidores que contrata através da Internet e as vantagens que o comércio electrónico representa para os fornecedores e para o próprio desenvolvimento económico mundial[502], não poderá deixar de se proteger os consumidores internautas, quer adoptando ou adaptando, neste sentido, normas de direito material nacional, quer garantindo esta mesma protecção através de normas de Direito Internacional Privado vocacionadas especificamente para esta finalidade. Aliás, uma posição contrária traduzir-se-ia numa discriminação contra os consu-

---

[501] Mais uma vez, encontramos outro indício que nos leva a cimentar a posição *supra* defendida, segundo a qual, os *ciberconsumidores* não merecem menor protecção do que os consumidores tradicionais. Conforme já acima mencionámos, não é pelo simples facto de um consumidor aceder à Internet que significa que ele é especialmente esclarecido ou que tem poder negocial que lhe permita estar em posição de igualdade com o fornecedor. Além das dificuldades com que o consumidor tradicional depara, enquanto parte mais fraca, o consumidor internauta encontra ainda os obstáculos decorrentes da novidade e imaterialidade características do meio utilizado.

[502] Sobre as oportunidades, no que se refere ao crescimento económico, à competitividade da indústria europeia e à criação de novos postos de trabalho, que o comércio electrónico pode oferecer à Comunidade Europeia, *vide,* por todos, a Exposição de motivos da proposta de directiva do Parlamento Europeu e do Conselho relativa a certos aspectos jurídicos do comércio electrónico no mercado interno, COM(1998) 586 final, 98/0325 (COD), de 18/11/1998.

midores internautas, contrária às conquistas sociais já alcançadas no campo da protecção dos consumidores nas últimas décadas[503], bem como incompatível com uma política seguida pelos diversos Estados, pela qual se procura incrementar a confiança dos consumidores nas compras através da Internet para desenvolver o comércio electrónico.

1.4.1. *A protecção dos consumidores internautas no âmbito da Convenção de Roma*

1.4.1.1. *Considerações gerais*

A Convenção de Roma[504] é "(...) aplicável às obrigações contratuais nas situações que impliquem um conflito de leis", como determina o seu art. 1.º, n.º 1, sob a epígrafe "Âmbito de aplicação". Assim sendo, todos os contratos cabem no seu âmbito de aplicação, com excepção dos que constam das exclusões previstas nos n.ºs 2 e 3 do mesmo art. 1.º[505], o que significa que também às obrigações contratuais que têm a sua origem na Internet poderão ser aplicáveis as disposições previstas na Convenção de Roma, desde que, conforme exige o n.º 1, se verifique um conflito de leis[506], a situação a regular não esteja excluída pelos n.ºs 2 e 3 e o Estado do foro seja também um Estado Contratante da referida Convenção, ou seja, um Estado-membro da Comunidade Europeia[507].

Esta Convenção, conforme revela o seu art. 2.º, tem carácter universal, isto é, a sua aplicação não pressupõe que a situação apresente elementos de conexão com um dos Estados Contratantes[508] e o funcionamento

---

[503] GABRIELLE KAUFMANN-KOHLER, "Internet: Mondialisation...", cit., pág. 139.

[504] Sobre a génese e principais objectivos da Convenção de Roma, *vide* MARIO GIULIANO e PAUL LAGARDE, *Relatório relativo à Convenção...*, cit., pág. 4-9; OLE LANDO, "The EEC Convention...", cit., pág. 159 ss.; JACQUES FOYER, "Entrée en vigueur de la Convention de Rome...", cit., pág. 601 ss.

[505] Acerca do âmbito de aplicação da Convenção de Roma, *vide* MARIO GIULIANO e PAUL LAGARDE, *Relatório relativo à Convenção...*, cit., pág. 10 ss.

[506] MARIO GIULIANO e PAUL LAGARDE esclarecem que uma situação implicará um conflito de leis se estiver relacionada com "(...) um ou mais elementos estranhos ao sistema social interno do país (...) concedendo aos sistemas jurídicos de vários países vocação para regular a situação": *Relatório relativo à Convenção...*, cit., pág. 10.

[507] TANGUY VAN OVERSTRAETEN, "Droit applicable et juridiction...", cit., pág. 386.

[508] Conforme é sublinhado por MICHAEL CHISSICK e ALISTAIR KELMAN, *Electronic Commerce*, cit., pág. 112, a Convenção de Roma distingue-se aqui da Convenção de Bruxelas, que pressupõe, como condição de aplicação, uma conexão com um Estado Contratante.

das suas normas de conflitos tanto poderá conduzir à aplicação da lei de um Estado Contratante como à de outro que o não seja[509].

Encontramos portanto, na Convenção de Roma, um instrumento precioso para a determinação da lei aplicável aos contratos celebrados através da Internet e que impliquem um conflito de leis, pelo menos nos casos em que o Estado do foro seja um Estado Contratante na Convenção de Roma, como aliás é o caso de Portugal.

Propomo-nos então ponderar a aplicação das normas previstas na Convenção de Roma atendendo fundamentalmente à perspectiva da protecção dos consumidores e às especificidades que a utilização da Internet poderá implicar.

1.4.1.2. *Autonomia da vontade*

1.4.1.2.1. A autonomia da vontade na Convenção de Roma

I. A escolha, pelas partes, da lei reguladora do contrato tem vindo a ser incrementada e encorajada a nível mundial. Aliás, a eleição da vontade das partes como elemento de conexão preferencial na designação da lei aplicável ao contrato não traduz apenas uma tendência mas é uma regra consagrada tanto no Direito Internacional Privado dos então Estados--membros da Comunidade Europeia, como da maioria dos outros países e que já era patente aquando dos trabalhos para a elaboração da Convenção de Roma[510]. Consonante com a orientação dominante na doutrina e jurisprudência europeias[511], no art. 3.º da Convenção de Roma prevê-se,

---

[509] MARIO GIULIANO e PAUL LAGARDE, *Relatório relativo à Convenção...*, cit., pág. 13.

[510] Sobre as orientações legislativas e jurisprudenciais nos diversos Estados-membros de então, bem como dos tratados internacionais que adoptaram a regra da autonomia da vontade (*v.g.*, art. 2.º da Convenção sobre a Lei Aplicável às Vendas com Carácter Internacional de Bens Móveis Corpóreos, celebrado na Haia em 15 de Junho de 1955; art. 7.º da Convenção da Haia de 22 de Dezembro de 1986 sobre a Lei Aplicável aos Contratos de Venda Internacional de Mercadorias), *vide* MARIO GIULIANO e PAUL LAGARDE, *Relatório relativo à Convenção...*, cit., pág. 14; OLE LANDO, "The EEC Convention...", cit., pág. 169, sublinha que as diferenças entre os diversos sistemas legais apenas respeitam aos limites da liberdade de escolha das partes.

[511] E, acrescentaria, também norte-americanas: *vide,* acerca desta orientação e do *Restatement Second, Secção 187*, MATHIAS REIMANN, "Savigny's Triumph? Choice of Law in Contracts Cases at the Close of the Twentieth Century", *Virginia Journal of International Law*, vol. 39, n.º 3, 1999, pág. 571-605, pág. 577.

como regra geral, que, em primeira linha, o contrato se rege pela lei escolhida pelas partes. É justamente esta norma de conflitos que confere à vontade das partes base legal para que aqui possa funcionar como elemento de conexão[512].

A vontade das partes, como elemento de conexão que determina a lei aplicável, proporciona confiança, certeza, segurança e previsibilidade nas relações entre particulares, o que, necessariamente, facilita a fluidez do tráfego negocial no comércio internacional[513]. O recurso à autonomia da vontade no DIP previne ainda as dificuldades decorrentes da procura de uma localização objectiva do contrato com a lei de um país, as quais ficam especialmente acrescidas face à polarização dos laços de ligação dos contratos com vários países e à diversidade de tipos contratuais existentes que exigiriam conexões distintas e nem sempre a conexão óptima[514].

Esta ampla liberdade, conferida às partes, de escolherem a lei que concordaram ser a mais adequada à regulação do seu contrato, sem a sujeitarem a uma apreciação posterior feita por um órgão de aplicação de direito que verificaria se estavam ou não preenchidas as conexões objectivas exigidas, afasta, por princípio, orientações tendencialmente objectivistas, que limitam as vantagens de certeza, previsibilidade e justiça[515], cuja conjugação é propiciada pela autonomia da vontade[516].

---

[512] EUGÉNIA GALVÃO TELES, *A protecção dos consumidores nos contratos internacionais*, dissertação de mestrado apresentada na Faculdade de Direito de Lisboa, policopiada, 1997, pág. 390; sobre a natureza derivada e não originária da competência da vontade privada, vide ISABEL DE MAGALHÃES COLLAÇO, *Da compra e venda...*, cit., pág. 45 ss.

[513] Assim, FAUSTO POCAR, com referência a HENRI BATIFFOL, ("La protection de la partie faible", cit., pág. 349); RUI MANUEL MOURA RAMOS, *Da lei aplicável...*, cit., págs. 461, 517; FRÉDÉRIC LECLERC, *La protection de la partie faible dans les contrats internationaux*, Bruylant, Bruxelas, 1995, pág. 535; EUGÉNIA GALVÃO TELES, *A protecção dos consumidores...*, cit., pág. 390; LUÍS DE LIMA PINHEIRO, *Joint Venture – Contrato de empreendimento comum em Direito Internacional Privado*, Edições Cosmos Direito, Lisboa, 1998, pág. 456; do mesmo autor, cf. *Direito Internacional Privado*, cit., pág. 168.

[514] LUÍS DE LIMA PINHEIRO, *Joint Venture*, cit., pág. 807; vide também ISABEL DE MAGALHÃES COLLAÇO, *Da compra e venda...*, cit., pág. 50; EUGÉNIA GALVÃO TELES, *A protecção dos consumidores...*, cit., pág. 390

[515] A autonomia da vontade conduz a que as partes acordem numa regulamentação dos seus interesses que consideram ser a mais adequada e justa: ISABEL DE MAGALHÃES COLLAÇO, *Da compra e venda...*, cit., pág. 50; FRÉDÉRIC LECLERC, *La protection de la partie faible...*, cit., pág. 221 ss.; EUGÉNIA GALVÃO TELES, *A protecção dos consumidores...*, cit., pág. 390 ss.; LUÍS DE LIMA PINHEIRO, *Joint Venture*, cit., pág. 459.

[516] LUÍS DE LIMA PINHEIRO, *Joint Venture*, cit., págs. 461, 808.

Facilitando a prossecução destes objectivos, no art. 3.º, n.º 1, não se exige que se verifique qualquer conexão objectiva entre o contrato e a lei eleita pelas partes; na sua escolha, as partes são livres[517] mas, no entanto, encontramos no texto desta convenção quatro importantes limitações à aplicação da lei escolhida pelas partes. A primeira vem prevista no art. 3.º, n.º 3, no qual se determina que, nas situações em que todos os elementos se localizem num único país no momento da escolha da lei, serão aplicadas as disposições imperativas da lei desse país; a segunda vem prevista no art. 7.º, n.ºs 1 e 2, e prende-se com a aplicação de normas de aplicação imediata de países com que a situação apresente uma conexão estreita e/ou do país do foro; a terceira, prevista no art. 5.º, diz respeito à necessidade de proteger os consumidores que são "assediados" por fornecedores no país da sua residência habitual, não os privando da aplicação das disposições injuntivas da lei deste país; por último, no art. 6.º, procura-se conferir protecção aos trabalhadores, garantindo-se, apesar da escolha da lei competente, a aplicação da lei indicada neste artigo[518].

II. A escolha da lei, segundo dita o art. 3.º, n.º 1, pode ser expressa – se uma cláusula contratual específica de escolha da lei estiver incluída no contrato – ou tácita – se esta escolha resultar inequivocamente das disposições do contrato ou das circunstâncias que o rodeiam[519]. Alguns dos elementos importantes na determinação da vontade das partes, quando a escolha não é expressa, são a língua em que o contrato está redigido, a escolha do foro ou do tribunal arbitral, a aplicação de conceitos jurídicos de uma ordem jurídica determinada, as negociações das partes no período de formação do contrato, a lei escolhida para reger contratos anteriormente

---

[517] OLE LANDO, "The EEC Convention...", cit., pág. 180; A. FERRER CORREIA, "Algumas considerações acerca da Convenção de Roma...", cit., pág. 362 ss.; PAUL LAGARDE, "Le nouveau droit international privé...", cit., pág. 301; MARIA HELENA BRITO, "Os contratos bancários e a Convenção de Roma de 19 de Junho de 1980 sobre a Lei Aplicável às Obrigações Contratuais", Revista da Banca, n.º 28, 1993, pág. 75-124, pág. 94; LUÍS DE LIMA PINHEIRO, Joint Venture, cit., pág. 806; G. KEGEL e K. SCHURIG, Internationales Privatrecht, 8.ª Edição, Verlag C.H. Beck, Munique, 2000, pág. 570.

[518] OLE LANDO, "The EEC Convention...", cit., pág. 180 ss.; LUÍS DE LIMA PINHEIRO, Joint Venture, cit., pág. 811; G. KEGEL e K. SCHURIG, Internationales Privatrecht, cit., págs. 570-571.

[519] MARIO GIULIANO e PAUL LAGARDE, Relatório relativo à Convenção..., cit., pág. 15 ss.; DIETER MARTINY, "Europäisches Internationales Vertragsrecht", ZEuP, 2/1999, pág. 246-270, pág. 252.

celebrados, o lugar de celebração e execução do contrato[520]. Um outro indício da vontade das partes poderá também ser retirado da celebração de contratos tipo usualmente regidos por sistemas jurídicos particulares. Entende-se que, nos contratos cujo modelo de clausulado é frequentemente utilizado, os chamados contratos-tipo ou *standard*, também pode ser inferida qual a lei que foi tacitamente escolhida, pois o modelo contratual tende a incluir uma cláusula contratual com a escolha de uma determinada lei[521]. A moeda escolhida para pagamento dos bens ou serviços a adquirir, embora deva ser tida em consideração, não assume especial relevância[522]. Nos contratos celebrados através da Internet, a localização física ou virtual do *servidor* não tem qualquer relevância na determinação da vontade tácita das partes[523]. Estes elementos, aqui enumerados, podendo embora ser reveladores de uma tendência seguida pelas partes contratantes, não poderão ser considerados mais do que "meros indícios" que devem ser apreciados numa perspectiva global, atendendo ao caso concreto que esteja em análise[524]. Importa não esquecer que o tribunal não pode deduzir e aplicar ao contrato a lei que as partes teriam escolhido se tivessem pensado no assunto. Só se poderá falar em escolha tácita se decorrer dos factos que as partes tinham intenção evidente de aplicar ao contrato a lei de um certo país, aplicando-se fora deste caso, as disposições do art. 4.º[525].

---

[520] MARIO GIULIANO e PAUL LAGARDE, *Relatório relativo à Convenção...*, cit., pág. 15 ss.; ALAIN BENSOUSSAN, *Internet, aspects juridiques*, cit., pág. 205 ss.; DIETER MARTINY, "Europäisches Internationales Vertragsrecht", cit., pág. 251; PETER MANKOWSKI, "Internet im Internationalen Vertrags...", cit., pág. 213; MARKUS KÖHLER e HANS--WOLFGANG ARNDT, *Recht des Internet*, cit., pág. 109 ss.

[521] MARIO GIULIANO e PAUL LAGARDE, *Relatório relativo à Convenção...*, cit., pág. 15, dão-nos como exemplo a apólice de seguro marítimo da Lloyds; MARIA HELENA BRITO, "Os contratos bancários...", cit., pág. 93; LUÍS DE LIMA PINHEIRO, *Joint Venture*, cit., pág. 824; MICHAEL CHISSICK e ALISTAIR KELMAN, *Electronic Commerce*, cit., pág. 115.

[522] JOSEF MEHRINGS, "Internet-Verträge und internationales Vertragsrecht", *CR*, 10/98, pág. 613-621, pág. 616.

[523] MARKUS KÖHLER e HANS-WOLFGANG ARNDT, *Recht des Internet*, cit., pág. 110.

[524] LUÍS DE LIMA PINHEIRO, *Joint Venture*, cit., pág. 824.

[525] Saliente-se a diferença entre vontade tácita e vontade hipotética: cf. OLE LANDO, "The EEC Convention...", cit., pág., 185 ss.; RUI MANUEL MOURA RAMOS, *Da lei aplicável...*, cit., pág. 466; G. KEGEL e K. SCHURIG, *Internationales Privatrecht*, cit., pág. 575; e já antes, J. BAPTISTA MACHADO, *Lições de Direito Internacional Privado*, cit., pág. 362-364.

III. As partes, para além de poderem escolher a lei a aplicar à totalidade do contrato, têm ainda a possibilidade de escolher a lei aplicável a uma parte do mesmo[526], ou até, em momento posterior, de alterar a escolha que anteriormente fizeram[527]. No entanto, no caso de se proceder a uma divisão do contrato e de este ser regido, nas suas diferentes partes, por leis diferentes (*dépeçage*), terá de se assegurar que a escolha será coerente, isto é, que as diversas partes do contrato podem ser regidas por leis diferentes sem que tal provoque resultados contraditórios[528].

A alteração da lei aplicável ao contrato, após a sua celebração, não prejudica a sua validade formal nem afecta os direitos de terceiro (art. 3.º, n.º 1, *in fine*). Visa-se, com esta ressalva, evitar incertezas quando a nova lei exige requisitos formais desconhecidos da lei primitiva.

1.4.1.2.2. A adequação do elemento de conexão vontade das partes nos contratos celebrados com consumidores

I. O princípio da autonomia privada prende-se com uma ideia de "autodeterminação e responsabilização" da pessoa humana[529]. A autonomia privada permite aos contraentes a composição dos seus interesses conforme melhor lhes aprouver, conseguindo-se assim as soluções contratuais que se julgam ser mais adequadas e equilibradas para as partes. Considerando-se ainda que as partes são os melhores juízes dos seus próprios interesses, através da autonomia da vontade – neste caso, da escolha da lei reguladora do contrato – consegue-se alcançar, em princípio, as soluções contratuais mais justas para ambos os contraentes[530].

Embora as partes disponham de uma liberdade potencial na definição dos seus direitos e obrigações, a verdadeira liberdade pressupõe que as partes tenham o mesmo poder negocial, ou seja, que as partes se encontrem no mesmo plano do ponto de vista económico, cultural e social, enfim, que estejam em posição de igualdade, conjuntura que nem sempre se verifica, designadamente, nos contratos celebrados com os consumidores[531].

---

[526] Art. 3.º, n.º 1.
[527] Art. 3.º, n.º 2.
[528] MARIO GIULIANO e PAUL LAGARDE, *Relatório relativo à Convenção...*, cit., pág. 16.
[529] LUÍS DE LIMA PINHEIRO, *Joint Venture*, cit., pág. 458.
[530] ISABEL DE MAGALHÃES COLLAÇO, *Da compra e venda...*, cit., pág. 50; LUÍS DE LIMA PINHEIRO, *Joint Venture*, cit., pág. 458 ss.
[531] FAUSTO POCAR, "La protection de la partie faible", cit., pág. 352; RUI MANUEL

Ocorrendo um desequilíbrio de poder negocial dos contraentes, a autonomia da vontade na escolha da lei que deve regular o contrato nem sempre assegura ao contraente mais débil uma verdadeira liberdade de escolha[532]. Neste caso, perante a especial fragilidade de um dos contraentes, a concretização da justiça, que, em princípio, seria conseguida pela autonomia privada, através da auto-regulamentação dos interesses pelas partes, surge-nos aqui especialmente ameaçada. Se uma das partes assumir uma posição de domínio sobre a outra, por ter um maior poder negocial, a escolha da lei a aplicar ao contrato não traduzirá a conjugação dos interesses das partes, mas sim o interesse do contraente mais forte.

Também a vantagem da certeza e da previsibilidade proporcionadas por este elemento de conexão, embora subsistindo, já que os contraentes sabem desde o momento da celebração do contrato qual é a lei aplicável, reflectem os interesses do contraente mais forte, que pode impor a lei que mais lhe convém em todos os contratos celebrados, independentemente da localização geográfica do consumidor, e preterindo a aplicação da lei mais favorável ao contraente mais débil ou a da lei com que ele estivesse mais familiarizado.

A possibilidade, prevista no art. 3.º, n.ºs 1 e 2, da Convenção de Roma, de as partes poderem acordar em submeter a totalidade ou apenas uma parte do contrato a uma determinada lei, bem como de poderem vir a sujeitar o contrato, em momento posterior à sua celebração, a uma lei diferente da inicialmente escolhida, permite ao contraente mais forte uma maior margem de actuação, com vista à regulação do contrato conforme for mais benéfico aos seus interesses.

II. Nos contratos celebrados através da Internet verifica-se um fenómeno, que não é estranho à actividade comercial actual, e que se prende com a massificação das contratações. Face ao elevado número de compradores potenciais dos seus produtos, que se encontram dispersos pelos diversos pontos do globo, o vendedor, para sua própria protecção, tende a recorrer a contratos padronizados, os quais apresenta ao consumidor, que aceitará contratar ou não. A celebração destes contratos não admite negociação e frequentemente o consumidor não tem sequer uma verdadeira

---

MOURA RAMOS, *Da lei aplicável...*, cit., pág. 748; EUGÉNIA GALVÃO TELES, *A protecção dos consumidores...*, cit., pág. 393.

[532] RUI MANUEL MOURA RAMOS, "La protection de la partie contractuelle...", cit., págs. 105, 109, 114.

noção do teor do contrato a que adere nem das consequências que daí decorrem.

Ora, de entre as possíveis cláusulas contratuais, o vendedor minimamente previdente, que aceita a população mundial como seu potencial cliente, incluirá uma em que se indica a lei que as partes "escolhem" para reger o contrato. O vendedor, por princípio, não quer correr o risco de ver aplicada ao contrato uma lei com que não contava e cuja aplicação se pode vir a revelar pouco vantajosa para os seus interesses. Neste sentido, e atenta a ausência de uma gestão centralizada da Internet e das questões que a determinação da lei aplicável aos contratos celebrados através da Internet suscita, a maioria dos autores defende que a livre escolha da lei que rege o contrato é a forma mais simples e eficiente de resolver os conflitos de lei na Internet[533]. Contudo, a lei escolhida nestes termos tende a ser, nos contratos celebrados entre profissionais e não profissionais, aquela cujo regime se revela mais favorável aos primeiros[534] ou, pelo menos, a lei com que estão mais familiarizados e com base na qual calculam os riscos a que se sujeitam.

III. A questão que aqui se coloca prende-se, mais do que com o exacto conteúdo da lei escolhida, com a forma como a lei é designada: por escolha ou imposição do contraente mais forte e não directamente por designação do legislador[535].

Na tentativa de reduzir o desequilíbrio decorrente do desconhecimento do regime contratual em que o consumidor, formalmente, participa e do menor poder negocial de que este goza, e face à impossibilidade prática de colocar todos os sujeitos num mesmo plano negocial, têm sido adoptadas medidas que procuram reduzir o poder de imposição dos contraentes mais fortes[536], quer no plano do direito material, quer no do DIP, limitando, nomeadamente, a liberdade de escolha da lei aplicável ao contrato, que se considera ser o meio principal de suprimir a opressão que o contraente mais forte exerce sobre o mais fraco[537].

---

[533] CLIVE GRINGRAS, *The Laws of the Internet*, cit., pág. 51; HERBERT KRONKE, "Applicable Law...", cit., págs. 74 e 85.
[534] PETER MANKOWSKI, "Internet im Internationalen Vertrags...", cit., pág. 210.
[535] RUI MANUEL MOURA RAMOS, "La protection de la partie contractuelle...", cit., pág. 114.
[536] RUI MANUEL MOURA RAMOS, *Da lei aplicável...*, cit., pág. 749.
[537] FAUSTO POCAR, "La protection de la partie faible", cit., págs. 352, 362, 372.

Alguma doutrina tem defendido que a restrição ou supressão da escolha da lei aplicável é a melhor forma de proteger o consumidor, ponto sobre o qual não há ainda consenso. Certos autores, que ainda não convenceram os legisladores, sustentam que a liberdade de escolha da lei aplicável é um direito fundamental e que as restrições à sua aplicação nem sempre significam maior protecção ao consumidor[538].

Verificamos que também os diferentes legisladores adoptaram orientações variadas. Assim, podemos citar, a título exemplificativo, o art. 120, n.º 2, da Lei de DIP suíça, na qual é suprimida a faculdade de escolher a lei aplicável nos contratos celebrados com consumidores, entendendo-se, portanto, que este será o meio mais seguro de proteger o consumidor: este fica livre de possíveis manobras dominadoras do fornecedor, evitando-se os problemas relacionados com um possível *dépeçage* do contrato e permitindo-se a aplicação da lei com a qual o consumidor está mais familiarizado[539].

No entanto, o afastamento absoluto da escolha da lei e a imposição da aplicação de uma lei em função de um elemento de conexão objectivo nem sempre terão como consequência a aplicação da lei mais favorável ao consumidor, já que a lei escolhida lhe poderá assegurar um maior nível de protecção[540].

Acresce ainda que, segundo parece entender outro segmento da doutrina e da legislação, a exclusão da autonomia da vontade na determinação da lei aplicável, ainda que nos contratos celebrados com os consumidores, nem sempre se considerará justificada. Neste sentido, poderemos citar o exemplo da Convenção de Roma, que, com ou sem sucesso, adoptou uma orientação que se revela concordante com uma opção de compromisso, pois o seu art. 5.º contém uma restrição à *electio iuris* em defesa da parte mais fraca e simultaneamente uma excepção ao art. 3.º: a lei escolhida não rege o contrato na sua plenitude, garantindo-se que, nas situações previs-

---

[538] Sobre este assunto, *vide* FAUSTO POCAR, "La protection de la partie faible", cit., pág. 373 ss.; PAUL LAGARDE, *Le consommateur...*, cit., pág. 10; *vide* ainda RUI MANUEL MOURA RAMOS, *Da lei aplicável...*, cit., pág. 752; STAUDINGER/REINHART, pág. 502, anotação 75.

[539] *Vide* ainda RUI MANUEL MOURA RAMOS, *Da lei aplicável...*, cit., pág. 752, nota 797; EUGÉNIA GALVÃO TELES, *A protecção dos consumidores...*, cit., pág. 397 ss.; manifestando-se favorável à exclusão da autonomia nestas situações, *vide* OLE LANDO, "The EEC Convention...", cit., pág. 184 ss.; FRÉDÉRIC LECLERC, *La protection de la partie faible...*, cit., pág. 543.

[540] FRÉDÉRIC LECLERC, *La protection de la partie faible...*, cit., pág. 533.

tas no art. 5.º (que pressupõem um comportamento activo do fornecedor – e que são as que justificam, aos olhos do legislador, medidas de protecção do consumidor), serão aplicadas as normas imperativas da lei com que o consumidor está familiarizado[541].

Neste contexto, as restrições previstas à lei escolhida, ao invés de uma violação de um "direito fundamental", pretendem ser um garante de uma protecção mínima ao consumidor[542]. A concretização destes objectivos, conforme adiante teremos oportunidade de analisar com maior pormenor, é que se revela mais problemática.

1.4.1.3. Conexão mais estreita

A liberdade de escolha da lei é, como já fizemos menção, a regra geral aplicável aos contratos que cabem no âmbito de aplicação da Convenção de Roma. No entanto, nem sempre as partes procedem a essa escolha, ou então designam a lei aplicável apenas a uma parte do contrato, e entendendo-se que se não pode, nessas circunstâncias, recorrer àquela que seria a vontade hipotética ou presumida das partes[543], haverá que encontrar um elemento de conexão subsidiário[544], que indique qual a lei aplicável[545] nessas circunstâncias. Neste caso, o art. 4.º, n.º 1, da mesma

---

[541] PAUL LAGARDE, *Le consommateur...*, cit., pág. 10, esclarece ainda que tal como a Convenção de Roma, também a lei austríaca (§ 41, 1 e 2, in ANTÓNIO MARQUES DOS SANTOS, *Direito Internacional Privado – Colectânea de textos legislativos de fonte interna e internacional*, Almedina, Coimbra, 1999, pág. 1389) limitou a autonomia da vontade, não a excluindo, mas permitindo a aplicação de disposições imperativas da lei da residência habitual; *vide* ainda RUI MANUEL MOURA RAMOS, *Da lei aplicável...*, cit., pág. 754.

[542] D. MARTINY, *MünchKomm*, pág. 1657, anotação 2.

[543] MARIA HELENA BRITO, "Os contratos bancários...", cit., pág. 93; LUÍS DE LIMA PINHEIRO, *Joint Venture,* cit., pág. 850.

[544] EUGÉNIA GALVÃO TELES, "A prestação característica: um novo conceito para determinar a lei subsidiariamente aplicável aos contratos internacionais. O art. 4.º da Convenção de Roma sobre a Lei Aplicável às Obrigações Contratuais", *O Direito*, Ano 127.º, 1995, I-II, pág. 71-183, pág. 81.

[545] Verificou-se que os Estados-membros apresentavam variações no seu sistema legal, adoptando soluções diferentes no caso de não ter havido escolha da lei aplicável. Enquanto em alguns Estados, como Portugal e Itália, se recorria a regras de conflitos rígidas, aplicando a *lex loci contractus*, noutros países, como a Inglaterra (assente na ideia de *proper law*) ou a França (no início do século baseada na intenção das partes, evoluindo posteriormente, já nos anos 70 e 80, para a procura do centro de gravidade do contrato), adoptavam-se princípios muito flexíveis que se traduziam em soluções casuísticas; outra orientação, seguida pelos tribunais alemães, procurava descobrir qual a vontade das partes,

Convenção determina que o contrato deverá ser regulado pela lei do país com o qual apresenta uma *conexão mais estreita*[546], admitindo ainda, muito excepcionalmente, o *dépeçage* do contrato, nos casos em que partes de um mesmo contrato apresentem conexões mais estreitas com leis de países diferentes[547].

A doutrina da conexão mais estreita, enquanto exprime a ideia de uma ligação mais profunda entre uma situação e uma dada ordem jurídica, vem traduzir uma parte do próprio princípio da proximidade[548], revelando assim a preocupação em designar a "(...) lei *melhor colocada* para intervir (...)"[549], indagando para isso qual seja a sede ou centro de gravidade da relação contratual, com vista a aplicar a lei que apresenta, com aquela, os vínculos mais fortes[550].

O conceito de *conexão mais estreita* é, por si só, muito amplo e passível de diversas concretizações, o que dificilmente se conjuga com as necessidades de certeza, previsibilidade e uniformidade das decisões judiciais[551]. Procurando estabelecer um critério orientador, sem, no entanto,

---

e se assim se não obtivesse qualquer resultado, aplicava-se então a lei do lugar da execução do contrato, seguindo aqui a linha savigniana. Sobre as várias orientações seguidas, *vide* PAUL LAGARDE "Le principe de proximité...", cit., pág. 33 ss.; OLE LANDO, "The EEC Convention...", cit., pág. 188 ss.; A. FERRER CORREIA, "Algumas considerações acerca da Convenção de Roma...", cit., pág. 365; MARIO GIULIANO e PAUL LAGARDE, *Relatório relativo à Convenção*..., cit., pág. 17 ss.

[546] A autonomia da vontade, na medida em que permite às partes escolherem a lei que, por mútuo acordo, entendem regular melhor o contrato e realizar a justiça comutativa, poderá ser considerada como a lei que apresenta a relação mais estreita com o contrato. Para uma visão mais pormenorizada sobre esta posição, *vide* ANTÓNIO MARQUES DOS SANTOS, *As normas de aplicação imediata no Direito Internacional Privado – Esboço de uma teoria geral,* vol. I, Almedina, Coimbra, 1991, pág. 406 ss. e autores aí indicados; LUÍS DE LIMA PINHEIRO, *Joint Venture,* cit., pág. 846.

[547] PAUL LAGARDE, "Le nouveau droit international privé...", cit., pág. 306 ss.; MARIA HELENA BRITO, "Os contratos bancários...", cit., pág. 96.

[548] O princípio da proximidade deverá ser ainda acompanhado das outras duas dimensões indissociáveis para além do conflito de leis: a competência judiciária e a eficácia das decisões judiciais. No que respeita aos conflitos de leis, PAUL LAGARDE, "Le principe de proximité...", cit., págs. 25-26, 29, afirma que «(...) le principe de proximité pourrait s'exprimer par la règle de conflit de lois suivante: "Un rapport de droit est régi par la loi du pays avec lequel il présente les liens les plus étroits"».

[549] A. FERRER CORREIA, *Direito Internacional Privado – Alguns problemas,* cit., pág. 23 (sublinhado do autor).

[550] RUI MANUEL MOURA RAMOS, *Da lei aplicável*..., cit., pág. 571.

[551] *Vide*, por todos, MARIA HELENA BRITO, "Os contratos bancários...", cit., pág. 97.

restringir a flexibilidade da norma, o legislador da Convenção de Roma estabeleceu nos n.ºs 2, 3 e 4 do art. 4.º presunções no que respeita à conexão mais estreita[552], sendo a presunção prevista no n.º 2 a regra geral e as previstas nos n.ºs 3 e 4 presunções aplicáveis a contratos específicos: contratos referentes a imóveis e contratos de transporte de mercadorias. Nos termos do n.º 2 do art. 4.º, que estabelece a regra geral, presume-se que o contrato apresenta uma conexão mais estreita com o país da residência habitual ou da administração central da parte que efectua a prestação característica[553]. Esta presunção pode ser refutada se, nos termos do art. 4.º, n.º 5, *in fine,* resultar das circunstâncias que o contrato apresenta uma conexão mais estreita com outro país, possibilidade consonante com o objectivo daquela norma de conflitos que é justamente a aplicação da lei que apresenta com o contrato o vínculo mais significativo[554].

1.4.1.3.1. A prestação característica

I. Os contratos, por natureza, são uma realidade que não é fisicamente localizável. A conexão do contrato com um qualquer elemento geográfico poderá ser estabelecida com base em elementos em que o con-

---

[552] As presunções não eram caras à doutrina e aos tribunais britânicos que se mostravam avessos à concretização da *proper law* por recurso àquelas: OLE LANDO, "The EEC Convention...", cit., pág. 191 ss.

[553] Acerca da inspiração suíça desta disposição, *vide* PAUL LAGARDE, "Le principe de proximité...", cit., págs. 41-42; ANTÓNIO MARQUES DOS SANTOS, *As normas de aplicação imediata...,* vol. I, cit., págs. 413-414, notas 1341-1342, pág. 451, nota 1449; MARIA HELENA BRITO, "Os contratos bancários...", cit., pág. 97 ss.

[554] PAUL LAGARDE "Le principe de proximité...", cit., pág. 98 ss.; MARIO GIULIANO e PAUL LAGARDE, *Relatório relativo à Convenção...,* cit., pág. 19; TANGUY VAN OVERSTRAETEN, "Droit applicable et juridiction...", cit., pág. 388; sobre a natureza desta norma defendendo que não estamos perante uma cláusula de excepção, *vide* MARIA HELENA BRITO, "Os contratos bancários....", cit., pág. 101; LUÍS DE LIMA PINHEIRO, *Joint Venture,* cit., pág. 852; em sentido contrário, RUI MANUEL MOURA RAMOS, *Da lei aplicável...,* cit., pág. 568 ss.; ANTÓNIO MARQUES DOS SANTOS, *As normas de aplicação imediata...,* vol. I, cit., pág. 398, nota 1298; PAUL LAGARDE, "Le nouveau droit international privé...", cit., pág. 310; acerca das cláusulas de excepção, *vide* WILHELM WENGLER, "L'évolution moderne du droit international privé et la prévisibilité du droit applicable", *Rev. Crit.,* n.º 4, 1990, pág. 657-674, pág. 666 ss.; ANTÓNIO MARQUES DOS SANTOS, *As normas de aplicação imediata...,* vol. I, cit., pág. 397 ss.; RUI MANUEL MOURA RAMOS, "Les clauses d'exception en matière de conflits de lois et de conflits de jurisdictions – Portugal", in *Das relações privadas internacionais – Estudos de Direito Internacional Privado,* Coimbra Editora, Coimbra, 1995, pág. 295-323, pág. 295 ss.

trato se exterioriza, como a sua celebração e execução, ou em elementos geográficos conectados com as partes contraentes[555].

O momento e o local da celebração do contrato nem sempre o associam à lei de um país que esteja realmente próxima da relação contratual. O local da celebração poderá ser meramente acidental[556] e conduzir então à aplicação de uma lei que efectivamente não apresente uma verdadeira ligação com o contrato. Além disso, se a *lex loci contractus*, nos casos em que as partes estão fisicamente presentes e trocam as respectivas vontades negociais uma com a outra face a face, é fácil de designar, verificamos que a possibilidade de celebração de contratos entre pessoas que se encontram em países diferentes e que utilizam técnicas de comunicação, mais ou menos evoluídas, que lhes permitem contratar sem se encontrarem fisicamente, vem dificultar a determinação desta lei. Com efeito, e conforme já foi acima referido, a diversidade de orientações seguidas pelos diversos Estados, quanto à determinação do momento da celebração do contrato, vem dificultar a designação de qual seja a *lex loci contractus*[557], relativizando a vantagem da certeza e previsibilidade que oferecia.

Ora, uma outra forma de exteriorização dos contratos é justamente através da sua execução. Os contratos pressupõem, por regra, duas prestações, pelo menos uma de cada um dos contraentes[558]. E é inegável, para o direito material, que a execução destas prestações é um dos elementos essenciais na "história" e desempenho da função do próprio contrato. O Direito Internacional Privado também não se mostrou indiferente a esta realidade e, como tal, não despreza os elementos que possam estar relacionados com a execução das prestações contratuais[559], procurando, no entanto, associar à execução um factor territorial que permita determinar uma lei aplicável, nomeadamente o local da execução das prestações[560].

---

[555] EUGÉNIA GALVÃO TELES, *A protecção dos consumidores...*, cit., pág. 313; A. FERRER CORREIA, *Lições de Direito Internacional Privado*, cit., pág. 118.

[556] A. FERRER CORREIA, *Lições de Direito Internacional Privado*, cit., pág. 118.

[557] MARIO GIULIANO e PAUL LAGARDE, *Relatório relativo à Convenção...*, cit., pág. 19.

[558] FAUSTO POCAR, "La protection de la partie faible", cit., pág. 387.

[559] A. FERRER CORREIA, *Lições de Direito Internacional Privado*, cit., pág. 118.

[560] PAUL LAGARDE, "Le principe de proximité...", cit., pág. 36 ss., esclarece que a conexão do contrato com o seu lugar de execução ou até a conexão de cada uma das obrigações com a lei do lugar de execução, era, na ausência da escolha das partes, o

O recurso a este elemento apresenta, no entanto, algumas dificuldades muito específicas. Ainda que numa análise muito sucinta, temos que o recurso ao elemento de conexão lugar da execução da prestação poderia acarretar dificuldades decorrentes da necessidade de determinação do lugar da execução ou mesmo da aplicação de duas ou mais leis diferentes ao mesmo contrato, o que conduziria a um *dépeçage* desnecessário; além disso o país onde o contrato é executado nem sempre apresenta uma ligação relevante com o contrato ou com as partes [561].

Alguns destes inconvenientes poderão ser minorados se, ao invés de se centrar a referência do elemento de conexão nas prestações contratuais em geral, se escolher uma das prestações, tomando como critério "(...) o centro da actividade que dá feição própria ao negócio jurídico (...)"[562] e a esta associar os elementos territoriais, evitando, pelo menos, o *dépeçage* do contrato e sua consequente regulamentação por leis diferentes[563].

A prestação característica, associada à residência habitual ou à sede do contraente que executa a prestação característica, foi a solução adoptada[564]. A concepção de prestação característica, conforme é afirmado no Relatório M. Giuliano e P. Lagarde, prende-se com a ideia da função que

---

elemento que Savigny primacialmente preconizava para determinar qual a lei aplicável – e qual a sede da relação contratual – que, no entanto, encontrou alguma resistência por parte da jurisprudência; RUI MANUEL MOURA RAMOS, *Da lei aplicável...*, cit., pág. 528; MATHIAS REIMANN, "Savigny's Triumph?...", cit., pág. 595 ss.; vide também ANTÓNIO MARQUES DOS SANTOS, *As normas de aplicação imediata...*, vol. I, cit., pág. 447 e notas 1447-1448, a propósito da jurisprudência suíça, antes do acórdão Chevalley, do Tribunal Federal suíço, de 12 de Fevereiro de 1952.

[561] ISABEL DE MAGALHÃES COLLAÇO, *Da compra e venda...*, cit., pág. 221; FAUSTO POCAR, "La protection de la partie faible", cit., pág. 387; ANTÓNIO MARQUES DOS SANTOS, *loc. cit.* na nota anterior; EUGÉNIA GALVÃO TELES, "A prestação característica...", cit., pág. 87.

[562] ISABEL DE MAGALHÃES COLLAÇO, *Da compra e venda...*, cit., pág. 221.

[563] FAUSTO POCAR, "La protection de la partie faible", cit., pág. 388 ss.

[564] Sobre a doutrina, designadamente de Adolf Schnitzer, e a jurisprudência suíça, pioneiras nesta matéria, vide ADOLF F. SCHNITZER, "Les contrats internationaux en droit international privé suisse", *RCADI*, tomo 123, 1968-I, pág. 541-636, pág. 541 ss.; PAUL LAGARDE "Le principe de proximité...", cit., pág. 41 ss.; JACQUES FOYER, "Entrée en vigueur de la Convention de Rome...", cit., pág. 608; RUI MANUEL MOURA RAMOS, *Da lei aplicável...*, cit., pág. 549 ss.; ANTÓNIO MARQUES DOS SANTOS, *As normas de aplicação imediata...*, vol. I, cit., págs. 413-414 e notas 1341-1342, bem como pág. 451 e nota 1449; MARIA HELENA BRITO, "Os contratos bancários...", cit., pág. 97 ss.; EUGÉNIA GALVÃO TELES, "A prestação característica...", cit., pág. 75 ss.; LUÍS DE LIMA PINHEIRO, *Joint Venture*, cit., pág. 854.

a relação jurídica em que se integra tem na vida económica e social do país[565] e permite, portanto, ligar o contrato com o meio económico e social onde se insere, não sendo necessário determinar o(s) lugar(es) da execução ou de celebração do contrato, evitando-se assim as dificuldades de qualificação que esta operação implicaria[566].

A prestação característica foi, por conseguinte, a solução que se impôs, quer em razão da sua simplicidade, quer por motivos socio-económicos, já que, conforme sublinha Fausto Pocar, na economia monetária moderna, uma das prestações contratuais consiste no pagamento de uma determinada quantia em dinheiro que em nada se distingue de outras prestações monetárias similares cumpridas em outros contratos ainda que sejam de tipo diferente[567]. Ora, sendo a outra prestação não monetária a que permite distinguir os contratos entre si e exprimir a sua função económica, tem-se entendido que poderá ser com referência a esta prestação, a que caracteriza o contrato, que se determinará qual a lei que lhe será aplicável[568-569].

---

[565] Alguns autores como OLE LANDO têm, no entanto, considerado que a referência a uma base socio-económica é vaga e que a prestação monetária não é desprovida de importância económica: citado por FAUSTO POCAR, "La protection de la partie faible", cit., pág. 390; RUI MANUEL MOURA RAMOS, Da lei aplicável..., cit., pág. 561; EUGÉNIA GALVÃO TELES, A protecção dos consumidores..., cit., pág. 341 ss.

[566] FAUSTO POCAR, "La protection de la partie faible", cit., pág. 390; RUI MANUEL MOURA RAMOS, Da lei aplicável..., cit., pág. 548 ss.; MARIO GIULIANO e PAUL LAGARDE, Relatório relativo à Convenção..., cit., pág. 19; EUGÉNIA GALVÃO TELES, A protecção dos consumidores..., cit., pág. 326 ss.; LUÍS DE LIMA PINHEIRO, Joint Venture, cit., pág. 854.

[567] FAUSTO POCAR, "La protection de la partie faible", cit., pág. 389.

[568] A determinação de qual seja a prestação característica não é tarefa linear, isenta de problemas. São variados os critérios possíveis utilizados na determinação de qual seja a prestação característica do contrato, definida por Eugénia Galvão Teles como "(...) a prestação que caracteriza o tipo ou a categoria contratual em questão". A complexidade do tema e a consequente impossibilidade de o tratarmos aprofundadamente no âmbito deste trabalho, leva-nos a fazer especial menção do critério mais comum e divulgado, a saber, a prestação não pecuniária. Para uma visão mais aprofundada dos vários critérios de determinação da prestação característica, designadamente o da prestação que se realiza contra pagamento ou retribuição e o da prestação profissional, vide EUGÉNIA GALVÃO TELES, "A prestação característica...", cit., pág. 107 ss.; da mesma autora, A protecção dos consumidores..., cit., pág. 328 ss.

[569] FAUSTO POCAR, "La protection de la partie faible", cit., pág. 388 ss. A determinação da prestação característica, associada a um elemento territorial, encontra-se, aliás, na base de soluções adoptadas por diversos textos legislativos e convencionais relativamente recentes, como a Convenção de Roma, a Convenção da Haia de 1955 sobre a

II. A determinação de qual seja a prestação característica não apresenta, portanto, especial dificuldade em contratos unilaterais ou mesmo em contratos sinalagmáticos pelos quais os contraentes se vinculam mutuamente a prestações recíprocas pelas quais se trocam bens ou serviços por dinheiro: a prestação característica presume-se ser, nestes casos, aquela que é prestada como contrapartida do pagamento, ou seja, a prestação em espécie[570].

Nos contratos celebrados através da Internet, as prestações características também tenderão a coincidir com aquelas que são prestadas em troca de pagamento, ainda que se trate de dinheiro digital: a entrega de bens, digitais ou não, a prestação de serviços, a prestação de informações, a atribuição de licenças, etc.[571]. Em suma, a utilização da Internet não

---

Lei Aplicável a Vendas Internacionais de Objectos Móveis Corpóreos: aí se prevê que, na ausência de escolha pelas partes, a conexão principal do contrato é a existente com a residência habitual do vendedor – que é quem tende a executar a prestação característica; no art. 8.º, n.º 1, da Convenção da Haia de 1986 sobre a Lei Aplicável aos Contratos de Venda Internacional de Mercadorias, consagra-se como competente a lei do domicílio do vendedor considerado como devedor da prestação característica; a Lei suíça de Direito Internacional Privado prevê, no seu art. 117, que, na falta de escolha da lei aplicável ao contrato, o contrato deverá ser regido pelo direito do Estado com o qual o contrato apresenta a ligação mais estreita, sendo que se presume que esta se verifica com o Estado onde a parte que fornece a prestação característica tem a sua residência habitual ou estabelecimento. A Lei suíça apresenta ainda, no art. 117, n.º 3, uma enumeração exemplificativa de quais as prestações que devem ser consideradas características, opção que já não foi seguida na Convenção de Roma: RUI MANUEL MOURA RAMOS, *Da lei aplicável...*, cit., pág. 553 ss.

[570] ISABEL DE MAGALHÃES COLLAÇO, *Da compra e venda...*, cit., pág. 221; A. FERRER CORREIA, "Algumas considerações acerca da Convenção de Roma...", cit., pág. 366; PAUL LAGARDE, "Le nouveau droit international privé...", cit., pág. 307 ss.; RUI MANUEL MOURA RAMOS, *Da lei aplicável...*, cit., pág. 563; MARIO GIULIANO e PAUL LAGARDE, *Relatório relativo à Convenção...*, cit., pág. 19; EUGÉNIA GALVÃO TELES, "A prestação característica...", cit., pág. 160 ss.; TANGUY VAN OVERSTRAETEN, "Droit applicable et juridiction...", cit., pág. 388; MARIA HELENA BRITO, "Os contratos bancários...", cit., pág. 99; LUÍS DE LIMA PINHEIRO, *Joint Venture*, cit., pág. 854; LUÍS DE LIMA PINHEIRO, *Direito Internacional Privado*, cit., pág. 183; PETER MANKOWSKI, "Internet im Internationalen Vertrags...", cit., pág. 220; no art. 117, n.º 3, al. a), da Lei suíça de DIP, esclarece-se que, nos contratos de alienação, a prestação característica é a do alienante.

[571] CLIVE GRINGRAS, *The Laws of the Internet*, cit., pág. 52; PETER MANKOWSKI, "Internet im Internationalen Vertrags...", cit., pág. 221; THOMAS STÄHELI, "Kollisionsrecht auf dem Information Highway", in *Information Highway*, org. R. M. Hilty, n.º 3, Stämpfli Verlag/C.H.Beck, Berna/Munique, 1996, pág. 597-623, pág. 618 ss., acrescenta ainda que, no caso, por exemplo, do contrato celebrado entre o utilizador e o *servidor*, é a prestação deste que é considerada a prestação característica.

altera aquilo que se considera ser a prestação que traduz a função social e económica do contrato e, neste sentido, não apresenta especiais particularidades.

Verifica-se, no entanto, que há uma tendência para aumentar o número de contratos em que ambas as partes efectuam prestações características ou em que tal determinação é duvidosa. Atente-se, por exemplo, no caso de experiências científicas em que há troca de informações entre as partes, o que é incrivelmente facilitado pela utilização da Internet como meio de transporte dos dados e mesmo para a respectiva elaboração e o eventual tratamento conjunto.

No caso de se não poder determinar qual a prestação característica, procura-se averiguar, nos termos do art. 4.º, n.º 5, qual seja a conexão mais estreita sem se aplicar as presunções previstas no art. 4.º[572]. Aliás, ainda que a prestação característica seja determinável, a lei a aplicar ao contrato poderá não coincidir com a lei da residência habitual ou do estabelecimento do devedor da prestação característica, se "(...) resultar do conjunto das circunstâncias que o contrato apresenta uma conexão mais estreita com outro país", o que denota, nesta Convenção, a regência do princípio da conexão mais estreita[573], ainda que em possível detrimento da previsibilidade e certeza na aplicação da lei.

Daí resulta que o facto de, em alguns contratos celebrados através da Internet, o intérprete deparar com uma dificuldade, ou impossibilidade, em distinguir qual é a prestação característica, não seja exactamente uma novidade no domínio dos contratos negociados e celebrados por via de meios de comunicação tradicionais, nem sequer seja uma situação que revele uma lacuna na Convenção. O recurso ao conceito de prestação característica, por sua vez associada a um elemento geográfico, é apenas

---

[572] OLE LANDO, "The EEC Convention...", cit., pág. 197; A. FERRER CORREIA, "Algumas considerações acerca da Convenção de Roma...", cit., pág. 366; HERBERT KRONKE, "Applicable Law...", cit., pág. 75; TANGUY VAN OVERSTRAETEN, "Droit applicable et juridiction...", cit., pág. 388.

[573] Art. 4.º, n.º 5. Aliás MARIO GIULIANO e PAUL LAGARDE esclarecem que as presunções previstas nos n.os 2 a 4 do art. 4.º "(...) são meras presunções simples", deixando ao juiz uma certa margem de manobra na apreciação do caso concreto. Acrescentam que esta "margem de apreciação" é afinal a contrapartida pela adopção de uma norma de conflitos aplicável a quase todos os tipos de contrato (*Relatório relativo à Convenção...*, cit., pág. 21); *vide* ainda OLE LANDO, "The EEC Convention...", cit., pág. 200 ss.; A. FERRER CORREIA, "Algumas considerações acerca da Convenção de Roma...", cit., pág. 366; LUÍS DE LIMA PINHEIRO, *Joint Venture*, cit., pág. 855.

um critério possível para a determinação da lei que apresenta uma conexão mais estreita com o contrato em análise. Isto não significa que, na impossibilidade de se determinar qual ela seja, se ponha em xeque a designação da lei que deverá ser aplicada ao contrato, pois o objectivo e critério são os mesmos: determinar qual seja a lei que apresenta a conexão mais estreita com o contrato.

O recurso à Internet, para a celebração de contratos, não significa, portanto, necessariamente uma inadequação da aplicação do art. 4.º da Convenção de Roma, quer no que respeita à prestação característica, quer no que toca às presunções aí previstas, nem implica uma impossibilidade de se descortinar qual a lei que apresenta a conexão mais estreita com o contrato.

Enquanto a Internet for utilizada como simples meio de comunicação e os elementos de localização geográfica associados ao contrato mantiverem a sua existência física (por exemplo, residência habitual, administração central, estabelecimento principal), não se verificarão alterações especiais na aplicação do art. 4.º da Convenção de Roma.

III. No entanto, a utilização da Internet, para além de poder implicar uma maior complexidade nas trocas contratuais, com a consequente também maior dificuldade em identificar as prestações características, poderá pôr igualmente em causa os critérios geográficos a que se recorre nas presunções previstas no art. 4.º. Pensemos, por exemplo, que, em sede de Internet, poderá faltar um elemento essencial, a saber, a administração central ou o estabelecimento principal do devedor da prestação característica[574-575]. A Internet permite que uma pessoa possa construir o seu sítio,

---

[574] CLIVE GRINGRAS, *The Laws of the Internet*, cit., pág. 52; KURT SIEHR, "Telemarketing und Internationales Recht des Verbraucherschutzes", *Jahrbuch des Schweizerischen Konsumentenrechts/ Annuaire de droit suisse de la consammation*, Stämpfli Verlag AG, Berna, 1998, pág. 151-201, pág. 173; DIETER MARTINY, "Europäisches Internationales Vertragsrecht", cit., pág. 259.

[575] No considerando 19 da Directiva sobre o comércio electrónico, estabelece-se que a determinação do local de estabelecimento do prestador se deverá fazer em conformidade com a jurisprudência do Tribunal de Justiça, acrescentando, no entanto que, "[o] local de estabelecimento, quando se trate de sociedade prestadora de serviços através de um sítio Internet, não é o local onde se encontra a tecnologia de apoio a esse sítio ou o local em que este é acessível, mas sim o local em que essa sociedade desenvolve a sua actividade económica". Entendimento que se encontra em consonância com o art. 2.º, al. c), que define o conceito de «prestador de serviços estabelecido». *Vide* ainda, sobre este tema, PAOLA LEOCANI, "La direttiva UE...", cit., pág. 633.

onde coloca bens e/ou serviços à disposição de quem os queira adquirir, sem que tenha necessariamente uma administração central ou um estabelecimento principal fixado num determinado local físico. A possibilidade de trabalhar em rede permite que pessoas, geograficamente situadas em países diferentes, controlem e façam a gestão do sítio e dos negócios a ele inerentes, sem que se possa falar de uma verdadeira administração central ou de um estabelecimento principal. Ou, ainda que este efectivamente exista, a sua determinação, eventualmente por interesse dos próprios fornecedores, nem sempre é possível de identificar. Do mesmo modo, se se vier a verificar que a prestação característica é executada pelo co-contraente do fornecedor, e que a sua localização deverá ser encontrada em função da sua residência habitual, a questão poderá assumir contornos semelhantes – o devedor da prestação característica não tem ou não informa ou informa erroneamente da concretização desse lugar. Nestes casos, já as presunções propostas pelo art. 4.º se poderão revelar insatisfatórias e, face à imprevisibilidade e à incerteza que a concretização da "conexão mais estreita" pode implicar – designadamente nos contratos celebrados através da Internet, em que a pulverização geográfica de elementos relacionados com o contrato dificulta a determinação de qual seja a lei que se encontra mais próxima da situação a regular, e a novidade ainda grande da utilização da Internet dificulta a fixação de orientações doutrinárias ou jurisprudenciais –, alguns autores têm defendido que, nos contratos celebrados através da Internet deveria ser encorajada a *electio iuris*[576] como forma de garantir alguma segurança na designação da *lex contractus*.

IV. Não obstante a possível fluidez dos elementos geográficos associados aos contratos celebrados através da Internet, poderão ser feitas algumas tentativas com vista a estabelecer uma localização. Elementos como a proximidade entre a lei aplicável e o contrato, bem como as expectativas das partes, poderão servir de orientação na determinação de eventuais critérios indicadores.

Uma das hipóteses possíveis de associar o devedor da prestação característica a um elemento geográfico, concretamente a um país, com base nos elementos que são sempre facultados pelo prestador, consiste em atender justamente ao endereço do sítio ou do correio electrónico do fornecedor. Ou seja, para aceder a um qualquer sítio na Internet é necessário introduzir um determinado endereço ou, ainda que o *ciber-*

---

[576] HERBERT KRONKE, "Applicable Law...", cit., pág. 75; MICHAEL CHISSICK e ALISTAIR KELMAN, *Electronic Commerce*, cit., pág. 118.

nauta aceda inopinadamente a tal sítio, tem sempre a indicação do endereço respectivo. Ora, na terminação desse endereço surgem letras que tendem a ser associadas com um determinado país: ex. http://www.xyz.pt conecta o fornecedor com um *servidor* de Portugal, assim como http://www.xyz.es se relaciona com um *servidor* de Espanha. Nos casos em que a única conexão do fornecedor com um determinado país fosse dada pelo endereço, poderia associar-se a sua administração ou estabelecimento, para efeitos do art. 4.º, n.º 2, da Convenção de Roma, com o país com o qual a terminação surge conectada. Esta orientação viria responder às expectativas das partes que, sabedoras apenas do endereço da parte contrária, a associam ao único elemento geográfico que lhes é facultado, situação ainda mais flagrante nos casos em que toda a vida do contrato ocorre através de via digital, desde a sua formação até à sua execução. Assim, a lei aplicável ao contrato seria a lei do país do *servidor* da parte devedora da prestação característica[577].

No entanto, este possível critério revela-se frágil e até com algumas dificuldades de concretização. Por um lado, nem todos os endereços têm uma terminação que os relacione com um determinado país: pensemos, *v.g.*, nos endereços terminados em "com.". Por outro lado, poderá dar-se o caso de o sítio do fornecedor ter um endereço que termine, *v.g.*, em "pt." (indiciador de uma conexão com Portugal), e indicar depois um endereço de correio electrónico que termine, *v.g.*, em "de." (indiciador de uma conexão com a Alemanha), ou seja, numa mesma situação, poderão verificar-se diversas possibilidades de conexões geográficas com vários países, sem que um deva prevalecer sobre o outro, ou, pelo menos, sem que seja possível determinar *a priori* qual a conexão que deverá prevalecer.

Acresce ainda que a adopção de um endereço com uma determinada terminação significa apenas que foi celebrado um protoloco de acesso com o *servidor* relacionado com um certo país, o que não traduz necessariamente que a sua actividade se desenrole nesse país, ou que ele aí tenha a sua administração ou o seu estabelecimento principal. Aliás, conectar o contrato com um determinado país, em função do seu endereço, pode conduzir a que as partes realizem protocolos de acesso com os *servidores* de países cuja legislação lhes oferece maiores vantagens, ainda que, de

---

[577] Neste sentido, *vide* THIERRY PIETTE-COUDOL e ANDRÉ BERTRAND, *Internet et la loi*, cit., pág. 59, que acrescentam, no entanto, no caso de uma parte ter o seu sítio Internet, onde propõe a compra de bens ou serviços, situado no país A, mas executar o contrato no país B, que, em princípio, será aplicável a lei do país B, que será a lei do centro de gravidade do contrato. Mas se a oferta for feita e executada no mesmo país do seu *servidor*, então será a lei deste mesmo país a lei aplicável.

facto, nenhum contacto real exista entre a parte e o país cujo *servidor* o acolheu.

Neste sentido, em sede de Internet, poderá entender-se que, nos termos do art. 4.º, n.º 2, da Convenção de Roma, ainda que seja o fornecedor quem presta a prestação característica, a lei do país do *servidor* por onde o fornecedor acede à Internet não será aplicável, se esta for a única ligação do fornecedor a esse país. Uma tal interpretação conferiria ao vendedor a possibilidade de escolha entre foro do país onde se situa a sua administração central e o foro do país do *servidor*, conforme o que lhe fosse mais conveniente[578].

No entanto, admite-se que se, atentas as circunstâncias, se verificar que é com a lei do país do *servidor* que o contrato apresenta, de facto, a conexão mais estreita, será a lei desse país a lei aplicável, interpretação que é, aliás, consonante com o disposto no art. 4.º, n.º 5, da Convenção de Roma[579]. Do mesmo modo que, se esse for o único elemento que permita uma conexão geográfica do contrato e corresponda à expectativa das partes, também se poderá ponderar a aplicação dessa lei. Aliás, esta disposição permite que os órgãos de aplicação do direito dos diversos países procurem encontrar qual é a lei que apresenta a conexão mais estreita com o contrato em análise, atendendo às especificidades próprias que a utilização da Internet poderá implicar, considerando, sempre que possível, os elementos geográficos que seja possível fixar, as expectativas das partes e naturalmente o centro de gravidade da própria situação jurídica. Nos contratos celebrados através da Internet, tal como nos outros, a conexão mais estreita com uma determinada lei pode não ser encontrada através de um único elemento de conexão, mas resultar antes da ponderação e da conjugação de todas as conexões existentes com um certo Estado[580].

1.4.1.3.1.1. A adequação do critério da prestação característica nos contratos celebrados com consumidores

I. Quer em relação aos contratos celebrados através da Internet, quer em relação aos contratos celebrados por meios mais tradicionais, a aplicação da lei da residência habitual ou da administração central da parte

---

[578] CLIVE GRINGRAS, *The Laws of the Internet*, cit., pág. 52; MICHAEL CHISSICK e ALISTAIR KELMAN, *Electronic Commerce*, cit., pág. 117.

[579] Em sentido semelhante, embora com referência ao art. 28 EGBGB, *vide* JOSEF MEHRINGS, "Internet-Verträge...", cit., pág. 617; ARTHUR WALDENBERGER, "Grenzen des Verbraucherschutzes beim Abschluss von Verträgen im Internet", *BB*, 46/1996, pág. 2365-2371, pág. 2371.

[580] WILHELM WENGLER, "L'évolution moderne...", cit., pág. 663 ss.

que fornece a prestação característica não se apresenta como a opção mais favorável para o consumidor[581]. Dado que a prestação característica tende a ser aquela que é feita em troca de uma remuneração monetária, a lei aplicável ao contrato será a do país onde o fornecedor tem a sua administração central e não a do país do cliente, da parte mais débil[582]. Aliás, no que respeita aos contratos celebrados através da Internet, são frequentemente utilizados os chamados contratos de adesão já que, face ao universo potencial dos clientes, as contratações são celebradas em massa. Rui Manuel Moura Ramos sublinha que, nos contratos de adesão, as cláusulas contratuais gerais do proponente tendem a assumir um carácter mais significativo na ponderação entre as prestações contratuais em causa, verificando-se assim, uma vez mais, que a prestação característica tenderá a ser efectuada pelo contraente mais forte[583].

A regra e a presunção prevista no art. 4.º, n.ºs 1 e 2, da Convenção de Roma permitem assegurar, à parte que executa a prestação característica no exercício da sua actividade económica ou profissional, que a sua lei será sempre aplicada aos diversos contratos que venha a celebrar, independentemente da localização dos seus clientes. Ou seja, para além de ver aplicada a lei com que está mais familiarizado, o fornecedor tem ainda a vantagem de assegurar uma regulamentação uniforme dos numerosos contratos que poderá celebrar[584].

A Convenção de Roma, ao presumir que o contrato apresenta a conexão mais estreita com a lei do país da residência habitual – ou da administração ou do estabelecimento principal – do devedor da prestação característica, dará portanto, em princípio, vantagem ao vendedor, em detrimento do consumidor, que vê afastada a aplicação da "sua" lei, o que parece estar em contradição com a procura de uma conexão que garanta a protecção do contraente mais débil[585].

---

[581] FAUSTO POCAR, "La protection de la partie faible", cit., pág. 390.

[582] NORBERT REICH, "Protection of Consumers'...", cit., pág. 42; DIETER MARTINY, "Europäisches Internationales Vertragsrecht", cit., pág. 256.

[583] RUI MANUEL MOURA RAMOS, Da lei aplicável..., cit., pág. 562; EUGÉNIA GALVÃO TELES, A protecção dos consumidores..., cit., pág. 338.

[584] ISABEL DE MAGALHÃES COLLAÇO, Da compra e venda..., cit., pág. 222; OLE LANDO, "The EEC Convention...", cit., pág. 202; PAUL LAGARDE, "Le nouveau droit international privé...", cit., pág. 308; MARIA HELENA BRITO, "Os contratos bancários...", cit., pág. 100; EUGÉNIA GALVÃO TELES, A protecção dos consumidores..., cit., pág. 336; LUÍS DE LIMA PINHEIRO, Joint Venture, cit., pág. 855.

[585] FAUSTO POCAR, "La protection de la partie faible", cit., pág. 391 e autores aí citados; RUI MANUEL MOURA RAMOS, Da lei aplicável..., cit., pág. 562; FRÉDÉRIC LECLERC,

A aplicação da lei do fornecedor, pelo funcionamento da presunção do art. 4.º, n.º 2, não é, no entanto, absolutamente imperativa. Conforme já acima referimos, o art. 4.º, n.º 5, da Convenção de Roma, permite ao juiz que decidir a causa aplicar outra lei, se se vier a verificar que é com essa outra lei que o contrato apresenta uma conexão mais estreita. Com efeito, a amplitude da norma de conflitos prevista no art. 4.º e das presunções que a concretizam, designadamente no que respeita à prestação característica, e que são aplicáveis a uma generalidade de contratos[586] – os que não são excluídos do seu âmbito de aplicação e alguns contratos de consumo e de trabalho –, impunha a adopção de uma norma que permitisse ao juiz afastar as presunções indicadas na Convenção, se entendesse que o contrato apresenta uma conexão mais estreita com outro país – afinal a regra base por que se pauta o legislador convencional[587]. Neste sentido, o juiz poderá aplicar uma lei que se revele estar mais próxima do contrato e ser, eventualmente mais favorável ao consumidor, mas a função do juiz, de acordo com o que vem previsto na Convenção de Roma, não é procurar, nos termos do art. 4.º, a lei mais vantajosa para o consumidor, mas sim a lei mais próxima da situação – embora possam, casualmente, vir a ser coincidentes – e socorrer-se, sempre que possível, das presunções que aí se encontram. E as presunções que encontramos, designadamente a que se refere à aplicação da lei da sede ou do estabelecimento do devedor da prestação característica, não é, *in abstracto,* a mais favorável ao consumidor[588].

La protection de la partie faible..., cit., pág. 173; EUGÉNIA GALVÃO TELES, *A protecção dos consumidores...*, cit., pág. 338; MICHAEL CHISSICK e ALISTAIR KELMAN, *Electronic Commerce*, cit., pág. 117; MARKUS KÖHLER e HANS-WOLFGANG ARNDT, *Recht des Internet*, cit., pág. 111.

[586] Cumpre aqui fazer uma referência às orientações que se vêm cimentando no sentido de uma especialização das normas de conflitos e respectivas conexões individualizadoras em função de cada tipo de contrato: *vide* ISABEL DE MAGALHÃES COLLAÇO, *Da compra e venda...*, cit., pág. 213 ss.; RUI MANUEL MOURA RAMOS, *Da lei aplicável...*, cit., págs. 374, 545; ANTÓNIO MARQUES DOS SANTOS, *As normas de aplicação imediata...*, vol. I, cit., pág. 480: "(...) apertar a malha da rede do sistema conflitual (...)"; EUGÉNIA GALVÃO TELES, *A protecção dos consumidores...*, cit., pág. 322; LUÍS DE LIMA PINHEIRO, *Joint Venture*, cit., pág. 856.

[587] MARIO GIULIANO e PAUL LAGARDE, *Relatório relativo à Convenção...*, cit., pág. 20 ss.

[588] Cabe aqui referir as orientações que procuram determinar qual seja a prestação característica não apenas analisando o tipo contratual, mas também atendendo a elementos como o desequilíbrio de poder contratual entre as partes contraentes. Consideram então que, *v.g.*, nos contratos de consumo, a prestação característica é aquela que é devida

Aliás, esta regra visa localizar o contrato, e ponderando concretamente a sua função, no ordenamento jurídico onde se insere económica e socialmente, e não proteger o consumidor.

A tendência para a aplicação da lei do fornecedor[589], que é uma lei com a qual o consumidor, *a priori*, se não encontra familiarizado – ainda que o seu regime se possa vir a revelar mais favorável do que o de outra lei com que estivesse mais familiarizado, *v.g.*, a lei da sua residência habitual –, revela que, embora essa possa ser a conexão que conduz à aplicação da lei com que o contrato apresenta a conexão mais estreita, nem por isso será forçosamente a conexão que permite a aplicação da lei mais adequada. Nomeadamente, e no que respeita aos contratos de consumo, a aplicação da lei mais estreitamente conexa com a situação poderá não conduzir à concretização dos interesses materiais subjacentes que o legislador visa prosseguir. E, conforme já acima referimos, o movimento de protecção dos consumidores não se desenrola apenas no âmbito do direito material interno, mas também no âmbito do Direito Internacional Privado, pelo que, também no processo de designação da lei aplicável, deverá ser ponderado o desequilíbrio do poder negocial entre as partes contratantes.

Ora, a conexão prevista no art. 4.º, e mais concretamente a presunção da prestação característica e a aplicação da lei do estabelecimento ou da sede do prestador característico, visa conduzir o intérprete à aplicação da lei mais próxima da situação, à aplicação da lei em cujo ordenamento esta tem a sua sede – na terminologia de Savigny – ou o seu centro de gravidade – segundo Gierke –, ponderando-se aqui a melhor localização da

---

pelo contraente mais débil, por ser essa a prestação que justifica a intervenção do consumidor. No entanto, reconhece-se que, nos termos da Convenção de Roma, esta interpretação não encontra enquadramento legal. Para uma análise e apreciação crítica a esta tese de F. Vischer, *vide* EUGÉNIA GALVÃO TELES, *A protecção dos consumidores...*, cit., pág. 347 ss., que sublinha, designadamente, que a prestação característica está associada à função do contrato e consequentemente à sua tipicidade. Como o contrato de consumo não apresenta qualquer especificidade típica – a sua particularidade reside apenas no facto de as partes serem detentoras de poderes negociais desiguais –, estaríamos perante uma manipulação da regra da prestação característica.

[589] EUGÉNIA GALVÃO TELES, *A protecção dos consumidores...*, cit., pág. 342, fala de um "(...) preconceito a favor das actividades de produção e comercialização (...)", ao afastar-se da noção de prestação característica a "actividade social e economicamente útil" desenvolvida pela parte passiva; em sentido semelhante, OLE LANDO, citado por FAUSTO POCAR, "La protection de la partie faible", cit., pág. 390.

situação[590]. Mas a procura da lei que está mais estreitamente conexa com o contrato a regular, por via de uma norma de conflitos neutra, de funcionamente mecânico, tenderá a não ponderar, na sua actuação concreta, considerações de justiça e de política social[591].

E a verdade é que o princípio da proximidade não é o único princípio por que se deva pautar a elaboração das normas de conflitos. No que mais directamente nos diz respeito, as preocupações sociais, designadamente em relação aos consumidores, vêm assumindo foros de crescente importância. Temos assim que o princípio respeitante à finalidade material dada a certas regras de conflitos surge já como um dos princípios concorrentes ao princípio da proximidade[592].

Mas a prossecução de objectivos de justiça material em sede de DIP – em matéria de protecção do consumidor – que conduza à aplicação tendencial da lei mais adequada à protecção do consumidor, não implica, necessariamente, um afastamento das normas de conflitos; pelo menos parece ter sido este o entendimento do legislador da Convenção de Roma. A solução poderá então passar pela adopção de normas de conflitos ou de mecanismos que permitam contornar alguma rigidez ou inflexibilidade das normas de

---

[590] Vide ISABEL DE MAGALHÃES COLLAÇO, *Direito Internacional Privado*, vol. I., Lições proferidas pela Exma. Senhora Doutora D. Isabel de Magalhães Collaço ao 5.º ano jurídico 1958-1959, Associação Académica da Faculdade de Direito, Lisboa, 1958, pág. 261 ss.; RUI MANUEL MOURA RAMOS, *Da lei aplicável...*, cit., pág. 364; ANTÓNIO MARQUES DOS SANTOS, *As normas de aplicação imediata...*, vol. I, cit., págs. 475-476; MARIA HELENA BRITO, "Os contratos bancários...", cit., pág. 99; LUÍS DE LIMA PINHEIRO, *Joint Venture*, cit., págs. 849, 853; A. FERRER CORREIA, *Lições de Direito Internacional Privado*, cit., pág. 116 ss. A noção de conexão mais estreita em que se baseia a Convenção de Roma tem claras inspirações na sede da relação contratual segundo a doutrina desenvolvida por Savigny, embora tenha, naturalmente, recebido outras influências designadamente as fórmulas de *proper law* desenvolvidas no sistema inglês e a *most significant relationship* americana: vide ANTÓNIO MARQUES DOS SANTOS, *ibidem;* MATHIAS REIMANN, "Savigny's Triumph?...", cit., pág. 597; MARIA HELENA BRITO, *A representação nos contratos internacionais, Um contributo para o estudo do princípio da coerência em direito internacional privado*, Almedina, Coimbra, 1999, pág. 64.

[591] Vide referências à doutrina D. Cavers, o qual critica as regras de conflitos tradicionais que determinam *a priori* a lei aplicável à situação a regular sem ter em consideração as particularidades do caso concreto: RUI MANUEL MOURA RAMOS, *Da lei aplicável...*, cit., pág. 364 ss.; EDOARDO VITTA, "Cours général de droit international privé", *RCADI*, tomo 162, 1978-I, pág. 657-674, págs. 163, 170 ss.; ANTÓNIO MARQUES DOS SANTOS, *Direito Internacional Privado, Sumários*, cit., pág. 15, e sobretudo, do mesmo autor, *As normas de aplicação imediata...*, vol. I, cit., pág. 570-597.

[592] PAUL LAGARDE, "Le principe de proximité...", cit., págs. 49, 56 ss.

designação da lei aplicável, em que sejam ponderadas as especificidades das situações a regular, designadamente através da especialização dos elementos de conexão[593]. No caso dos contratos celebrados com consumidores, a especificidade poderá centrar-se no elemento fulcral que os distingue dos outros contratos: o desequilíbrio do poder negocial entre as partes.

Estas considerações não significam que o princípio da proximidade seja absolutamente afastado. Conforme sublinha P. Lagarde, as normas de conflitos que têm uma finalidade material são dotadas de uma natureza composta de um elemento material e de um elemento conflitual. Este elemento conflitual assume importância suficiente na economia da norma, podendo então fazer actuar o princípio da proximidade, embora sempre em conjugação íntima com a sua finalidade material[594].

II. A Convenção de Roma não ficou indiferente às preocupações de direito material que se têm reflectido no DIP contemporâneo e reconhece a ausência de protecção do contraente mais débil proporcionada pela aplicação das normas de conflitos gerais aí previstas, designadamente dos princípios da autonomia da vontade e da conexão mais estreita, sendo esta concretizada através das presunções indicadas no art. 4.º, de entre as quais temos aqui destacado o critério da prestação característica.

É assim que na Convenção de Roma se prevê que, uma vez preenchidas as circunstâncias previstas no art. 5.º do mesmo texto – que pressupõem alguma iniciativa do fornecedor no contacto com o consumidor conducente à celebração do contrato –, o consumidor não deverá ser privado das disposições imperativas da lei do país em que tenha a sua residência habitual. Ou, no caso de não ter havido qualquer lei escolhida, a lei aplicável será também a da residência habitual do consumidor, lei cuja aplicação se tem presumido, *a priori*, ser mais favorável ao contraente débil do que a do seu co-contraente[595].

---

[593] RUI MANUEL MOURA RAMOS, *Da lei aplicável...*, cit., pág. 374.

[594] PAUL LAGARDE, "Le principe de proximité...", cit., pág. 56.

[595] Em sentido semelhante, prevê-se também no art. 120 da Lei suíça de DIP que os contratos celebrados com os consumidores serão regidos pela lei da residência habitual destes, com a condição de serem enquadráveis numa das três situações aí previstas – similares às previstas no art. 5.º da Convenção de Roma –, a saber: "a. Si le fournisseur a reçu la commande dans cet Etat; b. Si la conclusion du contrat a été précédée dans cet Etat d'une offre ou d'une publicité et que le consommateur y a accompli les actes nécessaires à la conclusion du contrat, ou; c. Si le consommateur a été incité par son fournisseur à se rendre dans un Etat étranger aux fins d'y passer la commande".

Esta disposição, como adiante teremos oportunidade de melhor analisar, pressupõe, como condição de aplicação, um comportamento passivo do consumidor e uma actividade desenvolvida pelo fornecedor no país da residência habitual daquele. É essa entrada do fornecedor no país do consumidor, onde este é afinal incentivado a comprar, que vem justificar a protecção especial que se visa conferir no art. 5.º através da aplicação das disposições imperativas da lei do país da residência habitual do consumidor, parte considerada mais frágil na relação contratual, e o afastamento das regras gerais aplicáveis aos outros contratos que não os celebrados com os consumidores.

No entanto, para além da inspiração material subjacente à elaboração desta norma, podemos ainda encontrar, complementarmente, uma relação com o princípio da proximidade. Os pressupostos de aplicação do art. 5.º, indicados no seu n.º 2 – a precedência, em relação à celebração do contrato, de uma proposta ou de um anúncio publicitário dirigido ao consumidor, a execução dos actos necessários à celebração do contrato no país da residência habitual do consumidor, a recepção do pedido do consumidor neste país – são elementos que podem fazer mover a localização do contrato, o seu centro de gravidade para o país da residência habitual do comprador[596]. Sintomático da influência do princípio da proximidade no art. 5.º é ainda a excepção ao seu âmbito de aplicação prevista no seu n.º 4, al. b)[597], referente aos contratos de prestação de serviços que devam ser exclusivamente prestados num país que não seja o da residência habitual do consumidor. Neste caso, M. Giuliano e P. Lagarde esclarecem que se entendeu que "(...) o contrato apresenta uma conexão mais estreita com o Estado onde reside a outra parte contratante, mesmo que tenha efectuado um dos actos descritos no n.º 2 (por exemplo, publicidade) no Estado da residência do consumidor"[598]. Isto é, a adopção desta norma, com um teor

---

[596] "The centre of gravity may, however, be moved to the buyer's country. Some sellers seek out their customers; they go to their country to negotiate and conclude the contract; or they make the goods they sell in conformity with the special legal and cultural requirements of the buyer's country and keep a stock there from where the goods are delivered": OLE LANDO, "The EEC Convention...", cit., pág. 201 ss.

[597] A excepção prevista no n.º 4, al. a), relativa aos contratos de transporte, é também consagrada por se ter entendido que "(...) as medidas de protecção do n.º 5.º não [eram] adequadas para reger os contratos deste tipo": MARIO GIULIANO e PAUL LAGARDE, *Relatório relativo à Convenção...*, cit., pág. 22.

[598] MARIO GIULIANO e PAUL LAGARDE, *Relatório relativo à Convenção...*, cit., pág. 22.

material que visa a protecção do consumidor, não encontra o seu único, ou talvez mais importante fundamento, na justiça social que se pretende realizar, mas apresenta também um pendor mais formal, tendente à concretização do princípio da proximidade.

A questão que imediatamente se coloca é a de saber qual é o motivo da elaboração daquela norma, já que se assemelha que pelo funcionamento do princípio da proximidade se chegava ao mesmo resultado. Com efeito, também num caso em que esteja em discussão um contrato celebrado entre profissionais (não consumidores), e verificando-se as situações previstas no art. 5.º, n.º 2, poderá acontecer que o juiz venha a aplicar ao contrato a lei do comprador, afastando as presunções do art. 4.º, n.º 2, e fundando a sua decisão no art. 4.º, n.º 5, que professa a aplicação da lei com que o contrato apresente uma conexão mais estreita. Ora, parece-nos que o legislador da Convenção terá pretendido garantir que, nos contratos celebrados com os consumidores e verificando-se os pressupostos previstos no art. 5.º, n.º 2, estes contraentes mais débeis não possam ser privados da aplicação da lei que abstractamente se considera mais protectora e também mais próxima. Nos contratos celebrados com não consumidores, a aplicação da lei do comprador fica ainda dependente do entendimento seguido pelo juiz.

Acresce ainda – e este sim será o aspecto em que a protecção do consumidor assume importância por si só – que a lei da residência habitual do consumidor se não aplica apenas no caso de as partes não terem escolhido a lei aplicável ao contrato, mas antes encontra também aplicação no caso de as partes terem escolhido essa lei. Assim, a maior protecção conferida aos consumidores – em comparação com os outros contraentes –, na Convenção de Roma, reside na aplicação de certas disposições imperativas da lei da residência habitual do consumidor, não obstante a designação da lei aplicável pela actuação da autonomia privada das partes, nos termos do art. 3.º, n.º 1, da Convenção de Roma.

1.4.1.4. *A lei da residência habitual do consumidor*

1.4.1.4.1. *Considerações gerais*

A procura de um elemento de conexão que corresponda às necessidades de protecção do contraente mais débil tende a conduzir-nos até ao ordenamento com que o consumidor está mais familiarizado, ou seja, o ambiente socio-jurídico em que ele se encontra inserido. Ora, a lei com que o consumidor está mais ambientado é, por norma, a da sua residência habitual: daí que seja este o elemento de conexão que tende a ser privilegiado quando se visa proteger o consumidor, em detrimento da residência habitual, da sede ou do estabelecimento da parte que executa a prestação característica. Assim, o consumidor tem a vantagem de ver aplicada uma lei com que habitualmente lida, e pode, portanto, prever com maior facilidade as consequências positivas e negativas da sua aplicação[599].

Não obstante as vantagens que podem resultar, para o consumidor, da aplicação, por princípio geral, da lei da sua residência habitual, ao invés da aplicação da lei com que o seu co-contratante se encontra mais familiarizado, não se pode negar, conforme adiante melhor analisaremos, que a aplicação daquela lei nem sempre garante a melhor protecção ao contraente mais débil[600].

1.4.1.4.2. *Identificação do contrato celebrado com o consumidor*

I. Apesar de a Convenção de Roma não ser um diploma especificamente vocacionado para a protecção dos consumidores e de o teor dos seus preceitos, em especial os arts. 3.º e 4.º, ser revelador desta orientação, prevêem-se, no seu art. 5.º, regras especiais, as quais, mediante o preenchimento dos pressupostos aí indicados, visam assegurar a aplicação de normas que se presume, *a priori*, serem mais favoráveis a estes contraentes com menor poder negocial.

As medidas legislativas protectoras dos consumidores, tomadas pelos Estados onde estes habitualmente residem, não têm qualquer eficácia prática no âmbito do comércio internacional se as partes escolherem a lei de um país estrangeiro como lei aplicável ao contrato, ou mesmo, na ausência de escolha, se for designada a lei do país onde a parte que presta a prestação característica tem a sua administração central, que, como já se referiu, tende a ser a lei do fornecedor. Para evitar que o consumidor fique desprotegido, e assegurar o nível mínimo de protecção que lhe é garantido pela lei com que, em princípio, está mais familiarizado e mais directamente terá zelado pelos seus direitos, estabelece-se, no art. 5.º da Convenção de Roma, que, se a situação concreta se enquadrar no âmbito previsto neste artigo, o consumidor "beneficiará" da protecção garantida pelas normas imperativas da lei da sua residência habitual, apesar de ter

---

[599] FAUSTO POCAR, "La protection de la partie faible", cit., pág. 392 ss.; RUI MANUEL MOURA RAMOS, *Da lei aplicável...*, cit., pág. 756.
[600] FAUSTO POCAR, "La protection de la partie faible", cit., pág. 392 ss.

sido escolhida, para reger o contrato, a lei de um outro país; no caso de não ter havido escolha, será aquela a lei aplicável. O art. 5.º afasta, nesta exacta medida, as normas de conflitos e as presunções indicadas nos arts. 3.º e 4.º da Convenção[601].

Assim, nos termos do n.º 1 do art. 5.º, é delimitado o seu âmbito de aplicação aos contratos que tenham por objecto o fornecimento de bens móveis corpóreos ou de serviços a consumidores, bem como aos contratos que se destinam ao financiamento desse fornecimento. São afastados os contratos de transporte e de prestação de serviços quando estes serviços devam ser prestados, exclusivamente, num país que não é o da sua residência habitual, excepto se o contrato estabelecer, por um preço global, prestações combinadas de transporte e alojamento, usualmente designadas *package tours* [602].

II. A delimitação do âmbito de aplicação desta regra, e especificamente o conceito de contrato de consumo – se é que neste artigo tal conceito é definido – é algo vaga, sendo efectuada fundamentalmente através da sua função negativa[603], designadamente pela caracterização da pessoa que adquire, enquanto a qualificação desta como consumidor ou não depende da finalidade dos bens ou serviços a fornecer. Entende-se por consumidor a pessoa que actua com uma finalidade estranha à sua actividade profissional. A definição negativa do contrato de consumo[604], por contraposição à definição positiva, permite aqui delimitar um âmbito de aplicação mais dilatado[605], propiciando ao órgão aplicador do direito maior flexiblidade.

---

[601] PAUL LAGARDE, "Le nouveau droit international privé...", cit., pág. 313 ss.

[602] Art. 5.º, n.ºs 4 e 5: *vide* MARIO GIULIANO e PAUL LAGARDE, *Relatório relativo à Convenção...*, cit., pág. 22 ss.; cf. também PAUL LAGARDE, "Le nouveau droit international privé...", cit., pág. 314 ss.; JACQUES FOYER, "Entrée en vigueur de la Convention de Rome...", cit., pág. 612.

[603] STAUDINGER/REINHART, pág. 487, anotação 15; KURT SIEHR, "Telemarketing und Internationales Recht...", cit., pág. 158, sublinha ainda que no texto convencional se adoptou uma orientação diferente da que é seguida no direito suíço, o qual dá uma definição positiva de contrato de consumo, considerando-se como tal o contrato cuja prestação se destina a um uso pessoal ou familiar do consumidor (art. 120, n.º 1, da Lei de DIP suíça). Sobre o direito suíço, *vide* ainda THOMAS STÄHELI, "Kollisionsrecht...", cit., pág. 616 ss.

[604] Anota-se aqui uma definição pela negativa semelhante à prevista no art. 13.º da Convenção de Bruxelas. PAUL LAGARDE, "Le nouveau droit international privé...", cit., pág. 315; MARIO GIULIANO e PAUL LAGARDE, *Relatório relativo à Convenção...*, cit., pág. 22.

[605] KURT SIEHR, "Telemarketing und Internationales Recht...", cit., pág. 158.

O artigo não esclarece se a finalidade do negócio deve ser aferida segundo um critério subjectivo ou objectivo. Tem-se entendido que a finalidade será aquela que as partes, por acordo, determinarem. Na falta de fixação expressa, a finalidade será determinada por recurso a critérios objectivos[606]. M. Giuliano e P. Lagarde esclarecem, aliás, que o art. 5.º não encontrará aplicação nos casos em que o destinatário do bem, serviço ou crédito, embora tendo agido essencialmente fora do âmbito da sua actividade profissional, não tenha dado conhecimento desse facto ao fornecedor, e a este, atentos os elementos informativos de que era detentor, não era exigível que soubesse que o adquirente agia enquanto consumidor[607].

A noção de consumidor surge-nos, portanto, no art. 5.º da Convenção de Roma, com traços delimitativos muito gerais e amplos, cuja concretização nem sempre se revela linear.

Especificamente nos contratos celebrados através da Internet, poderão surgir algumas situações que, *a priori*, levantam dúvidas no que respeita à finalidade dos bens ou serviços adquiridos. Atente-se, *v.g.*, no caso de um trabalhador de uma empresa que encomenda um determinado bem ou serviço, para seu uso privado, embora utilize o endereço que a mesma empresa lhe terá atribuido para desenvolver a sua actividade profissional (*v.g.*, mmm@telecom.pt). O endereço de onde provém a mensagem sugere ao seu receptor que esta é enviada no âmbito de uma actividade comercial e não particular.

Nesta situação, poderá entender-se que o referido contrato só será considerado um contrato celebrado por consumidor e só ficará, por conseguinte, submetido ao regime previsto no art. 5.º da Convenção de Roma, se o bem ou serviço solicitado não estiver, manifestamente, relacionado com a actividade desenvolvida pela empresa da qual a mensagem elec-

---

[606] STAUDINGER/REINHART, pág. 487 ss.; D. MARTINY, *MünchKomm*, pág. 1659, anotações 5 e 6. Em todo o caso, cumpre aqui sublinhar a relevância já atribuída por outros textos internacionais ao facto de o fornecedor ter conhecimento de estar a celebrar um contrato de consumo e não um contrato comum. Assim, temos, *v.g.*, no art. 2, al. a), da Convenção de Viena de 1980 (Convenção das Nações Unidas sobre Contratos de Compra e Venda Internacional de Mercadorias), que se não pretende aplicar a contratos celebrados com consumidores, que as suas disposições serão aplicáveis se o vendedor "(…) em qualquer momento anterior à conclusão do contrato ou na altura da conclusão deste, não soubesse nem devesse saber que as mercadorias eram compradas para tal uso"; acerca deste ponto, vide KURT SIEHR, "Telemarketing und Internationales Recht...", cit., pág. 158.

[607] MARIO GIULIANO e PAUL LAGARDE, *Relatório relativo à Convenção...*, cit., pág. 21; NORBERT REICH, "Protection of Consumers'...", cit., pág. 43.

trónica é proveniente, ou, genericamente, se não puder ser considerado necessário à actividade normal de qualquer empresa[608]. Além desta hipótese, o empregado, se proceder à encomenda por correio electrónico e tiver oportunidade de enviar uma mensagem personalizada, poderá esclarecer o destinatário da sua qualidade de consumidor.

III. Questão mais discutível e que tem provocado alguma celeuma na doutrina, é a de saber se neste conceito apenas cabem pessoas físicas ou também pessoas colectivas[609]. A disposição apenas define o consumidor por referência à finalidade que o motiva a adquirir bens ou serviços, parecendo, portanto, não limitar a aplicação desta norma especial às pessoas físicas. No entanto, a orientação seguida pelo legislador comunitário, nomeadamente no âmbito das directivas, tende a entender o consumidor como pessoa física que adquire com fins não profissionais, opção que parece encontrar o acordo da doutrina maioritária[610].

A doutrina também não parece chegar a um consenso no que respeita à actividade desenvolvida pelo co-contraente do consumidor. O texto não faz qualquer referência à actividade desenvolvida pelo fornecedor do bem ou prestador do serviço, nem tão-pouco à sua natureza jurídica. Assim, enquanto alguns entendem que o âmbito em que a actividade é desenvolvida é irrelevante para a definição de contrato de consumo[611], outros autores consideram que este artigo pressupõe que a parte que contrata com o consumidor terá de agir no âmbito da sua actividade profissional: só assim se justifica que seja aplicada uma norma de conflitos que favorece a

---

[608] PETER MANKOWSKI, "Internet im Internationalen Vertrags...", cit., pág. 231 ss.

[609] Utiliza-se aqui a classificação proposta por JOSÉ DE OLIVEIRA ASCENSÃO, *Teoria Geral do Direito Civil*, vol. I, cit., pág. 136 ss.

[610] Sobre o debate doutrinário na doutrina alemã, *vide* STAUDINGER/REINHART, pág. 487 ss.; D. MARTINY, *MünchKomm*, pág. 1659, anotação 5; também neste sentido, PAUL LAGARDE, "Le nouveau droit international privé...", cit., pág. 315; FABIO TORIELLO, "Commento all'art. 5 Convenzione di Roma 1980", in *Codice del Consumo e del Risparmio*, org. GUIDO ALPA, Dott. A. Giuffrè Editore, Milão, 1999, pág. 118. Na Lei de DIP suíça, art. 120, o consumidor é a pessoa física que adquire bens para uso pessoal ou familiar: "Ebenfalls bei Art. 120 IPRG sind nur natürliche Person als Verbraucher angesprochen, denn nur sie erwerben für den persönlichen oder familiären Gebrauch" (KURT SIEHR, "Telemarketing und Internationales Recht...", cit., pág. 160).

[611] STAUDINGER/REINHART, pág. 487 ss., faz uma breve apreciação acerca deste debate doutrinário e cita uma decisão do Tribunal Federal suíço, 4.8.95, BGE, 121 III 342, que considerou que a estrutura da relação jurídica não tinha particular interesse para a qualificação do contrato de consumo.

parte mais fraca. E assim, no caso de o contrato ser celebrado "entre iguais", não será aplicável o art. 5.º da Convenção de Roma, mas as regras de aplicação gerais previstas nos arts. 3.º, 4.º e 7.º da mesma Convenção[612]. Posição com que, aliás, tendemos a concordar uma vez que, se a especial protecção que é conferida aos consumidores se funda no desequilíbrio existente entre o poder das partes contraentes que pode conduzir a posições abusivas do contraente mais forte, sendo o contrato celebrado "entre iguais" já se não justifica uma intervenção legislativa para proteger a parte mais fraca, pois ambas têm o mesmo poder negocial.

1.4.1.4.3. Condições de aplicação do art. 5.º, n.º 2, da Convenção de Roma

O art. 5.º da Convenção de Roma tem aplicação em dois tipos de situações: quando as partes tenham escolhido a lei aplicável, procurando-se, neste caso, limitar a actuação da autonomia privada, ou quando as partes não tenham escolhido a lei aplicável ao contrato.

No caso de as partes terem escolhido a lei que rege o contrato, a protecção que é dada no art. 5.º da Convenção de Roma não actua através da derrogação da aplicação da lei que as partes escolheram, nos termos do art. 3.º, para reger o contrato. O que se dispõe é que a *electio iuris* não pode ter como consequência a privação da protecção que conferem ao consumidor as disposições imperativas da lei do país onde este tem a sua residência habitual.

E mesmo estas disposições imperativas só serão aplicáveis se o contrato se enquadrar numa das circunstâncias previstas nos parágrafos do n.º 2 do art. 5.º. Verifica-se, portanto, que mesmo as restrições à *electio iuris* apenas valem para os contratos que pressupõem uma ligação estreita entre as circunstâncias que rodearam a negociação e/ou celebração do contrato e o país da residência habitual do consumidor[613]. Aliás, conforme já

---

[612] Assim esclarecem MARIO GIULIANO e PAUL LAGARDE, *Relatório relativo à Convenção...*, cit., pág. 21; vide também JACQUES FOYER, "Entrée en vigueur de la Convention de Rome...", cit., pág. 611; TITO BALLARINO, *Diritto Internationale Privato*, cit., pág. 678; TANGUY VAN OVERSTRAETEN, "Droit applicable et juridiction...", cit., pág. 388; FABIO TORIELLO, "Commento all'art. 5...", cit., pág. 118; no mesmo sentido, embora com referência ao art. 13.º da Convenção de Bruxelas, vide MIGUEL TEIXEIRA DE SOUSA e DÁRIO MOURA VICENTE, *Comentário à Convenção de Bruxelas*, cit., pág. 108.

[613] TITO BALLARINO, *Diritto Internationale Privato*, cit., pág. 681; STAUDINGER//REINHART, pág. 495 ss., anotação 49; D. MARTINY, *MünchKomm*, pág. 1664, anotação 18; PAUL LAGARDE, *Le consommateur...*, cit., pág. 17.

acima indicámos, a verificação dos pressupostos previstos nos três travessões daquela disposição, bem como a excepção prevista no n.º 5, implicam uma ligação estreitíssima do contrato ao país da residência habitual do consumidor, que admite poucos elementos exteriores àquele país[614].

Aos contratos que não se enquadrem nas situações previstas num dos travessões do art. 5.º, n.º 2, da Convenção de Roma, embora sejam celebrados por consumidores, serão aplicadas as regras de conflitos gerais previstas na Convenção.

É de notar que as disposições imperativas a que este artigo se refere são aquelas que, nos termos do direito interno, não são derrogáveis pelos contraentes e a que também se refere o art. 3.º, n.º 3, da Convenção de Roma. Distinguem-se portanto das normas de aplicação imediata previstas no art. 7.º da mesma Convenção[615].

No caso de as partes não terem escolhido a lei que rege o contrato, a lei aplicável será a da residência habitual do consumidor, se, uma vez mais, o contrato se enquadrar nas mesmas circunstâncias previstas nos parágrafos do n.º 2 do art. 5.º.

Importa então analisar, ainda que brevemente, as circunstâncias previstas no n.º 2 do art. 5.º para saber se os contratos celebrados através da Internet poderão enquadrar-se em algum dos seus parágrafos. Pode-se desde já adiantar que o facto de o contrato ser celebrado através da Internet não dilata, por si só, o âmbito de aplicação pessoal nem material do art. 5.º da Convenção de Roma[616].

1.4.1.4.3.1. *Proposta ou anúncio publicitário no país da residência habitual do consumidor*

I. O primeiro parágrafo do art. 5.º, n.º 2, exige, como condição de aplicação, que a celebração do contrato tenha sido precedida, no país da residência habitual do consumidor, de uma proposta que lhe tenha sido especialmente dirigida ou de um anúncio publicitário[617] divulgado por um

---

[614] EUGÉNIA GALVÃO TELES, *A protecção dos consumidores...*, cit., pág. 352.

[615] TITO BALLARINO, *Diritto Internationale Privato*, cit., pág. 681; FABIO TORIELLO, "Commento all'art. 5...", cit., pág. 120.

[616] PETER MANKOWSKI, "Internet im Internationalen Vertrags...", cit., pág. 231.

[617] O conceito de publicidade, no sentido da citada disposição, foi definido por PETER MANKOWSKI, como a informação que uma empresa faz circular de modo a chamar a atenção dos potenciais clientes para a sua oferta de bens ou serviços para assim os promover. Em sede de Internet, este autor considera que a instalação de uma página da Web é comparável à implantação de uma loja electrónica. Assim, pode-se considerar que haverá

fornecedor e que o consumidor tenha executado nesse país todos os actos necessários à celebração do contrato respectivo[618].

Pela redacção desta disposição, poderá colocar-se a questão de saber se a sua aplicação exige a presença de uma verdadeira proposta ou se bastará um convite a contratar. A diversidade de redacções e considerações doutrinárias reinantes nos diversos Estados Contratantes, a que acima já fizemos referência, tende a apontar no sentido de se considerar que esta disposição estará preenchida ainda que se registe apenas a existência de uma *invitatio ad offerendum*[619].

II. Sendo utilizados meios tradicionais, esta divulgação pode ser feita através de mensagens difundidas por recurso aos mais diversos meios de divulgação: na imprensa, na rádio, na televisão, através de cartas dirigidas individualmente aos consumidores, através de catálogos, etc.[620]

Mais recentemente, a Internet tem revelado ser, por excelência, o meio de comunicação mais popular que permite a transmissão rápida e económica de mensagens entre pessoas situadas em países diferentes e que pode igualmente proceder à divulgação de propostas e anúncios publicitários.

No entanto, é uma questão mais complicada a de saber se a existência de propostas e anúncios difundidos através dos sítios Internet dos fornecedores será condição suficiente para que o consumidor possa invocar a aplicação do art. 5.º, isto é, se ainda se poderá entender que a utilização desta via implica que a proposta ou publicidade é especialmente dirigida ao consumidor.

---

publicidade desde que a mensagem contenha uma oferta comercial, uma vez que a classificação de uma mensagem como sendo publicitária não depende do meio utilizado para a difundir mas sim do seu conteúdo ("Internet im Internationalen Vertrags...", cit., pág. 234).

[618] Esta disposição é assim semelhante à do art. 13.º, § 1.º, n.º 3, als. a) e b) da Convenção de Bruxelas, que faz depender a competência do foro em matéria de contratos celebrados com os consumidores, designadamente, da verificação daquelas condições. Sobre este texto, *vide*, entre outros, MIGUEL TEIXEIRA DE SOUSA e DÁRIO MOURA VICENTE, *Comentário à Convenção de Bruxelas*, cit., pág. 107 ss.

[619] KURT SIEHR, "Telemarketing und Internationales Recht...", cit., págs. 165, 166; D. MARTINY, *MünchKomm*, pág. 1665, anotação 19; MARKUS KÖHLER e HANS-WOLFGANG ARNDT, *Recht des Internet*, cit., pág.112.

[620] MARIO GIULIANO e PAUL LAGARDE, *Relatório relativo à Convenção...*, cit., pág. 22; PETER MANKOWSKI, "Strukturfragen des internationalen Verbrauchervertragsrechts", *RIW*, 6/1993, pág. 453-463, pág. 458; JOSEF MEHRINGS, "Internet--Verträge...", cit., pág. 618; STAUDINGER/REINHART, pág. 497, anotação 54; D. MARTINY, *MünchKomm*, cit., pág. 1665, anotação 20.

E aqui cumpre estabelecer uma distinção, que é feita pela própria disposição: por um lado, há que considerar as propostas e, por outro, os anúncios publicitários.

Relativamente às propostas, a própria disposição exige que estas sejam especialmente dirigidas ao consumidor. Neste sentido, nas situações em que o fornecedor dirige especialmente uma proposta ao consumidor, por exemplo, por correio electrónico ou por outro meio através do qual o fornecedor entre em contacto directo com o consumidor, estará verificado este pressuposto e, assim, tais situações serão enquadráveis no primeiro parágrafo do n.º 2 do art. 5.º [621].

Já no que diz respeito aos anúncios publicitários, aquela mesma disposição não exige expressamente que estes sejam especialmente dirigidos ao consumidor.

Assim, poder-se-ia concluir que, desde que o consumidor tivesse tomado conhecimento de um anúncio publicitário estrangeiro no país da sua residência habitual, estariam preenchidas as condições de aplicação da disposição em análise.

No entanto, e não obstante a letra da lei, a questão não é tão linear, pois a aplicação desta disposição nos casos de publicidade divulgada pela radiodifusão, televisão e imprensa exige que sejam tecidas algumas considerações[622].

Ora, segundo informam M. Giuliano e P. Lagarde, o fornecedor deve proceder a actos de divulgação da sua mensagem publicitária que sejam "(...) especialmente destinados a este país (...)"[623]. Neste sentido, parece decorrer daqui que não é apenas a proposta que tem que ser especialmente dirigida ao país da residência habitual do consumidor, mas também o anúncio publicitário. E estes autores ilustram o seu entendimento com o exemplo do consumidor alemão que responde a um anúncio publicitário de um fornecedor francês divulgado num jornal alemão – neste caso, é aplicável a regra especial. Situação diferente é aquela em que o mesmo consumidor alemão responde ao mesmo anúncio publicitário, do mesmo fornecedor francês, mas, desta feita, transmitido por um jornal americano, pois, neste caso, o art. 5.º, n.º 2, primeiro parágrafo, já não encontra apli-

---

[621] KURT SIEHR, "Telemarketing und Internationales Recht...", cit., pág. 169.

[622] KARSTEN THORN, "Verbraucherschutz bei Verträgen im Fernabsatz", cit., pág. 4.

[623] MARIO GIULIANO e PAUL LAGARDE, *Relatório relativo à Convenção...*, cit., pág. 22.

cação, a menos que se tratasse de uma edição especial destinada a países europeus[624].

Na mesma linha de pensamento, a divulgação da mensagem publicitária através de um meio de comunicação com características de difusão a nível internacional não poderia ser considerada dirigida ao país da residência habitual do consumidor, mas sim para o mundo inteiro, e neste sentido não estaria enquadrado no âmbito do art. 5.º, n.º 2, primeiro parágrafo, da Convenção de Roma[625].

Este entendimento, que não obtém a unanimidade da opinião doutrinária[626], prende-se também com a orientação seguida pela maioria dos autores que, implícita ou explicitamente, têm entendido que a Convenção de Roma, especialmente na determinação do âmbito de aplicação do seu art. 5.º, pressupõe, no domínio da actividade contratual, uma iniciativa do fornecedor no país do consumidor e uma inércia do consumidor que, sem sair do país da sua residência habitual, é "seduzido e conquistado" pelos fornecedores que aí decidiram actuar. Daí que seja defendido que a aplicação do art. 5.º da Convenção de Roma, para além da localização no país da residência habitual do consumidor dos elementos essenciais do contrato a celebrar, pressupõe uma distinção entre consumidores activos e passivos, visando garantir protecção apenas aos segundos. Ou seja, o fornecedor desempenha um papel activo e o consumidor assume uma atitude ostensivamente passiva, merecedora, por isso mesmo de especial protecção; daqui a importância da distinção entre consumidores activos e passivos[627].

Segundo esta orientação, o consumidor activo que negoceia e celebra o contrato fora do país onde habitualmente reside deverá resignar-se à protecção que lhe é conferida pela lei do país onde compra, já que não

---

[624] MARIO GIULIANO e PAUL LAGARDE, *Relatório relativo à Convenção...*, cit., pág. 22.

[625] Neste sentido nos parece ser a posição de KURT SIEHR, "Telemarketing und Internationales Recht...", cit., pág. 168.

[626] EUGÉNIA GALVÃO TELES, *A protecção dos consumidores...*, cit., pág. 374 ss., considera que a proveniência da publicidade não assume especial relevância, já que o elemento fundamental é que a publicidade atinja o mercado do país da residência habitual do consumidor; STAUDINGER/REINHART, pág. 497, anotação 55, sublinha que o consumidor que é confrontado com uma mensagem publicitária nem sempre terá noção do público alvo a que esta se dirigia.

[627] NORBERT REICH, "Protection of Consumers'...", cit., pág. 43; KURT SIEHR, "Telemarketing und Internationales Recht...", cit., pág. 168; FABIO TORIELLO, "Commento all'art. 5...", cit., pág. 118.

parece razoável que confie ou tenha expectativas na aplicação das normas imperativas da lei do país em que tem a sua residência habitual. Já o consumidor passivo, que é "invadido", no país da sua residência habitual, por anúncios publicitários de profissionais estrangeiros, deverá poder confiar na aplicação das normas imperativas do ordenamento jurídico com que está mais familiarizado, o da sua residência habitual[628].

É de notar, no entanto, que esta interpretação restritiva não exige que – embora a celebração do contrato tenha de ser precedida de uma actividade do fornecedor desenvolvida, nesse sentido, na residência habitual do consumidor – se verifique uma ligação causal entre esta actividade e a celebração do contrato. Ou seja, ainda que o consumidor não tivesse conhecimento da publicidade que era feita pelo fornecedor no país da sua residência habitual, se vier a celebrar o contrato neste país, "beneficiará" desta norma que se pretende protectora[629].

III. Seguindo a linha de raciocínio explanada no ponto imediatamente anterior, o fornecedor deverá escolher, para divulgar a sua mensagem publicitária, o meio de comunicação com o leque de destinatários que melhor se adapte ao mercado por si visado. Isto é, se o fornecedor apenas pretender vender os bens que comercializa numa determinada região, a publicidade deverá ser feita num jornal regional ou local; já se o mercado for transnacional, a publicidade deverá ser feita, *v.g.*, pela TVCabo[630]. Neste caso, a publicidade e o seu raio de acção deverão ser programados: nos anúncios publicitários aparece frequentemente a indicação do preço do bem ou serviço em moedas diferentes, bem como informações básicas em diversas línguas, vários números de telefone para onde ligar, consoante o

---

[628] JOSEF MEHRINGS, "Internet-Verträge...", cit., pág. 618; neste sentido, citando JAYME, *vide* ABBO JUNKER, "Vom Citoyen zum Consommateur – Entwicklungen des internationalen Verbraucherschutzrechts", *IPRax*, 2/1998, pág. 65-74, pág. 71; STAUDINGER/REINHART, pág. 485 ss.; D. MARTINY, *MünchKomm*, pág. 1664, anotação 18; *vide* ainda HERBERT KRONKE, "Applicable Law...", cit., pág. 81 ss.; ALAIN BENSOUSSAN, *Internet, aspects juridiques*, cit., pág. 208; KARSTEN THORN, "Verbraucherschutz bei Verträgen im Fernabsatz", cit., pág. 4; PAUL LAGARDE, *Le consommateur*..., cit., pág. 12; PETER MANKOWSKI, "Internet im Internationalen Vertrags...", cit., págs. 243, 250.

[629] D. MARTINY, *MünchKomm*, pág. 1665, anotação 19.

[630] KURT SIEHR, "Telemarketing und Internationales Recht...", cit., pág. 163, considera duvidosa a aplicação do art. 5.º da Convenção de Roma e do art. 120 da Lei de DIP suíça às vendas por *Teleshopping*, bem como a outros meios de comunicação de alcance mundial, já que quem se dirige ao mundo inteiro se não dirige especificamente ao país do consumidor.

país onde se encontre o consumidor, muitas vezes com uma bandeira à frente de cada uma das indicações. Daqui pode inferir-se que essa publicidade se dirige, pelo menos, aos consumidores com residência habitual nos países que correspondem às bandeiras[631], o que não significa, segundo entendemos, que se admita que a publicidade se não dirige a outros países que não os expressamente indicados, pois essa será uma questão que depende da análise do caso concreto.

1.4.1.4.3.1.1. A publicidade divulgada na Internet e os pressupostos de aplicação do art. 5.º, n.º 2, primeiro parágrafo, da Convenção de Roma

I. No caso de anúncios publicitários divulgados através da Internet, a questão assume contornos complexos.

A publicidade vence facilmente as barreiras impostas pelas fronteiras[632]. Neste ambiente, os problemas que se colocam não se reportam tanto a situações em que a mensagem publicitária atravessa fronteiras inopinadamente e o consumidor tem acesso a anúncios que lhe não eram dirigidos – embora esta situação também aconteça –, mas a situações em que é o próprio consumidor, fundamentalmente, quem acede a sítios Internet de fornecedores que actuam a partir dos mais diversos países[633]. Com efeito, o carácter transfronteiriço da Internet permite que o consumidor "navegue" na rede, e, sem quase se aperceber, atravesse fronteiras à velocidade de um "clique" e aceda facilmente a sítios de fornecedores que física, social e culturalmente se encontram muito distantes, e dos quais constam mensagens publicitárias relativas a bens ou a serviços. Aliás, como repetidamente se tem referido, a Internet é precisamente um meio de comunicação com divulgação global, o que facilita, e mesmo propicia, os contactos internacionais[634]. Como qualquer mensagem divulgada na Internet é acessível em qualquer ponto do mundo, a questão que se pode colocar é a de saber se a acessibilidade aos sítios Internet pode ser controlada. A verdade é que o fornecedor dono do sítio dificilmente pode impedir o

---

[631] Neste sentido, vide KARSTEN THORN, "Verbraucherschutz bei Verträgen im Fernabsatz", cit., pág. 4.

[632] D. MARTINY, *MünchKomm*, pág. 1665, anotação 20.

[633] KARSTEN THORN, "Verbraucherschutz bei Verträgen im Fernabsatz", cit., pág. 4; ou, conforme refere GABRIELLE KAUFMANN-KOHLER, "Internet: Mondialisation...", cit., pág. 138, a Internet tornar-se-á, cada vez mais, num *media* passivo.

[634] PETER MANKOWSKI, "Internet im Internationalen Vertrags...", cit., pág. 235.

acesso a este, ou saber quais os consumidores que o vão consultar[635].

É certo que poderá restringir o acesso, por exemplo, através do uso de códigos ou pela precedência de preenchimento de um formulário; no entanto, e dado que o contacto tende a ser à distância, o fornecedor nem sempre terá facilidade em confirmar as informações dadas ou em adoptar critérios muito selectivos de atribuição de código.

O fornecedor não fica limitado a mercados nacionais, pois o mercado é mundial[636], o que é, aliás, uma das mais evidentes vantagens do *ciber-comércio*. O anúncio publicitário veiculado através da Internet não é, em princípio, dirigido aos consumidores de um país em especial, mas sim aos consumidores do mundo inteiro[637].

Acresce ainda que os consumidores não têm ainda uma noção clara do carácter internacional que os seus actos podem assumir quando "navegam" na Internet. O consumidor pode não chegar a sair da sua casa para comprar um qualquer bem a um fornecedor do outro lado do planeta e, no entanto, como fisicamente não saiu do seu país, nem pensa que outros ordenamentos jurídicos, que não o seu, poderão ter vocação para reger o contrato[638].

Esta característica globalizante, que sumariamente perspectivámos, problematiza a aplicação da regra especial prevista no art. 5.º, n.º 2, primeiro parágrafo – que pressupõe uma localização da publicidade[639] –, quanto aos anúncios publicitários difundidos pela Internet.

Se se entender, com M. Giuliano e P. Lagarde, que a publicidade tem de ser especialmente dirigida ao país da residência habitual do consumidor, coloca-se a questão de saber se, para preencher este requisito, basta

---

[635] Nem mesmo poderá ter a certeza quanto à proveniência dos consumidores com que celebra contratos, já que, conforme acima se referiu, os endereços utilizados pelos consumidores poderão não ser conclusivos. Atente-se, por exemplo, nos casos em que a terminação do endereço é em "com.", o que não dá qualquer informação acerca do país de origem, como a que é dada, *v.g.*, por alguns endereços com *servidores* portugueses que terminam em "pt.". Sobre este assunto, *vide* também CLIVE GRINGRAS, *The Laws of the Internet*, cit., pág. 51; PETER MANKOWSKI, "Internet im Internationalen Vertrags...", cit., pág. 243.

[636] HERBERT KRONKE, "Electronic Commerce und Europäisches...", cit., pág. 988; JOSEF MEHRINGS, "Internet-Verträge...", cit., pág. 619.

[637] GABRIELLE KAUFMANN-KOHLER, "Internet: Mondialisation...", cit., pág. 138; ARTHUR WALDENBERGER, "Grenzen des Verbraucherschutzes...", cit., pág. 2371; PETER MANKOWSKI, "Internet im Internationalen Vertrags...", cit., pág. 235.

[638] KARSTEN THORN, "Verbraucherschutz bei Verträgen im Fernabsatz", cit., pág. 4.

[639] JOSEF DREXL, "Verbraucherschutz im Netz", cit., pág. 97.

que o fornecedor divulgue no seu sítio Internet um anúncio publicitário relativo aos seus bens e/ou serviços, a que o consumidor possa aceder, ou se, pelo contrário, esta actuação, por si só, não é suficiente.

II. Mais uma vez, na resposta a esta questão, a doutrina internacionalprivatista apresenta orientações divergentes entre si. Assim, encontramos autores como Kurt Siehr, que representa aqui uma fracção da doutrina, a qual tende a entender que o art. 5.º, n.º 2, da Convenção de Roma, pressupõe a verificação de três condições: um anúncio publicitário especificamente dirigido ao país da residência habitual do consumidor, uma actuação activa do fornecedor e um comportamento passivo do consumidor, concluindo então o mesmo autor que os anúncios publicitários divulgados na Internet não preenchem as condições previstas no art. 5.º, n.º 2, primeiro parágrafo[640].

O fundamento desta posição assenta no entendimento de que os fornecedores que actuam na Internet, embora divulguem os seus bens ou serviços a nível internacional, não estão necessariamente a dirigir a sua actividade para um particular mercado nacional ou regional, pelo simples facto de terem um sítio Internet que é acessível pelos consumidores. Neste sentido, a ausência de uma actividade publicitária do fornecedor especificamente direccionada para o país da residência habitual do consumidor não permitiria a aplicação do art. 5.º, n.º 2, primeiro parágrafo, da Convenção de Roma.

Além disso, considera-se ainda que o consumidor que actua em ambiente da Internet não poderá ser considerado um consumidor passivo, conforme exigiria a Convenção de Roma, já que pratica actos tais como ligar o computador, procurar os sítios dos fornecedores que lhe interessam, buscar as informações relativamente aos bens ou serviços do seu agrado ou as respectivas cláusulas contratuais, etc.[641], e, como tal, não deverá ser merecedor da protecção que a Convenção de Roma, no seu art. 5.º, visa conferir aos consumidores passivos.

Para além destas considerações, e já numa perspectiva mais prática da questão, afirma-se ainda que a aplicação do art. 5.º da Convenção de Roma a todos os contratos cujos antecedentes residem numa proposta ou publicidade divulgada através da Internet, significa, para o *ciberfornece-*

---

[640] KURT SIEHR, "Telemarketing und Internationales Recht...", cit., pág. 169; THOMAS STÄHELI, "Kollisionsrecht...", cit., pág. 617.

[641] Neste sentido e com referências ao art. 120 da Lei de DIP suíça, *vide* KURT SIEHR, "Telemarketing und Internationales Recht...", cit., pág. 169.

dor, um risco acrescido de ver aplicadas, aos contratos que celebre com os consumidores que acedem ao seu sítio, leis dos mais diversos países. E a questão que se suscita é a de saber se será exigível ao fornecedor correr o risco de ver aplicado ao contrato a lei de qualquer país do mundo onde o consumidor que acede ao seu sítio tenha residência habitual[642]. É que, em consequência deste risco de aplicação ao contrato de leis de qualquer país, os fornecedores que não queiram correr estes riscos podem ser afastados do comércio electrónico adoptando outras vias de divulgação dos seus produtos, que, embora não tenham um leque de destinatários tão vasto, garantam alguma segurança quanto à lei aplicável. Esta situação poderá ter especial impacto nas pequenas e médias empresas – que seriam justamente as que maiores vantagens poderiam retirar do comércio electrónico – com pouca capacidade para reagir, quer económica, quer estruturalmente, a este tipo de incógnitas[643].

Outra fracção da doutrina, por seu turno, considera que a divulgação, pelo fornecedor, de mensagens publicitárias na Internet e a sua acessibilidade, pelos consumidores, é condição suficiente para que se considere preenchido o primeiro pressuposto do art. 5.º, n.º 2, primeiro parágrafo, da Convenção de Roma. A seguir esta orientação, terá de considerar-se que os fornecedores que colocam mensagens publicitárias na Internet aceitam todo o mercado mundial como potencial cliente, dirigindo as mesmas mensagens aos consumidores do mundo inteiro. E sendo assim, não é necessária nenhuma publicidade adicional especialmente direccionada[644].

---

[642] PETER MANKOWSKI, "Internet im Internationalen Vertrags...", cit., pág. 235.
[643] PETER MANKOWSKI, "Internet im Internationalen Vertrags...", cit., pág. 235.
[644] ARTHUR WALDENBERGER, "Grenzen des Verbraucherschutzes...", cit., pág. 2371, e mais recentemente em "Verbraucherschutz im Internet", cit., pág. 34, defende que basta que o consumidor consiga aceder à página do fornecedor e aí preencher um formulário de encomenda dos bens ou serviços que pretende adquirir; no mesmo sentido, D. MARTINY, *MünchKomm*, pág. 1665, anotação 20; GABRIELLE KAUFMANN-KOHLER, "Internet: Mondialisation...", cit., pág. 138; DIETER MARTINY, "Europäisches Internationales Vertragsrecht", cit., pág. 259; BIRGIT BACHMANN, "Der internationale Vertrieb im Internet", cit., pág. 217; KARSTEN THORN, "Verbraucherschutz bei Verträgen im Fernabsatz", cit., pág. 4; MARKUS KÖHLER e HANS-WOLFGANG ARNDT, *Recht des Internet*, cit., pág. 111; *Dicey and Morris on the Conflict of Laws*, vol. II, 13.ª Ed. (sob a direcção geral do Lawrence Collins), Sweet and Maxwell, Londres, 2000, pág. 1288 ss.; também nos parece ser neste sentido a orientação de PAUL LAGARDE, *Anotação ao acórdão da Cour fédérale d'Allemagne (8 Ch. civ.)*, – 19 mars 1997, *Rev. crit.*, 4/1998, pág. 610-631, pág. 623, nota (8).

E no que respeita à atitude passiva ou activa dos consumidores, alguns defensores desta orientação, no seguimento da mesma linha de raciocínio, salientam inclusive que esta distinção entre consumidores activos e passivos e fornecedores activos e passivos, se revela já ser um critério ultrapassado, anacrónico em relação à globalização, rapidez e facilidade de acesso permitida pelos mais recentes desenvolvimentos tecnológicos no campo das comunicações[645]. Assim, a evolução da tecnologia e do mercado, em vias de crescente globalização, veio esbater os contornos dessas distinções. A definição de consumidor activo como aquele que toma a iniciativa de se dirigir ao fornecedor para contratar, traduziu, durante largos anos, verdadeiras decisões reflectidas e ponderadas (com excepção dos casos em que as compras eram feitas em viagens turísticas ao estrangeiro), face à fraca divulgação de bens ou serviços comercializados no estrangeiro, à dificuldade que o consumidor encontraria para comunicar com o fornecedor, à onerosidade e morosidade dos meios de comunicação que tinha ao seu dispor, em suma, a toda uma série de obstáculos que travavam a sua vontade de consumir fora do seu país. A "navegação" na Internet, pelo contrário, permite adquirir todo o tipo de bens, exigindo-se apenas um "clique" e a eventual introdução dos dados do cartão de crédito.

Acresce ainda que não deixa de levantar fortes dúvidas a posição que defende que o consumidor, pelo simples facto de ligar o seu computador e de aceder ao sítio Internet do fornecedor, é caracterizado, só por isso, como um consumidor activo. Com efeito, apesar de o consumidor ter de ligar o seu computador, aceder à Internet e solicitar, ao fornecedor, o acesso ao seu sítio – e nesse facto se funda o entendimento de que o consumidor assume aqui um papel activo, na medida em que é ele que toma a iniciativa de aceder ao sítio referido –, a verdade é que a percepção, pelo consumidor, de qualquer publicidade, pressupõe sempre alguma actividade por ele desenvolvida.

Peter Mankowski apresenta-nos uma interessante comparação entre situações em que a divulgação de publicidade utiliza a Internet e as situações em que se recorre a meios de comunicação tradicionais[646]. Este autor

---

[645] HERBERT KRONKE, "Electronic Commerce und Europäisches...", cit., pág. 990; GABRIELLE KAUFMANN-KOHLER, "Internet: Mondialisation...", cit., pág. 120. A celebração de contratos através da Internet parte, por norma, de uma consulta, pelo consumidor, da página do fornecedor, à qual acede, seguindo-se, posteriormente a transmissão da sua declaração negocial.

[646] PETER MANKOWSKI, "Internet im Internationalen Vertrags...", cit., pág. 241ss.

salienta que, também neste caso – de utilização de meios como a imprensa, a televisão, etc. –, o consumidor tem sempre que ter uma actuação mínima: *v.g.*, o consumidor, para ter acesso às mensagens publicitárias divulgadas, por exemplo, num jornal, tem de o comprar e de ler as páginas onde estas estão inscritas; da mesma forma, no caso de publicidade em TVCabo, o consumidor tem de ligar o seu aparelho de televisão e de sintonizar o canal que pretende. Ora, quer no caso do jornal, quer no da TV Cabo, o consumidor desenvolve uma actividade. O autor conclui então que, se a aplicação do art. 5.º da Convenção de Roma fosse afastada consoante o meio de comunicação escolhido pelo consumidor para ler as mensagens publicitárias, então este artigo não teria razão de ser. Ainda que se exija, nos termos do art. 5.º, uma atitude passiva do consumidor, esta reporta-se à iniciativa, ou falta dela, quanto ao estabelecimento de relações conducentes à contratação e não no que respeita à escolha do meio de comunicação utilizado para a divulgação. Ou seja, o consumidor pode assumir uma atitude activa no que respeita ao meio de comunicação a utilizar, mas não no que concerne à actividade comercial cuja iniciativa cabe ao fornecedor.

Peter Mankowski esclarece que, quer seja utilizada a Internet, quer outro qualquer meio de comunicação, a sequência das declarações dos contraentes é similar. Assim, temos, em primeiro lugar, a divulgação de uma mensagem publicitária referente a uma determinada actividade comercial. Só depois, já numa segunda fase, o consumidor, ao tomar conhecimento de tal mensagem – o que exige que exista uma comunicação publicitária prévia -, poderá então reagir. E se não houver uma solicitação prévia do fornecedor, o consumidor, ao aceder à Internet, não encontrará qualquer mensagem a que possa reagir. Este autor nota que a publicidade será, no mínimo, uma *invitatio ad offerendum ad incertas personas*. E assim conclui que, em termos práticos, os sítios Internet pretensamente "passivos" apresentam grandes semelhanças com os anúncios publicitários divulgados num jornal tradicional, sendo o carácter "activo" ou "passivo" em tudo semelhante. Quanto à actividade subjacente que é desenvolvida, teremos sempre, por um lado, o fornecedor que pretende angariar clientes e, por outro lado, o consumidor que é atraído pela publicidade divulgada pelo primeiro[647].

---

[647] PETER MANKOWSKI, "Internet im Internationalen Vertrags...", cit., pág. 241ss.

III. Entre estas duas orientações que se situam em pólos opostos e adoptam posições extremadas, podemos encontrar outras teorias com gradações em relação a estas e que perfilham concepções intermédias.

Há assim autores que consideram que, para ser aplicado o art. 5.º, n.º 2, primeiro parágrafo, deverá ser incorporada, na página do fornecedor que publicita os seus bens ou serviços na Internet, uma cláusula com a indicação de que aceita o acesso por parte de consumidores dos países que expressamente menciona[648]. Numa mensagem divulgada a nível mundial ou multinacional, o consumidor pode não saber a que países aquela se destina, especialmente se forem utilizadas técnicas de comunicação modernas que tornam a demarcação das fronteiras territoriais muito imprecisa. Neste sentido, a incorporação de uma referência na mensagem publicitária com a indicação expressa dos seus destinatários parece ser um método mais seguro para os fornecedores que não querem correr o risco de ver aplicadas as disposições imperativas da lei do país da residência habitual do consumidor.

Esta indicação expressa aos consumidores destinatários do anúncio publicitário poderá, no entanto, não se revelar absolutamente essencial. A mensagem publicitária poderá, por si só, incluir elementos suficientes que permitam deduzir que ela se dirige a um determinado grupo de consumidores[649].

E são vários os elementos presentes no anúncio publicitário, dos quais se pode deduzir quais sejam os seus consumidores alvo. A língua utilizada para transmitir a mensagem poderá, por exemplo, dar algumas indicações quando aos consumidores-destinatários a que se dirige. Tomemos como exemplo um anúncio publicitário divulgado em chinês: a mensagem dirige-se, neste caso, em primeira linha, aos consumidores chineses, e este é certamente um dos indícios a ponderar. Dificuldades maiores surgem

---

[648] Para uma exposição das várias posições existentes, *vide* JOSEF MEHRINGS, "Internet-Verträge...", cit., pág. 618.

[649] MICHAEL CHISSICK e ALISTAIR KELMAN, *Electronic Commerce*, cit., pág. 105, informam que, no Reino Unido, todo o material publicitário relacionado com negócios de investimento divulgado em sítios da *Web* estrangeiras será examinado e se se verificar a presença de determinados factores, a *Financial Services Authority* (FSA) decidirá se o sítio é ou não dirigido aos consumidores do Reino Unido e, em caso afirmativo, tomará então as medidas que entender necessárias. Estes autores defendem, embora com referência ao art. 13.º, § 1.º, n.º 3, al. a), da Convenção de Bruxelas, que um método similar poderia ser adoptado pelos tribunais para determinarem se a publicidade divulgada nos sítios da *Web* é ou não especialmente dirigida aos consumidores.

quando a língua utilizada é o inglês, que começa a ser considerada de peso universal na Internet, pelo que uma oferta a circular na Net em inglês tende a ser considerada como sendo dirigida ao mundo inteiro[650]. Note-se, no entanto, que também o recurso a outras línguas para transmitir o anúncio publicitário poderá colocar dificuldades de delimitação da mensagem no que respeita aos seus destinatários. As mensagens expressas em francês, em espanhol ou em português podem ser lidas e compreendidas por consumidores residentes nos mais diversos países do globo onde se fala uma daquelas línguas, ou que simplesmente a conhecem. Além disso, há ainda que contar com as pessoas que se ausentam do seu país por um período mais ou menos longo, passando a residir em outro, de onde podem aceder aos sítios Internet de fornecedores do país da sua nacionalidade[651]. Também nestes casos, a entender-se ser a língua um elemento indicador da delimitação dos destinatários da mensagem publicitária, teremos de concluir que a triagem é feita em função do conhecimento que os potenciais consumidores possam ter de uma determinada fala e não do local onde habitualmente residem. Ora o critério do conhecimento da língua não tem qualquer relevância para efeitos de aplicação do art. 5.º da Convenção de Roma, que recorre tão-somente a um elemento de conexão localizável geograficamente, a saber o país da residência habitual do consumidor.

Outro factor a ponderar numa possível determinação dos destinatários da mensagem poderá residir nas características dos bens ou serviços solicitados, *i.e.*, podem existir bens ou serviços cuja especificidade implica que apenas poderão ter interesse para pessoas que se encontrem num determinado local: pensemos, por exemplo, em bilhetes de autocarros que circulam dentro de uma determinada cidade. No entanto, também neste caso, as características do bem ou serviço a adquirir não afastam necessariamente a celebração do respectivo contrato por consumidores que residam fora da cidade onde circulam os autocarros. Não se estranha que um turista, residente habitualmente num país diferente, pretendendo visitar aquela cidade, decida comprar os bilhetes – por contrato celebrado através da Internet, e estando ainda no seu país –, de que irá necessitar quando aí chegar. Neste tipo de situações, a especificidade do bem a adquirir não constitui elemento indiciador seguro ou sequer apro-

---

[650] ALAIN BENSOUSSAN, *Internet, aspects juridiques*, cit., pág. 208; HERBERT KRONKE, "Applicable Law...", cit., pág. 83; PETER MANKOWSKI, "Internet im Internationalen Vertrags...", cit., págs. 239, 246.

[651] PETER MANKOWSKI, "Internet im Internationalen Vertrags...", cit., pág. 246.

ximado quanto aos consumidores a que se destina. Qualquer consumidor, de qualquer país, que pretenda visitar aquela cidade poderá ter interesse em adquirir previamente os bilhetes de autocarro[652]. Além disso, o número de bens ou serviços que, em função da sua especifidade, só são procurados por consumidores muito determinados será, conforme é confirmado pelo exemplo dado, em número tão baixo que se não justificará elevar a sua finalidade à categoria de critério delimitativo. Daqui se conclui, mais uma vez, que este também não será, por si só, um elemento identificador dos consumidores destinatários do anúncio.

A modalidade de pagamento dos bens ou serviços a adquirir ou a moeda exigida para tal, também poderão ser elementos atendíveis na delimitação dos destinatários dos sítios dos fornecedores na Internet. O facto de o preço só vir indicado numa determinada moeda ou de o pagamento ter de ser efectuado em uma determinada filial de um banco pode ser entendido como um factor indiciador. No entanto, mais uma vez, este critério também não será determinante. A divulgação dos pagamentos de compras através da Internet por cartão de crédito, por dinheiro electrónico, porta moedas electrónico ou mesmo à cobrança, minimizam a relevância deste factor[653]. Além disso, alguns fornecedores que operam a partir de países com uma moeda fraca podem fixar o preço a pagar numa moeda mais forte: *v.g.*, face às variações da taxa de inflação no Brasil – que já foram, aliás, maiores do que hoje em dia –, não se estranha que alguns donos de sítios Internet brasileiros fixem o preço a pagar em dólares. Assim sendo, mais uma vez não podemos deixar de concluir que também este critério se apresenta como sendo muito falível.

Após esta breve análise de alguns dos possíveis elementos de que se pode retirar quais são os consumidores visados pela mensagem publicitária, não podemos deixar de concluir que, isoladamente, estes factores dificilmente poderão assumir relevância decisiva. No entanto, admite-se que pela sua análise conjunta, integrada no contexto publicitário em que estão presentes, estes e outros indícios poderão dar indicações preciosas quanto aos destinatários da mensagem publicitária, especialmente se apontarem todos no sentido de uma mesma orientação.

---

[652] PETER MANKOWSKI, "Internet im Internationalen Vertrags...", cit., pág. 247.

[653] PETER MANKOWSKI, "Internet im Internationalen Vertrags...", cit., pág. 247, salienta ainda que a fixação do preço em Euros não permite, segundo este critério, determinar quais os consumidores a que a mensagem publicitária se dirige. A não ser numa perspectiva mais ampla, e neste caso a mensagem sempre ficaria limitada ao espaço europeu.

A publicidade divulgada através da Internet poderá, portanto, ser dirigida, com alguma precisão, a um determinado grupo de destinatários, visando atingir um objectivo específico. Acresce ainda que, sendo a Internet um meio interactivo por excelência, permite ao fornecedor auscultar a opinião dos consumidores e adaptar a publicidade que faz veicular através da Internet, aos anseios dos seus destinatários. Esta interactividade permite também apurar com maior pormenor os traços característicos dos seus potenciais consumidores e direccionar a sua mensagem publicitária com maior precisão, o que, além de permitir uma maior previsão dos possíveis destinatários, oferece maiores probabilidades de lucro[654].

Todavia, na prática, os fornecedores, na elaboração de anúncios publicitários, têm, por norma, preocupações que se relacionam mais com as características do grupo de consumidores que visam atingir – com vista a optimizar a eficácia da publicidade – do que com o país onde esses consumidores habitam. Aliás, conforme já foi exaustivamente referido, a Internet é o meio de comunicação que, por excelência, propicia, a nível internacional, a mais ampla divulgação de mensagens – principal motivo pelo qual os fornecedores aderiram ao comércio em ambiente de Internet –, característica que dificulta, ou mesmo impossibilita, que a mensagem publicitária seja direccionada apenas aos consumidores de um dado país, a não ser que essa menção conste expressamente do sítio do fornecedor.

Ora, perante estas considerações, pode concluir-se que também esta orientação, que pretende encontrar na mensagem publicitária elementos indiciadores dos consumidores destinatários, se não encontra isenta de críticas e se mostra susceptível de alimentar o clima de insegurança que, quer os consumidores, quer os fornecedores, sentem ao contratar pela Internet.

IV. A publicidade que circula através da Internet e que é acessível por todos os consumidores que aí "naveguem", embora não seja especificamente dirigida a nenhum público em concreto, é dirigida a um público global. O fornecedor, quando coloca um sítio na Internet e permite que a ele aceda quem o quiser fazer, estará a admitir uma potencial contratação com os consumidores dos mais diversos países. A Internet, como meio de comunicação, caracteriza-se justamente pelo seu carácter global, transnacional, ao contrário de outros meios de comunicação mais tradicionais,

---

[654] PETER MANKOWSKI, "Internet im Internationalen Vertrags...", cit., pág. 236.

como, por exemplo, o jornal, que tem um público facilmente pré-determinado. E se num anúncio colocado num jornal é possível prever qual a nacionalidade do público, a que especialmente se destina, em sede de Internet tal tarefa não é possível, pela própria natureza deste meio de comunicação. Ou melhor, o anúncio publicitário destina-se, em princípio, a todos os consumidores que, ligando-se à Internet, consigam aceder ao sítio do fornecedor onde aquele é divulgado; esta é a consequência de ter a população mundial como potencial cliente.

No que respeita à atitude do consumidor e, mais concretamente, à consciência da especificidade que implica a utilização da Internet, o consumidor comum, menos familiarizado com questões de informática mas que, ainda assim, tenta explorar a Internet e aí fazer algumas compras, não notará qualquer diferença relevante, para além do meio utilizado, entre celebrar um contrato de fornecimento de bens ou de prestação de serviços de cuja existência tomou conhecimento através de um anúncio que veio divulgado num jornal ou em qualquer sítio Internet a que casualmente, ou não, teve acesso[655]. E a questão que imediatamente se suscita é a de saber se, em função da diversidade dos meios pelos quais se divulga o anúncio publicitário, deverá ainda ser aplicado o art. 5.º, n.º 2, da Convenção de Roma, ou se esta aplicação já se não justifica.

A este propósito, das duas uma: ou se entende que os fornecedores que divulgam o seu anúncio pela Internet não dirigem a sua publicidade a um público específico, já que têm como alvo todos os consumidores do mundo, não se integrando portanto na previsão do art. 5.º, n.º 2, primeiro parágrafo[656], e assim os *ciberconsumidores* não beneficiarão da protecção que lhes confere a Convenção de Roma; ou se entende que a publicidade é dirigida a uma globalidade de pessoas, não pré-determinada, mas que, ainda assim, é um público, e neste caso o art. 5.º, n.º 2, teria ainda aplicação.

Surge-nos ainda uma terceira hipótese de solução, já acima aflorada e em relação à qual encontrámos poucas referências, que decorre da interpretação literal da disposição em análise: segundo este modo de ver, o citado parágrafo do art. 5.º, n.º 2, não exige que o anúncio publicitário tenha sido especialmente dirigido ao consumidor ou aos consumidores residentes num determinado país. Assim, a primeira parte do parágrafo estaria preenchida, desde que a celebração do contrato tivesse sido precedida no

---

[655] STAUDINGER/REINHART, pág. 497, anotação 55.
[656] KURT SIEHR, "Telemarketing und Internationales Recht...", cit., pág. 163.

país da residência habitual do consumidor de um anúncio publicitário, não relevando para nada a identificação do público alvo do fornecedor.

V. Admitimos que qualquer das soluções propostas acarreta riscos e suscita dificuldades práticas.

Por um lado, se se entender que o disposto no art. 5.º não é aplicável aos *ciberconsumidores*, verifica-se uma desigualdade entre a protecção destes consumidores e a dos que utilizam meios tradicionais, sem que exista qualquer diferença entre eles[657], excluindo-se a protecção num segmento importante e crescente do consumo[658]. Além disso, esta opção colide com uma orientação de desenvolvimento do comércio electrónico, que tem vindo a ser seguida, e que tem justamente como pedra de toque a confiança e segurança desta nova forma de contratar.

Por outro lado, a defender-se a aplicação do art. 5.º a estes contratos, impõe-se aos fornecedores a aplicação potencial de leis com que não contariam[659], com a dificuldade prática de aplicar, efectivamente, as disposições imperativas da lei da residência habitual do consumidor. Revela-se muito difícil controlar a aplicação destas disposições em todos os contratos celebrados com os consumidores através da Internet: as partes contraentes encontram-se nos mais diversos pontos do globo, desconhecem o local onde a contraparte se encontra e o direito com que cada uma está mais familiarizado. No entanto, a aplicação de normas de conflitos indicia a existência de um litígio e sugere uma solução e, neste caso, se o Estado do foro for também um Estado Contratante da Convenção de Roma, não se vê obstáculos à aplicação das regras previstas no art. 5.º.

VI. Importará, nestas considerações, fazer uma distinção entre duas hipóteses possíveis, a saber: o fornecedor pretendia ou não que o seu sítio Internet fosse "acedido" por determinados consumidores?

Quanto aos contratos que foram precedidos de publicidade a que o consumidor, no país da sua residência habitual, podia aceder e cujo âmbito

---

[657] Assumimos aqui a orientação que defende que os consumidores que contratam através da Internet não são merecedores de menor protecção do que a que é conferida aos consumidores comuns; neste sentido e sobre este tema, *vide* GABRIELLE KAUFMANN--KOHLER, "Internet: Mondialisation...", cit., pág. 135.

[658] GABRIELLE KAUFMANN-KOHLER, "Internet: Mondialisation...", cit., pág. 138 ss.

[659] CLIVE GRINGRAS, *The Laws of the Internet*, cit., pág. 50, admitindo embora que a publicidade divulgada pela Internet preenche o pressuposto do art. 5.º, n.º 2, da Convenção de Roma.

foi, ou devia ter sido, previsto pelo fornecedor, deverá entender-se que estará preenchido o pressuposto do art. 5.º, n.º 2, primeiro parágrafo[660].

Face às características da Internet, nomeadamente à sua internacionalidade, dificilmente se poderá admitir que o fornecedor não contasse com este factor e com a possibilidade de ser contactado por consumidores de diversos países[661].

Mas o fornecedor tem ainda a possibilidade de decidir se efectivamente deseja celebrar contratos com os consumidores residentes em qualquer país do mundo, e sujeitar-se à aplicação de uma qualquer lei que não conhece, ou se deseja limitar as suas relações contratuais a consumidores específicos. O fornecedor poderá sempre recorrer a meios que o salvaguardem da aplicação de uma ou mais leis que não deseja. Por um lado, tem a possibilidade de indicar expressamente, na sua página, que só contrata com consumidores residentes nos países aí indicados, o que é um importante aspecto a considerar[662]. Por outro lado, o fornecedor poderá ter ao seu alcance os meios de defesa que a sua própria liberdade de contratar lhe assegura. Conforme fizemos referência na I Parte, a mensagem que o fornecedor coloca a circular na Internet não tem de configurar necessariamente uma proposta a contratar que o obrigue mediante a mera aceitação do consumidor. O fornecedor pode limitar-se a fazer publicidade na Internet a bens ou serviços que forneça ou preste, sem, no entanto, aí incluir todos os elemento necessários para se considerar tal mensagem como uma proposta. A publicidade tenderá a ser entendida como uma simples *invitatio ad offerendum* e, assim, é ao consumidor que cabe fazer uma proposta que o fornecedor poderá ou não aceitar, consoante lhe interesse ou não, nomeadamente, consoante a possibilidade de ver aplicada a lei da residên-

---

[660] STAUDINGER/REINHART, pág. 497, anotação 55.

[661] Aliás, esse é um dos maiores atractivos oferecidos por este meio de comunicação, que poderá compensar as incertezas relativas à lei aplicável; GABRIELLE KAUFMANN-KOHLER, "Internet: Mondialisation...", cit., pág. 137; PETER MANKOWSKI, "Internet im Internationalen Vertrags...", cit., pág. 239.

[662] Sobre este tema, *vide* CLIVE GRINGRAS, *The Laws of the Internet*, cit., pág. 50; JOSEF MEHRINGS, "Internet-Verträge...", cit., pág. 620; MICHAEL CHISSICK e ALISTAIR KELMAN, *Electronic Commerce*, cit., pág. 62; PETER MANKOWSKI, "Internet im Internationalen Vertrags...", cit., pág. 245, que parece entender que a divulgação de uma mensagem na Internet faz presumir que o seu emissor não a quis limitar ao mercado nacional mas sim dirigi-la a todos os mercados nacionais. Neste caso a inclusão de cláusulas que limitam o seu âmbito de actuação ou o recurso a uma determinada língua, representando embora um sinal contrário à vontade do seu emissor de divulgação num plano global, não é, no entanto, sinal suficiente para neutralizar a primeira presunção.

cia habitual do consumidor lhe interesse ou não. Ou seja, o fornecedor tem possibilidade de se defender justamente através do controle sobre a própria celebração do contrato[663].

O fornecedor terá então a possibilidade de, antes de celebrar qualquer contrato, perguntar qual é o país da residência habitual do consumidor e, se não estiver interessado em sujeitar-se a uma possível aplicação da lei desse país, recusar a respectiva celebração.

Corre-se contudo o risco de os consumidores prestarem falsas informações. Nesta situação, parece-nos defensável que, no caso de o fornecedor exigir do consumidor uma declaração com todas as informações que considera necessárias, e este faltar deliberadamente à verdade, nomeadamente declarando que reside habitualmente num país onde de facto não reside, não deverão ser aplicadas as normas de direito de conflitos de protecção ao consumidor e especificamente o art. 5.º da Convenção de Roma[664].

VII. Os fornecedores nem sempre quererão proceder a esta triagem e, procurando celebrar, com baixos custos, o maior número possível de contratos, poderão não indicar expressamente nos seus sítios os consumidores a quem destinam a sua mensagem publicitária e divulgar verdadeiras propostas contratuais que, sendo aceites pelos consumidores, fazem nascer o contrato. Nestes casos, correm os riscos inerentes à celebração de contratos com consumidores oriundos de qualquer ponto do globo, que é afinal a contrapartida dos lucros elevados que também pode obter quem tem a população mundial como potencial cliente[665].

Neste contexto, também o argumento, já acima mencionado, de que a aplicação do art. 5.º da Convenção de Roma poderá afastar os fornecedores do comércio electrónico – atento o elemento de insegurança que é introduzido pela possibilidade de serem aplicadas as disposições imperativas da lei do país da residência habitual do consumidor, qualquer que esta seja – surge-nos desfasado da realidade, já que a tendência que se tem vindo a verificar nos últimos anos é para um crescimento do comércio electrónico. Este crescimento deve-se não apenas à adesão dos consumi-

---

[663] PETER MANKOWSKI, "Internet im Internationalen Vertrags...", cit., pág. 248; MICHAEL CHISSICK e ALISTAIR KELMAN, *Electronic Commerce*, cit., pág. 62.

[664] HERBERT KRONKE, "Electronic Commerce und Europäisches...", cit., pág. 993; no mesmo sentido, embora evocando uma redução teleológica, *vide* PETER MANKOWSKI, "Internet im Internationalen Vertrags...", cit., pág. 249.

[665] PETER MANKOWSKI, "Internet im Internationalen Vertrags...", cit., págs. 235 e 248.

dores mas também à descoberta, pelos fornecedores, desta nova forma de vender.

1.4.1.4.3.2. Reacção dos consumidores no país da sua residência habitual

I. A segunda parte do mesmo primeiro parágrafo do art. 5.º, n.º 2, da Convenção de Roma, para além de pressupor a existência prévia de uma proposta ou anúncio publicitário no país da residência habitual do consumidor, exige ainda a presença de um outro pressuposto, a saber, que o consumidor tenha celebrado nesse país todos os actos necessários à celebração do contrato[666].

A expressão "actos necessários" foi deliberadamente adoptada, de modo a não ser preciso assumir qualquer posição no que respeita ao momento e lugar da celebração do contrato[667]. E, de facto, nesta disposição, pouco importa o lugar e o momento em que o contrato é juridicamente concluído, desde que seja no país da residência habitual do consumidor que este comunica a sua aceitação ao fornecedor. Todavia, esta opção por um conceito assumidamente lato, permite enquadrar nesta disposição situações variadas. A situação mais comum é aquela em que o consumidor aceita formalmente a proposta, *v.g.*, preenche, assina e envia a aceitação que lhe foi sugerida. No entanto, tem-se entendido que também outras reacções menos formais dos consumidores poderão preencher o sentido de "acto" previsto neste parágrafo, mais exactamente, qualquer diligência efectuada na sequência de uma oferta ou publicidade[668].

---

[666] Em sentido muito semelhante, *vide* art. 13.º, § 1.º, n.º 3, al. b), da Convenção de Bruxelas.

[667] MARIO GIULIANO e PAUL LAGARDE, *Relatório relativo à Convenção...*, cit., pág. 22.

[668] PAUL LAGARDE, "Le nouveau droit international privé...", cit., pág. 315 ss.; MARIO GIULIANO e PAUL LAGARDE, *Relatório relativo à Convenção...*, cit., pág. 22; PETER MANKOWSKI, "Strukturfragen des internationalen Verbrauchervertragsrechts", cit., pág. 458.; STAUDINGER/REINHART, pág. 496, anotação 51; EUGÉNIA GALVÃO TELES, *A protecção dos consumidores...*, cit., pág. 370, chama a atenção para uma possível interpretação mais restritiva, mediante a qual se poderá entender que a disposição exige não um qualquer acto necessário à celebração do contrato, mas sim, todos os actos que, na formação do contrato, caiba executar, ou seja, a proposta ou a aceitação. Ilustra esta orientação com uma decisão do *Tribunal d'Arrondissement* de 27 de Abril de 1990 do Luxemburgo, em que se chegou à conclusão que um consumidor residente habitualmente no Luxemburgo e que se tivesse deslocado à Bélgica para celebrar um contrato, apesar de o banco belga ter divulgado um anúncio publicitário em jornais distribuídos no Luxemburgo, não beneficiaria da protecção conferida pelo art. 5.º, n.º 2, da Convenção de Roma.

Em sede de contratos celebrados no *ciberespaço*, a interpretação a fazer dos "actos necessários à celebração do contrato" terá de ponderar as características e a especificidade da Internet. O entendimento amplo que se tem desta expressão permite incluir aí diversas atitudes conclusivas dos consumidores. Ora, a Internet, enquanto meio de comunicação e de transmissão de vontades contratuais, não apresenta, neste ponto em especial, qualquer especificidade que faça afastar a aplicação deste artigo aos *cibercontratos*. Poderão ser considerados como "actos necessários à celebração do contrato" o preenchimento, e envio, de um formulário que o fornecedor coloca ao dispor do consumidor na sua página ou o simples "clique" num *ícone* com uma inscrição como "Concordo" ou "Aceito", enfim, numa perspectiva mais lata, qualquer acto praticado na sequência de uma oferta ou de uma publicidade conducente à celebração do contrato.

II. Ainda no que respeita à última parte deste parágrafo, sobressai, uma vez mais, a orientação seguida na elaboração da Convenção de Roma, em que os consumidores-padrão a proteger são passivos e estáticos[669]. O consumidor, para poder "beneficiar da protecção" prevista pela Convenção, terá de ter executado no país da sua residência habitual os actos necessários à celebração do contrato.

Ora, se o facto de se utilizar a Internet na contratação não coloca especiais obstáculos no que toca à "prática de actos necessários à celebração do contrato", maiores dificuldades se poderão suscitar no que respeita à prática desses actos no país da residência habitual do consumidor. É que os terminais através dos quais os utilizadores acedem à Internet não são necessariamente fixos, imóveis. Quanto a estes, a aplicação do art. 5.º não suscita considerações de relevo: a utilização do computador fixo para aceder à Internet e os actos efectuados através do computador, quer utilizando o seu endereço electrónico, quer preenchendo um formulário ou clicando num *ícone*, são semelhantes aos que ocorreriam se fosse utilizado um telefone ou um fax fixos ou mesmo, se fosse escrita em papel, uma carta[670], já que o consumidor permanece no país da sua residência habitual.

Já no caso de o consumidor utilizar um computador portátil – ligado, *v.g.*, a um telefone móvel –, a aplicação do art. 5.º da Convenção de Roma não se apresenta tão linear. O computador portátil permite ao seu utilizador

---

[669] PETER MANKOWSKI, "Internet im Internationalen Vertrags...", cit., pág. 250.
[670] PETER MANKOWSKI, "Internet im Internationalen Vertrags...", cit., pág. 250.

uma mobilidade total, pois pode sair do país da sua residência habitual e, de onde quer que se encontre, poderá celebrar contratos. Tudo isto é possível sem que o seu interlocutor chegue a saber onde é que o consumidor fisicamente se encontra, já que o endereço utilizado é o mesmo, nada denunciando a mudança de localização física, e, no entanto, o consumidor já não está efectivamente no país da sua residência habitual[671].

A circunstância de o consumidor executar os actos necessários à celebração do contrato fora da sua residência habitual afastaria portanto a aplicação deste parágrafo. E ainda que se procurasse encontrar uma interpretação suficientemente flexível desta disposição, com vista a incluir aí esta *nuance* permitida pelo desenvolvimento das novas tecnologias, depararíamos com algumas dificuldades. Com efeito, se atendermos ao elemento literal da interpretação, o art. 5.º, n.º 2, primeiro parágrafo, apenas se aplica se o consumidor praticar os actos necessários à celebração do contrato encontrando-se fisicamente no país da sua residência habitual. As situações previstas nos três parágrafos são entendidas como excepcionais em relação à regra geral prevista nos arts. 3.º e 4.º, e justificam-se em função da fragilidade da posição do consumidor[672], pelo que qualquer interpretação extensiva exigiria uma fundamentação cuidada. No entanto, a letra da lei, aliás muito clara, não deixa margem para um entendimento diferente. A própria *ratio* da disposição – que se funda não apenas na protecção do consumidor, mas também no princípio da proximidade, e que, de certa forma, justifica a aplicação da lei da residência habitual do consumidor pela concentração de factores que fazem localizar a situação a regular neste país – parece não poder prescindir, para a sua aplicação, da verificação dos elementos localizadores nela previstos.

Aliás, denota-se, na redacção e no espírito subjacente à Convenção de Roma, que a fixação de elementos geográficos associados à exteriorização do contrato ou às partes contratantes é uma tendência que vinca manifestamente o texto convencional.

Assim, a entender-se, independentemente da bondade da solução, que se deverá fazer uma interpretação literal do art. 5.º, n.º 2, primeiro parágrafo, da Convenção de Roma, sem menosprezar portanto o elemento geográfico aí indicado, esta disposição só será aplicável nos casos em que

---

[671] No caso de serem utilizados telemóveis com acesso à Internet, designadamente os futuros telemóveis de "Terceira Geração", a questão já não será tão linear pois estes terminais poderão permitir localizar no espaço os seus utilizadores.

[672] MARIO GIULIANO e PAUL LAGARDE, *Relatório relativo à Convenção...*, cit., pág. 21.

o consumidor permanecer no país da sua residência habitual e aí executar todos os actos necessários à celebração do contrato[673].

Esta interpretação, que parece ser a mais consonante com os elementos literal e sistemático, não será contudo a mais favorável ao consumidor, já que faz depender o seu âmbito de aplicação da imobilidade deste. Semelhante exigência, que poderia encontrar alguma justificação no caso das vendas por correspondência e nas vendas porta a porta – em que se teria baseado a redacção desta disposição –, já se revela anacrónica numa época de crescimento da utilização de novas tecnologias que têm na mobilidade uma das principais características. Face ao desenvolvimento das novas técnicas de comunicação e consequentes métodos de venda, começa a colocar-se a questão de saber se a enumeração prevista no art. 5.º, n.º 2, da Convenção de Roma, será suficiente ou mesmo se o recurso a um método casuístico será o mais apropriado[674]. Da mesma forma, as características do consumidor-padrão da Convenção de Roma, designadamente no que respeita à sua imobilidade, merecem uma redefinição com vista à sua actualização e adaptação à revolução tecnológica que tem vindo a afirmar-se na sociedade. Consequentemente, também os princípios orientadores da Convenção de Roma – pensamos especificamente no princípio da proximidade – deverão ser objecto de uma nova análise em função, justamente, da evolução tecnológica que temos verificado e que tem a potencialidade de polarizar os elementos geográficos associados ao contrato.

No entanto, no caso ora em análise, e apesar das sérias dúvidas que a aplicação do art. 5.º coloca às situações em que os actos necessários à celebração do contrato foram praticados fora do país da residência habitual do consumidor, somos levados a concluir que, em termos práticos, a questão raramente será discutida. Conforme acima referimos, o fornecedor dificilmente terá conhecimento da localização física real do consumidor, excepto, claro está, se este o informar da sua situação, uma vez que o endereço electrónico não muda com as deslocações do utilizador. Ao con-

---

[673] "Notwendig ist allerdings, dass der Verbraucher in seinem Wohnsitzstaat tätig wird": Kurt Siehr, "Telemarketing und Internationales Recht...", cit., pág. 170.

[674] Paul Lagarde, *Le consommateur*..., cit., pág. 17; Norbert Reich, "Protection of Consumers'...", cit., pág. 44, considera que a distinção feita, na Convenção de Roma, entre consumidores activos e passivos é artificial e necessita de ser reconsiderada; também Luís de Lima Pinheiro, *Direito Internacional Privado*, cit., pág. 186, entende que "[o] modo como o art. 5.º se encontra concebido merece crítica, por não assegurar qualquer protecção ao consumidor em certos contratos por si celebrados".

sumidor que não tiver interesse em ver afastado o regime previsto no art. 5.º da Convenção de Roma, bastará não revelar ao fornecedor que está a contratar fora do país da sua residência habitual, e, se estiverem preenchidos os restantes pressupostos, serão ainda aplicáveis as disposições imperativas da lei da residência habitual do consumidor[675].

1.4.1.4.3.3. Recepção do pedido do consumidor

I. No segundo parágrafo, admite-se a aplicação do art. 5.º aos casos em que o co-contraente do consumidor, ou o seu representante, tenha recebido o pedido do consumidor no país da residência habitual deste[676-677].

Foi reconhecido, no próprio Relatório M. Giuliano e P. Lagarde, que, embora a sobreposição não seja total, este parágrafo e o imediatamente anterior previam situações coincidentes[678]. Enquanto o primeiro parágrafo exige que a celebração do contrato tenha sido precedida de uma proposta ou publicidade ocorrida no país da residência habitual, seguida de uma reacção do consumidor nesse mesmo país, este segundo parágrafo não exige expressamente a precedência de qualquer proposta ou *invitatio ad offerendum* ou publicidade. Assim sendo, esta disposição aplica-se também, *v.g.*, a casos em que o consumidor se dirige a um posto de venda localizado no país da sua residência habitual – ainda que esse posto seja provisório ou esteja inserido numa feira ou exposição[679] – e aí entrega o seu pedido, mesmo que o fornecedor não tivesse divulgado, no país da residência habitual do consumidor, por proposta ou publicidade, o bem ou serviço em causa[680].

---

[675] PETER MANKOWSKI, "Internet im Internationalen Vertrags...", cit., pág. 252.

[676] KURT SIEHR, "Telemarketing und Internationales Recht...", cit., pág. 160, informa que, se o fornecedor tiver uma filial no país da residência habitual do consumidor, o contrato será interno e não internacional.

[677] No Relatório M. Giuliano e P. Lagarde sublinha-se a semelhança desta disposição com a do art. 3.º, segundo parágrafo, da Convenção de Haia de 1955 Aplicável às Vendas com Carácter Internacional de Bens Móveis Corpóreos: MARIO GIULIANO e PAUL LAGARDE, *Relatório relativo à Convenção...*, cit., pág. 22. No mesmo sentido, vide KURT SIEHR, "Telemarketing und Internationales Recht...", cit., pág. 163.

[678] MARIO GIULIANO e PAUL LAGARDE, *Relatório relativo à Convenção...*, cit., pág. 22; EUGÉNIA GALVÃO TELES, *A protecção dos consumidores...*, cit., pág. 378.

[679] Situações para cuja regulação este artigo está especialmente vocacionado: NORBERT REICH, "Protection of Consumers'...", cit., pág. 42.

[680] MARIO GIULIANO e PAUL LAGARDE, *Relatório relativo à Convenção...*, cit., pág. 22; STAUDINGER/REINHART, pág. 498, anotação 59.

Kurt Siehr sublinha que, apesar de não ser efectivamente necessária a precedência de publicidade ou de uma proposta dirigida ao consumidor, o fornecedor terá de se ter dirigido ao consumidor, no país da sua residência habitual, terá de se verificar, também aqui, uma relação estreita entre o contrato e este país[681]. Ora, também relativamente ao segundo parágrafo do art. 5.º, n.º 2, e ao seu correspondente no DIP suíço, art. 120, n.º 1, al. a), este autor coloca a mesma questão, já equacionada em relação ao parágrafo acima analisado, que é a de saber se a aplicação desta disposição pressupõe um direccionamento específico da mensagem do fornecedor para o país da residência habitual do consumidor. Mais uma vez, coerente com a orientação também assumida em relação ao primeiro parágrafo, este autor entende que a mensagem divulgada através da Internet não se dirige concretamente ao país da residência do consumidor. Como tal, também esta disposição não deverá ser aplicável aos contratos precedidos de divulgação veiculada através de meios de comunicação de carácter mundial, dificilmente direccionada a um país em especial[682].

No entanto, não decorre da letra da lei que, para a aplicação da disposição, tenha sido dirigida qualquer mensagem especial ao consumidor, exigindo-se apenas que o pedido[683] do consumidor tenha sido recebido no país da sua residência habitual, o que já pressupõe uma ligação suficientemente estreita entre o contrato e este país: o fornecedor, ou o seu representante, colocam-se à disposição, no país da residência habitual do consumidor, para receber o seu pedido, que aí é feito; além disso, esse é também o país onde um dos contraentes reside habitualmente. A aplicação de uma outra lei poderia colidir com o princípio da proximidade.

II. Acresce ainda que uma fracção da doutrina considera que a aplicação deste parágrafo reclama a presença física do vendedor no país da residência habitual do consumidor, exigindo que o vendedor receba, em pessoa, o pedido do consumidor[684]. Neste sentido, não bastará que o con-

---

[681] KURT SIEHR, "Telemarketing und Internationales Recht...", cit., pág. 163.
[682] KURT SIEHR, "Telemarketing und Internationales Recht...", cit., pág. 163 ss.
[683] O termo "pedido" aqui utilizado é uma noção muito ampla e é qualificado como "conceito não técnico", que tanto poderá significar proposta como aceitação ou outro acto que manifeste a vontade do consumidor conducente à celebração do contrato: vide EUGÉNIA GALVÃO TELES, *A protecção dos consumidores...*, cit., pág. 378.
[684] K. SIEHR considera que o art. 120, n.º 1, al. a), da Lei de DIP suíça, semelhante à disposição da Convenção de Roma em análise, exige a presença física simultânea de ambas as partes no país do consumidor ("Telemarketing und Internationales Recht...", cit., pág. 164).

sumidor encomende o bem ou serviço utilizando uma técnica de telecomunicação[685], já que, por este meio, os contraentes não se encontram fisicamente, doutrina esta que também vale para os contratos celebrados através da Internet[686].

Esta orientação, que exige a presença física do vendedor, também não está isenta de objecções. Nem na letra da disposição em discussão nem no Relatório M. Giuliano e P. Lagarde é feita qualquer referência expressa à presença física do vendedor ou do seu representante no país da residência habitual do consumidor, nem nos parece que decorra da sua *ratio legis* que seja absolutamente necessária a presença física de ambos os contraentes. Com efeito, admite-se, conforme já foi referido, que o preenchimento da previsão deste parágrafo, como também dos outros dois do art. 5.º, n.º 2, tem subjacente a concepção de consumidor passivo, quase inerte, que é abordado pelo fornecedor, no país da sua residência habitual. Também neste caso, e obedecendo à orientação seguida pela Convenção, é o fornecedor quem vai ao encontro do mercado onde o consumidor tem a sua residência habitual[687] e o consumidor não necessita de se deslocar daí para fazer o seu pedido, sendo ainda aqui um ente passivo. No entanto, este comportamento passivo do consumidor não exige, ainda assim, a presença física do fornecedor: o consumidor não terá uma atitude mais activa se, ao invés de se dirigir, *v.g.*, a uma feira onde o fornecedor esteja representado e aí fizer o seu pedido, fizer o seu pedido telefonando para o fornecedor, desde que este esteja no país da residência habitual do consumidor, conforme exige a disposição.

Acresce ainda que a aplicação da lei da residência habitual do consumidor se funda também nas justas expectativas que este tem de, face às circunstâncias em que o contrato é celebrado, ver aplicada a sua lei. O comportamento passivo do consumidor que é instigado, no seu país, a contratar, leva a que este confie e espere a aplicação da lei com que está mais familiarizado. Neste sentido, a presença física ou corporal do vendedor

---

[685] KURT SIEHR, "Telemarketing und Internationales Recht...", cit., pág. 164, sublinha que não encontra, neste caso, qualquer possível representante físico do fornecedor, acrescentando que os serviços de telecomunicações, elo de ligação entre o fornecedor e o país da residência habitual do consumidor, não poderão ser considerados como representante do fornecedor neste país.

[686] JOACHIM GRUBER, "Vertragsschluss im Internet...", cit., pág. 1437; JOSEF MEHRINGS, "Internet-Verträge...", cit., pág. 619 ss.

[687] EUGÉNIA GALVÃO TELES, *A protecção dos consumidores...*, cit., pág. 378; D. MARTINY, *MünchKomm*, pág. 1666, anotação 22.

poderá não ser essencial ao preenchimento dos pressupostos de aplicação do art. 5.º da Convenção de Roma, se a verificação do conjunto dos indícios existentes[688] fizer nascer a confiança do consumidor quanto à aplicação da sua lei, com tanta ou maior intensidade do que no caso de presença física do fornecedor[689].

III. Assim, se se renunciar a esta exigência referente à presença física de ambos os contraentes, e se assim se admitir a possibilidade de aplicar esta disposição aos contratos celebrados através da Internet, a questão que se coloca será a de saber quando é que se deve considerar que o fornecedor recebe o pedido do consumidor no país da residência habitual deste.

Uma possível interpretação poderia ir no sentido de se entender que um fornecedor de bens ou serviços que proponha a respectiva compra através do preenchimento de um formulário electrónico, receberá a encomenda do consumidor no país da residência habitual deste. Mas também contra esta interpretação se poderia argumentar que, sendo assim, quase todos os contratos celebrados através da Internet cairiam no âmbito de aplicação desta disposição[690]. E, além disso, o facto de o consumidor enviar o seu pedido, pela Internet, e a partir do país da sua residência habitual, não significa que o fornecedor ou o prestador recebam o pedido nesse mesmo país, condição expressamente indicada no segundo parágrafo do art. 5.º, n.º 2.

A questão central será, neste caso, e uma vez mais, a de saber onde, e quando, é que ocorre a recepção da mensagem. Quando são utilizados meios de comunicação tradicionais, tem-se entendido que o fornecedor recebe o pedido do consumidor desde que obtenha a mensagem deste[691], isto é, desde que esta declaração entre na sua esfera de influência[692]. Se for utilizada a Internet, a mensagem deverá considerar-se igualmente recebi-

---

[688] STAUDINGER/REINHART, pág. 498, anotação 58.

[689] Também nesta situação o vendedor poderá, no entanto, salvaguardar a sua posição e indicar expressa e claramente, no seu sítio Internet, que a publicidade se não dirige a consumidores residentes habitualmente em determinados países. Neste caso, o consumidor já não terá razões para acreditar que a lei do país da sua residência habitual será aplicada: vide JOSEF MEHRINGS, "Internet-Verträge...", cit., pág. 620.

[690] JOSEF MEHRINGS, "Internet-Verträge...", cit., pág. 620.

[691] STAUDINGER/REINHART, pág. 498, anotação 58; "[p]ar le terme «réception» («Entgegennahme») dans l'art. 29, al. 1, n.º 2, EGBGB il faut comprendre l'obtention ou l'arrivée de la commande": PAUL LAGARDE, Anotação..., cit., pág. 615.

[692] KONRAD ZWEIGERT e HEIN KÖTZ, Introduction to Comparative Law, cit., pág. 362 ss.; PETER MANKOWSKI, "Internet im Internationalen Vertrags...", cit., pág. 252.

da no momento em que ela entra no sistema informático do seu destinatário e este a pode consultar.

A determinação do local da recepção da mensagem do consumidor é um aspecto que, em sede de transmissão de declarações através da Internet, coloca sérias dúvidas. O envio da mensagem pelo consumidor e a sua recepção pelo fornecedor não são, por regra, simultâneas, pelo menos no caso de ser utilizado o correio electrónico. Entre o envio da mensagem pelo emissor e a sua recepção pelo seu destinatário actua, no mínimo, uma entidade intermediária que procede ao seu transporte e a recebe, redireccionando-a para o sistema informático deste último. No entanto, tem-se entendido que o lugar onde as mensagens se encontram armazenadas pelo *servidor* e de onde o destinatário as pode transferir para o seu computador não tem qualquer significado. É um lugar meramente acidental, que nem sempre é evidente para as partes e cuja localização física nem sempre será determinável. Além disso, haverá ainda que atender às expectativas das partes, e nomeadamente do consumidor, contraente mais débil que apenas pondera a existência de duas partes – que correspondem aos dois contraentes em contacto – e não de um terceiro intermediário que tem por função a transmissão das respectivas mensagens[693].

Ponderando estes factores, e sem descurar a própria letra da lei, Peter Mankowski vem defender que a determinação do lugar a considerar estará directamente dependente do endereço para onde a mensagem for enviada[694]. Por exemplo, se o consumidor enviar a sua mensagem para um endereço cuja terminação é "de.", poderá considerar-se que o lugar da recepção da mensagem ocorre na Alemanha, da mesma forma que uma terminação de endereço em "pt." faz presumir a recepção das mensagens em Portugal. Esta opção, já acima aflorada, poderá não corresponder exactamente à realidade, já que o facto de o endereço ter terminação em "de." garante apenas que o utilizador tem um *servidor* alemão e não que tem a sede ou que recebe a mensagem na Alemanha[695]. Mas também é sabido que a utilização da Internet, conforme já foi exaustivamente referido, dificulta a exacta determinação do lugar onde os factos ocorrem, uma vez que o utilizador tem liberdade para escolher o seu *servidor*[696] e o endereço

---

[693] PETER MANKOWSKI, "Internet im Internationalen Vertrags...", cit., pág. 253.
[694] PETER MANKOWSKI, "Internet im Internationalen Vertrags...", cit., pág. 253.
[695] THOMAS PFEIFFER, " Die Entwicklung des Internationalen Vertrags-, Schuld-und Sachenrechts in den Jahren 1995/96", *NJW*, 18/1997, pág. 1207-1216, pág. 1214.
[696] No caso de se verificar que o fornecedor que tem sede e actua no país da residência habitual do consumidor procede a uma manipulação, escolhendo um determinado

electrónico acompanha as deslocações físicas do seu utilizador, mantendo-se inalterado.

No entanto, e face à necessidade de determinar o local onde se deva considerar que ocorreu a prática de certo facto, a solução apresentada por Peter Mankowski parece razoável, atendendo, nomeadamente às expectativas das partes. O que não deverá levar a que, se se verificar, na situação concreta, que o consumidor não tinha motivos para acreditar que o fornecedor recebesse o seu pedido no país da sua residência habitual, o art. 5.º, n.º 2, segundo parágrafo, seja aplicado. Aliás, esta disposição, tal como as previstas nos outros dois números do mesmo artigo, pressupõe que o consumidor possa legitimamente confiar na aplicação do seu direito.

IV. M. Giuliano e P. Lagarde esclarecem ainda que por representante se deve entender todas as pessoas que agem em nome do comerciante [697].

Em sede de Internet, cumpre sublinhar que não se poderá considerar como representante do co-contraente do consumidor a entidade que faculta o serviço de telecomunicações, nem o seu *servidor* nem um eventual terceiro *servidor* necessário para haver comunicação entre as partes[698], excepto no caso de o *servidor* actuar como intermediário e fomentar a contratação[699].

---

servidor para afastar a aplicação do art. 5.º da Convenção de Roma, poder-se-á estar perante um caso de fraude à lei.

[697] MARIO GIULIANO e PAUL LAGARDE, *Relatório relativo à Convenção*..., cit., pág. 22; EUGÉNIA GALVÃO TELES, *A protecção dos consumidores*..., cit., pág. 379, informa que, em decisão do *Tribunal d'arrondissement* do Luxemburgo, se considerou que a ausência de poderes de uma sociedade, para agir em nome da sociedade "representada", afasta a noção de representante que, nos termos desta disposição, e conforme a interpretação do citado tribunal, deverá ser entendida em sentido estrito. No entanto, a autora não concorda com esta interpretação, considerando ser representante quem, com ou sem poderes, age em nome do representado, interpretação que nos parece mais próxima da enunciada no Relatório M. Giuliano e P. Lagarde. Na mesma linha de orientação daquela autora, *vide* MICHAEL CHISSICK e ALISTAIR KELMAN, *Electronic Commerce*, cit., pág. 119, que defendem que "«Agent» in this context represents anyone acting on behalf of the vendor and not a principal-agent relationship".

[698] KURT SIEHR, "Telemarketing und Internationales Recht...", cit., pág. 164.

[699] MICHAEL CHISSICK e ALISTAIR KELMAN, *Electronic Commerce*, cit., pág. 119.

1.4.1.4.3.4. Vendas incluídas em viagens organizadas pelos vendedores – *Kaffeefahrt*

Por último, no terceiro parágrafo do art. 5.º, n.º 2, da Convenção de Roma, prevê-se, ainda como condição de aplicação das disposições imperativas da lei do país da residência habitual do consumidor, que este se tenha deslocado do país da sua residência habitual para um outro país, onde tenha comprado mercadorias, desde que a viagem tenha sido planeada e organizada pelo vendedor e com o objectivo de incentivar o consumidor a comprar.

Numa primeira perspectiva, os pressupostos previstos neste parágrafo dificilmente se poderiam considerar preenchidos no que respeita a contratos celebrados através da Internet. No entanto, se se entender "viagem" num sentido amplo, tanto poderia tratar-se de uma viagem real, como de uma viagem virtual, sendo esta última uma situação com que os consumidores, e mesmo os fornecedores, estão ainda pouco familiarizados, mas que nem por isso é descabida. Existem inclusive alguns fornecedores que, para habituar os potenciais consumidores a contratarem através da Internet, lhes oferecem *CD-Roms* que lhes permitem ligar-se à rede.

No entanto, a interpretação da doutrina dominante que é feita desta disposição não parece ir neste sentido e as únicas viagens que aqui se enquadram são as reais (*Kaffeefahrt*)[700].

De qualquer modo, se o fornecedor solicitar ao consumidor, através de mensagem divulgada na Internet, que o visite, organizando para o efeito a viagem respectiva, e, já fora do país da residência habitual do consumidor, aí celebrar o contrato, poderá estar preenchida a previsão deste parágrafo[701].

1.4.1.4.4. Apreciação crítica quanto ao elemento de conexão residência habitual do consumidor adoptado pelo art. 5.º da Convenção de Roma. Ponderação sobre a aplicação da lei mais favorável ao consumidor no âmbito da Convenção de Roma

I. O art. 5.º, n.º 2, da Convenção de Roma garante, ao consumidor que celebre um contrato que preencha um dos três pressupostos aí pre-

---

[700] TANGUY VAN OVERSTRAETEN, "Droit applicable et juridiction...", cit., pág. 388; JOACHIM GRUBER, "Vertragsschluss im Internet...", cit., pág. 1437; JOSEF MEHRINGS, "Internet-Verträge...", cit., pág. 620; MICHAEL CHISSICK e ALISTAIR KELMAN, *Electronic Commerce*, cit., pág. 119.

[701] KURT SIEHR, "Telemarketing und Internationales Recht...", cit., pág. 161.

vistos, a aplicação das disposições imperativas da lei da sua residência habitual, apesar de ter sido escolhida a lei de um outro país.

O art. 5.º, n.º 3, determina que, no caso de as partes não terem escolhido qual a lei aplicável ao contrato e enquadrando-se este numa das situações previstas no n.º 2 deste artigo, a lei designada para reger o contrato será a lei do país da residência habitual do consumidor, em vez de se aplicar a regra prevista no art. 4.º.

O elemento de conexão "residência habitual do consumidor" previsto no art. 5.º visa a protecção do consumidor, entendendo-se que, sendo esta a lei com que ele está mais familiarizado, será também a que lhe confere melhor protecção, facto que, no entanto, nem sempre se verifica. Nada garante que a lei do país onde se situa a sede ou a administração do fornecedor não seja mais favorável ao consumidor do que a lei onde este tem a sua residência habitual[702].

O que se garante ao consumidor, pela aplicação do art. 5.º, é um *standard* mínimo de protecção – o previsto na lei da sua residência habitual[703], cujo teor se presume que aquele conheça melhor. Daí que a maior vantagem desta conexão resida na previsibilidade e na segurança que pode proporcionar ao contraente mais fraco. No entanto, parte-se aqui de um pressuposto que, na realidade, raramente se verifica, a saber, que o consumidor conhece a sua lei. Com efeito regista-se que muito frequentemente o consumidor não conhece a sua lei (nem a dos outros países), nem tem o hábito de procurar ajuda técnica especializada para ser esclarecido, sendo este, aliás, um dos motivos pelos quais se considera que o consumidor é parte mais fraca na relação contratual – não tem informações relativas aos seus direitos enquanto consumidor[704].

O elemento de conexão que conduz à aplicação da lei da residência habitual do consumidor só o protege verdadeiramente se essa lei estabelecer um regime que lhe seja favorável. Ou, conforme sublinha P. Lagarde, esta orientação assumida pela Convenção de Roma é uma solução de países ricos, onde se pressupõem níveis elevados de protecção do consumidor[705]. Se pensarmos, no entanto, em situações em que o consumidor – residente habitual num país pouco desenvolvido, cujas leis lhe oferecem

---

[702] Fausto Pocar, "La protection de la partie faible", cit., pág. 392 ss.

[703] D. Martiny, *MünchKomm*, pág. 1672, anotação 37, relativamente ao art. 5.º, n.º 2 e pág. 1674, anotação 40, relativamente ao art. 5.º, n.º 3; Staudinger/Reinhart, pág. 510, anotação 98.

[704] Fausto Pocar, "La protection de la partie faible", cit., pág. 394.

[705] Paul Lagarde, *Le consommateur...*, cit., pág. 11.

uma parca ou nula protecção – celebra um contrato com um fornecedor que tem a sua administração central num país que assegura indíces altíssimos de protecção, somos levados a concluir que aí a aplicação da lei do país do estabelecimento do fornecedor, apesar de desconhecida pelo consumidor, lhe será seguramente mais favorável, pois garante-lhe um nível de protecção mais elevado.

II. A conclusão, ainda provisória, a que se chega é a de que só muito dificilmente se encontrará um elemento de conexão que garanta ao consumidor a melhor protecção possível, se se não puder recorrer a elementos correctores que permitam a aplicação de outras leis mais favoráveis, sob pena de se estar a sacrificar as exigências de protecção do contraente mais débil em função da segurança jurídica[706].

Não obstante o objectivo de protecção ao consumidor em que este artigo 5.º se inspira, a determinação da lei aplicável aos contratos que preenchem as circunstâncias previstas nos seus n.ºs 2 e 3 é feita de uma forma rígida e da sua interpretação literal não resulta que possa vir a ser aplicada outra lei que não seja a da residência habitual do consumidor[707]. Isto é, não resulta da letra da lei que se deva proceder a uma comparação entre a lei da residência habitual do consumidor – aplicável parcialmente nos termos do art. 5.º, n.º 2, ou designada pela norma de conflitos do n.º 3 – e outras leis que também apresentem uma ligação estreita com o contrato, e que, na ausência do art. 5.º seriam aplicáveis, (lei escolhida pelas partes ou lei com a qual o contrato apresente, nos termos do art. 4.º, uma conexão mais estreita) e que, após essa comparação, se aplique a lei mais favorável ao consumidor[708].

Segundo T. Ballarino, o art. 5.º traduz uma "justiça internacionalprivatista", que não procura, efectivamente, encontrar e realizar a solução substancialmente ou materialmente mais justa[709].

III. Procurando ultrapassar esta rigidez do art. 5.º, e professando uma orientação mais consentânea com a filosofia inspiradora da disposição, que visa garantir ao consumidor um nível de protecção mínimo, uma fracção da doutrina tem entendido que as disposições imperativas da

---

[706] FAUSTO POCAR, "La protection de la partie faible", cit., págs. 393, 395.
[707] FAUSTO POCAR, "La protection de la partie faible", cit., pág. 393, não concorda com a solução adoptada pela Convenção de Roma devido à sua rigidez e inflexibilidade.
[708] FAUSTO POCAR, "La protection de la partie faible", cit., pág. 393.
[709] TITO BALLARINO, *Diritto Internationale Privato*, cit., pág. 680.

lei do país da residência habitual do consumidor só deverão ser aplicadas se, comparadas com as disposições da lei escolhida para regular o contrato, se revelarem mais favoráveis ao consumidor.

A protecção mínima que a lei da residência habitual garante ao consumidor pode, efectivamente, ser afastada nos casos em que o fornecedor, contraente mais forte, influencia, ou impõe, a "escolha" da lei que rege o contrato – adoptando a que lhe é mais favorável –, e em que o consumidor, não tendo capacidade de reacção perante esta posição de força ou eventualmente nem sequer tomando consciência das desvantagens inerentes à aplicação da lei escolhida pelo seu co-contraente, a aceita. Nesta situação, verifica-se que, para assegurar o equilíbrio contratual, é necessário proteger o consumidor do fornecedor e mesmo de si próprio e garantir a aplicação do mínimo de protecção que lhe é assegurado pela lei da sua residência habitual.

Ora, se se verificar que, no caso concreto, a lei escolhida é mais favorável ao consumidor do que as disposições imperativas da lei da sua residência habitual, deixa de se verificar o motivo que exigia a aplicação desta lei e será mais vantajoso para o consumidor a aplicação daquela. Neste sentido, vários autores têm-se manifestado a favor da aplicação da lei que, em concreto, se revele mais favorável ao consumidor: a lei da sua residência habitual ou a lei que as partes tiverem escolhido. O essencial é que seja garantido ao consumidor o nível mínimo de protecção que lhe é assegurado pela lei da sua residência habitual, mas se a lei escolhida, para além deste mínimo, previr um regime mais favorável, deverá ser esta a aplicável[710].

---

[710] *Vide*, neste sentido, JACQUES FOYER, "Entrée en vigueur de la Convention de Rome...", cit., pág. 612; ERIK JAYME, "Les contrats conclus par les consommateurs et la Convention de Rome sur la loi applicable aux obligations contractuelles", *Droit international et droit communautaire*, Actes du Colloque, Fondation Calouste Gulbenkian, Centre Culturel Portugais, Paris, 1991, pág. 77-85, pág. 82; NORBERT REICH, "Protection of Consumers'...", cit., pág. 42; D. MARTINY, *MünchKomm*, pág. 1673, anotação 37, considera que o ónus da investigação de qual seja a lei mais favorável caberá ao consumidor; ULRICH DROBNIG, "Neue rechtliche Konzepte...", cit., pág. 206; STAUDINGER/REINHART, pág. 502, anotações 74 ss.; KURT SIEHR, "Telemarketing und Internationales Recht...", cit., pág. 174; TITO BALLARINO, *Internet nel mondo della legge*, cit., pág. 111 ss.; MICHAEL CHISSICK e ALISTAIR KELMAN, *Electronic Commerce*, cit., pág. 120; MARIA HELENA BRITO, *A representação...*, cit., pág. 699; PAUL LAGARDE, *Le consommateur...*, cit., pág. 11, reconhece que embora esta não seja a opção consagrada pela Convenção de Roma, ela deverá ser considerada.

Tal orientação, que prevê a aplicação da lei mais favorável, tem sido alvo de algumas críticas. Estas prendem-se fundamentalmente, e uma vez mais, com questões de segurança e de previsibilidade: isto é, ao admitir-se que a lei a aplicar deverá estar dependente – para além da escolha pelas partes e da determinação de que, em certas circunstâncias, deverão ser aplicadas as disposições imperativas da lei da residência habitual do consumidor – da comparação entre o regime material de duas leis, e só depois, verificado qual seja a lei mais favorável, decidir qual será o regime que regulará o contrato, estarão a ser introduzidos elementos de insegurança e de imprevisibilidade quanto à determinação da lei aplicável[711].

A dicotomia segurança e previsibilidade, associada a uma concepção mais formal do Direito Internacional Privado, por contraponto à necessidade de protecção do consumidor e, consequentemente, a uma perspectiva do DIP mais sensível e permeável a questões de justiça material, tem acompanhado este texto, como acontece com quaisquer considerações que sejam tecidas em sede de protecção dos consumidores no DIP. No caso concreto em análise, não nos parece excessiva a teoria que defende a existência de um nível mínimo de protecção do consumidor – conferido pela lei da sua residência habitual – e a sua derrogação na presença de uma lei que as partes escolheram para regular o contrato e que se vem a revelar ser mais favorável. Esta interpretação parece-nos, aliás, mais consentânea com o espírito da lei e mesmo na sua letra poderá considerar-se que, ao estabelecer-se que o consumidor não pode ser privado da "(...) protecção que lhe garantem as disposições imperativas da lei do país em que tenha a sua residência habitual (...)", o legislador se estaria a referir ao teor material dessas normas, ao mínimo de protecção que deve ser assegurado ao consumidor, e não necessariamente à mera aplicação daquelas regras, entendidas numa perspectiva mais formal.

Acresce ainda que também a imprevisibilidade e a insegurança assumem, de acordo com esta interpretação mais favorável ao consumidor, uma intensidade relativa e limitada. Os fornecedores que celebrem contratos com os consumidores nas circunstâncias previstas no n.º 2 do art. 5.º, prevêem, ou deverão prever, que ao contrato não será apenas aplicada a lei escolhida mas também a lei da residência habitual do consumidor, ou seja, *a priori*, eles contam ou devem contar com a possível aplicação de duas leis distintas. Se se vier a revelar que, no caso concreto, deverão ser

---

[711] Sobre esta polémica, *vide* EUGÉNIA GALVÃO TELES, *A protecção dos consumidores...*, cit., pág. 405 ss.

aplicadas as normas imperativas da lei da residência habitual do consumidor, não haverá efeito de surpresa, já que a interpretação literal mais restrita vai nesse sentido. Se, pelo contrário, vier a ser aplicada, à totalidade do contrato, a lei designada pela *electio iuris*, também se não estará perante uma situação de absoluta surpresa, já que é exactamente essa a lei que as partes escolheram para reger o contrato[712].

IV. A adopção de uma teoria que admite a aplicação da lei mais favorável implica, no entanto, uma dificuldade prévia, que consiste justamente em delimitar quais as leis a tomar em consideração e em determinar, de entre elas, qual se revela mais vantajosa. De acordo com as premissas que acima, ainda que sumariamente, indicámos, as duas leis a considerar serão a lei da residência habitual do consumidor e a lei escolhida pelas partes para reger o contrato, já que esses são os dois ordenamentos concorrentes nos termos do art. 5.º, n.º 2.

Ressalva-se ainda que, quando se fala em lei mais favorável, convém precisar que, sendo o conceito "favorável" relativo, consoante a posição das partes, neste caso, o favor deverá ser concedido ao consumidor, parte mais débil, e não ao fornecedor, seu co-contratante.

A questão que, de seguida, se levanta é a de saber qual o método de comparação que deverá ser seguido, designadamente se a comparação deverá ser feita entre normas isoladas relacionadas com a situação ou se a comparação deverá assumir um carácter mais global[713].

A comparação com vista a determinar o regime mais favorável poderá ser feito entre normas específicas de cada um dos ordenamentos – comparação regra a regra[714] – ou então entre as leis entendidas na sua globalidade[715]. Numa outra via intermédia, procura-se fazer a comparação "(...) *entre grupos de normas incindíveis*, que se encontrem entre si numa particular conexão interna"[716].

---

[712] *Vide* também, EUGÉNIA GALVÃO TELES, *A protecção dos consumidores...*, cit., págs. 425-426.

[713] STAUDINGER/REINHART, pág. 506, anotação 86.

[714] Teoria do cúmulo, segundo nos informa ANTÓNIO MENEZES CORDEIRO, *Manual de Direito do Trabalho*, cit., pág. 208.

[715] Teoria da conglobação ou do conglobamento, ainda segundo ANTÓNIO MENEZES CORDEIRO, *Manual de Direito do Trabalho*, cit., pág. 208 ss.

[716] Tese da conexão interna, na terminologia de ANTÓNIO MENEZES CORDEIRO, *Manual de Direito do Trabalho*, cit., pág. 209 (sublinhado do autor).

Poderá assim entender-se que não é necessário proceder a uma comparação da totalidade dos dois ordenamentos jurídicos e que se deve mesmo renunciar, na prática, a uma comparação abstracta das normas[717]. Também uma comparação regra a regra faz perder, ao intérprete, o enquadramento da estrutura global em que essas normas se inserem, podendo inclusive chegar-se a conclusões desfasadas da realidade jurídica do sistema em causa.

A comparação deverá incidir essencialmente no problema jurídico que a situação em concreto suscite[718], sem que, no entanto, se perca a noção da globalidade do sistema em que se inserem as normas jurídicas que vão regular essa questão. Assim, o intérprete terá de adoptar, no caso concreto, uma técnica de comparação jurídica, entre as normas imperativas e as regras correspondentes do ordenamento escolhido, isoladamente consideradas, ou uma técnica de atribuição de relevância interpretativa à integração dessas regras num determinado complexo normativo[719]. Parece-nos, em conformidade com o defendido por Maria Helena Brito, que a comparação efectuada individualmente, norma a norma, não reflectirá o verdadeiro sentido da protecção ao consumidor que se procurou conferir no ordenamento respectivo[720]. A comparação deverá portanto ser realizada entre "(...) complexos de normas materiais que, dentro de cada uma das ordens jurídicas, constituam unidades teleológicas ou se encontrem entre si numa particular conexão interna" [721].

Importa, no entanto, ressalvar que a aplicação da lei mais favorável e a precedente comparação entre ordenamentos não significam que o consumidor possa cumular os regimes legais mais vantajosos de ambas as leis. Um entendimento contrário estaria a desconsiderar o equilíbrio por que se terá pautado a elaboração das leis em causa e a conferir ao consumidor cujo contrato esteja em contacto com mais de um ordenamento jurídico, uma maior protecção do que a conferida ao consumidor interno[722].

---

[717] PAUL LAGARDE, "Le nouveau droit international privé...", cit., pág. 314; STAUDINGER/REINHART, pág. 506, anotações 87, 88; D. MARTINY, *MünchKomm*, pág. 1673, anotação 38.

[718] E no resultado a que se chegue pela aplicação das leis em concurso, segundo defende A. E. VON OVERBECK, "Cours général de droit international privé", *RCADI*, tomo 176, 1982-III, pág. 9-258, pág. 87.

[719] STAUDINGER/REINHART, pág. 506, anotação 88.

[720] MARIA HELENA BRITO, *A representação...*, cit., pág. 699 ss.

[721] MARIA HELENA BRITO, *A representação...*, cit., pág. 699.

[722] RUI MANUEL MOURA RAMOS, *Da lei aplicável...*, cit., pág. 877.

1.4.2. A protecção dos consumidores internautas no âmbito das regras de DIP incluídas em directivas comunitárias. O princípio da relação estreita

1.4.2.1. Razão de ordem

I. O Direito Comunitário derivado, e mais concretamente as directivas comunitárias, têm assumido um papel de destaque em sede de protecção dos consumidores. Alguns destes diplomas comunitários assumem especial importância quanto ao tema deste nosso trabalho, uma vez que também têm aplicação no caso de contratos celebrados através da Internet.

Em algumas destas directivas como a Directiva 97/7/CE, relativa à protecção dos consumidores em matéria de contratos à distância, a Directiva 93/13/CEE, relativa às cláusulas abusivas, a Directiva 94/47/CEE, relativa à protecção dos adquirentes quanto a certos aspectos dos contratos de aquisição de um direito de utilização parcial de bens imóveis, a Directiva 1999/44/CE, relativa a certos aspectos da venda de bens de consumo e das garantias a ela relativas, tem-se verificado uma preocupação do legislador comunitário em incluir aí regras de DIP que determinam, em situações plurilocalizadas, o âmbito de aplicação do regime material previsto nas directivas.

A noção de "relação estreita" como princípio orientador destas regras de DIP tem assumido especial interesse pelas referências que lhe são feitas em directivas comunitárias.

Encontramos na Directiva 93/13/CEE, relativa às cláusulas abusivas nos contratos celebrados com os consumidores, uma menção expressa, no seu art. 6.º, n.º 2, em que se determina que as normas de protecção aos consumidores constantes da directiva deverão ser aplicadas, ainda que as partes tenham escolhido a lei de um país terceiro, se o contrato apresentar uma "relação estreita" com o território dos Estados-membros. No mesmo sentido, com uma redacção muito semelhante, em que as diferenças se revelam muito ténues, encontramos o art. 12.º, n.º 2, da Directiva 97/7/CE, bem como o art. 7.º, n.º 2, da Directiva 1999/44/CE. Também na proposta e na proposta alterada de directiva relativa à comercialização à distância dos serviços financeiros junto dos consumidores, no seu art. 11.º, n.º 3, em sentido ligeiramente diferente do disposto nas duas directivas anteriores, se prevê que o consumidor deverá beneficiar da protecção concedida na directiva, ainda que a lei que rege o contrato seja a lei de um país terceiro, desde que o contrato apresente um "vínculo estreito" com a Comunidade e o consumidor tenha a sua residência no território de um dos Estados-membros.

Parece, portanto, que as mais recentes directivas comunitárias que visam a protecção dos consumidores vêm já munidas de uma norma de DIP que determina o seu âmbito de aplicação no espaço[723]. Ou melhor, atendendo a que as directivas comunitárias, nos termos do art. 249.º, terceiro parágrafo, do Tratado que institui a Comunidade Europeia, apenas vinculam os Estados-membros quanto ao resultado a alcançar, deixando os meios e a forma ao critério de cada um deles, estas directivas contêm uma indicação dirigida aos Estados-membros no sentido de assegurarem determinadas medidas de protecção[724].

E, apesar de o legislador comunitário se socorrer, com uma frequência cada vez maior da noção de "relação estreita" ou de outras noções sinónimas, ainda não existe consenso, nem nos ordenamentos jurídicos nacionais quando procedem à transposição das directivas para o direito interno, nem na doutrina, de qual seja a verdadeira concretização que deva ser dada deste conceito, por enquanto ainda vago.

Temos, no entanto, alguns elementos importantes de interpretação de que nos podemos socorrer para procurar determinar o que se deva entender por "relação estreita". Assim, para além dos próprios artigos das directivas comunitárias, temos ainda as transposições que os diversos Estados--membros fizeram para o seu direito interno, quer da Directiva 93/13/CEE, quer da Directiva 97/7/CE, e que, embora não primem pela uniformidade, nos poderão facultar algumas possíveis pistas de orientação.

II. Para uma melhor compreensão do conceito de "relação estreita" previsto nas disposições acima referidas, importará atender ao contexto em que se insere, quer num sentido mais lato, enquadrado na directiva, quer num sentido mais restrito, relativo ao próprio artigo.

O legislador comunitário, tendo como princípio inspirador, nestas directivas, a protecção dos consumidores, entendeu que, para prosseguir

---

[723] Veja-se também, seguindo já esta recente orientação do legislador comunitário, o art. 9.º da Directiva 94/47/CEE. NORBERT REICH, "Die neue Richtlinie 97/7 /CE...", cit., pág. 587, fala de uma espécie de cláusula de protecção de Direito Internacional Privado; vide ainda GABRIELLE KAUFMANN-KOHLER, "Internet: Mondialisation...", cit., pág. 139.

[724] ABBO JUNKER, "Vom Citoyen zum Consommateur...", cit., pág. 70.; já KURT SIEHR, "Telemarketing und Internationales Recht...", cit., pág. 157, esclarece que a directiva comunitária não contém qualquer norma de conflitos, obrigando apenas os Estados--membros a garantir a aplicação do regime mínimo previsto na directiva, no caso de ter sido escolhida, para reger o contrato, a lei de um Estado terceiro.

este objectivo, não bastava elaborar directivas e transpô-las para o direito interno, ainda que com carácter injuntivo[725]. Com efeito, a atribuição de natureza injuntiva às normas que transpõem para o direito interno o regime previsto na directiva, e que têm reflectido uma tendência do legislador comunitário em matéria de política de consumidores, garante a estes um nível mínimo de protecção inderrogável, não obstando a que os Estados--membros adoptem normas que lhes assegurem regimes mais favoráveis[726].

Contudo, estas normas que transpõem o disposto nas directivas para o direito interno não têm aplicação automática e apenas serão aplicadas se a lei de um dos Estados-membros, que tenham procedido à transposição, for a lei aplicável para regular o contrato.

Conforme já referimos, a lei aplicável ao contrato é aquela que for escolhida pelas partes – art. 3.º, n.º 1, da Convenção de Roma – e esta regra é aplicável a todos os contratos, celebrados com os consumidores ou não, pese embora nas situações previstas no art. 5.º, n.º 2, da Convenção de Roma, o consumidor não poder ser privado das disposições imperativas da lei do país da sua residência habitual.

Isto significa que os fornecedores, usando da sua posição de domínio e da fragilidade contratual do consumidor, poderão impor, sob a aparência de um acordo, para reger o contrato, uma lei que beneficia os seus interesses e que se afasta das disposições previstas nas directivas. Procurando evitar este tipo de situações, que defraudariam as intenções comunitárias de protecção dos consumidores, o legislador determinou, no art. 6.º, n.º 2, da Directiva 93/13/CEE, no art. 12.º, n.º 2, da Directiva 97/7/CE, no art. 7.º, n.º 2, da Directiva 1999/44/CE, que os Estados-membros deverão tomar as providências necessárias para que os consumidores, nos contratos que apresentem uma ligação estreita com o território de um dos Estados--membros, não sejam privados do regime de protecção que vem previsto nas directivas pelo facto de ter sido escolhida a lei de um país terceiro para reger o contrato[727].

---

[725] Vide, designadamente, o art. 6.º, n.º 1, da Directiva 93/13/CEE, o art. 8.º da Directiva 94/47/CEE, o art. 12.º, n.º 1, da Directiva 97/7/CE e o art. 7.º, n.º 1, da Directiva 1999/44/CE.

[726] KURT SIEHR, "Telemarketing und Internationales Recht...", cit., pág. 157; DIETER HOFFMANN, "Analyse der europäischen...", cit., pág. 46.

[727] Art. 6.º, n.º 2, da Directiva 93/13/CEE: "Os Estados-membros tomarão as medidas necessárias para que o consumidor não seja privado da protecção concedida pela presente directiva pelo facto de ter sido escolhido o direito de um país terceiro como direito aplicável ao contrato, desde que o contrato apresente uma relação estreita com o território

A transposição destas disposições para o direito interno, na medida em que implica um reajustamento ao normal funcionamento das normas que determinam qual a lei aplicável ao contrato, exige uma articulação com eventuais normas de conflitos dos diversos Estados-membros e com a Convenção de Roma[728].

III. Propomo-nos começar por analisar as próprias disposições em causa, neste caso, e pela sua similitude, o art. 6.º, n.º 2, da Directiva 93/13/CEE, o art. 12.º, n.º 2, da Directiva 97/7/CE e o art. 7.º, n.º 2, da Directiva 1999/44/CE.

Entendemos que a compreensão destas disposições exige que se esclareçam quatro noções fulcrais na economia do artigo. A primeira é a de saber o que deva entender-se por "país terceiro"; a segunda, como interpretar a expressão "lei escolhida"; a terceira, relativa ao limite que a própria disposição impõe, o que deva entender-se por "ligação estreita"; por último, quais as "medidas necessárias" que os Estados-membros devem adoptar.

1.4.2.1.1. Concretização de "país terceiro"

Já alguns autores nacionais – no caso, autoras –, procuraram determinar qual o sentido da expressão "país terceiro"[729], concluindo que se pode seguir uma de duas interpretações:

---

dos Estado-membros"; Art. 12.º, n.º 2, da Directiva 97/7/CE: "Os Estados-membros devem tomar as medidas necessárias para que o consumidor não seja privado da protecção conferida pela presente directiva pelo facto de ter sido escolhido o direito de um país terceiro como direito aplicável ao contrato, desde que o contrato apresente uma relação estreita com o território de um ou mais Estado-membros"; Art. 7.º, n.º 2, da Directiva 1999/44/CE: "Os Estados-Membros adoptarão as medidas necessárias para que o consumidor não seja privado da protecção resultante da presente directiva pelo facto de ter escolhido, como direito aplicável ao contrato, a legislação de um Estado não membro, quando o contrato apresente uma conexão estreita com o território dos Estados-Membros".

[728] HERBERT KRONKE, "Electronic Commerce und Europäisches...", cit., pág. 987; PETER MANKOWSKI, "§ 12 AGBG im System des Internationalen Verbrauchervertragsrecht", *BB*, 24/1999, pág. 1225-1230, pág. 1225.

[729] Ainda que se refira concretamente ao art. 6.º, n.º 2, da Directiva 93/13/CEE, que, na sua estrutura, não difere em muito do art. 12.º, n.º 2, da Directiva 97/7/CE, pode consultar-se SOFIA DO NASCIMENTO RODRIGUES, *O Art. 23.º do Decreto-Lei n.º 446/85 de 25 de Outubro (na redacção dada pelo Decreto-Lei n.º 220/95 de 31 de Agosto)*, Relatório apresentado no âmbito do concurso para assistentes estagiários na Faculdade de Direito da Universidade de Lisboa, policopiado, Maio de 1996, pág. 18 ss.; EUGÉNIA GALVÃO TELES, *A protecção dos consumidores...*, cit., pág. 267 ss.

Numa primeira interpretação, "país terceiro" significaria país não comunitário. Esta interpretação da disposição retira-se do seu elemento literal, uma vez que no início do art. 12.º, n.º 2, da Directiva 97/7/CE, se dispõe que "[o]s Estados-membros devem tomar (...)"[730]. O artigo é dirigido aos Estados-membros[731], que deverão transpor a directiva, e que, assim, formam um grupo específico, do qual ficam excluídos todos os Estados que não sejam membros. Daqui decorre que por Estados terceiros se deveria entender todos aqueles a que a directiva se não dirige, logo, que não procederão à sua transposição e que, portanto, como tal não oferecem garantias de proporcionar aos consumidores o nível de protecção mínimo previsto na directiva.

Atendendo agora ao elemento teleológico de interpretação, se o que se pretende com este preceito é evitar que o consumidor seja privado da protecção conferida pela directiva, se essa privação decorrer da escolha da lei de um país terceiro, e se todos os Estados-membros devem transpor a directiva[732], um país terceiro nunca poderá ser um Estado-membro, pois este, tendo transposto a directiva, assegura ao consumidor a protecção mínima por ela prevista[733].

---

[730] Em sentido semelhante, cf. o art. 6.º, n.º 2, da Directiva 93/13/CEE e o art. 7.º, n.º 2, da Directiva 1999/44/CE.

[731] No n.º 2 do *Unfair Terms in Consumer Contracts Regulations 1994* – que transpôs para o Reino Unido a Directiva 93/13/CEE – esclarece-se que se entende por Estado-membro todo o Estado que é parte contratante do Acordo sobre o Espaço Económico Europeu, como nos informam ERIK JAYME e CHRISTIAN KOHLER, "L'interaction des règles de conflit contenues dans le droit dérivé de la Communauté européenne et des conventions de Bruxelles et de Rome", *Rev. crit.*, 1995, n.º 1, pág. 1-40, pág. 26 e nota 47.

[732] A Directiva 93/13/CEE já foi transposta em todos os Estados-membros e nos termos do art. 15.º, n.º 1, da Directiva 97/7/CE, os Estados-membros deveriam, num prazo máximo de três anos a contar da entrada em vigor da directiva, transpor para o direito interno as disposições aí previstas. Também a Directiva 1999/44/CE prevê, no seu art. 11.º, n.º 1, que a directiva deverá ser transposta até 1 de Janeiro de 2002.

[733] A questão poderia apenas colocar-se no período decorrente entre a adopção da directiva e a sua transposição para o direito interno dos Estados-membros. De facto, os Estados não procedem em simultâneo à transposição das directivas: daí que enquanto em alguns ordenamentos já vigora o regime aí previsto, noutros a transposição é feita em momento posterior. No entanto, na própria directiva, é estabelecido um prazo para a sua transposição, que os Estados-membros devem observar, pelo que, por norma, o hiato temporal entre a transposição nos diversos Estados não deverá ser muito longo. Ainda assim, a ausência de uma harmonização legislativa simultânea nos Estados-membros poderá conduzir a situações de grave prejuízo para os consumidores, como *v.g.*, o caso

O legislador italiano, aquando da transposição da Directiva 93/13/CEE, seguiu também esta orientação, referindo-se, no art. 1469 – *quinques* do Código Civil, a um "país extracomunitário" em vez da expressão "país terceiro" utilizada pelo legislador comunitário. Também o legislador francês, ao transpor a mesma directiva para o direito interno, se refere, no art. L.135-1 do Código do Consumo, a Estados não membros da União Europeia.

O legislador alemão, aquando da transposição da Directiva 97/7/CE para o direito interno, e atenta a redacção do art. 12.º, n.º 2, da citada directiva, procedeu a uma alteração legislativa introduzindo o art. 29a no EGBGB. Neste artigo, o legislador alemão também não utiliza a expressão "países terceiros", refere-se antes a situações em que a lei escolhida pelas partes para reger o contrato não seja a lei de um Estado-membro da União Europeia, nem de um Estado Contratante do Acordo sobre o Espaço Económico Europeu.

Numa segunda interpretação possível, em vez de se fazer coincidir a expressão "país terceiro" com Estado não membro, proceder-se-ia a uma análise da lei de cada Estado, quer fosse membro, quer não, e entender-se--ia por país terceiro qualquer Estado que não tivesse no seu direito interno normas que garantissem ao consumidor um nível mínimo de protecção igual ao previsto na directiva.

Esta interpretação fundamentar-se-ia no próprio fim visado pela norma, que é a aplicação das disposições de protecção ao consumidor previstas na directiva. Nesta sequência, também os Estados-membros que não tivessem transposto a directiva para o seu direito interno e não garantissem ao consumidor o nível de protecção aí previsto, seriam entendidos como Estados terceiros[734].

Gran Canaria. Veja-se sobre este caso PAUL LAGARDE, *Le consommateur...*, cit., pág. 13 ss.; do mesmo autor, *Anotação...*, pág. 610-631; ainda numa crítica sobre a falta de uniformidade em razão do hiato temporal entre a transposição das directivas nos diversos Estados-membros, vide UGO MATTEI, "Efficiency and Equal Protection in the New European Contract Law: Mandatory, Default and Enforcement Rules", *Virginia Journal of International Law*, vol. 39, n.º 3, 1999, pág. 537-570, pág. 563.

[734] A aplicação da lei dos Estados-membros garantiria sempre a protecção aos consumidores prevista na directiva se esta tivesse um efeito horizontal, isto é, se, apesar de o legislador nacional a não a ter transposto para o direito interno, o tribunal pudesse aplicar, ao caso concreto, o regime aí estabelecido. E, ainda assim, tal hipótese apenas seria cogitável se o Estado-membro ultrapassasse o prazo que lhe é dado para proceder à transposição. De qualquer forma, o TJCE tem-se mostrado relutante em aceitar o efeito horizontal das directivas, pelo que o regime aí previsto não é aplicável se a lei aplicável

A adopção desta segunda interpretação conduziria a uma situação em que a distinção entre Estado-membro e país terceiro se faria em função do resultado da aplicação do direito interno de cada país em matéria de protecção do consumidor. Daí que nunca se saberia, *a priori*, quais eram os países terceiros, pois a sua distinção em relação aos Estados-membros dependeria de uma análise comparativa entre a lei de cada Estado e as disposições previstas na directiva.

Face ao exposto, entendemos que a distinção entre Estados-membros e países terceiros se não deve fazer atendendo aos resultados da aplicação do seu direito interno.

Atentos os elementos de interpretação que referimos em defesa da primeira interpretação, entendemos que a intenção do legislador foi a de considerar como países terceiros os Estados não membros[735].

1.4.2.1.2. "Lei escolhida"

I. O legislador comunitário estabelece, nas disposições em análise, que, perante o risco que se traduz no "(...) facto de ter sido escolhido o direito de um país terceiro como direito aplicável ao contrato (...)", os Estados-membros devem tomar as medidas necessárias para assegurar ao consumidor a aplicação das normas de protecção constantes da directiva, se o contrato apresentar uma relação estreita com o território de um ou mais Estados-membros.

Face ao teor desta disposição, poderá surgir no espírito do seu intérprete a questão de saber se, no caso de a lei escolhida pelas partes, para reger o contrato, ser a lei de um país terceiro, ela deverá ser desconsiderada e não ser aplicada ao contrato, em benefício da aplicação da lei de um

---

for a de um Estado-membro que não procedeu à transposição: ERIK JAYME e CHRISTIAN KOHLER, "L'interaction des règles de conflit...", cit., pág. 11; HERBERT KRONKE, "Electronic Commerce und Europäisches...", cit., pág. 986; KLAUS LACKHOFF E HAROLD NYSSENS, "Direct Effect of Directives in Triangular Situations", *European Law Review*, vol. 23, n.º 5, 1998, pág. 397-413, pág. 401; PAUL LAGARDE, *Anotação...*, cit., pág. 628; GUIDO ALPA, *Il diritto dei consumatori*, cit., pág. 31; STEPHAN LORENZ, "Im BGB viel Neues...", cit., pág. 833; por seu turno, NORBERT REICH, "Protection of Consumers'...", cit., pág. 32, equaciona o possível efeito horizontal directo de directivas comunitárias na área da protecção dos consumidores, embora apenas naquelas que revelem obrigações específicas e incondicionais dos fornecedores, e portanto, garantam ao consumidor direitos específicos que este possa fazer valer perante os tribunais.

[735] Neste sentido, SOFIA DO NASCIMENTO RODRIGUES, *O Art. 23.º do Decreto-Lei n.º 446/85...*, cit., pág. 22.

Estado-membro com cujo território o contrato apresente uma ligação estreita.

A Convenção de Roma, no seu art. 3.º, e sob a epígrafe "Liberdade de escolha", adoptou, como um dos seus princípios gerais, a liberdade de escolha pelas partes da lei que rege o contrato, no seguimento, aliás, da orientação consagrada no Direito Internacional Privado dos Estados--membros e mesmo dos Estados não membros[736].

A entender-se que o legislador comunitário teria pretendido afastar a aplicação da lei escolhida pelas partes, e aplicar como *lex contractus* a lei do Estado-membro com cujo território o contrato apresentasse uma ligação estreita, teríamos de concluir que esta disposição colidiria com a do art. 3.º da Convenção de Roma e com os seus princípios basilares. É que, mesmo nos casos em que a Convenção de Roma prevê uma limitação à aplicação ao contrato da lei escolhida pelas partes, como por exemplo, no art. 5.º, relativo à protecção dos consumidores, a *lex contractus* eleita pelas partes não é totalmente afastada, mas apenas na medida em que se apliquem aos consumidores as disposições imperativas da lei do país da sua residência habitual. O remanescente da regulamentação do contrato é ainda regido pela lei escolhida, se bem que as partes tenham designado a lei de um Estado não contratante[737].

Com efeito, e se atendermos ao elemento literal de interpretação, vemos que no artigo apenas se determina que o consumidor não deverá ser privado da protecção conferida pela directiva pelo facto de ter sido escolhido o direito de um país terceiro como *lex contractus*. Não é dada qualquer indicação no sentido de esta escolha dever ser desconsiderada.

Ou seja, nos casos em que sejam preenchidos os pressupostos estabelecidos na referida disposição, os Estados-membros deverão assegurar a aplicação das disposições de protecção dos consumidores previstas na directiva. No entanto, no que respeita à matéria não regulamentada na directiva, será aplicada ao contrato a lei que foi escolhida pelas partes para reger o contrato, seja ela de um Estado-membro ou de um país terceiro[738].

---

[736] A. FERRER CORREIA, "Algumas considerações acerca da Convenção de Roma...", cit., pág. 290; MARIO GIULIANO e PAUL LAGARDE, *Relatório relativo à Convenção...*, cit., pág. 14; DIETER MARTINY, "Europäisches Internationales Vertragsrecht", cit., pág. 252.

[737] A "vocação universal" da Convenção de Roma vem expressamente plasmada no seu art. 2.º: A. FERRER CORREIA, "Algumas considerações acerca da Convenção de Roma...", cit., pág. 290.

[738] KARSTEN THORN, "Verbraucherschutz bei Verträgen im Fernabsatz", cit., pág. 5.

II. Um outro aspecto que cumpre esclarecer, com vista a determinar o âmbito de aplicação que o legislador comunitário terá pretendido atribuir à directiva, prende-se com a interpretação que da disposição deva ser feita ponderando o peso da expressão "(...) pelo facto de *ter sido escolhido* o direito de um país terceiro (...)"[739].

Numa primeira interpretação, distante da letra da lei e com um pendor fortemente eurocentrista, defende-se que as disposições da directiva deverão ser aplicadas, se o contrato apresentar uma ligação estreita com o território de um Estado-membro e se a lei aplicável ao contrato for a lei de um país terceiro, entendido enquanto Estado não-membro. Segundo este entendimento, as disposições da directiva propunham-se aplicar, quer aos casos em que a lei aplicável fosse designada pela *electio iuris*, quer, na falta de escolha da lei pelas partes, aos casos em que a lei aplicável fosse determinada pelo normal jogo das normas de conflitos dotadas de outros elementos de conexão objectivos, que não a vontade das partes.

Alguns legisladores nacionais, aquando da transposição da Directiva 93/13/CEE para o direito interno, adoptaram uma interpretação que revela uma orientação semelhante a esta.

No Código de Consumo francês, na sequência da transposição da mesma directiva, estabelece-se no seu art. L.135-1 que as disposições referentes à protecção dos consumidores contra cláusulas abusivas serão aplicáveis sempre que *a lei que regule o contrato seja a de um Estado não membro da União Europeia* e o consumidor tenha o seu domicílio no território de um Estado-membro da União Europeia e o contrato seja aí proposto, concluído ou executado.

De modo semelhante, também o § 12 AGBG[740], diploma que procedeu à transposição da mencionada directiva para o direito interno alemão, defendia a aplicação das disposições previstas naquela lei, independentemente de o contrato ser regido por lei estrangeira, sempre que este apresentasse uma ligação estreita com o território alemão. O legislador alemão entendeu aqui que o consumidor deveria ser protegido, quer nas situações em que o direito era aplicado em virtude da escolha das partes, quer nos casos em que a lei aplicável era determinada pelo normal funcionamento das normas de conflito[741].

---

[739] Sublinhado nosso.

[740] Este artigo foi revogado – assim o determina a *Gesetz über Fernabsatzverträge und andere Fragen des Verbraucherrechts sowie zur Umstellung von Vorschriften auf Euro*, art. 3, n.º 3 –, sendo agora aplicável o art. 29a EGBGB.

[741] NORBERT REICH, "Die neue Richtlinie 97/7/CE...", cit., pág. 587; ABBO JUNKER,

Nestes exemplos aqui referidos, podemos verificar que o legislador nacional aplicou as normas de protecção da directiva, transpostas para o direito interno, sempre que o contrato apresentasse uma relação estreita com o seu território e a lei aplicável fosse a lei de outro país – sendo que nem todos os ordenamentos procedem à distinção que foi feita no direito francês, que só aplica as referidas disposições no caso de a lei aplicável ser a de um país terceiro.

Na legislação italiana, concretamente no art. 1469-*quinquies,* inserido no Cap. XIV-bis. (*Dei contratti del consumatore*) do Código Civil, estabelece-se que é ineficaz a cláusula contratual que, prevendo a aplicação ao contrato de uma lei de um país extra-comunitário, tenha como efeito a privação do consumidor da protecção conferida por este artigo, desde que o contrato apresente uma ligação mais estreita com o território de um Estado-membro da União Europeia[742]. Neste caso parece já se ponderar o elemento de conexão constante da norma de conflitos para aplicar ou não as disposições normativas do foro.

No art. 23.º do Dec.-Lei n.º 446/85, de 25 de Outubro, na redacção dada pelo Dec.-Lei n.º 249/99, de 7 de Julho, o legislador português determinou que as normas do diploma que tinham sido transpostas da directiva, seriam, independentemente da lei escolhida, sempre aplicadas, desde que o contrato apresentasse uma conexão estreita com o território português. O legislador faz aqui uma referência à "lei escolhida pelas partes", devendo entender-se que, neste caso, é conferida relevância ao elemento de conexão utilizado na designação da lei aplicável[743].

Também o legislador alemão, no já citado art. 29a EGBGB, n.º 1, limita a aplicação ao contrato das normas que tiverem transposto para o

---

"Vom Citoyen zum Consommateur...", cit., pág. 71; DIETER MARTINY, "Europäisches Internationales Vertragsrecht", cit., pág. 250; MARTIN KAINZ, "Die Umsetzung der Verbraucherschutzrichtlinien...", cit., pág. 64; ALMENO DE SÁ, *Cláusulas contratuais gerais e Directiva sobre cláusulas abusivas*, 2.ª Edição, Almedina, Coimbra, 2001, pág. 127, nota 183.

[742] "È inefficace ogni clausola contrattuale che, prevedendo l'applicabilità al contratto di una legislazione di un Paese extracomunitario, abbia l'effetto di privare il consumatore della protezione assicuratta dal presente articolo, laddove il contratto presenti un collegamento più stretto con il territorio di uno Stato membro dell'Unione europea".

[743] Também na anterior redacção dada pelo Dec.-Lei n.º 220/95, de 31 de Agosto, se fazia referência à lei que as partes tivessem escolhido, e determinava a aplicação das disposições do diploma sempre que o contrato apresentasse uma ligação estreita com o território dos Estados-membros da União Europeia. Vide, sobre este assunto, ALMENO DE SÁ, *Cláusulas contratuais gerais...*, cit., pág. 127 ss.

direito interno as directivas comunitárias de protecção dos consumidores, aos casos em que as partes tiverem escolhido a lei que rege o contrato e esta escolha não tiver recaído sobre um Estado-membro da União Europeia, nem um Estado Contratante do Acordo sobre o Espaço Económico Europeu. Ainda no n.º 4 da mesma disposição esclarece-se que as directivas comunitárias a que se refere são as Directivas 93/13/CEE, 94/47/CE e 97/7/CE.

Entendemos que a interpretação do art. 6.º, n.º 2, da Directiva 93/13/CEE feita pelos legisladores francês, no seu Código de Consumo, e alemão, na AGBG, se terá afastado do seu elemento literal. Com efeito, numa segunda interpretação, que nos parece ter sido seguida pelos legisladores italiano, português, e posteriormente, pelo legislador alemão no actual art. 29a EGBGB, já mais consentânea com a letra da lei, a expressão "(...) ter sido escolhido o direito de um país terceiro (...)" constante da disposição não deverá ser desprezada e, neste sentido, as disposições protectoras previstas na directiva apenas se deverão impor aos contratos que sejam regidos pelo direito de um país terceiro escolhido pelas partes. Já nos casos em que as partes não fazem uso da faculdade de escolher o direito que rege o contrato e a lei aplicável é designada pelo regular jogo das normas de conflitos dotadas de elementos de conexão objectivos, as normas da directiva não encontrarão aplicação[744].

Aliás, o artigo dispõe expressamente "ter sido escolhido" e não "ser aplicável". E não podemos deixar de presumir que o legislador comunitário se terá exprimido da forma mais adequada, tendo em vista as suas intenções. Com efeito, verifica-se que, por exemplo, na Directiva 94/47/CEE, relativa à protecção dos adquirentes quanto a certos aspectos dos contratos de aquisição de um direito de utilização parcial de bens imóveis, com a qual se pode fazer aqui uma comparação paralela, se dispõe, no seu art. 9.º, que os adquirentes não deverão ser privados da protecção conferida por aquela directiva, "(...) independentemente da lei aplicável (...)"[745], desde que o imóvel esteja situado no território de um Estado-membro. Em sentido idêntico, no art. 11.º, n.º 3, da proposta

---

[744] Neste sentido, vide ERIK JAYME e CHRISTIAN KOHLER, "L'interaction des règles de conflit...", cit., pág. 18; SOFIA DO NASCIMENTO RODRIGUES, *O Art. 23.º do Decreto-Lei n.º 446/85...*, cit., pág. 30; EUGÉNIA GALVÃO TELES, *A protecção dos consumidores*..., cit., pág. 256 ss.; KARSTEN THORN, "Verbraucherschutz bei Verträgen im Fernabsatz", cit., pág. 6.

[745] Acerca desta questão, vide ERIK JAYME e CHRISTIAN KOHLER, "L'interaction des règles de conflit...", cit., pág. 18.

alterada de directiva relativa à comercialização à distância dos serviços financeiros junto dos consumidores, a referência é feita no caso de a "(...) lei que rege o contrato [ser] a de um país terceiro...". Daí que, se, em uns textos, o legislador condiciona a aplicação das disposições ao pressuposto de *ter sido escolhido o direito de um país terceiro* e, em outros textos, ao de *ser aplicável a lei de um país terceiro*, não podemos deixar de entender que com cada uma destas redacções se terá pretendido abranger situações diversas.

Além disso, recorrendo ao elemento histórico da interpretação, temos que, *v.g.*, a Directiva 1999/44/CE, que recebeu, na sua versão definitiva, uma redacção semelhante à indicada no art. 6.º, n.º 2, da Directiva 93/13/CE, previa, na proposta inicial[746], que as disposições da directiva se deveriam aplicar qualquer que fosse a lei aplicável ao contrato. Esta redacção foi alterada, com vista a limitar a aplicação da norma aos casos em que as partes escolhem a lei aplicável.

No mesmo sentido, importa ainda atender ao argumento de ordem teleológica. Verificamos então que as cautelas do legislador comunitário expressas nesta disposição visam, em primeira linha, garantir ao consumidor a protecção prevista na directiva e, consequentemente, protegê-lo de possíveis investidas do fornecedor que poderá pressioná-lo ou impor-lhe, como lei aplicável ao contrato, uma lei que lhe é desfavorável.

O elemento de conexão vontade das partes é, conforme já referimos, o mais propício a eventuais atitudes abusivas dos fornecedores, pois, ficando a escolha ao critério das partes e tendo uma delas menor poder negocial, a parte mais forte – o fornecedor – poderá mais facilmente impor a sua vontade[747].

A situação assume contornos diferentes se a lei aplicável for designada em função do funcionamento de normas de conflitos dotadas de elementos de conexão objectivos e não em função do elemento de conexão vontade das partes. Neste caso, o fornecedor já não pode influenciar tão facilmente a determinação da *lex contractus* e o contrato será regido pela lei objectivamente determinada[748].

---

[746] COM(95) 520 final, 96/0161 (COD), de 18/06/1996.

[747] RUI MANUEL MOURA RAMOS, "La protection de la partie contractuelle...", cit., pág. 114, informa que "[c]'est le fait que la loi a été choisie par les parties et non directement désignée par le législateur qui déclenche notre problème", e mais adiante acrescenta, "(...) il faut dire que tout le problème est dans le choix lui-même".

[748] EUGÉNIA GALVÃO TELES, *A protecção dos consumidores...*, cit., pág. 256 ss.

Posto isto, não será difícil concluir que, estando a origem do perigo de os consumidores verem afastada a aplicação da protecção conferida pela directiva na possibilidade de os fornecedores poderem "impor a escolha" da lei aplicável ao contrato através do elemento de conexão "vontade das partes", se a lei aplicável for determinada através de normas de conflitos com elementos de conexão objectivos, o risco que fundamenta a protecção deixa de existir e a medida de protecção deixa de se justificar.

Pela mesma ordem de ideias, também nos casos em que as partes tenham escolhido o direito de um país terceiro como direito aplicável ao contrato, mas se se vier a revelar que, ainda que não tivesse havido escolha, a lei determinada para reger o contrato, pela aplicação das normas de conflitos, seria ainda a lei desse mesmo país terceiro, não serão aplicadas as disposições protectoras previstas na directiva. Também neste caso, ainda que o fornecedor tenha exercido uma pressão sobre o consumidor, o resultado prático é exactamente igual ao que se verificaria se o não tivesse feito. Deverá pressupor-se que, fora os casos em que a lei é escolhida pelas partes, as normas de conflitos com outros elementos de conexão que não permitem semelhantes pressões ou influências serão normas cujo elemento de conexão foi entendido como sendo o mais adequado para regular situações de determinada natureza, isto é, normas que se pressupõe serem neutras.

Ou seja, o consumidor só não será privado da protecção conferida pela directiva, quando as partes escolherem a lei que regula o contrato e esta for desviante, isto é, quando da escolha resultar a aplicação de uma lei que não seria aplicada mediante o regular funcionamento das normas de conflitos.

1.4.2.1.3. "Relação estreita"

1.4.2.1.3.1. Razão de ordem

A expressão "relação estreita" tem carácter vago e, como tal, é passível de várias concretizações.

Os diversos ordenamentos jurídicos poderão inclusive, ao transpor a directiva para o direito interno, dar origem a novas discrepâncias em face da diversidade de concretizações adoptadas pelos legisladores dos diversos países[749].

---

[749] D. MARTINY, *MünchKomm*, pág. 1658, anotação 4.

Aliás, verificou-se que, na transposição da Directiva 93/13/CEE para o direito interno, os legisladores dos diversos Estados-membros, no que a este assunto diz respeito, adoptaram entendimentos divergentes entre si. Assim, enquanto uns preferem determinar e estabelecer, de forma mais ou menos exaustiva, quais os elementos que consideram essenciais para que se possa falar de "relação estreita" e, neste último caso, as variantes são inúmeras[750], outros adoptam regras tão vagas como a prevista na directiva[751],

---

[750] ALESSANDRO SOMMA, "I contratti del consumatore nell'esperienza tedesca: il recepimento della Direttiva 93/13", in *Le clausole vessatorie nei contratti con i consumatori, Commentario agli articoli 1469-bis – 1469 sexies del Codice Civile*, org. Guido Alpa e Salvatore Patti, tomo II, Giuffrè Editore, Milão, 1997, pág. 1377-1420, pág. 1404 ss.; KURT SIEHR, "Telemarketing und Internationales Recht...", cit., pág. 158; KARSTEN THORN, "Verbraucherschutz bei Verträgen im Fernabsatz", cit., pág. 7; WALDENBERGER, "Verbraucherschutz im Internet", cit., pág. 35; JOSEF DREXL, "Verbraucherschutz im Netz", cit., pág. 99. Note-se, a título de exemplo, a lei francesa que, procedendo também à transposição para a ordem jurídica interna da Directiva 93/13/CEE, determina no art. L.135-1 do Código do Consumo francês que as disposições do art. L.132-1, referentes à protecção dos consumidores contra cláusulas abusivas, seriam aplicáveis sempre que a lei que regule o contrato seja a de um Estado terceiro, o consumidor tenha o seu domicílio no território de um dos Estados-membros da União Europeia e o contrato seja aí proposto, concluído ou executado. Já a lei alemã, na transposição da mesma directiva comunitária – § 12 AGBG – esclarecia que existiria relação estreita nomeadamente, quando o contrato tivesse sido precedido de uma oferta ou publicidade ao público ou de outra actividade negocial semelhante, desenvolvida no âmbito territorial daquela lei e a outra parte, no momento da manifestação de vontade conducente à conclusão do contrato, tivesse domicílio ou residência habitual no mesmo âmbito territorial de vigência da lei e aí tivesse emitido a sua declaração de vontade. Já na lei italiana se prevê que o consumidor não deve ser privado das normas previstas na respectiva lei se o contrato apresentar uma conexão mais estreita com o território de um Estado-membro da União Europeia do que com um país "extracomunitário", identificando o conceito de "conexão estreita" com o de "conexão mais estreita".

[751] Veja-se, *v.g.*, o art. 23.º, n.º 1, do Dec.-Lei n.º 446/85, de 25/10, com a redacção dada pelo Dec.-Lei n.º 249/99, de 07/07, que transpôs a Directiva 93/13/CEE, que prevê que "[i]ndependentemente da lei escolhida pelas partes para regular o contrato, as normas desta secção aplicam-se sempre que o mesmo apresente uma conexão estreita com o território português". Em sentido semelhante, também no Reino Unido, o *Unfair Terms in Consumer Contracts Regulations 1994*, no seu n.º 7, a mesma expressão "ligação estreita", prevista na directiva, foi transposta para o direito interno:
"*Choice of law clauses*
7. These Regulations shall apply notwithstanding any contract term which applies or purports to apply the law of a non member State, if the contract has a close connection with the territory of the member States" (citado por ERIK JAYME e CHRISTIAN KOHLER, "L'interaction des règles de conflit...", cit., pág. 26).

o que na realidade implica transferir para os tribunais a concretização da disposição que manteve a mesma indefinição[752]. Neste caso, poderia entender-se que a directiva – e, mais especificamente, os artigos em análise – seria apenas uma norma indicativa para a resolução de conflitos de Direito Internacional Privado, dirigida ao juiz que, em cada caso, se deveria encarregar de realizar o fim de protecção material descrito na directiva[753].

A concretização da noção de relação estreita é tanto mais relevante quanto tem, na disposição constante da directiva e que deve ser posteriormente transposta para o direito nacional, a função de estabelecer um limite ao âmbito de aplicação das disposições previstas naquele diploma comunitário.

Apesar de a Directiva 93/13/CEE já ter sido transposta para o direito interno dos diversos Estados-membros e, consequentemente, a noção de "relação estreita" ter sido objecto de interpretação pelos legisladores nacionais, o debate doutrinário não cessou. Verificou-se antes um reacendimento da discussão já que a adopção da Directiva 97/7/CE, juntamente com a aprovação da Directiva 1999/44/CE relativa a certos aspectos da venda de bens de consumo e das garantias a elas relativas e com a elaboração da proposta e da proposta alterada da directiva relativa à comercialização à distância dos serviços financeiros junto dos consumidores, revelam a intenção do legislador comunitário em socorrer-se mais assiduamente desta expressão e uma consequente necessidade de delinear os seus contornos.

1.4.2.1.3.2. Concretizações possíveis de relação estreita
I. Verificamos que os diversos autores que se propuseram escrever sobre este tema perfilham opiniões muito variadas, tal como os legisladores nacionais dos diversos Estados-membros, que não adoptaram, aquando da transposição da Directiva 93/13/CEE, uma concretização uniforme do que deva entender-se por este conceito, com base nos mais diversos fundamentos. Esta situação não pode causar estranheza, tendo em conta as inúmeras possibilidades de concretização a que um conceito tão vago e indeterminado como este se presta.

Verificando-se assim que as hipóteses de concretização da noção de "relação estreita" são inúmeras, propomo-nos neste texto focar algumas que nos pareceram mais relevantes, procurando ter presente ao espírito a especificidade que a utilização da Internet necessariamente implica.

---

[752] HERBERT KRONKE, "Electronic Commerce und Europäisches...", cit., pág. 987.
[753] HERBERT KRONKE, "Electronic Commerce und Europäisches...", cit., pág. 987.

Como ponto comum à posição defendida pela maioria dos autores, encontramos a necessidade de se atender à Convenção de Roma, como elemento de referência e pedra de toque no sistema do Direito Internacional Privado vigente nos Estados-membros da Comunidade Europeia. Aliás, esta referência é tanto mais necessária atento o princípio da coordenação e da coerência do DIP e, no que aqui directamente diz respeito, do Direito Comunitário e do próprio sistema de direito interno, já que as directivas comunitárias se destinam a ser transpostas para o direito interno de cada um dos Estados-membros, que, por sua vez, são também Partes Contratantes da Convenção de Roma, que contém, afinal, o regime de DIP que vigora na Comunidade no que respeita às obrigações contratuais[754].

Neste sentido, a interpretação que se faça de "relação estreita" terá de atender a duas premissas fundamentais, no que respeita à articulação e à conciliação entre o Direito Comunitário derivado e a Convenção de Roma, a saber: por um lado, temos que, na Declaração Comum anexa à Convenção de Roma[755], se estabelece que as Instituições Comunitárias europeias, no exercício das suas competências e com base nos Tratados instituídos, devem procurar adoptar normas de conflitos de leis que, na medida do possível, estejam em harmonia com a referida Convenção, evitando-se a dispersão de regras de conflitos de leis entre os múltiplos instrumentos de regulamentação e divergências entre estas regras; por outro lado, temos que, nos termos do art. 20.º da própria Convenção de Roma, se determina que as disposições "(...) estabelecidas em actos das instituições das Comunidades Europeias (...)" ou em actos que as transpõem para o direito nacional e que, em matérias especiais, regulam conflitos de leis em matéria de obrigações contratuais, têm primado sobre a Convenção[756].

Ou seja, terá de haver uma preocupação no sentido de procurar interpretar as directivas à luz e com base nos princípios que orientam a Con-

---

[754] SOFIA DO NASCIMENTO RODRIGUES, *O Art. 23.º do Decreto-Lei n.º 446/85...*, cit., pág. 28; EUGÉNIA GALVÃO TELES, *A protecção dos consumidores...*, cit., pág. 235 ss.

[755] JOCE N.º L 266, de 09/10/1980.

[756] Em sentido semelhante dispõe a Convenção de Bruxelas, no seu art. 57.º, no qual se afirma que as convenções em que os Estados Contratantes sejam, ou venham a ser, partes e que, em matérias específicas, regulem a competência jurisdicional, o reconhecimento ou a execução das decisões, prevalecem sobre as estipulações previstas na Convenção de Bruxelas. Sobre este tema, *vide* MIGUEL TEIXEIRA DE SOUSA e DÁRIO MOURA VICENTE, *Comentário à Convenção de Bruxelas*, cit., pág. 191 ss.

venção de Roma já que os mesmos Estados Contratantes são também aqueles que irão proceder à transposição das directivas para o seu direito interno.

Procura-se então, fundamentalmente, uma interpretação que não contrarie as disposições da citada convenção, mas que simultaneamente dê um conteúdo útil ao previsto nas directivas comunitárias.

É que se, por um lado, temos um primado das disposições de Direito Comunitário derivado sobre as disposições convencionais, em matérias especiais, por outro lado, os legisladores comunitário e interno, quando se propõem tratar matérias específicas, não poderão fazer tábua rasa da existência de uma regulamentação conflitual de aplicação geral[757].

II. E. Jayme e Ch. Kohler, considerando a necessidade de articulação entre a Convenção de Roma e o Direito Comunitário derivado, falam mesmo numa unidade funcional formada entre as regras convencionais e as disposições comunitárias, numa perspectiva de criação e de funcionamento do mercado interno. Seguindo esta linha de raciocínio, estes mesmos autores defendem que também o legislador interno, ao interpretar a directiva comunitária, com vista à sua transposição para o direito interno, se deverá guiar por um princípio, que os autores denominam de conciliação, entre as disposições de direito convencional e de Direito Comunitário derivado[758]. Ora, quanto a esta necessidade de coordenação, de conciliação e de coerência dos diversos textos vigentes, não encontramos grandes divergências entre os autores. As discrepâncias que encontramos prendem-se mais com a forma de realizar as linhas delineadas por estes princípios.

Embora a maioria dos autores que estudaram este assunto procurem efectivamente articular e conciliar a interpretação a fazer de "relação estreita" com a citada Convenção e os princípios que lhe subjazem, verifica-se, no entanto, que as articulações possíveis variam muito e que se está ainda longe de um consenso, embora se possam identificar duas orientações definidas: por um lado, os autores que defendem que a "relação estreita" deverá ser concretizada dentro dos critérios estabelecidos pela Convenção de Roma, nomeadamente nos arts. 4.º e 5.º; e, por outro lado,

---

[757] Acerca da coerência em Direito Internacional Privado, vide MARIA HELENA BRITO, *A representação...*, cit., pág. 636 ss.

[758] ERIK JAYME e CHRISTIAN KOHLER, "L'interaction des règles de conflit...", cit., pág. 15 ss.; em sentido semelhante, HERBERT KRONKE, "Electronic Commerce und Europäisches...", cit., pág. 992.

a corrente doutrinária que defende uma concretização autónoma da "relação estreita" prevista na directiva[759].

III. Numa primeira orientação, temos os autores que defendem que a concretização da noção de "relação estreita" se deverá inspirar directamente no esquema de determinação da lei aplicável previsto na Convenção de Roma[760].

E. Jayme e Ch. Kohler, aqui tidos como representantes da orientação por si seguida, embora esta nos surja com várias concretizações, defendem que a unidade funcional entre a Convenção de Roma e o Direito Comunitário derivado a que acima fizemos menção, exigiria, por um lado, que a Comunidade, no exercício da sua actividade legislativa devesse respeitar a inspiração e os princípios básicos da Convenção enquanto lei geral, e por outro lado, no caso de derrogações às regras convencionais, que fosse esclarecido qual o motivo pelo qual houve um desvio em relação à regra geral[761].

Neste sentido, estes autores defendem que, no caso de as partes não terem procedido à escolha da lei que rege o contrato, e tendo em conta que, na ausência desta escolha, a Convenção de Roma determina, no seu art. 4.º, n.º 1, que o contrato deverá ser regulado pela lei do país com o qual apresente uma "conexão mais estreita", é este princípio que deverá determinar qual a lei aplicável[762].

Ou seja, segundo esta orientação, a expressão "relação estreita" que encontramos nas directivas comunitárias, será sinónima de "relação (ou conexão) mais estreita", conforme esta surge concretizada na Convenção de Roma[763].

---

759 A enunciação da questão vem em DIETER MARTINY, "Europäisches Internationales Vertragsrecht", cit., pág. 251.
760 Neste sentido, *vide* STAUDINGER/REINHART, pág. 486, anotação 12.
761 ERIK JAYME e CHRISTIAN KOHLER, "L'interaction des règles de conflit...", cit., pág. 15.
762 ERIK JAYME e CHRISTIAN KOHLER, "L'interaction des règles de conflit...", cit., pág. 20.
763 Encontramos um exemplo elucidativo desta orientação na legislação italiana: no art. 1469 –*quinquies,* inserido no *Cap. XIV-bis. Dei contratti del Consumatore* do *Codice Civile*, e que transpôs para o direito interno a Directiva 93/13/CE, estabelece-se que é ineficaz a cláusula contratual que, prevendo a aplicação ao contrato de uma lei de um país extra-comunitário, tenha como efeito a privação do consumidor da protecção conferida por este artigo, desde que o contrato apresente uma ligação mais estreita com o território

Como regra geral, na Convenção de Roma, presume-se que o contrato apresentará uma relação mais estreita com o país onde a parte que está obrigada a executar a prestação característica do contrato tem a sua residência habitual ou, tratando-se de pessoa colectiva, tem a sua administração central. Conforme já acima referimos, é o fornecedor, o co-contraente do consumidor, quem tende a fornecer a prestação característica; daí que, segundo esta interpretação, o contrato terá uma relação (mais) estreita com o território de um dos Estados-membros se a administração central do fornecedor estiver localizada num destes Estados[764].

Já nos contratos celebrados com consumidores, se estes se enquadrarem numa das situações previstas no art. 5.º, n.º 2, já acima analisadas, presume-se que têm uma relação mais estreita com o país da residência habitual do consumidor. Assim sendo, e procurando agora interpretar a noção de "conexão estreita" prevista nos citados textos comunitários, seríamos levados a concluir que esta relação estreita dos contratos de consumo com o território só se verificaria se fosse preeenchido um dos pressupostos previstos no art. 5.º, n.º 2, o que dependeria de o consumidor ter, no território de um dos Estados-membros, a sua residência habitual.

Daqui se conclui que, de acordo com esta orientação, o contrato apresentaria uma relação estreita com o território de um dos Estados-membros se aí estivesse localizada a administração central dos fornecedores ou a residência habitual dos consumidores, dependendo das circunstâncias em

---

de um Estado-membro da União Europeia. Nesta disposição, o legislador italiano faz depender a protecção conferida naquela disposição da verificação de uma ligação mais estreita, sem que, no entanto, concretize o que por tal se deva considerar, designadamente se deve ser concretizada por recurso aos critérios previstos na Convenção de Roma, mas adoptando claramente uma posição mais restritiva do que a que decorre da letra do art. 6.º, n.º 2, da directiva. Sublinha-se ainda que, na leitura da Comissão Europeia de 13 de Dezembro de 1996, se entendeu que a Itália teria transposto apenas parcialmente o citado art. 6.º, n.º 2, já que apenas garante a protecção do consumidor prevista no art. 1469-*quinques*, parágrafo 5, e não de todo o texto de transposição da directiva, de cada vez que exista uma ligação estreita com o território de um Estado-membro da União: vide, sobre este tema, "Le contestazioni della Commissione europea", in *Codice del Consumo e del Risparmio*, org. GUIDO ALPA, Dott. A. Giuffrè Editore, Milão, 1999, pág. 403-418, págs. 405, 412 ss.

[764] Se do conjunto das circunstâncias não resultar que o contrato apresenta uma ligação mais estreita com outro país: art. 4.º, n.º 5, da Convenção de Roma.

que o contrato fosse celebrado, mais concretamente do preenchimento, ou não, das condições do art. 5.º, n.º 2[765].

A favor desta posição milita ainda o argumento de que, quer no art. 5.º da Convenção de Roma, quer nas citadas directivas comunitárias e especificamente nas disposições que pretendem delimitar o seu âmbito de aplicação no espaço, existe um mesmo objectivo, a saber, a protecção dos consumidores em situações relacionadas com obrigações contratuais e que possam implicar um conflito de leis, reflexo de uma materialização do DIP. E quer num caso, quer no outro, este objectivo é prosseguido através da limitação do elemento de conexão vontade das partes[766]. Acresce ainda que no texto da Convenção de Roma foi estabelecido o conjunto de circunstâncias que se deveriam verificar para que o consumidor devesse ser especialmente protegido, e as considerações por que se pautaram prendem-se designadamente com a passividade do consumidor e com o princípio da proximidade, nos termos já desenvolvidos *supra*; ora, também nas directivas, ao fazer-se referência à "relação estreita", se tem subjacente a ideia de proximidade. Daqui resulta que, atentas as finalidades comuns e a inserção e vigência de ambos os textos nos mesmos ordenamentos jurídicos – ainda que as directivas comunitárias dependam de uma transposição para o direito nacional –, se poderá entender que os pressupostos de protecção do consumidor deverão ser os mesmos em ambos os casos, prosseguindo-se assim no caminho da harmonização do direito no espaço comunitário[767].

Esta teoria que defende o preenchimento do conceito de "relação estreita" por recurso aos pressupostos do art. 5.º da Convenção de Roma não se situa no mero plano teórico pois, de facto, encontramos, *v.g.*, na legislação interna alemã, reflexos claros da sua influência. Com efeito, o legislador alemão adoptou uma interpretação ainda mais restritiva e, ao

---

[765] ERIK JAYME e CHRISTIAN KOHLER, "L'interaction des règles de conflit...", cit., pág. 20 ss.; ainda nesta sequência, estes autores vêm entender que existe uma ligação estreita com o território dos Estados-membros, no sentido previsto na directiva, desde que, na falta de escolha da lei pelas partes, fosse aplicável, segundo as regras da Convenção de Roma, a lei de um Estado-membro; no mesmo sentido, na doutrina portuguesa, *vide* SOFIA DO NASCIMENTO RODRIGUES, *O Art. 23.º do Decreto-Lei n.º 446/85...*, cit., pág. 29 ss.; LUÍS DE LIMA PINHEIRO, *Direito Internacional Privado*, cit., pág. 206, considera também que o art. 6.º, n.º 2, da Directiva 93/13/CEE "(...) só se aplica aos contratos que, na falta de escolha, seriam regidos pelo Direito de um Estado-membro".

[766] EUGÉNIA GALVÃO TELES, *A protecção dos consumidores...*, cit., pág. 237.

[767] EUGÉNIA GALVÃO TELES, *A protecção dos consumidores...*, cit., pág. 238 ss.

transpor para o direito interno a Directiva 93/13/CEE, concretizou o conceito de relação estreita no § 12 AGBG à semelhança do art. 5.º, n.º 2, da Convenção de Roma[768]. No entanto, da disposição alemã não decorria que só com o preenchimento dos pressupostos indicados nos n.ºs 1 e 2, se verificava a existência de uma conexão estreita. A norma deixava aberta a possibilidade de se aplicar, no caso de se verificarem outros elementos que proporcionassem uma ligação estreita com o território alemão, sendo esta a interpretação que era dada da frase "Ein enger Zusammenhang ist *insbesondere* anzunehmen, wenn..."[769].

Esta norma acrescentava ainda uma especial condição geográfica, determinando que não bastava que o consumidor tivesse a sua residência habitual no território de um dos Estados-membros, conforme se exige na directiva, sendo ainda necessário que o consumidor tivesse a residência habitual no território alemão.

IV. Partindo-se da orientação acima sucintamente explanada, podemos encontrar outras posições já mais matizadas. Assim, e atendendo-se a que a Convenção de Roma já prevê no seu art. 5.º, n.º 2, a aplicação das disposições imperativas de protecção do consumidor da lei do país da sua residência habitual, nas circunstâncias aí descritas, a concretização da "conexão estreita" *ipsis verbis* constante das directivas comunitárias conduziria a uma sobreposição dos dois textos. Além disso, remeter a concretização de "relação estreita" para os pressupostos previstos naquele artigo significaria estabelecer um tecto à protecção dos consumidores constituído justamente pelas situações previstas no art. 5.º [770], sem admitir normas que conferissem uma protecção mais favorável, e menos apertada, do consumidor.

Ora, com vista a conferir um sentido útil às disposições comunitárias, e não fazer destas uma mera repetição da protecção conferida pela Convenção, alguns autores têm defendido que se poderá entender que existe uma relação estreita em todos os casos previstos na directiva, em que o consumidor tem a sua residência habitual no território de um Estado-membro, sem haver necessidade de preencher os requisitos previstos no art. 5.º, n.º 2[771].

---

[768] PETER MANKOWSKI, "Internet im Internationalen Vertrags...", cit., pág. 256.

[769] Sublinhado nosso; neste sentido vide ULMER, BRANDNER e HENSEN, *AGB-Gesetz*, Verlag Dr. Otto Schmidt, Colónia, 1997, pág. 1452; no mesmo sentido, e recorrendo exactamente à mesma palavra, cf. art. 29a EGBGB.

[770] EUGÉNIA GALVÃO TELES, *A protecção dos consumidores...*, cit., pág. 242.

[771] ERIK JAYME e CHRISTIAN KOHLER, "L'interaction des règles de conflit...", cit., pág. 29, com referência ao ainda então projecto de directiva relativo à protecção dos

Esta orientação funda-se, basicamente, no art. 5.º, n.º 3, da Convenção de Roma, que dispõe que, nas circunstâncias indicadas no n.º 2 do mesmo artigo, o contrato celebrado com o consumidor, não tendo havido escolha da lei aplicável, será regido pela lei da residência habitual do consumidor. Entende-se ser este o elemento de conexão que melhor combina o princípio da proximidade com a protecção do consumidor. Já acima referimos que se pressupõe que a lei mais favorável ao consumidor é a do país da sua residência habitual, por ser aquela com que ele está mais familiarizado e em cuja protecção confia. Daí que esta orientação procure articular o objectivo de proteger o consumidor com uma interpretação consonante com os princípios gerais perfilhados pela Convenção de Roma.

No entanto, o preenchimento do conceito de relação estreita por recurso apenas à residência habitual do consumidor[772] pode levar a que este se torne demasiado lato, desadequado à realidade da actividade comercial e desconforme com a própria directiva. Esta posição implica, para o fornecedor, uma situação de gritante incerteza, já que só muito dificilmente ele poderá prever qual a lei aplicável ao contrato, *melius*, quais as disposições que também se poderão aplicar ao contrato, sem que tenha qualquer motivo para suspeitar que o negócio que celebra implica elementos de estraneidade relativamente à sua ordem jurídica. Para o consumidor, esta conexão traduz-se numa protecção, através da aplicação das normas da sua residência habitual, que estaria encastoada na própria pessoa do consumidor, a arrastaria consigo, e que vigoraria quaisquer que fossem as circunstâncias da celebração do contrato, o que nos parece ser manifestamente excessivo.

Além disso, a referência à residência habitual relaciona o consumidor com o território de um Estado-membro e não nos parece ser essa a linha de orientação seguida pelas directivas comunitárias, e mesmo pela Convenção de Roma, que exigem uma ligação entre o território e o contrato e não entre o território e o consumidor[773].

---

consumidores em matéria de contratos celebrados à distância; SOFIA DO NASCIMENTO RODRIGUES, *O Art. 23.º do Decreto-Lei n.º 446/85...*, cit., pág. 30; *vide* ainda, sobre este tema, HERBERT KRONKE, "Electronic Commerce und Europäisches...", cit., pág. 989.

[772] Como parece ter sido considerado pelo legislador holandês, que, no art. 247, n.º 4, do Código Civil, apenas exige, para aplicação do direito material conforme à Directiva 93/13/CE, que o consumidor seja residente na Holanda. A este respeito, *vide* EUGÉNIA GALVÃO TELES, *A protecção dos consumidores...*, cit., pág. 254.

[773] ERIK JAYME e CHRISTIAN KOHLER, "L'interaction des règles de conflit...", cit., pág. 23; EUGÉNIA GALVÃO TELES, *A protecção dos consumidores...*, cit., pág. 238 ss.

Acresce ainda que o legislador comunitário também parece não concordar com esta interpretação que pretende concretizar a relação estreita com referência à residência habitual do consumidor em absoluta obediência ao disposto no art. 5.º, n.ºs 2, e 3, da Convenção de Roma, uma vez que, o art. 11.º, n.º 3, da proposta alterada da directiva relativa à comercialização à distância dos serviços financeiros junto dos consumidores – que tem uma estrutura semelhante à indicada nos arts. 7.º, n.º 2, da Directiva 1999/44/CE, 12.º, n.º 2, da Directiva 97/7/CE e 6.º, n.º 2, da Directiva 93/13/CEE – determina que os consumidores deverão ser protegidos pelas normas previstas na directiva, se o consumidor tiver residência no território de um dos Estados-membros e se o contrato apresentar "(...) um vínculo estreito com a Comunidade"[774].

Daqui poderá concluir-se que o legislador comunitário parece entender que a residência habitual do consumidor no território de um dos Estados-membros não é um vínculo suficientemente estreito para, por si só, e prescindindo de uma conexão com o contrato, justificar a aplicação das normas previstas na directiva. É aqui manifesta a preocupação do legislador comunitário em proteger o consumidor, relacionando-o com a sua residência habitual, sem, no entanto, deixar de ponderar a necessidade de atender às expectativas do fornecedor que actua no mercado financeiro, ao exigir um vínculo estreito entre o contrato e a Comunidade.

V. Como inicialmente referimos, o tema ora em debate está longe de suscitar unanimidade na doutrina. Viramos agora a nossa atenção para outras posições que têm vindo a ser defendidas e que, em relação à orientação anterior, se caracterizam por procederem a uma concretização de "relação estreita" que se afasta dos exactos pressupostos previstos no art. 5.º da Convenção de Roma. Não significa isto, como adiante verificaremos, que se não pondere o disposto naquela Convenção, o que, aliás, seria um erro crasso, já que este texto vigora nos Estados-membros e são

---

[774] Na exposição de motivos avançada pela Comissão Europeia e no comentário ao art. 11.º, terceiro parágrafo, esclareceu-se que esta disposição difere dos princípios estabelecidos pelo art. 5.º da Convenção de Roma em três aspectos essenciais: em primeiro lugar, a disposição comunitária só se aplica se o direito aplicável for o de um Estado terceiro, ao contrário do disposto no art. 5.º da Convenção de Roma; em segundo lugar, a aplicação do art. 11.º, n.º 3, não exige o preenchimento dos critérios previstos no art. 5.º; em terceiro lugar, o artigo da directiva determina o carácter imperativo das disposições aplicáveis e o art. 5.º da Convenção deixa esta questão em aberto: COM(1998) 468 final, 98/0245 (COD), de 14/10/1998, pág. 17.

as suas disposições que aí são aplicáveis "(...) às obrigações contratuais nas situações que impliquem um conflito de leis"[775], sendo certo ainda que esta Convenção tem uma disposição específica que visa a protecção do consumidor. A desarticulação entre estes dois diplomas poderia significar uma sobreposição ou colisão de regulamentações.

Há autores que salientam a necessidade de, na concretização da "relação estreita" e na edição de normas uniformes de protecção dos consumidores, atender também aos interesses dos fornecedores. Isto é, segundo este modo de ver, a directiva, para além da protecção dos consumidores, que é a sua *ratio legis* nuclear, visa também o desenvolvimento do mercado comunitário e internacional e a igualdade das oportunidades para actuação dos diversos fornecedores[776].

Daí que os fornecedores tenham interesse em que todos os comerciantes que operam num mesmo mercado estejam submetidos aos mesmos padrões de exigência, de forma a que se não verifiquem incidências negativas na concorrência entre as empresas que actuam no mercado interno[777].

A inobservância das disposições proteccionistas das directivas, por parte dos fornecedores, traduz-se em benefícios monetários para os faltosos e em menores lucros comparativos para os cumpridores. Só cumprindo as disposições da directiva os fornecedores podem operar no mercado interno num regime de concorrência saudável.

Além disso, a existência e a observância, pelos fornecedores, de uma regulamentação, no que aqui mais directamente nos interessa, do sistema de vendas através da Internet, terá como efeito mediato um aumento da confiança dos consumidores, já que tornará, gradualmente, estas vendas mais seguras. Em consequência deste aumento da confiança no sistema de vendas, o volume de negócios também tenderá a aumentar[778], o que levará

---

[775] Art. 1.º da Convenção de Roma.

[776] HERBERT KRONKE, "Electronic Commerce und Europäisches...", cit., pág. 989; EUGÉNIA GALVÃO TELES, *A protecção dos consumidores...*, cit., pág. 239; KARSTEN THORN, "Verbraucherschutz bei Verträgen im Fernabsatz", cit., pág. 8.

[777] Este entendimento mostra-se consonante com o explanado, nomeadamente, no considerando (2) da Directiva 93/13/CEE, no considerando (4) da Directiva 97/7/CE, no considerando (3) da Directiva 1999/44/CE, no considerando (8) da proposta de directiva sobre comercialização à distância dos serviços financeiros junto dos consumidores.

[778] Parecer do Comité Económico e Social sobre a proposta de directiva do Conselho relativa à protecção dos consumidores em matéria de contratos negociados à distância, JOCE N.º C 19, de 25/01/93, ponto 3.1., embora em relação às vendas à distância em geral.

a que também os fornecedores venham a ter vantagens imediatas na regulamentação da sua actividade.

Ora, seguindo esta linha de raciocínio, que coloca o acento tónico na concorrência saudável entre fornecedores no mercado comunitário, e regressando à questão inicial do âmbito de aplicação da directiva e consequente concretização de relação estreita, teríamos que deveriam ficar fora do campo de aplicação da directiva todos os fornecedores que não operassem no mercado interno, uma vez que não representariam qualquer ameaça à igualdade de circunstâncias concorrenciais em que todos os fornecedores operariam[779].

Coerente com este entendimento, K. Thorn critica a redacção que o legislador comunitário deu, *v.g.*, ao art. 12.º, n.º 2, *in fine*, da Directiva 97/7/CE[780], ao delimitar o âmbito de aplicação da directiva, ou pelo menos o seu âmbito de aplicação extraordinário, por recurso a um elemento geográfico, isto é, ao exigir para a aplicação do regime previsto na directiva, entre outras condições, a existência de uma relação estreita entre o contrato e o *território de um ou mais Estados-membros*. Neste sentido, o legislador comunitário, em vez de adoptar uma expressão que incide sobre o espaço geográfico, deveria ter definido um elemento relacional que reflectisse a ligação do contrato com o Mercado Comum.

Seguindo esta linha de pensamento, o mesmo autor defende que, na determinação do âmbito de aplicação da directiva, deverá ser ponderado como elemento de ligação com o contrato, que justifica a aplicação das suas normas de protecção, a circunstância de o fornecedor desenvolver a sua actividade comercial no território de um Estado-membro e aí executar o contrato celebrado com o consumidor[781] [782].

---

[779] KARSTEN THORN, "Verbraucherschutz bei Verträgen im Fernabsatz", cit., pág. 8.

[780] KARSTEN THORN, "Verbraucherschutz bei Verträgen im Fernabsatz", cit., pág. 8 ss. Esta crítica, face à semelhança de redacção, poderá ser extensível às disposições correspondentes das outras directivas já mencionadas.

[781] Também defendendo que se poderia considerar existir uma relação estreita no caso de o contrato ser, ou poder vir a ser, cumprido no território de um Estado-membro, *vide* PETER MANKOWSKI, "§ 12 AGBG im System des Internationalen...", cit., pág. 1228.

[782] O elemento de conexão lugar da execução do contrato, como já acima tivemos oportunidade de referir, por si só, remete-nos para a tradição savigniana, que tendia a considerar que a sede da relação contratual coincidiria com o lugar da execução do contrato. A adopção do elemento de conexão lugar de execução do contrato para a determinação da lei aplicável poderá encontrar dificuldades decorrentes do facto de a maioria dos contratos implicarem, pelo menos, duas prestações, cada uma delas possivelmente executada em países diferentes, e, assim sendo, a aplicação desta conexão conduziria à submissão

K. Thorn também não menospreza o facto de o consumidor ter a sua residência habitual em território comunitário. Segundo compreendemos, para que se possa falar de uma relação estreita do contrato com o território de um ou mais Estados-membros, este autor pressupõe, no entanto, que se verifiquem outros elementos, para além da simples residência habitual, que relacionem o contrato com esse território. Esclarece contudo que, para se satisfazer o preenchimento da conexão entre o contrato e o elemento geográfico, não é necessária a verificação cumulativa de todas as circunstâncias no território do mesmo Estado-membro. Ou seja, um consumidor que resida habitualmente num Estado-membro, *v.g.*, a Alemanha, e que tenha recebido uma proposta contratual quando estava de férias em França e só a aceite e envie quando já está no seu local de trabalho, no Luxemburgo, beneficiará, ainda assim, da protecção prevista na directiva[783].

Esta orientação, ao não conferir relevância, para efeitos de aplicação das medidas de protecção, ao território de cada um dos Estados-membros, mas antes dando importância ao conjunto do território de todos os Estados-membros, revela-se fiel às orientações comunitárias que têm feito esforços no sentido de realizar um efectivo Mercado Único. E, de facto, atenta a letra da lei, parece ser também esta a posição tomada pelo legislador comunitário que, ao exigir, quer no art. 6.º, n.º 2, da Directiva 93/13/CEE, quer no art. 7.º, n.º 2, da Directiva 1999/44/CE, que "(...) o contrato apresente uma conexão estreita com o território dos Estados--membros", quer ainda no art. 12.º, n.º 2, da Directiva 97/7/CE "(...) uma relação estreita com o território de um ou mais Estados-membros", não requer que o contrato tenha ligação apenas com o território de um Estado--membro, mas com o conjunto dos diversos territórios, entendidos, neste contexto, como uma globalidade.

Esta interpretação, que nos parece ser a mais consonante com o espírito e a letra da lei comunitária, apresenta, no entanto, divergências profundas relativamente ao disposto no art. 5.º da Convenção de Roma.

---

do contrato a duas leis diferentes. Mas, ainda no caso de se estabelecer que apenas se dará relevância ao elemento de conexão lugar de execução do contrato do fornecedor, ou do consumidor, sempre poderão surgir questões quanto à determinação do lugar da prestação. Acresce ainda que o cumprimento do contrato poderá implicar, pela mesma parte contratual, a execução de mais de uma prestação e em países diferentes. Sobre este elemento de conexão e para uma apreciação crítica, *vide*, por todos Fausto Pocar, "La protection de la partie faible", cit., pág. 385 ss.

[783] Karsten Thorn, "Verbraucherschutz bei Verträgen im Fernabsatz", cit., págs. 8-9.

Neste artigo, e especificamente no seu n.º 2, condiciona-se a aplicação das disposições imperativas de protecção do consumidor ao preenchimento de pressupostos que exigem que os actos preparatórios referentes à formação e celebração do contrato estejam ligados ao país da residência habitual do consumidor, e apenas a este. A entender-se que o consumidor é ainda merecedor de protecção, quer actue no país da sua residência habitual, quer em qualquer outro Estado-membro, estar-se-á também a admitir uma alteração à noção de consumidor passivo – conforme ao sentido conferido pela Convenção de Roma –, a quem se passa a admitir que também consuma fora do país da sua residência habitual, embora limitando-se estas deslocações ao território de um dos Estados-membros[784].

Perante a necessidade de concretização do conceito de conexão estreita e ponderando as perspectivas, quer da defesa do consumidor, quer das empresas que operam no mercado interno, K. Thorn vem defender que a norma de transposição da directiva para o direito interno deverá estabelecer que o consumidor, apesar de ter escolhido a lei de um Estado terceiro para reger o contrato, beneficiará da protecção que lhe é conferida pela directiva através da aplicação da lei do Estado-membro onde a actividade de venda se desenvolveu, desde que o contrato preencha duas condições:

a) tenha sido precedido de uma oferta pública, de publicidade ou de outra actividade negocial do fornecedor no território do Mercado Comunitário e

b) o consumidor tenha a sua residência habitual no território do Mercado Comunitário e aí tenha procedido a todos os actos necessários para a celebração do contrato[785].

Esta posição, que confere às disposições previstas na directiva um âmbito de aplicação mais amplo, embora já fuja aos elementos de conexão que vêm previstos na Convenção de Roma, nomeadamente nos seus arts. 4.º e 5.º [786], conferiria, no entanto, aos consumidores, uma protecção que

---

[784] Admitindo o âmbito mais amplo da directiva comunitária, KURT SIEHR, "Telemarketing und Internationales Recht...", cit., pág. 176, que, como acima vimos, entende que o art. 5.º da Convenção de Roma apenas deverá ser aplicável a consumidores passivos, vem dizer que o art. 12.º, n.º 2, da Directiva 97/7/CE, apenas será necessário para os consumidores activos que não cabem no âmbito de aplicação do art. 5.º daquela Convenção e que, assim, não beneficiam do mínimo de protecção aí previsto.

[785] KARSTEN THORN, "Verbraucherschutz bei Verträgen im Fernabsatz", cit., pág. 9.

[786] ERIK JAYME e CHRISTIAN KOHLER, "L'interaction des règles de conflit...", cit., pág. 25, em relação ainda à transposição da Directiva 93/13/CEE, criticam a opção do

não lhes é garantida por aquela Convenção, já que não os limitaria ao consumo no seu país, alargando-o ao espaço comunitário. Uma das situações que ficaria abrangida pela protecção comunitária seria aquela em que a prestação de serviços é feita exclusivamente no território de um país que não o da residência habitual do consumidor, ainda que seja um dos Estados-membros. Trata-se de uma situação que, nos termos do art. 5.º, n.º 4, da Convenção de Roma, se não mostrou digna de protecção especial, e que poderá beneficiar das normas de protecção aos consumidores previstas nas directivas comunitárias citadas, se o legislador nacional, aquando da respectiva transposição para o seu direito interno, assim o entender[787].

O legislador alemão veio, nos termos do art. 29a, n.º 2, n.ºs 1 e 2, EGBGB, adoptar uma redacção semelhante à já proposta por K. Thorn[788], e à qual se aplicam as respectivas considerações acima tecidas. Aí se estabelece que as normas de direito interno que tiverem transposto as directivas de protecção dos consumidores[789] deverão ser aplicadas ao contrato se, verificadas as condições já *supra* referidas – a saber, o contrato ser regido por lei escolhida pelas partes, não sendo esta a lei de um dos Estados-membros da União Europeia nem de um Estado Contratante do Acordo sobre o Espaço Económico Europeu –, este contrato apresentar uma conexão estreita com o território de um dos Estado-membro da União Europeia, ou de um Estado Contratante do Acordo sobre o Espaço Económico Europeu. No n.º 2 do mesmo artigo esclarece-se que se verifica esta conexão estreita, nomeadamente, quando:

a) a celebração do contrato tiver sido precedida de uma oferta ao público, de publicidade ao público ou de uma actividade negocial semelhante, que se tenha desenvolvido num Estado-membro da União Europeia ou num Estado Contratante do Acordo sobre o Espaço Económico Europeu e

---

legislador francês que no art. L.135-1 do Código do Consumo, na altura ainda projecto, concretizou a noção de "ligação estreita" por recurso, justamente, a elementos como o local da conclusão e execução do contrato, que não são considerados pela Convenção de Roma como critérios relevantes para aplicação das leis protectoras da residência habitual do consumidor.

[787] HERBERT KRONKE, "Electronic Commerce und Europäisches...", cit., pág. 989; BIRGIT BACHMANN, "Der internationale Vertrieb im Internet", cit., pág. 218.

[788] Cf. P. BÜLOW e M. ARTZ, "Fernabsatzverträge...", cit., pág. 2055, nota 61.

[789] Conforme já acima referimos, no n.º 4 do artigo 29a EGBGB, esclarece-se que as directivas aqui consideradas são as Directivas 93/13/CEE, 94/47/CE e 97/7/CE.

b) o outro contraente, que entrega a sua declaração necessária à celebração do contrato, tenha a sua residência habitual num desses mesmos Estados.

VI. As diversas posições aqui sumariamente apresentadas, reflectem, embora sob perspectivas diferentes, preocupações de articulação das disposições das directivas comunitárias *supra* mencionadas com a Convenção de Roma, de fixação de padrões mínimos de protecção dos consumidores e de consolidação progressiva do mercado interno, nomeadamente através da garantia de igualdade de circunstâncias concorrenciais entre as empresas que operam nesse mesmo mercado[790].

Neste sentido, e apesar das divergências entre doutrinadores, parece-nos que poderemos assentar num ponto basilar, a saber, que a transposição destas normas para o direito interno exige que se proceda a uma articulação com as normas de conflitos universais, nomeadamente as constantes da Convenção de Roma, em que a determinação da lei aplicável aos contratos celebrados com os consumidores vem especificamente prevista.

Assim, importará, na interpretação que se faça dos artigos citados a transpor para o direito interno, atender aos princípios que deverão orientar a interpretação da Convenção de Roma e, simultaneamente, procurar encontrar um conteúdo útil para as disposições das directivas comunitárias e que não se limite a garantir aos consumidores uma protecção que já lhes seria conferida pela aplicação das normas da própria Convenção. Para além disto, importará sempre analisar a aptidão destas normas para serem aplicadas a contratos celebrados através da Internet.

Neste sentido, permitimo-nos, salvo melhor opinião, discordar dos autores que consideram que por "relação estreita" se deverá entender "relação mais estreita", conforme o conteúdo que lhe é dado nos arts. 4.º e 5.º da Convenção de Roma[791]. Com efeito, e analisando a letra da lei,

---

[790] Ainda neste sentido vão os considerandos (1) e (4) da Directiva 97/7/CE.

[791] Também discordando dos autores que concretizam o conceito de "relação estreita" conforme o disposto nos arts. 4.º e 5.º da Convenção de Roma, *vide,* designadamente, EUGÉNIA GALVÃO TELES, *A protecção dos consumidores...*, cit., pág. 242; PETER MANKOWSKI, "§ 12 AGBG im System des Internationalen...", cit., pág. 1228, defende, referindo-se ao § 12 AGBG, que a determinação de qual seja a relação mais estreita pode ser uma valiosa ajuda na concretização do conceito de conexão estreita. No entanto, ao contrário dos critérios previstos no art. 29 EGBGB, o § 12 AGBG terá considerado o contrato num sentido mais global, não se limitando a atender às circunstâncias relativas à motivação ou, posteriormente, à negociação e formação do contrato, merecendo uma

vemos que as duas expressões não são necessariamente sinónimas, e se o legislador comunitário tal pretendesse, teria sido mais explícito.

Uma vez mais, poderemos socorrer-nos da Convenção de Roma e aí encontrar elementos que nos poderão auxiliar a interpretar ambas as expressões. Senão vejamos, nos diversos números do seu art. 4.º são feitas referências a uma "conexão mais estreita" de um contrato com um país, ao passo que, no art. 7.º, n.º 1, da mesma Convenção, pode ler-se "conexão estreita"; embora estes artigos se apliquem a situações diferentes, as expressões mencionadas têm também significados diferentes.

A conexão ou relação mais estreita, na economia do artigo 4.º, significa que a lei a aplicar ao contrato será aquela com que este esteja mais estreitamente ligado ou mais próximo, ou seja, a lei do país com que o contrato apresenta uma conexão mais significativa[792].

A conexão ou relação estreita, que, conforme já referimos, vem mencionada no art. 7.º, n.º 1, é objecto de uma interpretação própria e não quer significar necessariamente "relação mais estreita"[793]. Aliás, o conceito de "conexão estreita" tem sido objecto de críticas por parte da doutrina, que o classifica de extremamente impreciso[794] e não susceptível, por si só, de fornecer critérios que o permitam concretizar.

No entanto, o Relatório M. Giuliano e P. Lagarde dá indicações valiosas quanto à interpretação a fazer deste conceito. Entenderam os elementos do grupo de trabalho que preparou o texto da Convenção de Roma, que a "conexão estreita" terá de significar uma "conexão real" do contrato com outro país, como no caso, *v.g.*, de o contrato ter sido cumprido nesse outro país, ou de uma das partes contraentes ter aí a sua residência habitual ou o seu centro de negócios[795].

---

concretização própria; *vide* ainda ABBO JUNKER, "Vom Citoyen zum Consommateur...", cit., pág. 71.

[792] MARIO GIULIANO e PAUL LAGARDE, *Relatório relativo à Convenção*..., cit., pág. 18; A. FERRER CORREIA, "Algumas considerações acerca da Convenção de Roma...", cit., págs. 290, 365 ss.

[793] A. E. VON OVERBECK, "Cours général...", cit., pág. 182.

[794] A. FERRER CORREIA, "Algumas considerações acerca da Convenção de Roma...", cit., pág. 364; ANTÓNIO MARQUES DOS SANTOS, *As normas de aplicação imediata*..., vol. II, cit., págs. 490-491, nota 1555, *in fine*, e referências aí citadas; RUI MANUEL MOURA RAMOS, *Da lei aplicável*..., cit., pág. 715.

[795] MARIO GIULIANO e PAUL LAGARDE, *Relatório relativo à Convenção*..., cit., pág. 24 ss. No mesmo texto acrescenta-se ainda que a conexão estreita deverá "(…) existir entre o conjunto do contrato e a lei de um país que não seja aquele a que o contrato está sujeito"; *vide* também LUÍS DE LIMA PINHEIRO, *Joint Venture*, cit., pág. 778.

Assim, enquanto a noção de conexão mais estreita evoca o princípio da proximidade e a procura da lei que está melhor colocada para intervir, em função afinal de qual seja a sede ou o centro de gravidade da relação contratual, a noção de conexão estreita poderá afastar-se deste objectivo. Ou seja, admite-se, e isso parece-nos lógico, que o legislador comunitário, ao introduzir, nas citadas disposições, a noção de conexão estreita em vez de conexão mais estreita, não terá procurado, em primeira linha, concretizar o princípio da proximidade – que nem sempre redunda na solução mais justa, ainda que abstractamente –, mas sim garantir a aplicação das disposições da directiva, uma vez transpostas para o direito nacional, assegurando sim a concretização das políticas comunitárias relativas aos consumidores, garantindo-lhes especificamente, um nível mínimo de protecção e adicionalmente contribuindo para a concorrência sã entre empresas que operam no mercado interno. Ou seja, parece estarem aqui patentes maiores preocupações de justiça material do que de pura justiça (formal) conflitual.

VII. Para além do elemento literal de interpretação, haverá também que ponderar, conforme já acima referimos, o efeito útil da directiva. Assim, se entendermos que a noção de "relação estreita" deverá ser sinónima de "relação mais estreita", no sentido que lhe é dado pela Convenção de Roma, teremos que analisar qual a relação que deverá existir entre o contrato e o território de um dos Estados-membros para que as normas protectoras da directiva possam ser aplicadas.

Segundo a regra geral prevista no art. 4.º da Convenção de Roma, já exaustivamente enunciada, presume-se que o contrato apresenta a relação mais estreita com o país onde a parte que está obrigada a fornecer a prestação característica do contrato tem a sua residência habitual ou, tratando-se de pessoa colectiva, tem a sua administração central. Como a prestação característica tende a ser fornecida pelo profissional e não pelo consumidor, na maioria dos casos o contrato apresenta uma conexão mais estreita com o país da administração do fornecedor.

Assim, segundo este entendimento, as disposições da directiva transpostas para o direito interno deveriam aplicar-se se o fornecedor tivesse a sua administração central no território de um dos Estados-membros.

Esta solução significaria então que a directiva não visava, em primeira linha, proteger os consumidores comunitários, mas sim impor medidas que neutralizassem eventuais incidências negativas na concorrência entre os fornecedores com administração central em um dos Estados-membros, exigindo-lhes a observância das disposições previstas na directiva e com consequentes vantagens para os consumidores.

No entanto, a seguir-se esta orientação, teríamos que, à partida, os consumidores comunitários dificilmente ficariam protegidos contra as investidas desleais de fornecedores que tivessem a sua administração central no território de outros Estados não membros, ainda que estes tivessem aliciado os consumidores, na sua residência habitual, sita no território de um dos Estados-membros, a adquirir os seus bens ou serviços, o que, convenhamos, não apresenta especiais dificuldades face à digitalização e globalização das comunicações. Para além disto, e como nem todos os fornecedores que operam no mercado interno têm a sua administração central no território de um Estado-membro, também nem todos os fornecedores que têm a sua administração central num Estado-membro operam necessariamente no mercado interno. Assim sendo, mesmo os objectivos paralelos que a Directiva 97/7/CE se propõe, de consolidar progressivamente o mercado interno e de neutralizar as incidências negativas na concorrência entre empresas que operam no mercado interno, dificilmente seriam concretizáveis.

VIII. Já se se entender que os contratos celebrados através da Internet poderão enquadrar-se numa das situações previstas no art. 5.º, n.º 2, da Convenção de Roma[796], presume-se que o contrato apresenta a conexão mais estreita com o território do país onde o consumidor tem a sua residência habitual.

No seguimento deste raciocínio, o contrato terá uma relação estreita com o território de um dos Estados-membros e consequentemente deverá ser garantida a aplicação das disposições de protecção da directiva, se o consumidor tiver aí a sua residência habitual e se o contrato se enquadrar numa das situações previstas nos três parágrafos do art. 5.º, n.º 2, da Convenção de Roma. Ou, conforme uma interpretação mais lata, bastará que o consumidor tenha a sua residência habitual no território de um Estado-membro, ainda que não se inclua numa das situações previstas no art. 5.º, n.º 2.

Ora, se se entender que os contratos celebrados com os consumidores através da Internet tendem a enquadrar-se numa das situações previstas no art. 5.º, n.º 2, da Convenção de Roma, teremos de concluir que o legislador comunitário não veio acrescentar qualquer medida de protecção aos consumidores que já não estivesse garantida pela Convenção de Roma.

Com efeito, o art. 5.º, n.º 2, da Convenção de Roma dispõe que "(...) a escolha pelas partes da lei aplicável não pode ter como consequência pri-

---

[796] Vide supra nota 613 ss. e texto correspondente.

var o consumidor da protecção que lhe garantem as disposições imperativas da lei do país da residência habitual (...)", nas situações previstas nos seus três parágrafos. Conforme já acima referimos, o art. 12.º, n.º 1, da Directiva 97/7/CE, bem como os artigos análogos já citados, exigem que as suas disposições, uma vez transpostas para o seu direito interno, tenham carácter injuntivo. Sendo assim, aos consumidores que residem habitualmente no território de um Estado-membro, a protecção conferida pela directiva já lhes estava garantida, pelo menos nos casos em que o Estado do foro fosse um dos Estados Contratantes da Convenção de Roma[797].

A directiva comunitária só acrescentaria alguma protecção, em relação aos contratos celebrados através da Internet que não se enquadrassem no âmbito do art. 5.º, n.º 2, o que significaria pouco[798], e no caso de o Estado do foro não ser um Estado Contratante da Convenção de Roma.

Daí resulta que, e embora não se negue a conveniência de o conceito de "relação estreita" com o território de um Estado-membro incluir a residência habitual do consumidor nesse mesmo território, a simples referência a este elemento traduziria, num elevado número de casos, uma sobreposição de disposições, que se propõem resolver as mesmas situações, dando-lhe soluções idênticas.

IX. A interpretação dos artigos mencionados *supra*, quer atendendo ao seu elemento literal, quer ao elemento teleológico, quer à sua articulação com a Convenção de Roma, leva-nos a admitir a hipótese de concretizar a noção de "relação estreita" *qua tale* e não como relação mais estreita, conforme alguns autores já citados defendem.

Do teor das disposições e, num sentido mais global, das próprias directivas e do sistema em que se inserem, parece decorrer que o legislador

---

[797] Nos termos dos arts. 13.º e 14.º da Convenção de Bruxelas, semelhantes às disposições da Convenção de Lugano, o tribunal competente para apreciar litígios decorrentes de contratos celebrados em circunstâncias idênticas às previstas nos primeiro e segundo parágrafos do n.º 2 do art. 5.º da Convenção de Roma, será o do Estado Contratante em que estiver domiciliado o consumidor ou o Estado Contratante em que estiver domiciliado o fornecedor, conforme opção do consumidor. No caso de a acção ser proposta contra o consumidor, o tribunal competente será o do Estado Contratante em que estiver domiciliado o consumidor. Daí decorre que, tendo o consumidor domicílio num Estado-membro, terá fortes probabilidades de ter, como Estado do foro, um Estado Contratante da Convenção de Roma.

[798] Em sentido semelhante, com referências aos contratos celebrados à distância, *vide* ERIK JAYME e CHRISTIAN KOHLER, "L'interaction des règles de conflit...", cit., pág. 28 ss.

comunitário terá pretendido ampliar o nível de protecção a garantir aos consumidores e ultrapassar as medidas de protecção já constantes da Convenção de Roma[799].

Ficamos, no entanto, com o mesmo problema por resolver, a saber, como proceder à concretização de "relação estreita".

Uma das hipóteses de resolução da questão, sem fugir a uma interpretação articulada com a Convenção de Roma, consiste em socorrermo-nos do art. 7.º, n.º 1, do mesmo texto, no qual, como já referimos, se utiliza a expressão sinónima "conexão estreita", e procurar descobrir o seu sentido[800].

O Relatório M. Giuliano e P. Lagarde é um dos instrumentos a que podemos recorrer para desenvolver tal tarefa e, conforme já acima mencionámos, aí se esclarece que existirá uma "conexão estreita", no sentido do art. 7.º, n.º 1, da Convenção de Roma, se se verificar uma conexão real entre o conjunto do contrato e a lei de um país que não seja aquele a que o contrato está sujeito. Esta conexão real poderá verificar-se nos casos de o contrato ser cumprido nesse outro país ou de um dos contraentes ter aí a sua residência habitual ou o seu centro de negócios[801].

Adaptando esta interpretação às disposições em análise, poderia entender-se, como proposta de concretização de "relação estreita", que esta se verificaria nos casos em que o consumidor tem residência habitual no território de um dos Estados-membros ou em que o fornecedor aí tenha a sua administração central, sede, sucursal ou qualquer outro estabelecimento e o contrato seja proposto, concluído ou executado neste território,

---

[799] ABBO JUNKER, "Vom Citoyen zum Consommateur...", cit., pág. 71, sublinha que, enquanto a norma de conflitos prevista no art. 5.º da Convenção de Roma estabelece que o direito da residência habitual do consumidor deverá, nas situações previstas no seu n.º 2, ser aplicado, ainda que o consumidor não tenha residência habitual em nenhum Estado-membro, já os arts. 6.º, n.º 2 ou 12.º, n.º 2, das Directivas 93/13/CEE e 97/7/CE, respectivamente, visam a adopção de normas unilaterais que exprimem o favorecimento da aplicação do direito dos Estados-membros. Para esta aplicação apenas exigem que se verifique uma relação estreita entre um contrato que se insira no âmbito de aplicação da directiva e o território de um dos Estados-membros.

[800] A este respeito, EUGÉNIA GALVÃO TELES, A protecção dos consumidores..., cit., pág. 262, informa que "[e]xiste um claro paralelo entre o art. 7.º, n.º 1, da Convenção e o art. 6.º, n.º 2, da directiva, porquanto ambos referem, como condição de reconhecimento da vontade de aplicação da norma material estrangeira, a verificação de uma conexão estreita entre o contrato e o país terceiro a cuja ordem jurídica pertence".

[801] MARIO GIULIANO e PAUL LAGARDE, Relatório relativo à Convenção..., cit., pág. 23 ss.

ou em que haja qualquer outra relação que se considere suficientemente estreita para que o consumidor não seja privado da protecção conferida pela directiva. Algumas destas conexões, isoladamente ou conjugadas, foram já acima analisadas, tendo-se aí procurado apontar as eventuais vantagens e desvantagens que poderão implicar.

X. Não obstante o explanado e a diversidade de opiniões quanto à concretização de "relação estreita" (situação que não se estranha face à novidade que esta questão ainda reveste), cumpre salientar que a sua concretização não poderá caber a outro que não ao legislador interno[802-803], já que o legislador comunitário não fixou os contornos exactos do conceito.

O legislador, na transposição da directiva para o direito interno, apenas terá de ter o cuidado de respeitar o limite estabelecido para a aplicação das normas previstas na directiva, apesar de as partes terem escolhido a lei de um Estado terceiro, ou seja, que o contrato apresente uma relação estreita com o território de um dos Estados-membros.

Respeitando este limite, o legislador poderá transpor a expressão "relação estreita", concretizando-a, à semelhança da lei alemã, ou transpô-la *ipsis verbis* para a lei interna e transferir a sua concretização para os tribunais[804].

Aí, uma vez analisadas as circunstâncias que rodeiam o caso concreto, a "relação estreita" poderá ser concretizada conforme se entender que é realizada da melhor forma a justiça do Direito Internacional Privado, adoptando-se portanto uma solução mais flexível[805].

---

[802] HERBERT KRONKE, "Electronic Commerce und Europäisches...", cit., pág. 987; DIRK ARNOLD, "Verbraucherschutz im Internet", cit., pág. 527.

[803] Nos termos do art. 249.º do Tratado que institui a Comunidade Europeia, a directiva apenas vincula o Estado-membro destinatário quanto ao resultado a alcançar, deixando-lhe liberdade quanto à forma e aos meios de transposição para o direito interno.

[804] H. KRONKE, "Electronic Commerce und Europäisches...", cit., pág. 987, manifesta-se contrário a esta "delegação", alegando que a directiva e a concretização de "relação estreita" se dirigem, em primeira linha, ao legislador interno. Entende que esta também não é a melhor orientação, já que seria preferível que a própria directiva indicasse uma solução.

[805] No Relatório de M. Giuliano e P. Lagarde refere-se que, na altura, a tendência vigente nos países da Comunidade, com excepção da Itália, ia no sentido de entender que a lei subsidiariamente aplicável ao contrato seria determinada por meio de soluções flexíveis, conferindo ao juiz a tarefa de encontrar, atentas as circunstâncias do caso concreto, a conexão preponderante para a determinação da lei aplicável à relação contratual: MARIO GIULIANO e PAUL LAGARDE, *Relatório relativo à Convenção...*, cit., pág. 18. Em-

Esta solução, embora tenha a vantagem de permitir realizar com maior facilidade a justiça material no caso concreto, poderá também apresentar alguns efeitos perversos. Conexão estreita é, como temos vindo a observar, uma conexão imprecisa, passível de variadas concretizações, e, neste sentido, o órgão de aplicação do direito poderá sentir-se tentado a assumir uma atitude de pendor fortemente casuístico, eventualmente atentatório dos valores da certeza e segurança que devem estar presentes na resolução dos conflitos do DIP[806]. Esta tendência casuística poderá vir depois a ser minorada com a jurisprudência que entretanto for sendo produzida pelos tribunais, na sequência dos julgamentos e das respectivas decisões que forem sendo tomadas. Esta jurisprudência, a ser criada, oferece a vantagem de basear as suas orientações em casos práticos e deste modo, em princípio, adaptadas à realidade e vocacionadas para dar aos casos em litígio a solução mais justa[807]. No caso dos contratos celebrados através da Internet, a novidade resultante da utilização dos meios de comunicação, a polarização dos possíveis elementos de conexão com o contrato e a fluidez das localizações físicas àquele associados, poderão aconselhar a observância de um "período experimental" anterior à elaboração de normas, as quais serão então mais aptas a definir a lei aplicável[808].

Como é óbvio, esta não concretização conceptual implica, necessariamente, uma maior insegurança e imprevisibilidade quanto à determinação das normas aplicáveis.

Procurando evitar estes e outros efeitos decorrentes da não concretização da relação estreita, o legislador interno, ao transpor a directiva,

---

bora a questão em discussão neste ponto se não prenda com a determinação da lei subsidiariamente aplicável ao contrato, parece-nos importante sublinhar as preocupações que se registam com a necessidade de ponderar as circunstâncias que circundam o caso concreto e de flexibilizar conexões, que constituem elementos importantes no desenho do panorama em que se inserem estas considerações. Cf. ainda EUGÉNIA GALVÃO TELES, *A protecção dos consumidores...*, cit., pág. 249; também LUÍS DE LIMA PINHEIRO, *Joint Venture*, cit., pág. 852, considera que "[n]a oposição entre a justiça do caso, que reclama soluções flexíveis e individualizadoras, e a segurança jurídica, que é servida pelas regras de conflitos «rígidas», gerais e abstractas, a Convenção pende decididamente a favor da primeira".

[806] A. FERRER CORREIA, *Direito Internacional Privado – Alguns problemas*, cit., pág. 109 ss.; EUGÉNIA GALVÃO TELES, *A protecção dos consumidores...*, cit., pág. 251.

[807] Sobre a valorização do desempenho do juiz no âmbito do DIP, *vide* FAUSTO POCAR, "La protection de la partie faible", cit., pág. 385.

[808] Neste sentido, embora com referência à "théorie des contacts les plus significatifs", cf. EDOARDO VITTA, "Cours général...", cit., pág. 166 ss.

e seguindo uma orientação mais formal, poderá especificar o que deva entender-se por aquele conceito. Poderá adoptar fórmulas, com inspiração mais ou menos evidente na Convenção de Roma, e concretizar, com maior ou menor pormenor, quais as circunstâncias cujo preenchimento considere necessário para se entender que há uma relação estreita entre a situação a regular e o território de um ou mais Estados-membros.

No entanto, parece-nos que a norma a adoptar pelo direito interno, face à novidade e à multiplicidade de possíveis configurações da situação a regular, deverá assegurar a flexibilidade necessária, de modo a que a situação concreta possa ser avaliada. Não queremos dizer com isto que se procure adaptar, no que respeita às normas previstas na directiva, uma fórmula semelhante à *better law*, pela qual se procura determinar, de entre as leis em presença, qual a que melhor realiza a justiça material do caso concreto[809]. Entendemos sim que a concretização de "relação estreita" não deverá ser cristalizada, mas antes assumir um pendor flexível, à semelhança, aliás, das orientações que vêm sendo seguidas no Direito Internacional Privado europeu[810].

Uma possível solução, que conjuga a flexibilidade com alguma certeza e previsibilidade nas decisões, poderá passar por o legislador nacional concretizar a noção de "relação estreita" com referência a presunções. Ou seja, da mesma forma que são enunciadas, no art. 4.º da Convenção de Roma, presunções de qual seja a lei que apresenta a conexão mais estreita com o contrato, admitindo-se, no entanto, no art. 4.º, n.º 5, que essas presunções possam ser afastadas se resultar do conjunto das circunstâncias que o contrato apresenta uma conexão mais estreita com outro país[811], também no caso da directiva se poderiam enumerar situações em que se presume existir uma conexão estreita com o território dos Estados-membros, não obstante essas presunções poderem ser afastadas, se, no

---

[809] EDOARDO VITTA, "Cours général...", cit., pág. 171; ANTÓNIO MARQUES DOS SANTOS, *As normas de aplicação imediata...*, vol. I, cit., pág. 607-619.

[810] EDOARDO VITTA, "Cours général...", cit., pág. 175 ss.; MARIO GIULIANO e PAUL LAGARDE, *Relatório relativo à Convenção...*, cit., pág. 18; EUGÉNIA GALVÃO TELES, *A protecção dos consumidores...*, cit., pág. 249; LUÍS DE LIMA PINHEIRO, *Joint Venture*, cit., pág. 852; MATHIAS REIMANN, "Savigny's Triumph?...", cit., pág. 571 ss.

[811] Acerca da interessante simbiose entre elementos americanos e europeus que estarão na génese desta norma, *vide* EDOARDO VITTA, "Cours général...", cit., pág. 180; MATHIAS REIMANN, "Savigny's Triumph?...", cit., pág. 578 ss.; ver também, em geral, ANTÓNIO MARQUES DOS SANTOS, *As normas de aplicação imediata...*, vol. I, cit., pág. 475 ss.

caso concreto, se verificar que, apesar de não preenchidas, o contrato apresenta a referida conexão estreita[812].

Encontramos, no âmbito do direito interno português, uma norma com uma estrutura semelhante à aqui enunciada no Código dos Valores Mobiliários, especificamente no seu art. 3.º, n.º 1, em que se prevê que, não obstante o direito designado aplicável, as normas imperativas do Código (normas de aplicação imediata) se aplicam "(...) se, e na medida em que, as situações, as actividades e os actos a que se referem tenham conexão relevante com o território português". No n.º 2 do mesmo artigo são indicadas três situações que, *designadamente*, se consideram ter uma conexão relevante com o território português. Posteriormente, nos Entendimentos e Recomendações da CMVM sobre a utilização da Internet[813], a Comissão, entendendo que a lei se limita a enumerar alguns dos casos de conexão relevante com o território português, considerou ser um factor de segurança identificar e enumerar alguns indicadores que permitam verificar a existência de uma conexão relevante para a aplicação da lei portuguesa, bem como enumerar indicadores que, a verificarem-se, afastem a conexão relevante com a ordem jurídica portuguesa. No entanto, quer num caso, quer no outro, estamos em presença de meros indicadores enunciativos e não taxativos.

XI. A transposição da Directiva 93/13/CEE veio demonstrar que o disposto no seu art. 6.º, n.º 2, não terá sido a medida mais adequada para uma harmonização da legislação dos diversos Estados-membros.

Conforme também já acima referimos, os Estados-membros, aquando da transposição da Directiva 93/13/CEE para o seu direito interno, adoptaram as mais diversas concretizações do conceito de "relação estreita" do seu art. 6.º, n.º 2: uns, seguindo uma linha mais formal, especificaram o que se deva entender por esta noção, outros entenderam, assumindo uma atitude mais flexível, transpor a expressão *qua tale*, deixando a cargo dos tribunais a sua concretização.

Nada garante que a transposição das Directivas 97/7/CE[814] e 1999/44/CE para o direito interno dos diversos Estados-membros venha a

---

[812] Esta é também a orientação que, conforme acima referimos, parecia decorrer da interpretação do § 12 AGBG e actualmente, do art. 29a EGBGB.

[813] Acessíveis através do endereço http://www.cmvm.pt.

[814] Conforme já se referiu *supra*, o legislador português, através do Dec.-Lei n.º 143/2001, já transpôs para o direito interno a Directiva 97/7/CE, no entanto, esta transposição revelou-se deficiente já que não foi transposto o respectivo art. 12.º, n.º 2.

ocorrer de forma diversa. Não há notícia de preocupações especiais dos legisladores nacionais em concretizarem a noção de "relação estreita" de forma semelhante; aliás, nem tem de haver, pois o legislador comunitário deixa ao critério dos legisladores dos Estados-membros a concretização dos conceitos que dela careçam. No entanto, também se não nega que esta ausência de uniformidade, num aspecto que também delimita o âmbito de aplicação no espaço das disposições da directiva, prejudica a harmonização do direito interno dos diversos Estados-membros. Contudo, sempre haverá uniformidade quanto aos aspectos essenciais das directivas: a protecção do consumidor, nos termos do regime aí indicado, e a garantia de aplicação dessa protecção perante a escolha da lei de um Estado terceiro como *lex contractus*, se o contrato revelar uma "relação estreita" com o território de um dos Estados-membros[815].

A noção de conexão estreita é ainda muito recente e a sua concretização, quer pela legislação interna, quer pela jurisprudência ou doutrina, é ainda muito fluida, mas também o conceito é em si mesmo muito vago. Daí decorre não só a dificuldade de harmonização entre as diversas legislações internas, mas também o desafio da busca de uma concretização que seja a que, na prática, melhor se adapte às situações a regular, garantindo a prossecução dos objectivos visados pela política comunitária relativa aos consumidores, através de medidas suficientemente flexíveis para atingir o seu fim, e assegurando um mínimo de segurança e de previsibilidade aos sujeitos intervenientes.

1.4.2.1.4. Medidas necessárias

1.4.2.1.4.1. Razão de ordem. Breves considerações sobre algumas possíveis soluções oferecidas pelo DIP

I. O art. 12.º, n.º 2, da Directiva 97/7/CE, determina que os Estados-membros deverão garantir aos consumidores a aplicação do direito material previsto na directiva, uma vez transposta para o direito interno dos Estados-membros, ainda que essa aplicação limite a do direito de um Estado terceiro escolhido pelas partes, mas sem que se especifique quais sejam as medidas adequadas que devem ser tomadas. Antes de avançarmos, cumprirá notar que a adopção, pelos Estados-membros, de medidas especiais que garantam a aplicação das normas previstas na directiva encontra maior justificação se se enquadrar na teoria que defende que a concretiza-

---

[815] EUGÉNIA GALVÃO TELES, *A protecção dos consumidores...*, cit., pág. 248.

ção da "relação estreita" poderá, embora atendendo à Convenção de Roma, não se limitar às conexões e pressupostos já previstos no art. 5º. deste texto convencional.

Com efeito, conforme já se referiu, a Directiva 97/7/CE prevê no seu art.12.º, n.º 1, que os Estados-membros deverão assegurar que os consumidores não possam renunciar aos direitos que lhes são conferidos pela directiva, por força da sua transposição para o direito interno. Ora, conforme já acima defendemos, o cumprimento desta disposição deverá passar pela atribuição de força injuntiva às normas que transpõem a directiva para o direito interno. As disposições injuntivas são denominadas, no âmbito da Convenção de Roma, disposições imperativas, a que os arts. 3.º, n.º 3, 5.º, n.º 2 e 6.º, n.º 1 fazem referência. O art. 5.º, n.º 2, da Convenção de Roma, prevê que o consumidor, se celebrar um contrato enquadrável numa das três situações previstas nesta disposição, não deverá ser privado da protecção que lhe é garantida pelas normas imperativas da lei da sua residência habitual. Logo, se se concretizar a expressão "relação estreita", com o sentido exacto que vem previsto no art. 5.º da Convenção de Roma, verifica-se uma sobreposição de previsões.

Já segundo a orientação que defende uma concretização mais autónoma de "conexão estreita" em relação ao disposto no art. 5º. da Convenção de Roma, a necessidade de adopção de medidas que garantam aquela aplicação é mais premente, pois não estará assegurada pela Convenção. De acordo com esta linha de pensamento, para atingir o objectivo visado pelo citado texto comunitário, o legislador nacional terá de adoptar medidas que tenham a potencialidade de influenciar o jogo regular das normas de conflitos, de afastar as conclusões a que se chegue pela sua aplicação e de impor a aplicação da protecção aos consumidores conferida pela directiva.

II. Enquanto alguns autores entendem que esta disposição das citadas directivas comunitárias, ao procurar regular o âmbito de aplicação da directiva no plano internacional, será uma norma de conflitos[816], outros autores, como Norbert Reich, defendem que não terá sido intenção do legislador comunitário fazer adoptar na legislação dos diversos Estados--membros normas de conflitos universais que funcionassem em paralelo

---

[816] JOACHIM GRUBER, "Vertragsschluss im Internet...", cit., pág. 1440; PAUL LAGARDE, *Le consommateur...*, cit., págs. 26 e 28, admite que as citadas disposições das directivas regulam matérias de conflitos de leis, qualificando-as posteriormente de normas de conflitos.

com as normas previstas na Convenção de Roma. Apenas se terá pretendido que, nos casos em que o contrato apresenta uma relação estreita com o território de um dos Estados-membros, o consumidor possa beneficiar do nível de protecção mínimo conferido pela directiva[817].

A Convenção de Roma vigora nos Estados-membros e, como tal, é pelas normas de conflitos aí previstas, nomeadamente as que são aplicáveis aos contratos celebrados com os consumidores, que se determina qual a lei a aplicar.

Daí que as "medidas necessárias" a tomar pelos Estados-membros, com vista a garantir a aplicação das normas de protecção ao consumidor previstas na directiva, dificilmente poderão coincidir com a adopção de normas de conflitos[818]. Temos assim, por um lado, que o legislador comunitário não terá pretendido alterar as normas de conflitos existentes, e que constam da Convenção de Roma, do mesmo modo que não terá pretendido negar-lhes relevância. Por outro lado, dificilmente se encontrará um elemento de conexão que garanta, pela aplicação de normas de conflitos, que a lei aplicável seja sempre a mais favorável ao consumidor[819] ou que, pelo menos, a este seja sempre garantida a aplicação do padrão mínimo de protecção previsto pela directiva, sempre que o contrato apresente uma relação estreita com o território de um dos Estados-membros.

Com efeito, e conforme já acima fizemos referência, o elemento de conexão "vontade das partes", regido pelo princípio da autonomia da vontade, na determinação da lei aplicável ao contrato, propicia comportamentos abusivos por parte do contraente mais forte, a saber, o fornecedor[820]. Uma das opções é exactamente o afastamento deste elemento de conexão e a adopção do elemento de conexão residência habitual do consumidor, considerado como sendo o que, em princípio, de entre os vários elementos de conexão possíveis, melhor protecção conferirá ao consumidor. Mas tam-

---

[817] NORBERT REICH, "Die neue Richtlinie 97/7/CE...", cit., pág. 587.

[818] Segundo opinião de ANTÓNIO MARQUES DOS SANTOS, *As normas de aplicação imediata...,* vol. I, cit., pág. 1040, "(...) todas as tentativas de criar regras de conflitos bilaterais – com base em critérios materiais –, que atendam ao conteúdo de justiça material das normas substantivas em confronto ou, *maxime,* que pretendam indagar acerca da sua pretensão de aplicabilidade espacial, a partir desse conteúdo material, falharam".

[819] RUI MANUEL MOURA RAMOS, Contratos internacionais e protecção..., cit., pág. 6 ss.; no mesmo sentido, MICHEL PÉLICHET, "Les ventes aux consommateurs", cit., pág. 195; FAUSTO POCAR, "La protection de la partie faible", cit., pág. 395; EUGÉNIA GALVÃO TELES, *A protecção dos consumidores...,* cit., pág. 244.

[820] RUI MANUEL MOURA RAMOS, "La protection de la partie contractuelle...", cit., pág. 105.

bém neste caso nem sempre a lei da residência habitual do consumidor é necessariamente a mais favorável e o benefício da sua aplicação poderá resumir-se ao facto de ser a lei com cuja aplicação o consumidor estaria mais familiarizado[821]. Além disso, se considerarmos que conexão estreita, conforme vem mencionado nos referidos artigos das directivas, não é necessariamente a conexão com a residência habitual do consumidor, estar-se-ia a limitar o seu âmbito de aplicação planeado pelo legislador comunitário.

III. Uma outra técnica utilizada no âmbito do Direito Internacional Privado é a das conexões alternativas, nas quais é indicada mais do que uma lei na norma de conflitos, sendo dada preferência à lei que assegura um determinado resultado material que se pretende obter. Desta forma, através da própria norma de conflitos, determina-se a aplicação da lei que, numa perspectiva material, melhor regulamentará a relação jurídica em causa[822], ou, *rectius*, a que garantirá um determinado resultado material determinado pelo próprio legislador[823].

Este método exige, portanto, um procedimento de comparação do conteúdo material das leis em presença[824] e é um dos métodos utilizados no que respeita aos requisitos de forma dos contratos: temos, como um dos exemplos, o art. 9.º da Convenção de Roma, em que se determina que o contrato será de igual modo formalmente válido, quer preencha os requisitos de forma prescritos pela *lex contractus,* quer pela lei do país em que foi celebrado, ou seja, verifica-se aqui uma preocupação em garantir a validade formal do negócio por clara obediência ao princípio do *favor negotii*[825].

Neste caso, com vista à maior protecção do contraente mais fraco, poderia conjugar-se a conexão alternativa com o princípio da lei mais favorável e aplicar, ao caso, a lei que concretamente se revele mais favorável ao consumidor.

---

[821] FAUSTO POCAR, "La protection de la partie faible", cit., pág. 395; RUI MANUEL MOURA RAMOS, Contratos internacionais e protecção..., cit., pág. 6.

[822] FAUSTO POCAR, "La protection de la partie faible", cit., pág. 360.

[823] RUI MANUEL MOURA RAMOS, "La protection de la partie contractuelle...", cit., pág. 101; ANTÓNIO MARQUES DOS SANTOS, *As normas de aplicação imediata...*, vol. I, cit., págs. 492-493.

[824] MARIA HELENA BRITO, *A representação...,* cit., pág. 48.

[825] FAUSTO POCAR, "La protection de la partie faible", cit., pág. 360 e nota 17; *vide* a referência também ao art. 31.º, n.º 2, do Código Civil português, que se inspira também no *favor negotii* ou, conforme nota RUI MANUEL MOURA RAMOS, no *favor recognitionis*: "La protection de la partie contractuelle...", cit., pág. 102.

No entanto, o recurso a uma conexão alternativa não solucionaria a concretização do conceito de relação estreita, e sendo este um conceito muito vago, exigiria a ponderação de todas as leis que estivessem em contacto com o contrato a regular. Isto, além de poder constituir em alguns casos uma tarefa muito vasta – *v.g.*, o conceito de relação estreita, por si só, se for aplicado a contratos celebrados através da Internet, poderia exigir a consideração da lei da residência habitual do consumidor, da sede do fornecedor, dos países onde o contrato é executado, etc. –, tem a desvantagem de implicar um nível elevado de imprevisibilidade, já que as normas a ponderar são muitas, excepto se se limitar as leis potencialmente aplicáveis a certas conexões especificadas.

IV. A garantia da aplicação do regime previsto na directiva através do recurso ao instituto da ordem pública internacional[826] também poderia constituir um outro meio de atingir os objectivos propostos pelo legislador comunitário. No entanto, parece duvidoso que as regras ou princípios de ordem pública visem situações específicas de protecção dos consumidores, excepto em situações que se mostrem em oposição gritante com os princípios fundamentais da política legislativa e económica do Estado[827], já que a ordem pública internacional tende a ser encarada como válvula de segurança[828] de um sistema fundado em determinados valores, que funcionam como pilares ético-jurídicos da comunidade respectiva[829]. Assim,

---

[826] Acerca das concepções apriorísticas e aposterioristicas da ordem pública internacional, vide JOÃO BAPTISTA MACHADO, *Lições de Direito Internacional Privado*, cit., pág. 257 ss.; ANTÓNIO MARQUES DOS SANTOS, *Direito Internacional Privado, Sumários*, cit., pág. 184 ss.; do mesmo autor, vide, *As normas de aplicação imediata...*, vol. I, cit., pág. 171 ss., em especial, nota 598, e vol. II, pág. 698 ss.; MARIA HELENA BRITO, *A representação...*, cit., pág. 49 ss.; vide, por último, RUI MANUEL MOURA RAMOS, "L'ordre public international en droit portugais", *BFDC*, vol. 74, 1998, pág. 45-62; ANTÓNIO MARQUES DOS SANTOS, "Lei aplicável a uma sucessão por morte aberta em Hong Kong", *RFDUL*, vol. XXXIX, n.º 1, 1998, pág. 115-134, pág. 128 ss.; A. FERRER CORREIA, *Lições de Direito Internacional Privado*, cit., pág. 406 ss.

[827] FAUSTO POCAR, "La protection de la partie faible", cit., págs. 350 e 395 ss.; ainda acerca da ordem pública internacional, RUI MANUEL MOURA RAMOS, "La protection de la partie contractuelle...", cit., pág. 100.

[828] JOÃO BAPTISTA MACHADO, *Lições de Direito Internacional Privado*, cit., pág. 267; RUI MANUEL MOURA RAMOS, Contratos internacionais e protecção..., cit., pág. 4.

[829] Conforme informa A. FERRER CORREIA, *Direito Internacional Privado – Alguns problemas*, cit., pág. 126, o juiz poderá recorrer à ordem pública "(...) unicamente por entender que a aplicação desse preceito ao caso concreto produziria um resultado abso-

o recurso à reserva de ordem pública tende a caracterizar-se pela excepcionalidade, bem como por alguma imprevisibilidade quanto aos resultados, pelo que haverá sempre algumas reservas na sua aplicação[830].

Ainda que se admita a inclusão do princípio da protecção da parte mais fraca na reserva de ordem pública internacional[831], assumido exactamente enquanto tal, isto é, como princípio genérico, parece-nos que dificilmente se poderá entender que através deste instituto se possa garantir o nível de protecção que as directivas atrás citadas pretendem assegurar[832].

1.4.2.1.4.2. Normas de aplicação imediata

Uma norma de conflitos unilateral que imponha as normas previstas na directiva contra o direito de um país terceiro escolhido pelas partes, conferindo-se a esse direito material o carácter imperativo determinado, *v.g.*, no art. 7.º, n.º 2, da Convenção de Roma, parece ser o meio considerado por alguns autores o mais adequado para assegurar os fins de protecção previstos na directiva[833].

---

lutamente intolerável para o sentimento ético-jurídico dominante, ou lesaria gravemente interesses de primeira grandeza da comunidade local"; também JOÃO BAPTISTA MACHADO considera que, "(...) para que possa ou deva intervir a excepção de ordem pública internacional, será necessário que as disposições de direito privado da *lex fori* divergentes das da lei estrangeira normalmente aplicável sejam fundadas em razões de ordem económica, ético-religiosa ou política" (*Lições de Direito Internacional Privado*, cit., pág. 261). Ainda sobre a reserva de ordem pública internacional, *vide* ISABEL DE MAGALHÃES COLLAÇO, *Direito Internacional Privado*, Lições proferidas pela Exma. Senhora Doutora D. Isabel de Magalhães Collaço ao 5.º ano jurídico 1958-1959, vol. III, Associação Académica da Faculdade de Direito, Lisboa, 1959, pág. 412 ss.

[830] ANTÓNIO MARQUES DOS SANTOS, *Direito Internacional Privado, Sumários*, cit., pág. 186; RUI MANUEL MOURA RAMOS, Contratos Internacionais e protecção..., cit., pág. 4; A. FERRER CORREIA, *Lições de Direito Internacional Privado*, cit., pág. 409 ss.

[831] EUGÉNIA GALVÃO TELES, *A protecção dos consumidores*..., cit., pág. 22 ss.

[832] Referindo-se a uma eventual aplicação do instituto da ordem pública internacional a estes casos, *vide* NORBERT REICH, "Protection of Consumers'...", cit., pág. 44; KURT SIEHR, "Telemarketing und Internationales Recht...", cit., pág. 186 ss.

[833] Assim considera ABBO JUNKER, "Vom Citoyen zum Consommateur...", cit., pág. 71; também neste sentido se dirige a opinião de LUIGI FUMAGALLI, "Le clausole abusive nei contratti con i consumatori tra diritto comunitario e diritto internazionale privato", *RDIPP*, n.º 1, 1994, pág. 15-32, pág. 30 ss.; ERIK JAYME e CHRISTIAN KOHLER, "L'interaction des règles de conflit...", cit., pág. 21 ss.; *vide* ainda, na doutrina portuguesa, EUGÉNIA GALVÃO TELES, *A protecção dos consumidores*..., cit. pág. 232 ss.; ALMENO DE SÁ, *Cláusulas contratuais gerais*..., cit., pág. 135 ss.; e já antes, SOFIA DO NASCIMENTO RODRIGUES, *O Art. 23.º do Decreto-Lei n.º 446/85*..., cit., pág. 39.

Embora não exista uma definição legal do que se deva entender por normas de aplicação imediata ou necessária[834], e face à necessidade de concretizar essa noção, recorremos a António Marques dos Santos, que define as normas de aplicação imediata como "(...) normas materiais autolimitadas cuja «vontade de aplicação» extravasa do âmbito de competência da ordem jurídica a que pertencem, determinado este pelo respectivo sistema geral de normas de conflitos de leis; (...) essas normas reclamam, portanto, um campo de aplicação no espaço que pode revelar-se exorbitante em relação àquele que é reservado à ordem jurídica em que se inserem, ou que, em todo o caso, é autonomamente definido por elas, independentemente do sistema geral de normas de conflitos de leis"[835].

---

[834] DIETER MARTINY, "Europäisches Internationales Vertragsrecht", cit., pág. 267; vide, porém, o acórdão do S.T.J. de 11/06/1996, *CJ-Acórdãos do Supremo Tribunal de Justiça*, Ano IV, tomo II, 1996, pág. 266-270, citado por ANTÓNIO MARQUES DOS SANTOS, *Direito Internacional Privado*, Lições..., cit., pág. 31 e nota 49.

[835] ANTÓNIO MARQUES DOS SANTOS, *As normas de aplicação imediata...*, vol. II, cit., pág. 848. Ainda acerca das normas de aplicação necessária ou imediata, vide RUI MANUEL MOURA RAMOS, que considera tratar-se de normas de direito material interno, pensadas para situações jurídicas internas, cuja aplicabilidade a relações internacionais não depende da aplicação de normas de conflitos mas da sua importância e de uma conexão que as liga a determinadas situações. São dotadas de uma imperatividade internacional que permite a sua aplicação a certas situações, independentemente da competência do sistema em que se inserem e da aplicação de normas de conflitos: "La protection de la partie contractuelle...", cit., pág. 118; acerca destas normas, vide também ISABEL DE MAGALHÃES COLLAÇO, *Da compra e venda...*, cit., pág. 315 ss.; JOÃO BAPTISTA MACHADO, *Âmbito de eficácia...*, cit., pág. 278 ss.; JOÃO BAPTISTA MACHADO, *Lições de Direito Internacional Privado*, cit., pág. 258, em especial, nota 2; LUÍS DE LIMA PINHEIRO, *Joint Venture*, cit., pág. 770 ss. e, do mesmo autor, "Apontamentos sobre as normas de aplicação necessária perante o Direito Internacional Privado português e o art. 21.º do Código Civil de Macau", *ROA*, Ano 60, Janeiro 2000-I, pág. 23-48, pág. 26; MARIA HELENA BRITO, *A representação...*, cit., págs. 602, 705; ARNAUD NUYTS, "L'application des lois de police dans l'espace", *Rev. crit.*, n.º 1, 1999, pág. 31-74, pág. 33 ss.; A. FERRER CORREIA, *Lições de Direito Internacional Privado*, cit., pág. 161 ss. Alguns representantes da doutrina suíça como K. SIEHR e A. E. VON OVERBECK referem-se a estas normas adoptando a terminologia de ordem pública positiva, já que elas podem assumir esse carácter, aos olhos do Estado que as adopta: vide KURT SIEHR, "Telemarketing und Internationales Recht...", cit., pág. 182 ss., e A. E. VON OVERBECK, "Cours général...", cit., pág. 179 ss.; também, *v.g.*, G. KEGEL e K. SCHURIG, *Internationales Privatrecht*, cit., pág. 453 ss., adoptam a mesma terminologia na doutrina alemã. Sobre o recurso às normas de aplicação imediata para protecção do consumidor, vide EUGÉNIA GALVÃO TELES, *A protecção dos consumidores...*, cit. pág. 200 ss.; ainda segundo FAUSTO POCAR, "La protection de la partie faible", cit., pág. 355, trata-se de "(...) règles impératives d'application immédiate, visant à régler directement une situation

As normas de aplicação imediata, embora tenham um âmbito de aplicação que excede o da ordem jurídica em que se inserem, não estando portanto a sua aplicação sujeita ao regular funcionamento das normas de conflitos de leis, não deixam por isso de ter um âmbito de aplicação delimitado. Este âmbito de aplicação é determinado por uma regra de conflitos unilateral *ad hoc*, denominada por António Marques dos Santos regra de extensão, que está acoplada à norma material e delimita o seu campo de aplicação espacial[836].

No que respeita ao teor material das normas de aplicação imediata, e embora estas normas fossem caracterizadas, segundo Phocion Francescakis, por regular matérias relacionadas com a salvaguarda da organização política, social ou económica do país, insistindo no elemento de organização estadual[837], a verdade é que esta orientação se revelou muito restritiva e, na prática, verifica-se o recurso a normas de aplicação imediata para regular questões que não cabem naquele elenco de matérias. Num sentido mais lato, considera-se que o crescimento da intervenção do Estado, quer em extensão, quer em intensidade, ao nível económico, político, social e cultural, reflecte a importância dos interesses estaduais, nos quais se inclui o interesse em proteger determinados sujeitos privados que, pela sua fragilidade, carecem de especial tratamento[838].

---

donnée, d'une manière exclusive de toute incidence sur leur application de n'importe quelle autre règle ayant un contenu différent, bien que désignée par la règle de conflit (...) et bien que ces règles se situent à la marge de la méthode conflictuelle (...)".

[836] "[A]s normas de aplicação imediata estão providas de uma «regra de extensão» (...); esta «regra de extensão» é, na realidade, no caso das normas de aplicação imediata, uma *regra de conflitos unilateral* ad hoc (...), a qual tem por função determinar, fora do sistema geral de regras de conflitos – *maxime* de carácter bilateral -, o domínio de aplicação espacial da norma material (ou do conjunto de normas materiais) à qual (ao qual) ela está incindivelmente ligada": ANTÓNIO MARQUES DOS SANTOS, *As normas de aplicação imediata...*, vol. II, cit., pág. 890 (sublinhado do autor); *vide* também JOÃO BAPTISTA MACHADO, *Âmbito de eficácia...*, cit., pág. 279; LUÍS LIMA PINHEIRO, "Apontamentos...", cit., pág. 26; A. FERRER CORREIA, *Lições de Direito Internacional Privado*, cit., págs. 161-162.

[837] EDOARDO VITTA, "Cours général...", cit., pág. 122; ANTÓNIO MARQUES DOS SANTOS, *As normas de aplicação imediata...*, vols. I e II, cit., págs. 7 ss., 926 ss.; LUÍS LIMA PINHEIRO, "Apontamentos...", cit., pág. 26; A. FERRER CORREIA, *Lições de Direito Internacional Privado*, cit., pág. 162.

[838] ANTÓNIO MARQUES DOS SANTOS, *As normas de aplicação imediata...*, vol. II, cit., págs. 926 ss., 934 ss., 936 ss., 1033; LUÍS DE LIMA PINHEIRO, *Joint Venture*, cit., pág. 772; MARIA HELENA BRITO, *A representação...*, cit., pág. 705 ss.; sobre a dificuldade de definir exactamente o conteúdo desta categoria de normas, *vide* A. FERRER CORREIA, *Lições de Direito Internacional Privado*, cit., pág. 162.

As normas de aplicação imediata oferecem a vantagem de ter um alcance perfeitamente determinado, isto é, as normas materiais desse tipo poderão ser aplicadas na exacta medida em que lhes importa intervir, sem prejudicar necessariamente a regulamentação global que a *lex contractus*, determinada pelas normas de conflitos bilaterais, já proporciona[839]. E é justamente este o objectivo que é proposto pelo art. 12.º, n.º 2, da Directiva 97/7/CE, ou seja, que o consumidor não seja privado da protecção que lhe é conferida por aquele texto comunitário, sem, no entanto, ser prejudicada a aplicação da *lex contractus*, ou seja, no caso, a lei que as partes tiverem escolhido para reger o contrato. Esta regulamentação especificamente direccionada dificilmente poderá ser conseguida pelo funcionamento do sistema geral das normas de conflitos.

O recurso às normas de aplicação imediata, pelas características que apresentam e especialmente pelo seu carácter imediato – conforme a sua própria denominação indica, são normas cuja aplicação não depende da intermediação das regras de conflitos *lato sensu* [840] –, poderá revelar-se de grande relevância na protecção do contraente mais débil[841]. No caso em análise, a atribuição de natureza de normas de aplicação imediata às normas da directiva transpostas para o direito interno, com a consequente economia das regras de conflitos, poderá constituir uma medida eficaz para

---

[839] EUGÉNIA GALVÃO TELES, *A protecção dos consumidores...*, cit., pág. 193; cf., porém, *infra*, nota 843.

[840] ANTÓNIO MARQUES DOS SANTOS, *As normas de aplicação imediata...*, vol. II, cit., pág. 886; RUI MANUEL MOURA RAMOS, *Da lei aplicável...*, cit., pág. 672; JOÃO BAPTISTA MACHADO, *Âmbito de eficácia...*, cit., pág. 279; MARIA HELENA BRITO, *A representação...*, cit., pág. 705. LUÍS DE LIMA PINHEIRO, *Joint Venture*, cit., pág. 774, considera que as normas de aplicação necessária ou imediata não são verdadeiramente normas imediatamente aplicáveis já que a sua aplicação depende de uma norma de conexão *ad hoc*, e, por este motivo, prefere a denominação normas de aplicação necessária.

[841] Sobre o recurso às normas de aplicação imediata para protecção do consumidor, *vide*, RUI MANUEL MOURA RAMOS, "La protection de la partie contractuelle...", cit., pág. 118.; do mesmo autor, cf. *Da lei aplicável...*, cit., pág. 750 ss.; EUGÉNIA GALVÃO TELES, *A protecção dos consumidores...*, cit., págs. 200 ss., 244; *vide* também ANTÓNIO MARQUES DOS SANTOS, *As normas de aplicação imediata...*, vol. II, cit., pág. 851; MARIA HELENA BRITO, *A representação...*, cit., pág. 707, anota a presença destas normas em «(...) disposições sobre a "exclusão de abusos da autonomia privada"»; esta posição é consonante com a já defendida por BATIFFOL, que afirmava que "(...) il faut sortir des conflits de lois pour pratiquer une politique protectrice d'une catégorie donnée, et recourir aux lois dites de police ou d'application immédiate" (citado por RUI MANUEL MOURA RAMOS, "La protection de la partie contractuelle...", cit., pág. 117).

assegurar a protecção do consumidor e, no caso concreto, para lhe garantir que não será privado das medidas previstas na directiva comunitária.

No que respeita ao âmbito de aplicação espacial, no caso das directivas mencionadas, o legislador comunitário terá pretendido conferir às normas da directiva comunitária, uma vez transpostas para o direito interno nacional, um âmbito de aplicação que coincida com a existência de uma "relação estreita" entre o contrato e o território de um ou mais Estados-membros, nos termos em que esta expressão for concretizada por estes. Será portanto a "relação estreita" – ou melhor, a concretização que dela o legislador interno venha a fazer – o princípio subjacente à norma de conflitos unilateral *ad hoc* que estará acoplada à norma material, que resultará da transposição, mais ou menos fiel, do regime previsto na directiva comunitária.

Ora, tendo as normas de aplicação imediata um campo de aplicação no espaço que é fixado autonomamente – em relação ao que é traçado pelo sistema geral de normas de conflitos – através de normas de conflitos *ad hoc* àquelas acopladas e que determinam o seu domínio de aplicação necessário[842], é possível, conferindo a natureza de normas de aplicação imediata às disposições que transpuserem para o direito interno a directiva comunitária, garantir a aplicação do regime mínimo de protecção previsto na directiva aos contratos que tenham uma relação estreita com o território de um ou mais Estados-membros[843]. A *lex contractus,* desde que tenha sido designada pelo elemento de conexão "vontade das partes" e seja a lei de um país terceiro, encontrará ainda aplicação no que respeita às questões que não são reguladas por estas normas de aplicação imediata.

1.4.2.1.4.2.1. Breve apreciação crítica ao recurso às normas de aplicação imediata

I. O recurso às normas de aplicação imediata para regular estas e outras situações análogas, designadamente, nos casos em que um dos contraentes é tipicamente a parte mais fraca, é uma medida que não deixa de estar isenta de críticas.

---

[842] ANTÓNIO MARQUES DOS SANTOS, *As normas de aplicação imediata...,* vol. II, cit., pág. 892 ss.; JOÃO BAPTISTA MACHADO, *Âmbito de eficácia...,* cit., pág. 279 ss.

[843] EUGÉNIA GALVÃO TELES, *A protecção dos consumidores...,* cit., pág. 192 ss., alerta para a possibilidade de, por vezes, o regime previsto pelas normas de aplicação imediata ser de tal modo extenso que nada resta para ser regulado pela *lex contractus.*

Conforme sublinha Rui Manuel Moura Ramos, apesar de admitir que, pelo recurso às normas de aplicação imediata, se consegue garantir um *standard* mínimo de protecção nas situações internacionais, "(...) este tipo de procedimento, que expande soluções internas a relações internacionais pode conduzir a perder de vista o objectivo da harmonia jurídica internacional"[844]. A tendência que se procura impor, de aplicação do direito material dos Estados-membros, em prejuízo do direito de Estados terceiros, reveladora de alguma fobia contra estes, poderá significar um retrocesso na evolução do DIP.

Com efeito, importa não perder de vista que o recurso às normas de aplicação imediata não deverá ser assumido como uma solução generalizada mas sim limitada e de que um determinado ordenamento jurídico se socorre apenas atendendo à relevância que os fins almejados pelas normas de aplicação necessária têm para esse ordenamento[845]; no entanto, e face às vantagens que este meio oferece na protecção do contraente mais fraco, poderá verificar-se uma tendência para a sua divulgação e vulgarização. Esta tendência é, de certa forma, legitimada pela própria Convenção de Roma, que, no seu art. 7.º, n.º 1[846], reconhece a relevância que poderá ser dada às normas de aplicação imediata[847] "(...) de outro país com o qual a situação apresente uma conexão estreita (...)", independentemente da lei aplicável ao contrato por força do normal jogo das regras de conflitos. No segundo período desta disposição são indicados critérios adicionais específicos que devem ser observados pelo juiz com vista a decidir pela

---

[844] RUI MANUEL MOURA RAMOS, "La protection de la partie contractuelle...", cit., pág. 119; ANTÓNIO MARQUES DOS SANTOS faz também referência a autores que, em nome de valores estabilizadores como a certeza e a segurança, criticam as normas de aplicação imediata, da mesma forma que criticam as cláusulas de excepção que apresentam pontos comuns e afinidades com aquelas: *As normas de aplicação imediata...*, vol. I, cit., págs. 495-496.

[845] ANTÓNIO MARQUES DOS SANTOS, *As normas de aplicação imediata...*, vol. II, cit., pág. 956; nesta perspectiva, as normas de aplicação imediata podem ser analisadas de um "(...) ponto de vista da preservação da coerência dos princípios ou valores que inspiram o sistema normativo do foro": MARIA HELENA BRITO, *A representação...*, cit., pág. 642.

[846] Embora, por outro lado, admita, no seu art. 22.º, n.º 1, a possibilidade de qualquer Estado Contratante se poder reservar o direito de não aplicar o art. 7.º, n.º 1, reserva, aliás, feita por Portugal – art. 3.º da Resolução da Assembleia da República n.º 3/94, de 3 de Fevereiro de 1994.

[847] MARIO GIULIANO e PAUL LAGARDE, *Relatório relativo à Convenção...*, cit., pág. 25; ANTÓNIO MARQUES DOS SANTOS, *As normas de aplicação imediata...*, vol. II, cit., pág. 1009 ss.; LUÍS DE LIMA PINHEIRO, *Joint Venture*, cit., pág. 779; para uma apreciação crítica, JACQUES FOYER, "Entrée en vigueur de la Convention de Rome...", cit., pág. 629.

sua aplicação, não aplicação ou tomada em consideração. A doutrina tem-se mostrado dividida no que respeita ao carácter facultativo e discricionário desta disposição. Assim, uma fracção da doutrina considera que esta disposição confere ao juiz a faculdade de "(...) dar prevalência às disposições imperativas (...)", mas sem que se verifique uma verdadeira obrigação de o fazer, além de fazer depender o seu exercício de um poder discricionário[848]. Outros autores defendem que, apesar da expressão "pode ser dada prevalência", a aplicação das normas de aplicação imediata de países que apresentem com a situação uma conexão estreita não será meramente facultativa nem terá sido concedida uma discricionariedade excessiva ao juiz, já que este fica vinculado aos pressupostos previstos nos dois períodos do próprio art. 7.º, n.º 1[849].

No art. 7.º, n.º 2, do mesmo texto, este já não passível de reserva, dispõe-se que, independentemente da lei aplicável, "[o] disposto na presente Convenção *não pode prejudicar* a aplicação das regras do país do foro que regulem imperativamente o caso concreto (...)"[850]. A redacção desta última disposição – que está, na sua génese, relacionada com preocupações manifestadas por algumas delegações em garantir a aplicação das normas de aplicação imediata, designadamente em matéria de protecção dos consumidores[851] – não suscita, pelo elemento literal de interpretação e em especial em razão da expressão "não pode prejudicar", especiais dúvidas quanto ao seu sentido: parece, pois, decorrer daqui uma verdadeira obrigação que pende sobre o órgão de aplicação do direito de aplicar as normas de aplicação imediata do país do foro e, ao contrário da disposição imediatamente anterior, não se confere ao juiz qualquer poder discricionário para apreciar da oportunidade de aplicação das normas de

---

[848] ANTÓNIO MARQUES DOS SANTOS, *As normas de aplicação imediata...*, vol. II, cit., pág. 1021 e referências doutrinárias aí indicadas; JACQUES FOYER, "Entrée en vigueur de la Convention de Rome...", cit., pág. 629 ss.; MARIA HELENA BRITO, *A representação...*, cit., pág. 716, também considera que, no caso do art. 7.º, n.º 1, o órgão de aplicação do direito se encontra numa situação de "faculdade", por oposição ao art. 7.º, n.º 2, em que existirá uma verdadeira "obrigação".

[849] A. E. VON OVERBECK, "Cours général...", cit., pág. 180 ss.; MARIO GIULIANO e PAUL LAGARDE, *Relatório relativo à Convenção...*, cit., pág. 24 ss.; ANDREA BONOMI, "Il nuovo diritto internazionale privato dei contratti...", cit., pág. 80 ss.; HANS-W. MICKLITZ, "Ein einheitliches Kaufrecht für Verbraucher in der EG?", *EuZW*, 8/1997, pág. 229-237, pág. 235; LUÍS DE LIMA PINHEIRO, *Joint Venture*, cit., pág. 778.

[850] Sublinhado nosso.

[851] MARIO GIULIANO e PAUL LAGARDE, *Relatório relativo à Convenção...*, cit., pág. 25.

aplicação imediata do foro[852]. Nem tão-pouco se exige, como condição ou critério de aplicação, que a situação apresente uma conexão estreita com o país do foro[853]. Nesta sequência, P. Lagarde reconhece que a Convenção de Roma reservou uma posição privilegiada para as normas de aplicação imediata do foro, as quais terão prevalência sobre a lei designada pelo jogo das normas de conflitos que constam da própria Convenção[854]. Sublinhando um aspecto que nos parece importante, esta disposição poderá tornar-se perigosa se os Estados Contratantes da Convenção se sentirem encorajados a conferir a natureza de normas de aplicação imediata a muitos diplomas resultantes da sua actividade legislativa[855].

II. Ademais, uma crítica que também se poderá tecer a este método, é a de que as normas de aplicação imediata têm uma eficácia relativa, já que não há uma obrigação internacional que impenda sobre os Estados de reconhecer, atender ou aplicar as normas de aplicação imediata de outros países[856].

Não obstante as vantagens que alguma doutrina encontra e realça no reconhecimento e eficácia das normas de aplicação imediata estrangeiras na ordem jurídica do foro, designadamente tendo em conta os princípios da paridade de tratamento e da igualdade entre o direito do foro e o direito estrangeiro, o princípio da harmonia internacional de julgados e a promoção da cooperação e solidariedade internacionais[857], existe alguma resistência em aplicar, no tribunal do foro, as normas de aplicação imedi-

---

[852] PAUL LAGARDE, "Le nouveau droit international privé...", cit., pág. 326 ss.

[853] MARIA HELENA BRITO, *A representação...*, cit., pág. 711, na nota 397 são feitas referências a autores que consideram dever existir uma conexão estreita semelhante à prevista no art. 7.º, n.º 1; ANTÓNIO MARQUES DOS SANTOS, *As normas de aplicação imediata...*, vol. II, cit., pág. 970 e nota 2999 e pág. 1053 e nota 3244, que também indica e critica os autores com opinião contrária.

[854] Também neste sentido, vide MARIA HELENA BRITO, *A representação...*, cit., pág. 708 ss.

[855] PAUL LAGARDE, "Le nouveau droit international privé...", cit., pág. 324 ss.

[856] "Assente que não há qualquer obrigação formulada pelo Direito Internacional geral que imponha aos Estados o reconhecimento, a tomada em consideração e, muito menos, a aplicação das normas de aplicação imediata estrangeiras (...)": ANTÓNIO MARQUES DOS SANTOS, *As normas de aplicação imediata...*, vol. II, cit., pág. 1041.

[857] ANTÓNIO MARQUES DOS SANTOS, *As normas de aplicação imediata...*, vol. II, cit., pág. 1042 ss.; RUI MANUEL MOURA RAMOS, *Da lei aplicável...*, cit., pág. 716; vide também MARIA HELENA BRITO, *A representação...*, cit., pág. 719, nota 424, e bibliografia aí citada.

ata de outros países, cuja vontade de aplicação abranja aquela situação concreta. Esta resistência encontra a sua génese nos mais variados motivos, quer no desconhecimento, quer nas dificuldades de conciliação entre normas provenientes de diferentes ordenamentos jurídicos, quer no facto de algumas situações apresentarem pontos de contacto com vários ordenamentos e exigirem o chamamento de numerosas normas distintas e que dificultariam a aplicação do direito ao caso concreto, etc.

Face à diversidade de normas de aplicação imediata e da sua proveniência, caberá a cada Estado estabelecer os seus próprios limites ao reconhecimento daquelas normas de origem estrangeira[858]. Ora, nos casos em que não existam tratados ou convenções internacionais, ou costume internacional ou quaisquer outras directivas do Direito Internacional que os Estados devam observar com respeito àquele reconhecimento, cabe a cada um dos Estados determinar quais as condições a exigir pelos seus tribunais, para que seja atribuída relevância às normas de aplicação imediata estrangeiras e mais especificamente à sua vontade de aplicação[859].

Na ausência de directivas internacionais que visem o reconhecimento das normas de aplicação imediata que não sejam do Estado do foro, a vontade de aplicação daquelas normas não assumirá qualquer relevância se o Estado que está em posição de as reconhecer o não fizer ou não respeitar os exactos termos em que ela está definida, já que só nos tribunais do Estado que adoptou essas normas elas poderão ser impostas[860]. Segundo alguns autores, o órgão de aplicação de direito aplica o Direito Internacional Privado vigente no Estado do foro e poderá aplicar também as normas de aplicação imediata estrangeiras da *lex causae*, embora, desta feita, sem ponderar a vontade de aplicação daquelas normas e incluindo-as no sistema conflitual comum[861-862].

---

[858] ANTÓNIO MARQUES DOS SANTOS, *As normas de aplicação imediata...*, vol. II, cit., pág. 1045.

[859] ANTÓNIO MARQUES DOS SANTOS, *As normas de aplicação imediata...*, vol. II, cit., pág. 1046.

[860] ANTÓNIO MARQUES DOS SANTOS, *As normas de aplicação imediata...*, vol. II, cit., pág. 1047; MARIA HELENA BRITO, *A representação...*, cit., pág. 719, acrescenta que «[o] regime previsto na Convenção tem subjacente a ideia de que uma regra só é de aplicação "imediata" ou "necessária" na sua ordem jurídica de origem»; A. FERRER CORREIA, *Lições de Direito Internacional Privado*, cit., pág. 161.

[861] Manifestando-se contra a atendibilidade das normas de aplicação imediata estrangeiras nestes termos, *vide* ANTÓNIO MARQUES DOS SANTOS, *As normas de aplicação imediata...*, vol. II, cit., pág. 1046; numa posição oposta, RUI MANUEL MOURA RAMOS,

É com vista à eficácia das normas de aplicação imediata estrangeiras, e designadamente ao respeito pela sua vontade de aplicação, que António Marques dos Santos refere a necessidade de os Estados adoptarem regras de reconhecimento que os vinculem a tomar em consideração aquelas normas. O mesmo autor reconhece o carácter de norma de reconhecimento do art. 7.º, n.º 1, da Convenção de Roma, uma vez que garante a eventual aplicação ou tomada em consideração das normas de aplicação imediata estrangeiras no Estado do foro[863]. As normas de reconhecimento assim delineadas não são uma fórmula exclusiva da Convenção de Roma, pois deparamos, *v.g.*, no art. 19 da Lei de DIP suíça, com uma norma que admite que se possa tomar em consideração uma disposição imperativa de um direito que não o designado para regular a situação, desde que os interesses legítimos e manifestamente preponderantes, à luz da lei suíça, o exijam e a situação visada apresente uma ligação estreita com esse direito[864]; em sentido semelhante anotamos ainda o art. 3079 do CC do Quebeque[865].

Da lei aplicável..., cit., págs. 683 ss., 687; MARIA HELENA BRITO, *A representação...*, cit., pág. 717 ss. e bibliografia aí indicada; também neste sentido nos parece indicar A. FERRER CORREIA, *Lições de Direito Internacional Privado*, cit., pág. 163.

[862] Sobre a aplicação, no Estado do foro, de normas de aplicação imediata de terceiros Estados, *vide* ANTÓNIO MARQUES DOS SANTOS, *As normas de aplicação imediata...*, vol. II, cit., págs. 979 ss., 1046 ss.; RUI MANUEL MOURA RAMOS, *Da lei aplicável...*, cit., pág. 691 ss.; MARIA HELENA BRITO, *A representação...*, cit., pág. 719 ss.; A. FERRER CORREIA, *Lições de Direito Internacional Privado*, cit., pág. 163 ss.

[863] ANTÓNIO MARQUES DOS SANTOS, *As normas de aplicação imediata...*, vol. II, cit., pág. 1047 ss. e doutrina aí citada. Defende ainda este autor que o ponto de partida para reconhecer a relevância das normas de aplicação imediata estrangeiras reside na sua vontade de aplicação, não sendo a conexão estreita, exigida pelo art. 7.º, n.º 1, mais do que um pressuposto para o reconhecimento. Esclarece ainda que esta construção pressupõe que o art. 7.º, n.º 1, admite a tomada em consideração das normas de aplicação imediata de qualquer sistema jurídico estrangeiro. Já em sentido diferente, MARIA HELENA BRITO, *A representação...*, cit., pág. 717, considera que o art. 7.º, n.º 1, se refere às normas de aplicação imediata não pertencentes à *lex fori* nem à *lex causae*, isto é, às normas de aplicação imediata estrangeiras de terceiros Estados.

[864] *Vide*, acerca desta norma, ANTÓNIO MARQUES DOS SANTOS, *As normas de aplicação imediata...*, vol. II, cit., págs. 1009 ss., 1026 ss.; KURT SIEHR, "Telemarketing und Internationales Recht...", cit., pág. 187 ss.; referindo-se ainda ao então projecto da lei suíça, *vide* A. E. VON OVERBECK, "Cours général...", cit., pág. 179 ss.

[865] "Lorsque des intérêts légitimes et manifestement prépondérants l'exigent, il peut être donné effet à une disposition impérative de la loi d'un autre État avec lequel la situation présente un lien étroit.

Pour en décider, il est tenu compte du but de la disposition, ainsi que des con-

Mais recentemente, encontramos no ordenamento jurídico português uma norma que nos parece ser também uma norma de reconhecimento, embora de âmbito limitado à matéria das cláusulas contratuais gerais; referimo-nos ao art. 23.º, n.º 2, da Lei das Cláusulas Contratuais Gerais em que se prevê que "[n]o caso de o contrato apresentar uma conexão estreita com o território de outro Estado-membro da Comunidade Europeia aplicam-se as disposições correspondentes desse país na medida em que este determine a sua aplicação".

O art. 7.º, n.º 1, da Convenção de Roma é, conforme já acima se referiu, passível de reserva, aliás adoptada pelo legislador nacional, bem como pelo legislador alemão e do Reino Unido[866]. Ora, na ordem jurídica dos países que fizeram a reserva, aquela disposição não se aplica[867], e, uma vez mais, o reconhecimento das normas de aplicação imediata de Estados terceiros – entendidos aqui como todos Estados que não os Estados da *lex causae* nem do foro – depende da decisão que o órgão de aplicação de direito, no caso concreto, tomar quanto ao reconhecimento destas normas, sendo certo que não existe, quanto a esta aplicação, qualquer vinculação ou obrigação.

Pelo contrário, os Estados Contratantes não podem reservar-se o direito de não aplicar o art. 7.º, n.º 2, da Convenção de Roma. Assim sendo, as normas de aplicação imediata do foro que regulem o caso concreto, deverão, sempre, encontrar aplicação, pois a isso obriga esta disposição[868]. Neste texto convencional, as normas de aplicação imediata são, portanto, reconhecidas com maior ou menor vigor, consoante se insiram no ordenamento jurídico do foro ou no de um outro país. No art. 7.º, n.º 1, exige-se, para que possa "ser dada prevalência" às normas de apli-

---

séquences qui découleraient de son application": *vide* o texto em ANTÓNIO MARQUES DOS SANTOS, *DIP, Colectânea...*, cit., pág. 1471.

[866] LUÍS DE LIMA PINHEIRO, *Joint Venture*, cit., pág. 781.

[867] Para uma relativização da reserva por parte de Portugal, cf. ANTÓNIO MARQUES DOS SANTOS, "Le statut des biens culturels en droit international privé", in *Estudos de Direito Internacional Privado e de Direito Processual Civil Internacional*, Coimbra, Almedina, 1998, pág. 167-202, págs. 195-196 e nota 82, *in fine*.

[868] O texto convencional reflecte com alguma fidelidade a orientação que vem sendo seguida pela maioria da doutrina, que admite e reconhece a aplicação das normas de aplicação imediata do foro, respeitando a sua vontade de aplicação e considerando-a independente do sistema de normas de conflitos, mas que insiste em incluir as normas de aplicação imediata estrangeiras no sistema conflitual, dependendo a sua aplicação da inclusão na *lex causae*: *vide*, criticamente, ANTÓNIO MARQUES DOS SANTOS, *As normas de aplicação imediata...*, vol. II, cit., págs. 945 ss., 1031 ss.

cação imediata de um país, que não o do foro, sobre a *lex causae*, o preenchimento dos pressupostos aí indicados, deixando ainda à discricionaridade do juiz – embora mediante indicação de critérios – a efectiva aplicação das mencionadas normas. Já nos termos do art. 7.º, n.º 2, as normas de aplicação imediata do foro são aplicadas conjuntamente com a *lex contractus*, prevalecendo sobre estas.

E é por este motivo que, independentemente de quaisquer juízos sobre a bondade da distinção de critérios, a determinação de qual seja o Estado do foro ganha especial relevância. Se o Estado do foro for um dos Estados-membros, a protecção conferida pelas suas normas de aplicação imediata impor-se-á no contrato, por força do art. 7.º, n.º 2, da Convenção de Roma. Se o Estado do foro não for um dos Estados-membros, as normas de aplicação imediata destes Estados poderão não ser aplicadas se o tribunal do foro não tomar em consideração estas normas.

1.4.2.1.4.2.2. Aplicação da lei mais favorável. Nível mínimo de protecção dos consumidores

I. Se se entender que as "medidas necessárias" a tomar pelos Estados-membros, para garantir aos consumidores a protecção que lhes é atribuída pela directiva, exigem a sua transposição para o direito interno conferindo-lhe a natureza de normas de aplicação imediata, suscita-se a questão de saber se o regime previsto por estas normas deverá ser sempre aplicável, independentemente do que estabeleça a *lex contractus, i.e.*, no caso, a lei escolhida pelas partes.

Com efeito, as normas de aplicação imediata ou necessária encontram justamente nestes dois adjectivos denominativos, os seus principais elementos característicos, ou seja, são necessárias porque a sua aplicação é essencial ou fundamental para a ordem jurídica em que se inserem e imediatas porque a sua aplicação não depende do sistema geral de normas de conflitos, mas sim da sua própria vontade de aplicação[869].

As normas de aplicação imediata encontram aplicação prevalente em relação às normas da lei designada pela norma de conflitos e a regra de conflitos unilateral *ad hoc* que está acoplada a essas normas materiais tem prioridade sobre as regras de conflitos do sistema do DIP[870]. Estas normas têm um funcionamento apriorístico, pois a norma de conflitos *ad hoc* que

---

[869] MARIA HELENA BRITO, *A representação...*, cit., pág. 705.
[870] ANTÓNIO MARQUES DOS SANTOS, *As normas de aplicação imediata...*, vol. II, cit., pág. 955.

têm acoplada delimita o seu âmbito de aplicação espacial e dentro deste âmbito elas não admitem nem toleram a aplicação de qualquer outra lei que eventualmente tenha contacto com a situação plurilocalizada a regular. Assim, o conteúdo destas leis, que também estão em contacto com a situação e que poderiam ser aplicáveis pelo regular jogo das normas de conflitos bilaterais, não chega sequer a ser considerado, já que a sua aplicação, que poderia concorrer com a das normas de aplicação imediata, não é admitida[871].

Esta precedência das normas de aplicação imediata e das normas de conflitos *ad hoc* que a elas estão acopladas sobre as normas de conflitos bilaterais do DIP é susceptível, pelo menos, de duas possibilidades de explicação. Assim, alguns autores entendem que entre as normas de aplicação imediata ou necessária e a *lex contractus*, ou melhor, entre as normas de conexão *ad hoc* que acompanham as normas materiais especiais e as normas de conflitos do sistema geral do DIP, existe uma relação de especialidade traduzida pelo brocardo *lex specialis derogat legi generali*, sobrepondo-se a aplicação das primeiras à segunda. Esta sobreposição surge confirmada pelo art. 7.º, n.º 2, da Convenção de Roma, que determina que as normas de conflitos previstas na Convenção não prejudicam a aplicação das regras do país do foro que regulem imperativamente o caso concreto, entendidas como normas de aplicação imediata, independentemente da *lex contractus*[872]. Outros autores, como António Marques dos Santos, defendem que esta especialidade é uma consequência, e não um pressuposto, da prevalência de que as normas de aplicação imediata gozam face às normas de conflitos gerais. Esta prevalência justifica-se, ao invés, pela própria relevância que a prossecução dos objectivos defendidos pela norma de aplicação imediata representa para a ordem jurídica onde se inserem e que não admite sequer a concorrência de uma lei estrangeira[873].

Quer se adopte uma explicação mais material ou mais formal que justifique a necessidade e imperatividade destas normas, temos como um dado incontestável, concretizado aliás no art. 7.º, n.º 2, da Convenção de Roma, que, pelo menos, a aplicação das normas de aplicação imediata do foro não pode ser prejudicada pela aplicação da *lex contractus* encontrada

---

[871] ANTÓNIO MARQUES DOS SANTOS, *As normas de aplicação imediata...*, vol. II, cit., pág. 956; EUGÉNIA GALVÃO TELES, *A protecção dos consumidores...*, cit., pág. 181 ss.

[872] MARIO GIULIANO e PAUL LAGARDE, *Relatório relativo à Convenção...*, cit., pág. 25; LUÍS DE LIMA PINHEIRO, *Joint Venture*, cit., pág. 769 ss.

[873] ANTÓNIO MARQUES DOS SANTOS, *As normas de aplicação imediata...*, vol. II, cit., pág. 956.

pelo funcionamento das normas de conflitos previstas no mesmo texto convencional. Daí decorre que o âmbito de aplicação reclamado pela norma de aplicação imediata, que reflecte a sua vontade de aplicação, terá de ser respeitado; por conseguinte, a *lex contractus* designada pelas normas de conflitos bilaterais gerais, se for necessário, poderá ter de ceder, ou melhor, de ver retirado, o campo de aplicação que, na ausência daquelas normas, lhe caberia.

II. As características das normas de aplicação imediata, permitem, com efeito, a prevalência do regime aí previsto nas situações que se incluem na sua vontade de aplicação, independentemente da lei que for designada pelas normas de conflitos gerais. Neste sentido, as normas de aplicação imediata são um instrumento valioso quando se pretende garantir a aplicação de um determinado regime material a situações específicas.

No caso dos contratos celebrados com os consumidores, as normas de aplicação imediata poderão, justamente por estas características, ser, e são, um instrumento fundamental na protecção destes contraentes mais débeis, já que garantem a aplicação, àqueles contratos, de um regime material que se entende que realiza essa protecção.

Assim, e independentemente da *lex contractus* que for designada pelo funcionamente da norma de conflitos, e concretamente neste caso, da lei que for escolhida pelas partes – com eventual e muito provável abuso do contraente mais forte –, o regime previsto pelas normas de aplicação imediata encontrará aplicação, desde que, bem entendido, a situação a regular se inclua no âmbito de actuação que elas próprias determinaram.

No entanto, este modo de actuação, da mesma forma que exige a aplicação destas normas a uma situação, geralmente afasta a *lex contractus*, na exacta medida em que elas se impõem, sem, por regra, atender ao seu conteúdo, designadamente sem proceder a uma comparação de regimes com vista a descortinar qual seja, na situação concreta, o mais favorável à parte que se pretende proteger[874].

Uma orientação que defenda a aplicação da lei mais favorável poderá ser criticada por introduzir na determinação da lei aplicável aos contratos um elemento de incerteza, uma vez que terá de se verificar qual a lei que é mais favorável e em função desta análise é que se saberá qual será a *lex contractus*. No entanto, as desvantagens trazidas seriam compensadas pela

---

[874] Contudo, nem sempre a norma de aplicação imediata deixa de admitir comparações de regimes: *vide* ANTÓNIO MARQUES DOS SANTOS, *As normas de aplicação imediata...*, vol. II, cit., pág. 903 ss.

garantia da aplicação da lei mais favorável ao contraente mais débil, o que é, de resto, o *Leitmotiv* da política legislativa comunitária de protecção dos consumidores, e, conforme salienta Fausto Pocar, a gravidade desta insegurança deverá ser relativizada no domínio dos contratos que se caracterizam pela necessidade de protecção de um dos contraentes[875].

III. Os regimes que fixam normas de protecção dos consumidores, no caso concreto, as directivas comunitárias, têm como objectivo, perdoe-se a redundância, proteger o consumidor, motivo pelo qual se estabelecem regras que se entende garantem um nível ou padrão de protecção que se considerou necessário assegurar. No entanto, pressume-se que estas medidas de protecção ao consumidor fixam um nível mínimo de protecção, posição aliás consonante com a *ratio* que preside às directivas comunitárias, nomeadamente à Directiva 93/13/CEE, à Directiva 97/7/CE, à Directiva 1999/44/CE, em que se admite expressamente que o regime previsto nas directivas representa o mínimo e que os Estados-membros, ao transpor o mesmo diploma comunitário para o seu direito interno, poderão "(...) adoptar ou manter, no domínio regido pela presente directiva, disposições mais rigorosas, compatíveis com o Tratado, para garantir um nível de protecção mais elevado para o consumidor"[876].

Por seu turno, também no art. 12.º, n.º 2, da Directiva 97/7/CE, se estabelece que os Estados-membros devem garantir que "(...) o consumidor não seja privado da protecção conferida pela presente directiva (...)". Do disposto neste artigo, em conjugação com o art. 14.º, decorre que o legislador nacional deverá garantir um nível mínimo de protecção ao consumidor – o previsto na directiva[877]. Desta disposição já não resulta que, assegurando a lei escolhida pelas partes, ainda que seja a lei de um Estado terceiro, entendido enquanto Estado não membro da Comunidade, a protecção conferida pela directiva ou um regime ainda mais favorável ao consumidor, a *lex contractus* deva ainda ser afastada. O regime previsto na directiva visa apenas garantir aos consumidores um nível mínimo de protecção face à escolha da lei de um Estado terceiro[878]. Ou seja, o art. 12.º,

---

[875] FAUSTO POCAR, "La protection de la partie faible", cit., págs. 383, 399.

[876] Art. 8.º da Directiva 1999/44/CE, art. 14.º da Directiva 97/7/CE, art. 8.º da Directiva 93/13/CEE.

[877] Também neste sentido, embora com referência aos arts. 6.º, n.º 2, e 8.º da Directiva 93/13/CEE, vide EUGÉNIA GALVÃO TELES, *A protecção dos consumidores...*, cit., pág. 186.

[878] KURT SIEHR, "Telemarketing und Internationales Recht...", cit., págs. 157, 176, 186.

n.º 2, da Directiva 97/7/CE e o art. 7.º, n.º 2, da Directiva 1999/44/CE, seguindo uma orientação semelhante à que foi já defendida para o art. 6.º, n.º 2, da Directiva 93/13/CEE, asseguram ao consumidor um nível mínimo de protecção, o que não impede que o consumidor possa beneficiar de um regime que lhe é mais favorável do que o previsto na directiva[879].

IV. Parece assim contraditório com a finalidade de protecção dos consumidores, negar-se, *a priori*, uma comparação entre o regime previsto pelas normas de aplicação imediata e o regime previsto na *lex causae*, e negar-se a aplicação da lei que afinal se revele mais favorável ao consumidor[880]. E é tanto mais contraditório quanto a adopção de tais normas de aplicação imediata visou nada mais do que uma maximização da protecção do consumidor, procurando garantir-lhe um nível adequado de protecção[881].

É face a esta situação que alguns autores têm questionado o recurso às normas de aplicação imediata como forma de garantir um nível mínimo de protecção do consumidor[882]. Kurt Siehr, por exemplo, entende que as directivas comunitárias a que aqui temos feito referência não contêm normas de aplicação imediata, uma vez que apenas pretendem garantir um padrão mínimo de protecção que deverá ser assegurado quando a escolha das partes recair sobre a lei de um terceiro Estado que o não garanta[883].

Outro autor que alinha nas fileiras dos que defendem uma posição alternativa à adopção de normas de aplicação imediata na transposição para o direito interno das directivas comunitárias de protecção dos consumidores, embora desta feita questionando o próprio fundamento e os

---

[879] ERIK JAYME e CHRISTIAN KOHLER, "L'interaction des règles de conflit...", cit., pág. 25; PETER MANKOWSKI, "§ 12 AGBG im System des Internationalen...", cit., pág. 1227; KARSTEN THORN, "Verbraucherschutz bei Verträgen im Fernabsatz", cit., pág. 8.

[880] FAUSTO POCAR, "La protection de la partie faible", cit., pág. 399.

[881] Sublinha-se, no entanto, que o legislador pode partir do princípio de que as normas de aplicação imediata do foro são as que conseguem a maior protecção, embora tal possa também não acontecer; é uma questão de técnica legislativa.

[882] FAUSTO POCAR, "La protection de la partie faible", cit., pág. 399.

[883] KURT SIEHR, "Telemarketing und Internationales Recht...", cit., pág. 186; LUÍS DE LIMA PINHEIRO, *Direito Internacional Privado,* cit., pág. 205 ss., também não concorda que se esteja perante normas de aplicação imediata, segundo este autor, e com referência à Directiva 93/13/CEE, "[a]s normas de actuação da directiva que se limitem a assegurar o mínimo de protecção estabelecido pelo seu art. 6.º/2 não são normas de aplicação necessária no sentido do art. 7.º/2 da convenção, uma vez que não se sobrepõem à lei objectivamente conectada por uma das normas de conflitos da convenção".

objectivos visados pelas normas de aplicação necessária, é Peter Mankowski, que, assumindo uma posição muito restritiva no que respeita ao teor material das normas de aplicação imediata, entende que estas normas de intervenção (*Eingriffsnormen*)[884], apenas se poderão qualificar como tais se realizarem os interesses do Estado e não se se limitarem a servir para equilibrar os interesses dos contratantes privados, como considera ser o caso do § 12 da AGBG, que transpôs para o direito interno a Directiva 93/13/CE e que determinava o seu âmbito de aplicação espacial em função do disposto no art. 6.º, n.º 2, do mesmo diploma comunitário. Assim, entende este autor, que as normas previstas na AGBG deverão formar um núcleo duro das normas de protecção ao consumidor e ser entendidas como normas imperativas, no sentido previsto no art. 29 da EGBGB, que corresponde ao art. 5.º da Convenção de Roma, mas não como normas de aplicação imediata previstas no art. 34 da EGBGB, cuja redacção é muito semelhante à do art. 7.º da Convenção de Roma[885].

Esta orientação que, segundo interpretamos, se limita a conferir às normas de direito interno que transpõem o regime previsto na directiva carácter injuntivo, vem afinal fazer aplicar este regime aos consumidores que tiverem residência habitual num dos Estados-membros, pressupondo-se que o tribunal do foro é de um dos Estados-membros e que, na situação concreta, se encontram preenchidos os requisitos de pelo menos um dos três travessões previstos no art. 5.º, n.º 2, da Convenção de Roma. O art. 7.º, n.os 1 e 2, não poderá aqui encontrar aplicação, uma vez que as normas não teriam o carácter internacionalmente imperativo exigido para a aplicação desta disposição.

No entanto, este mesmo autor admite que o § 12 AGBG exige uma aplicação que deverá prevalecer sobre o resultado a que se chegaria pela actuação das conexões normais das normas de conflitos. Entende, contudo, que esta é simplesmente uma questão de relações das normas entre si, uma questão de hierarquia normativa, não sendo, pois, necessário que se classifique uma norma como de aplicação imediata para se conseguir a primazia da sua aplicação em relação à das normas de conflitos gerais, em função do resultado que se obtenha com a aplicação destas últimas. O legislador apenas teria de determinar claramente em que termos estas nor-

---

[884] Denominação frequentemente utilizada na doutrina e jurisprudência alemãs para designar as normas de aplicação imediata: ANTÓNIO MARQUES DOS SANTOS, *As normas de aplicação imediata...*, vol. II, cit., pág. 871.

[885] PETER MANKOWSKI, "§ 12 AGBG im System des Internationalen...", cit., pág. 1228.

mas deveriam prevalecer, ou ter precedência, sobre a aplicação de outras normas[886].

Discordamos, no entanto, do fundamento em que se baseia, segundo entendemos, esta última construção. Com efeito, as normas de aplicação imediata têm vindo a marcar presença não apenas na realização de interesses directos do Estado mas também na regulamentação de situações entre particulares, como é o caso, por exemplo, da protecção dos consumidores ou dos trabalhadores. Aliás, a protecção do contraente mais débil não deixa de ser um dos objectivos prosseguidos pela política dos Estados mais desenvolvidos, pelo que se trata de uma questão que está incluída na realização de interesses de Estado.

V. Conforme se focou no ponto imediatamente anterior, as normas de aplicação imediata delimitam o seu próprio âmbito de aplicação, dentro do qual não admitem concorrência.

As normas de aplicação imediata têm um âmbito de aplicação que, conforme já se referiu, é delimitado pela norma de conflitos unilateral *ad hoc* que têm acoplada. Esta conexão *ad hoc* poderá ser expressa, quando o legislador indica claramente qual o seu âmbito de aplicação, ou implícita, quando a vontade de aplicação da norma de aplicação imediata decorre da análise do teor, dos fundamentos e dos objectivos da própria norma[887].

---

[886] PETER MANKOWSKI, "§ 12 AGBG im System des Internationalen...", cit., pág. 1228; DIETER MARTINY, "Europäisches Internationales Vertragsrecht", cit., pág. 251; também FAUSTO POCAR, "La protection de la partie faible", cit., pág. 400, admite, embora ainda com referência ao § 12 da antiga Lei alemã sobre cláusulas contratuais gerais, que se estava na presença de uma norma imperativa, que impõe o respeito àquela lei, embora o contrato seja regido por uma lei estrangeira, hesitando, no entanto, em qualificar essa norma como norma de aplicação imediata. Entende poder estar-se próximo de uma disposição específica de reserva de ordem pública, já que a sua aplicação fica subordinada a uma comparação entre o direito material estrangeiro indicado pela regra de conflitos e o direito interno, constituindo a aplicação deste um limite negativo à aplicação do direito estrangeiro numa situação análoga ao limite representado pela ordem pública internacional; *vide* ainda, sobre o § 12 da antiga AGBG, ANTÓNIO MARQUES DOS SANTOS, *As normas de aplicação imediata...*, vol. II, cit., pág. 901 e nota 2837 e referências aí citadas.

[887] ANTÓNIO MARQUES DOS SANTOS, *As normas de aplicação imediata...*, vol. II, cit., págs. 970-971, "(...) a vontade de aplicação das referidas normas materiais da *lex fori* – expressa através da sua regra de conflitos unilateral *ad hoc* -, qualquer que seja a lei designada pelas normas de conflitos gerais, é o elemento decisivo para a aplicação incondicional dessas regras, dentro da esfera espacial por elas reclamada (...) [;] tal vontade de aplicação, derrogatória e exorbitante relativamente ao método conflitual clássico,

Estas normas que visam justamente a protecção do consumidor não terão outro objectivo ou fim que não seja garantir aos consumidores um nível de protecção que se entendeu dever-lhes ser assegurado.

A vontade de aplicação destas normas, decorrente dos fins que propugnam, exige que seja garantido o nível mínimo de protecção, ainda que contradigam a competência de uma lei estrangeira determinada pelo funcionamento das normas de conflitos bilaterais, mas já não exige, e ao invés afasta, a sua aplicação às situações em que a regulamentação da *lex contractus*, designada pelas normas de conflitos bilaterais gerais, se revela mais favorável ao consumidor.

Ou seja, as normas de aplicação imediata de protecção do consumidor, geralmente, não pretendem senão assegurar um limite mínimo de protecção e não têm a veleidade de considerar que estabelecem um nível de protecção máximo. Assim sendo, não pretendem afastar um regime que se revela afinal ainda mais favorável ao sujeito protegido, não excluindo, portanto, a aplicação da *lex contractus*, desde que, comparativamente, esta seja mais benéfica, e este pressuposto inclui-se na sua vontade de aplicação[888].

Note-se, no entanto, que o legislador poderá, conforme se referiu *supra*[889], entender que as normas de aplicação imediata do foro são as que proporcionam maior protecção e não admitir a comparação entre estas normas e a *lex contractus*, mas essa será já uma questão de política legislativa.

VI. A questão que se poderá imediatamente colocar a seguir é a de saber se, a admitir-se a aplicação da lei mais favorável, o que implica uma

---

há-de resultar do «fim particular» prosseguido por tais regras". E, mais adiante, esclarece que "(...) essa vontade de aplicação derrogatória, fundada num fim especial, prosseguido pelas normas em causa, pode estar expressamente determinada pelo legislador, ou – o que é bastante mais frequente – ser apenas implícita, devendo, nesse caso, ser trazida à luz do dia pelo intérprete" ; cf. EUGÉNIA GALVÃO TELES, *A protecção dos consumidores...*, cit., pág. 90.

[888] Neste sentido, *vide* EUGÉNIA GALVÃO TELES, *A protecção dos consumidores...*, cit., págs. 184 ss., 187, 188, que conclui não se verificar aqui qualquer conflito, já que é apenas estabelecido um imperativo mínimo, não se opondo uma norma à aplicação de outra mais favorável; *vide* também com linha de raciocínio semelhante, MARIA HELENA BRITO, *A representação...*, cit., pág. 699, que defende que o regime previsto nas disposições imperativas de protecção ao consumidor é inderrogável em prejuízo dessas pessoas, mas admite a aplicação de uma ordem jurídica que garanta um nível de protecção semelhante ou superior.

[889] Nota 881 e texto correspondente.

comparação entre leis de pelo menos dois Estados diferentes, ainda se poderá entender que estamos na presença de normas de aplicação imediata.

Com efeito, as normas de aplicação imediata têm no seu funcionamento apriorístico[890] uma das suas características mais marcadas. Ora, ao condicionar-se a sua aplicação à determinação prévia da lei mais favorável ao caso concreto, estar-se-á a desvirtuar um dos traços característicos destas normas. É que o método acima referido exige que sejam aplicadas as normas de conflitos bilaterais gerais à situação a regular e, uma vez determinada a *lex contractus*, que se proceda a uma comparação entre o conteúdo de ambas as normas, ou conjuntos de normas, e aplicar as que se revelarem, no caso concreto, mais favoráveis ao consumidor[891]. Neste sentido, a actuação da norma de aplicação imediata não pode já desprezar o sistema de normas de conflitos bilateral, pois a sua aplicação é condicional em função do conteúdo da *lex contractus* e o exclusivismo na sua actuação é afastado[892].

Estas normas apresentam características muito específicas decorrentes deste seu funcionamento, mas, no entanto, o modo de funcionamento descrito não é propriamente uma novidade no ordenamento jurídico português. No art. 38.º do Decreto-Lei n.º 178/86, de 3 de Julho, pode ler-se: "Aos contratos regulados por este diploma que se desenvolvam exclusiva ou preponderantemente em território nacional só será aplicável legislação diversa da portuguesa, no que respeita ao regime da cessação, se a mesma se revelar mais vantajosa para o agente".

A determinação da natureza desta norma não obteve, na doutrina nacional, um entendimento uniforme, não obstante ter havido concordância quanto ao fundamento e finalidade desta disposição: a protecção do

---

[890] Por todos, *vide* RUI MANUEL MOURA RAMOS, "La protection de la partie contractuelle...", cit., pág. 113.

[891] Esta actuação aposteriorística, que condiciona a aplicação da *lex contractus* à garantia de um nível mínimo de protecção dos direitos dos consumidores e o processo de comparação entre o conteúdo material do regime a aplicar aproxima-se, segundo FAUSTO POCAR, do *modus operandi* da reserva de ordem pública internacional ("La protection de la partie faible", cit., pág. 400). No entanto, outros factores presentes nesta situação afastam-nos deste instituto: *vide* RUI MANUEL MOURA RAMOS, "La protection de la partie contractuelle...", cit., pág. 113; do mesmo autor, cf. "Aspectos recentes do Direito Internacional Privado português", in *Das relações privadas internacionais – Estudos de Direito Internacional Privado*, Coimbra Editora, 1995, pág. 85-123, pág. 94; EUGÉNIA GALVÃO TELES, *A protecção dos consumidores...*, cit., pág. 189 ss.

[892] EUGÉNIA GALVÃO TELES, *A protecção dos consumidores...*, cit., pág. 188.

agente, considerado o contraente mais débil, pela aplicação da lei mais favorável[893].

Assim, uma fracção da doutrina entendeu que, neste caso, não se estaria perante uma norma de aplicação imediata, uma vez que a aplicação desta não é precedida do funcionamento do jogo de normas de conflitos, como já vimos que acontece neste caso, sendo portanto sublinhado o funcionamento aposteriorístico da norma do diploma português, em contraposição com a característica apriorística das normas de aplicação imediata. Estar-se-ia, portanto, perante uma forma atípica de concretização do princípio da protecção da parte mais fraca[894]. Também negando a natureza de norma de aplicação imediata, defendeu-se que se estaria perante uma situação em que o legislador nacional, para garantir uma protecção mínima, teria estabelecido uma hierarquia de conexões em função do resultado[895].

Outros autores, de cuja orientação nos sentimos mais próximos, defendem que a disposição supracitada funciona ainda como norma de aplicação imediata, entendendo-se que a lei portuguesa exigiria ainda a sua aplicação exclusiva e incondicional nos limites espaciais fixados pela própria disposição e mediante a verificação dos pressupostos aí requeridos, ou seja, que a *lex contractus* estrangeira não iguale nem suplante o nível de protecção que é garantido pela lei portuguesa. Admite-se, no entanto, que o funcionamento específico destas normas, não lhes retirando embora o carácter de normas de aplicação imediata, confere-lhes um "carácter atípico"[896].

---

[893] ANTÓNIO MARQUES DOS SANTOS, *As normas de aplicação imediata...*, vol. II, cit., pág. 904; RUI MANUEL MOURA RAMOS, "La protection de la partie contractuelle...", cit., pág. 112; do mesmo autor, vide "Aspectos recentes...", cit., pág. 94; MANUEL JORGE, "Rattachements alternatifs et principe de proximité: Les apports récents du droit international privé portugais", in *Droit international et droit communautaire*, Actes du Colloque, Fondation Calouste Gulbenkian, Centre Culturel Portugais, Paris, 1991, pág. 213-225, pág. 215; MARIA HELENA BRITO, *A representação...*, cit., pág. 698.

[894] RUI MANUEL MOURA RAMOS, "La protection de la partie contractuelle...", cit., pág. 113; do mesmo autor, "Aspectos recentes...", cit., pág. 94 ss.; ANTÓNIO PINTO MONTEIRO, *Contrato de agência, Anotação*, 4.ª Edição, Almedina, Coimbra, 2000, pág. 125 ss., também nega a natureza de norma de aplicação imediata a esta disposição.

[895] MANUEL JORGE, "Rattachements alternatifs...", cit., págs. 215, 220.

[896] MARIA HELENA BRITO, "O contrato de agência", in *Novas Perspectivas do Direito Comercial*, Livraria Almedina, Coimbra, 1988, pág. 105-135, pág. 134 ss.; da mesma autora, cf., *A representação...*, cit., pág. 698 ss.; ANTÓNIO MARQUES DOS SANTOS, *As normas de aplicação imediata...*, vol. II, cit., pág. 904; EUGÉNIA GALVÃO TELES, *A protecção dos*

Com efeito, embora a actuação destas normas não prescinda do recurso das normas de conflitos bilaterais – na exacta medida em que é necessário determinar qual a lei aplicável pelo funcionamento do sistema geral de conexões e analisar o seu regime perante o caso em análise –, assumindo um carácter aposteriorístico, o seu campo de aplicação é ainda definido pela norma de conexão *ad hoc* que está acoplada à norma material que a compõe e que, nesse âmbito, exige ser aplicada[897].

VII. Daí decorre que, assumindo embora cambiantes específicos, porque estão adaptadas à finalidade que prosseguem de protecção do contraente mais débil, admitimos que ainda estaremos perante normas de aplicação imediata, que integram o art. 7.º da Convenção de Roma, e permitem garantir aos consumidores um padrão mínimo de protecção, sem afastar contudo a aplicação de outras leis que, pelo funcionamento das normas gerais de conflitos, lhes seriam mais favoráveis. Parece-nos portanto que a melhor forma de garantir aos consumidores a protecção mínima prevista nas directivas comunitárias, sem obstar à aplicação da *lex contractus* escolhida pelas partes, se o regime aí previsto se revelar mais favorável, é justamente através da adopção de normas de aplicação imediata, embora configuradas com as características atípicas aqui enunciadas.

1.4.2.1.4.2.3. Articulação das normas de aplicação imediata de protecção dos consumidores com a Convenção de Roma

I. Em sede de aplicação prática, e mais concretamente em articulação com a Convenção de Roma, temos assim que, a conferir-se natureza de normas de aplicação imediata às normas previstas nas directivas referidas, a protecção aí conferida poderá incidir sobre o contrato, por força do rt. 7.º, n.º 2, da Convenção, se o Estado do foro for um dos Estados-membros, desde que se verifique a conexão estreita da relação contratual com o território de um dos Estados-membros, a *lex causae* tiver sido designada por escolha das partes e a lei escolhida for a de um Estado terceiro.

Esta orientação também se não encontra livre de algumas apreciações críticas: Kurt Siehr, entendendo que a Convenção de Roma apenas

---

consumidores..., cit., pág. 191, entende que estas normas protectoras com vontade de aplicação internacional «(...) aparecem como uma figura a "meio caminho" entre a reserva de ordem pública internacional e as normas de aplicação imediata típicas (...)».

[897] Também neste sentido, EUGÉNIA GALVÃO TELES, *A protecção dos consumidores*..., cit., pág. 191.

nos casos previstos no art. 5.º visa conferir protecção aos consumidores passivos, através da aplicação da lei da sua residência habitual, conclui que a protecção dos consumidores activos através da aplicação do art. 7.º, n.º 2, torna supérfluo o art. 5.º. Admite, no entanto, que as normas internas de protecção dos consumidores poderão assumir a natureza prevista no art. 7.º, n.º 2, se tal decorrer claramente da letra da lei ou do seu sentido[898].

Conforme já acima fizemos menção, quando se fala de contratos celebrados através da Internet, a distinção entre consumidor activo e passivo ou a sua qualificação como consumidor activo, pelos motivos já referidos, nos não parece líquida. Da mesma forma que, pelos motivos referidos *supra*, não nos parece ser de afastar, *a priori*, o enquadramento dos contratos celebrados através da Internet nas situações previstas no art. 5.º, n.º 2. Assim, e ainda que se entendesse que a aplicação do art. 7.º, n.º 2, aos contratos celebrados com os consumidores pressupõe o preenchimento de uma das situações previstas no art. 5.º, n.º 2[899], no caso, essa condição não estaria *a priori* afastada.

II. Também a articulação entre o art. 5.º da Convenção de Roma e os artigos que transpuseram para o direito interno o art. 6.º, n.º 2, da Directiva 93/13/CE, se revela, no mínimo, polémica[900].

Alguns autores tendiam a entender que, no caso alemão, o § 12 AGBG era considerado como *lex specialis*[901] e *lex posterior*[902] em relação ao art. 29 EGBGB (semelhante ao art. 5.º da Convenção de Roma) e, como tal, a sua aplicação deveria prevalecer sobre esta disposição. Outros autores tendiam a considerar que, tendo o art. 29 EGBGB um âmbito de

---

[898] KURT SIEHR, " Telemarketing und Internationales Recht...", cit., págs. 184, 187.

[899] O Tribunal Federal alemão (8.ª Secção Cível) – 19 Março 1997, numa decisão referente a um caso em que se discutia o direito de rescisão de um contrato de *timesharing*, celebrado com consumidores alemães relativo a um imóvel que se situava na Ilha Gran-Canaria, entendeu que a aplicação de normas de aplicação imediata através do art. 34 EGBGB (semelhante ao art. 7.º, n.º 2, da Convenção de Roma), está excluída, se faltar a ligação com o território alemão exigida pelo art. 29 EGBGB (semelhante ao art. 5.º da Convenção de Roma): PAUL LAGARDE, *Anotação...*, cit., pág. 610.

[900] Acerca das diversas teorias existentes, *vide* WALDENBERGER, "Verbraucherschutz im Internet", cit., pág. 33 ss.; PETER MANKOWSKI, "§ 12 AGBG im System des Internationalen...", cit., pág. 1225 ss.

[901] ULMER, BRANDNER e HENSEN, *AGB-Gesetz*, cit., pág. 1456.

[902] Sobre esta problemática, *vide* WALDENBERGER, "Verbraucherschutz im Internet", cit., pág. 34; PETER MANKOWSKI, "§ 12 AGBG im System des Internationalen...", cit., pág. 1225.

aplicação mais vasto do que o estabelecido pelo § 12 AGBG, este era suplantado por aquele. Esta orientação baseava-se no facto de o art. 29 EGBGB ter um âmbito de aplicação mais vasto do que o § 12 AGBG, e de este se dever apenas aplicar, por conseguinte, aos contratos que não estivessem abrangidos pelo âmbito de aplicação do art. 29 EGBGB[903].

Mais recentemente, com a adopção do art. 29a EGBGB, o legislador alemão veio regular, nesta disposição, e de modo uniforme, a questão da aplicação no plano internacional do regime previsto nas Directivas 93/13/CEE, 94/47/CE e 97/7/CE, nas circunstâncias já *supra* referidas, *i.e.*, no caso de as partes terem escolhido como lei aplicável ao contrato a lei de um Estado terceiro e de o contrato apresentar uma relação estreita com o território de um Estado-membro da União Europeia, ou de um Estado Contratante do Acordo sobre o Espaço Económico Europeu. Nesta sequência, e conforme já acima referimos, o § 12 AGBG foi revogado, aplicando-se agora o art. 29a EGBGB.

III. É neste panorama de alguma confusão que alguns autores têm criticado a adopção de normas de conflitos em directivas comunitárias, entendendo que na sua elaboração não é ponderada a necessária coordenação entre estas e outros textos internacionais já vocacionados para a resolução de conflitos de leis, como, por exemplo, a Convenção de Roma[904].

P. Lagarde, embora acredite nas boas intenções do legislador comunitário aquando da elaboração das referidas disposições comunitárias, admite que, conjugadas com a Convenção de Roma, mais especificamente com o seu art. 5.º, poderão lançar alguma perturbação no espírito dos consumidores, que não saberão qual a lei que lhes será aplicável[905]. Esta perturbação é ainda maior pelo facto de o elemento de conexão "relação estreita" ser tão vago e passível das mais variadas concretizações pelos diversos Estados-membros. Como consequência das divergências de redacção entre o art. 5.º da Convenção de Roma e as leis que transpõem as directivas, poderá ocorrer um *dépeçage* inútil para o contrato, podendo mesmo vir a aplicar-se duas leis diferentes ao mesmo contrato, conforme

---

[903] Vide v.g. SOERGEL/ VON HOFFMANN, Bd. 10, 12.Ed., Art. 29 EGBGB, anotação 41, citado por WALDENBERGER, "Verbraucherschutz im Internet", cit., pág. 33 ss.; JOSEF DREXL, "Verbraucherschutz im Netz", cit., pág. 99.

[904] ABBO JUNKER, "Vom Citoyen zum Consommateur...", cit., pág. 74; PETER MANKOWSKI, "§ 12 AGBG im System des Internationalen...", cit., pág. 1225.

[905] PAUL LAGARDE, *Le consommateur...*, cit., págs. 26-27.

sejam declaradas aplicáveis pelas disposições da directiva ou pelas da Convenção de Roma[906].

1.4.2.2.4.3. O Art. 29a EGBGB

I. A solução apresentada pelo legislador alemão exige que aqui sejam tecidas algumas considerações ainda que, face à disposição em questão, fiquem necessariamente muito aquém do desenvolvimento que este artigo merece.

Com efeito, no art. 29a EGBGB determina-se que, no caso de o contrato ser regido por uma lei escolhida pelas partes, não sendo esta a lei de um dos Estados-membros da União Europeia, ou de um Estado Contratante do Acordo sobre o Espaço Económico Europeu, e apresentando o contrato uma conexão estreita com o território de um destes Estados – enunciando-se uma possível concretização do conceito de conexão estreita no n.º 2 da mesma disposição[907] –, serão aplicadas, ao contrato, as disposições legais que, neste país, tiverem transposto para o direito interno as directivas de protecção dos consumidores, esclarecendo no n.º 4 que as directivas aqui consideradas são as Directivas 93/13/CEE, 94/47/CE e 97/7/CE.

Esta norma apresenta algumas especificidades que importa aqui sublinhar com vista a procurar determinar qual seja a sua natureza.

Segundo o interpretamos, o art. 29a EGBGB não pretende substituir-se a qualquer norma de conflitos na designação da lei aplicável; aliás, pressupõe o anterior funcionamento de uma norma de conflitos cujo elemento de conexão é a "vontade das partes" e a determinação, por esta norma, da lei que rege o contrato. Nesta disposição, e em consonância com a redacção do art. 6.º, n.º 2, da Directiva 93/13/CEE e do art. 12.º, n.º 2, da Directiva 97/7/CE, e atendendo à vulnerabilidade do consumidor, perante o fornecedor, na escolha da lei aplicável, tema já acima desenvolvido, o legislador alemão estabeleceu assim que o art. 29a EGBGB será aplicável se a lei que rege o contrato tiver sido escolhida pelas partes. Acresce ainda que não basta a escolha de qualquer lei para que este artigo deva ser aplicado, sendo necessário que a lei escolhida não seja a lei de um Estado-membro da União Europeia nem de um Estado Contratante do Acordo sobre o Espaço Económico Europeu.

O art. 29a EGBGB também não afasta a lei considerada aplicável pela norma de conflitos já existente, exigindo apenas a aplicação ao con-

---

[906] PAUL LAGARDE, *Le consommateur*..., cit., págs. 27-28.
[907] *Vide supra* nota 788 ss. e texto correspondente.

trato das disposições legais que transpuseram o regime material previsto nas Directivas 93/13/CEE, 94/47/CE e 97/7/CE para o direito interno.

Além disso, a aplicação desta norma pressupõe ainda a existência de uma conexão estreita entre o contrato e o território de um daqueles Estados.

II. A determinação da natureza desta norma não será, no nosso entender, muito líquida[908].

No entanto, procurando encontrar enquadramentos possíveis – e partindo do pressuposto que os Estados-membros conferiram natureza de norma de aplicação imediata às normas das directivas que transpuseram para o direito interno -, se associarmos o art. 29a EGBGB às disposições materiais que transpuseram, ou ainda transporão, para o direito interno, as directivas para que remete o próprio art. 29a EGBGB, n.os 1 e 4, encontramos alguns pontos de contacto entre esta norma e as normas de aplicação imediata. Se consideramos a hipótese de se estar perante uma norma de aplicação imediata *sui generis,* teremos as cláusulas de direito interno que transpuseram as citadas directivas como norma material e este artigo 29a EGBGB como norma de conflitos *ad hoc* que lhe está acoplada e que exige a aplicação daquelas normas nos casos em que se verifica uma conexão estreita entre o contrato e os territórios *supra* referidos.

Mas esta norma alemã não exige apenas a aplicação de normas de direito interno alemãs; pelo contrário, exige também a possível aplicação de normas de direito interno de outros Estados, se for com o território destes que o contrato apresenta uma conexão estreita. Não estaríamos portanto perante uma norma de conflitos unilateral – conforme são as normas de conflitos *ad hoc* das normas de aplicação imediata[909] –, mas sim perante uma norma de conflitos semi-bilateral. É que esta bilateralização é limitada, no caso, aos Estados-membros da União Europeia e aos Estados Contratantes do Acordo sobre o Espaço Económico Europeu.

Esta "semi-bilateralização" poderá também ter sido uma das vias encontradas pelo legislador alemão para ultrapassar a reserva que a Alemanha fez ao art. 7.º, n.º 1, da Convenção de Roma[910] e assim admitir a

---

[908] Também assim, segundo entendemos, STEPHAN LORENZ, "Im BGB viel Neues...", cit., pág. 843.

[909] Vide ANTÓNIO MARQUES DOS SANTOS, *As normas de aplicação imediata...*, vol. II, cit., pág. 890.

[910] Segundo LUÍS DE LIMA PINHEIRO, "[n]aqueles Estados-membros em que o art. 7.º/1 não vigora, como é o caso de Portugal, chegar-se-ia ao mesmo resultado

aplicação das normas de aplicação imediata dos outros Estados, no que respeita às regras que transpuseram as supracitadas directivas comunitárias. No entanto, ao aplicar aquelas normas por via da norma de conflitos "bilateral", deixaria de se atender à norma de conflitos unilateral que está acoplada à norma material, e consequentemente, à sua vontade de aplicação. E embora alguma doutrina equacione, como já se referiu, a possível "(...) bilateralização da norma de conflitos unilateral ligada às normas de actuação da directiva do foro"[911], somos aqui levados a concordar com os autores que se manifestam contra esta bilateralização, considerando esta via "(...) absolutamente inaceitável, pois o verdadeiro internacionalismo nesta matéria não pode consistir em impor aos demais Estados os critérios de delimitação espacial fixados pelo Estado do foro para as suas normas de aplicação necessária, *em função dos seus próprios interesses,* mas sim em reconhecer as normas de aplicação imediata estrangeiras, tal como elas são realmente"[912].

Numa outra interpretação possível, mais consonante com a vontade de aplicação no espaço das normas de aplicação imediata, para a qual nos inclinamos, o art. 29a EGBGB pode ser entendido como uma regra de reconhecimento[913], no Estado alemão, das normas de aplicação imediata que transpuseram, para o direito interno dos Estados-membros da União Europeia ou dos Estados Contratante do Acordo sobre o Espaço Económico Europeu, as Directivas 93/13/CEE, 94/47/CE, 97/7/CE.

Conforme acima referimos, uma das formas possíveis de fazer cumprir o art. 6.º, n.º 2, da Directiva 93/13/CE e o art. 12.º, n.º 2, da Directiva 97/7/CE, com a qual concordámos, passa pela atribuição de natureza de normas de aplicação imediata às normas das directivas transpostas para o direito interno. Atendendo a que, conforme já fizemos referência, alguns Estados Contratantes da Convenção de Roma, como é o caso, designadamente, da Alemanha, fizeram reserva ao art. 7.º, n.º 1, da citada Con-

---

mediante uma bilateralização da norma de conflitos unilateral ligada às normas de actuação da directiva do foro" (*Direito Internacional Privado,* cit., pág. 205).

[911] Luís de Lima Pinheiro, *Direito Internacional Privado,* cit., pág. 205; vide também António Marques dos Santos, *As normas de aplicação imediata...,* vol. II, cit., págs. 1003 ss., 1037 ss.

[912] António Marques dos Santos, *As normas de aplicação imediata...,* vol. II, cit., págs. 1037 ss., (sublinhado do autor), 1040 ss.

[913] Acerca da noção de regra de reconhecimento *vide supra* texto correspondente à nota 863 e em especial, António Marques dos Santos, *As normas de aplicação imediata...,* vol. II, cit., pág. 1046 ss.

venção, e considerando que "(...) na falta de regras de Direito Internacional que determinem a obrigação de os Estados darem relevância às normas de aplicação imediata estrangeiras, só a auto-vinculação de cada Estado pode garantir a eficácia de tais regras nos demais Estados (...)"[914], este art. 29a EGBGB poderá ser a norma de reconhecimento das normas de aplicação imediata dos Estados que tiverem transposto para o direito interno as referidas directivas.

Procurando ainda um outro enquadramento possível – que, desta feita, parte do pressuposto que os Estados-membros não conferiram natureza de normas de aplicação imediata às regras das directivas transpostas para o direito interno, ou que o legislador alemão ignorou essa natureza a tais normas –, o art. 29a EGBGB poderá ser qualificado como uma regra específica de conflitos bilateral, *melius,* semi-bilateral, a qual, sem obstar à aplicação ao contrato da lei designada pelo normal funcionamento das normas de conflitos, visa a aplicação ao mesmo contrato de determinadas normas de protecção dos consumidores.

Não obstante as considerações que aqui, muito sumariamente, nos aventurámos a tecer, não podemos deixar de considerar que esta disposição, aliás ainda muito recente, nos suscita sérias dúvidas. A jurisprudência e a doutrina terão, no nosso entender, um papel fundamental na exacta delimitação do teor desta norma.

---

[914] ANTÓNIO MARQUES DOS SANTOS, *As normas de aplicação imediata...,* vol. II, cit., pág. 1046 ss.

2. FORO COMPETENTE NOS CONTRATOS CELEBRADOS ATRAVÉS DA INTERNET COM OS CONSUMIDORES

2.1. Razão de ordem

A determinação do foro competente, do tribunal que irá julgar e decidir o caso que surgir, é decidida por aplicação de normas de conflitos de jurisdições. A maioria das questões jurisdicionais que encontramos nos litígios decorrentes de contratos celebrados através da Internet não são exclusivas deste ambiente. E muitas encontram solução pela aplicação de legislação nacional ou de convenções internacionais, elaboradas antes de o comércio electrónico conhecer a divulgação que hoje conhece.

Mas não se nega que a natureza transnacional do comércio electrónico e as especificidades da Internet como meio e ambiente exigem que as mesmas normas sejam interpretadas e adaptadas a esta realidade[915].

Em Portugal, como nos outros Estados-membros da Comunidade Europeia, a determinação do foro competente em matéria civil e comercial tem sido regulado pela Convenção de Bruxelas de 27 de Setembro de 1968 relativa à competência judiciária e à execução de decisões em matéria civil e comercial[916], dependendo a aplicação da Convenção, basicamente, de as partes contraentes terem ou não domicílio num dos Estados Contratantes, e claro, de a matéria versada caber no seu âmbito de aplicação material[917].

---

[915] MICHAEL CHISSICK e ALISTAIR KELMAN, *Electronic Commerce*, cit., pág. 101.

[916] O texto integral encontra-se publicado no *D.R., I Série-A*, n.º 250, de 30 de Outubro de 1991, e entrou em vigor em Portugal em 1 de Julho de 1992. Assim, MIGUEL TEIXEIRA DE SOUSA e DÁRIO MOURA VICENTE, *Comentário à Convenção de Bruxelas*, cit., pág. 11; DÁRIO MOURA VICENTE, "A Convenção de Bruxelas de 27 de Setembro de 1968 relativa à competência judiciária e à execução de decisões em matéria civil e comercial e a arbitragem", *ROA*, Ano 56, 1996-II, pág. 595-618, pág. 595.

[917] Conforme é referido no Preâmbulo, esta Convenção visa dar execução ao antigo art. 220.º (actual art. 293.º do Tratado da Comunidade Europeia) do Tratado de Roma que institui a Comunidade Económica Europeia, especialmente 3.º travessão, no qual se

Adicionalmente, os Estados-membros da EFTA (em português, Associação Europeia de Comércio Livre – AECL) com os Estados Comunitários adoptaram a Convenção relativa à competência judiciária e à execução de decisões em matéria civil e comercial, celebrada em Lugano em 16 de Setembro de 1988 e cujas disposições são muito similares às previstas na Convenção de Bruxelas[918].

Ambas as Convenções se aplicam em matéria civil e comercial, estando excluídas do seu âmbito de aplicação, nos termos do seu art. 1.º, as matérias fiscais, aduaneiras, administrativas, bem como as referentes às relações pessoais, sucessórias, matrimoniais, de segurança social, arbitragem e as relativas a falências, concordatas e processos semelhantes.

No caso em estudo, tem particular interesse a análise da matéria contratual e, em especial, as particularidades relativas aos contratos celebrados com consumidores.

2.2. Aplicação da Convenção de Bruxelas e da Convenção de Lugano

I. Na Convenção de Bruxelas, art. 2.º, como na Convenção de Lugano, encontramos, como principal critério de determinação da jurisdição competente, o do domicílio do réu. E embora o domicílio seja um conceito chave na aplicação deste texto, não é dada qualquer definição e a sua concretização é, nos termos do art. 52.º, deixada ao critério da *lex fori*, ou, se a parte não tiver domicílio no Estado do foro, a determinação do domicílio da parte num Estado Contratante estará submetida a esta lei[919].

Esta regra geral dá lugar a outros critérios de determinação de competência, caso a situação assuma especificidades que o justifiquem. Ora, também no âmbito da Convenção de Bruxelas se não ficou indiferente ao

---

determina que os Estados-membros "(...) entabularão entre si, sempre que necessário, negociações destinadas a garantir, em benefício dos seus nacionais: (...) – a simplificação das formalidades a que se encontram subordinados o reconhecimento e a execução recíprocos tanto das decisões judiciais como das decisões arbitrais": DÁRIO MOURA VICENTE, "A Convenção de Bruxelas...", cit., pág. 596.

[918] Publicada no *D.R., I Série-A*, n.º 250, de 30 de Outubro de 1991.

[919] ANTÓNIO MARQUES DOS SANTOS, *Direito Internacional Privado, Sumários*, cit., pág. 117; MIGUEL TEIXEIRA DE SOUSA e DÁRIO MOURA VICENTE, *Comentário à Convenção de Bruxelas*, cit., pág. 177 ss.; NADINE WATTÉ e ARNAUD NUYTS, "Vers une interprétation...", cit., pág. 39 ss.; TITO BALLARINO, *Diritto Internationale Privato*, cit., pág. 138; MICHAEL CHISSICK e ALISTAIR KELMAN, *Electronic Commerce*, cit., pág. 102 ss. De acordo com a lei material portuguesa, mais especificamente com o art. 82.º do CC, a pessoa tem domicílio no lugar da sua residência habitual.

desequilíbrio contratual existente nos contratos celebrados com consumidores e à susceptibilidade de as normas de atribuição de competência judiciária poderem contribuir para atenuar esta desigualdade e proteger o contraente mais fraco[920].

Assim, na Secção IV da Convenção de Bruxelas, verificamos a existência de regras específicas que se aplicam aos contratos celebrados por consumidores. Estas disposições são aplicáveis a vendas a prestações de bens móveis corpóreos; empréstimos a prestações ou outra operação de crédito relativo ao financiamento da venda desses bens; ou outro contrato de prestação de serviços ou fornecimento de bens móveis corpóreos, desde que a celebração do contrato tenha sido precedida, no Estado do domicílio do consumidor, de uma proposta a ele especialmente dirigida ou de um anúncio publicitário e o consumidor tenha praticado nesse Estado os actos necessários para a celebração do contrato.

As condições de aplicação desta Secção apresentam semelhanças óbvias com os pressupostos de aplicação do art. 5.º da Convenção de Roma, previstos no seu n.º 1 e no primeiro parágrafo do seu n.º 2 acima analisados[921]. No entanto, a Convenção de Bruxelas assume, nesta matéria, um âmbito de aplicação mais restrito do que a Convenção de Roma, já que apenas admite como circunstância merecedora de especial protecção um dos três casos previstos neste texto.

Curiosamente, e conforme já acima foi discutido, a situação prevista no art. 13.º, § 1.º, n.º 3, da Convenção de Bruxelas é, já na Convenção de Roma, um dos casos que suscita mais dúvidas quando tratamos de contratos celebrados através da Internet[922]. A questão que se coloca continua a ser a de saber se o anúncio publicitário divulgado através da Internet deve ser entendido como sendo dirigido a todos os consumidores que possam aceder à página respectiva, ou se, pelo contrário, é necessário que se possa inferir do próprio anúncio uma intenção do fornecedor de o dirigir a consumidores determinados[923]. As questões colocadas e discutidas acima,

---

[920] MIGUEL TEIXEIRA DE SOUSA e DÁRIO MOURA VICENTE, *Comentário à Convenção de Bruxelas*, cit., pág. 108 ss.; DÁRIO MOURA VICENTE, "A Convenção de Bruxelas...", cit., pág. 611.

[921] MIGUEL TEIXEIRA DE SOUSA e DÁRIO MOURA VICENTE, *Comentário à Convenção de Bruxelas*, cit., pág. 109.

[922] Embora referindo-se ao *teleshopping* e com referência ao art. 13, § 1.º, n.º 3, da Convenção de Lugano e aos arts. 114 e 120, n.º 1, al. b), da Lei do DIP suíça, *vide* KURT SIEHR, "Telemarketing und Internationales Recht...", cit., pág. 193.

[923] KURT SIEHR, "Telemarketing und Internationales Recht...", cit., pág. 194,

acerca do primeiro parágrafo do art. 5.º, n.º 2, da Convenção de Roma, têm aqui plena aplicação, pelo que nos escusamos de reproduzir aqui o tema já *supra* desenvolvido, para o qual remetemos.

Também, tal como na Convenção de Roma, apenas os contratos que tenham por objecto o fornecimento de bens móveis corpóreos ou a prestação de serviços são abrangidos por esta Secção. Assim, ficarão de fora o fornecimento de bens incorpóreos e quaisquer outros contratos que não caibam no seu âmbito de aplicação[924].

A Convenção de Bruxelas terá, no entanto, o seu âmbito de aplicação territorial drasticamente reduzido devido à adopção de um diploma comunitário que, em larga escala, a substituirá. Referimo-nos ao Regulamento (CE) n.º 44/2001 do Conselho, de 22 de Dezembro de 2000, relativo à competência judiciária, ao reconhecimento e à execução de decisões em matéria civil e comercial[925], que entrará em vigor em 1 de Março de 2002 (art. 76.º do citado regulamento).

O Regulamento (CE) n.º 44/2001 tem o mesmo âmbito de aplicação material da Convenção de Bruxelas, apresentando uma estrutura muito semelhante a esta, mas com a vantagem de revelar já soluções mais actualizadas. Assim, o Regulamento (CE) n.º 44/2001 substituirá a Convenção de Bruxelas, salvo nas relações entre a Dinamarca e os demais Estados-membros e nos território dos Estados-membros que são abrangidos pela aplicação territorial da Convenção e que ficam excluídos do regulamento por força do art. 299.º do Tratado que institui a Comunidade Europeia (*vide*, designadamente, arts. 68.º, n.º 1 e 1.º, n.º 3 e considerados 21, 22 e 23, todos do regulamento)

Neste regulamento, encontramos a Secção 4, que integra os arts. 15.º a 17.º, e regula exactamente a competência em matéria de contratos celebrados pelos consumidores[925a]: as condições de aplicação do art. 15.º (que corresponde ao art. 13.º da Convenção de Bruxelas) – são adaptadas à actual realidade tecnológica e comercial. Assim, os n.ºs 1 e 2 do § 1.º, do art. 13.º da Convenção de Bruxelas terão o seu paralelo nas alíneas a) e b)

---

defende que a divulgação de publicidade através da Internet não preenche o conceito de publicidade no sentido do art. 13, § 1, n.º 3, da Convenção de Lugano.

[924] CLIVE GRINGRAS, *The Laws of the Internet*, cit., pág. 39.

[925] Publicado no JOCE n.º L 012, de 16/01/2001.

[925a] À semelhança do art. 13.º da Convenção de Bruxelas, também neste art. 15.º do regulamento, o consumidor é definido como uma pessoa que celebra um contrato "(...) para finalidade que possa ser considerada estranha à sua actividade comercial ou profissional (...)".

do n.º 1, do art. 15.º, do regulamento, sem que se notem alterações substanciais. Já o n.º 3 do § 1.º, do art. 13.º, não encontrando, no regulamento uma disposição a si muito similar, poderá ser comparado com o art. 15.º, n.º 1, al. c), que determina a aplicação da secção IV "[e]m todos os outros casos, quando o contrato tenha sido concluído com uma pessoa que tem actividade comercial ou profissional no Estado-Membro do domicílio do consumidor ou dirige essa actividade, por quaisquer meios, a esse Estado--Membro ou a vários Estados incluindo esse Estado-Membro, e o dito contrato seja abrangido por essa actividade". Com esta alteração deixa de se exigir, para se aplicarem as regras de competência em matéria de contratos celebrados por consumidores, que o contrato " (...) tenha por objecto a prestação de serviços ou o fornecimento de bens móveis corpóreos (...)", o que, em sede de contratos celebrados através da Internet é muito significativo. Além disso, as demais condições de aplicação da disposição revelam-se também menos exigentes, afastando-se já do disposto no art. 5.º, n.ºs 1 e 2 da Convenção de Roma.

Poderão, portanto, ser incluídos no âmbito de aplicação da Secção 4 do regulamento que regula a competência em matéria de contratos celebrados por consumidores, contratos que, à luz da Convenção de Bruxelas, não beneficiariam de regulamentação especial.

II. Uma vez preenchidas as condições previstas no art. 13.º, o art. 14.º distingue dois tipos de situações: os casos em que é o consumidor quem propõe a acção e os casos em que a acção é proposta contra o consumidor. No primeiro caso, o consumidor poderá intentar a acção, quer perante os tribunais do Estado Contratante onde o seu co-contratante for domiciliado, quer perante o tribunal do domicílio do consumidor. No segundo caso, o co--contratante do consumidor não tem hipótese de escolha, já que a acção terá de ser proposta no tribunal do domicílio do consumidor.

O art. 16.º do Regulamento (CE) n.º 44/2001, tem uma redacção muito semelhante à prevista no art. 14.º da Convenção de Bruxelas. Assim, uma vez preenchidos os pressupostos previstos no art. 15.º, é facultada ao consumidor a mesma possibilidade de escolha do foro. Já se a acção for intentada contra o consumidor, os tribunais competentes serão os do Estado-membro em cujo território este estiver domiciliado.

Estas disposições, que estabelecem um "(...) diverso sistema de competência de carácter imperativo (...)"[926], revelam uma intenção claramente

---

[926] TITO BALLARINO, *Diritto Internationale Privato*, cit., pág.141.

protectora dos consumidores. E de facto, o consumidor, em princípio, encontrará grandes vantagens em que o litígio seja discutido e decidido nos tribunais do Estado do seu domicílio. Por um lado, para litigar, não necessita de se deslocar do país onde habitualmente se encontra, e assim não tem despesas acrescidas com viagens a outros países, não necessita de dispender mais tempo do que o necessário à estrita resolução do caso, nem de procurar um advogado estrangeiro ou de pagar as viagens a advogado do país do seu domicílio. Estas circunstâncias poderiam funcionar como outros tantos obstáculos à propositura de uma acção cuja jurisdição competente fosse a de um qualquer país longínquo; devendo o consumidor ponderar as vantagens e desvantagens de uma acção num tribunal distante, nomeadamente as despesas que a lide implicaria, poderia sentir-se tentado a aceitar uma situação que ele considerava injusta.

Por outro lado, o consumidor está mais familiarizado com o seu sistema jurisdicional, o que lhe poderá dar, ou ao seu advogado, alguma segurança e previsibilidade que não seriam possíveis num Estado estrangeiro.

Há ainda que ponderar que, se o Estado do domicílio do consumidor for também um Estado Contratante da Convenção de Roma, na determinação da lei que rege o contrato, será aplicado ao caso o art. 5.º desta Convenção, que garante ao consumidor o nível mínimo de protecção que lhe é conferido pela lei do país da sua residência habitual, da mesma forma que se permite a aplicação do art. 7.º, n.º 2, e como tal a aplicação das normas de aplicação imediata do Estado do foro, no caso, o Estado do domicílio do consumidor.

Não se encontram aqui os inconvenientes, a que fizemos referência, decorrentes da rigidez das normas que determinam qual a lei aplicável, sem ponderar se essa será a lei mais favorável ao consumidor. A Convenção de Bruxelas, tal como o Regulamento (CE) n.º 44/2001, no caso de o consumidor ser o autor, não impõe qualquer foro, pois permite-lhe escolher se quer intentar a acção no Estado do seu domicílio ou no do domicílio do seu co-contraente. Verifica-se aqui uma espécie de *forum shopping* que, neste caso, é intencional e utilizado como meio de proteger o contraente mais fraco[927].

Nos casos em que o consumidor é o réu, a jurisdição, embora obrigatória, parece-nos ser mais favorável a este, ponderadas as vantagens e desvantagens já acima mencionadas. De todo o modo, o consumidor

---

[927] FAUSTO POCAR, "La protection de la partie faible", cit., pág. 398.

que não concordar com as regras estabelecidas na Convenção de Bruxelas sempre poderá convencionar em sentido diferente, desde que tenha o acordo do outro contraente e preencha uma das condições previstas no art. 15.º ou, no caso de ser aplicado o Regulamento (CE) n.º 44/2001, o seu art. 17.º.

III. Identificam-se, nesta breve análise, alguns princípios basilares que parecem reger a Convenção de Bruxelas e, na nossa opinião, também o Regulamento (CE) n.º 44/2001: em primeiro lugar, a protecção da parte mais fraca – no caso em exame, o consumidor; em segundo lugar, a preocupação com a boa administração da justiça, procurando-se conferir a competência jurisdicional ao tribunal onde se verificar maior facilidade em recolher a prova, zelar pela não multiplicação de competências e pela concentração das acções entre si relacionadas; em terceiro lugar, há que fazer uma referência à certeza e previsibilidade do direito que a convenção procura assegurar[928].

2.3 Cláusula de eleição do foro

I. Conforme referimos, a autonomia privada figura como um dos principais elementos de conexão na determinação da lei aplicável. Tal como na determinação da *lex causae*, também na designação do foro competente a autonomia da vontade pode assumir importância de primeira linha e ser incluída, nos contratos celebrados através da Internet, uma cláusula de eleição do foro[929].

A cláusula de eleição do foro é certamente um elemento de certeza e previsibilidade em sede de conflitos de jurisdições. Em especial para o fornecedor que, sem se poder assegurar primeiro com que consumidores irá contratar, tem interesse em definir qual a jurisdição competente, elemento que poderá integrar o cálculo, a que certamente procederá, dos riscos comerciais e do custo da transacção.

Assim encontramos, na maioria dos contratos de adesão, cláusulas de eleição do foro, situação que nem sempre se revela como sendo a mais leal ou tradutora da justa composição dos interesses das partes[930], já que, con-

---

[928] GABRIELLE KAUFMANN-KOHLER, "Internet: Mondialisation...", cit., pág. 100; TITO BALLARINO, *Diritto Internationale Privato*, cit., pág. 108.
[929] GABRIELLE KAUFMANN-KOHLER, "Internet: Mondialisation...", cit., pág. 120.
[930] RUI MANUEL MOURA RAMOS, "La protection de la partie contractuelle...", cit., pág. 129 ss.

forme acima fizemos referência, frequentemente, uma das partes contraentes tem maior influência, maior poder negocial, e impõe a sua opção à outra parte que, a querer contratar, terá de aceitar os termos que lhe são impostos.

Consciente dos potenciais desequilíbrios decorrentes da eleição do foro, e conforme já acima referimos, dispõem os arts. 13.º e 14.º da Convenção de Bruxelas – no Regulamento (CE) n.º 44/2001, arts. 15.º e 16.º – que o consumidor beneficiará do foro do seu domicílio se o contrato apresentar com este local uma relação suficientemente estreita, isto é, se preencher algum dos requisitos mencionados no art. 13.º. E o disposto nestes artigos só poderá ser derrogado nos termos exactos previstos no art. 15.º – que no Regulamento (CE) n.º 44/2001, tem o seu paralelo no art. 17.º e que não apresenta diferenças significativas em relação ao referido art. 15.º da Convenção de Bruxelas –, a saber: a *electio fori* apenas será válida se ocorrer em momento posterior ao nascimento do litígio ou permitir ao consumidor recorrer a outros tribunais que não os indicados na Secção IV ou se ambas as partes, no momento da celebração do contrato, tiverem domicílio ou residência habitual no mesmo Estado Contratante e atribuírem competência aos tribunais desse mesmo Estado[931].

Já às situações que se não enquadrem no âmbito do art. 13.º – e o TJCE tende a adoptar uma interpretação restritiva destas disposições, pois constituem derrogações às regras gerais da mesma Convenção[932] – é aplicado, no que respeita à *electio fori*, o art. 17.º – que corresponde ao art. 23.º do Regulamento (CE) n.º 44/2001 –, sem estar dependente da verificação das condições previstas no art. 15.º.

No entanto, e ainda nos casos previstos no art. 13.º e sujeitos às condições do art. 15.º, os pactos atributivos de jurisdição devem conformar-se com os requisitos de validade previstos no art. 17.º da mesma Convenção de Bruxelas[933].

II. A Convenção de Bruxelas, no seu art. 17.º, exige, como condição de validade formal do pacto atributivo de jurisdição, a obediência a deter-

---

[931] MICHAEL CHISSICK e ALISTAIR KELMAN, *Electronic Commerce*, cit., pág. 109; TITO BALLARINO, *Diritto Internationale Privato*, cit., pág.142.

[932] GABRIELLE KAUFMANN-KOHLER, "Internet: Mondialisation...", cit., pág. 137.

[933] MIGUEL TEIXEIRA DE SOUSA e DÁRIO MOURA VICENTE, *Comentário à Convenção de Bruxelas*, cit., pág. 111; KURT SIEHR, "Telemarketing und Internationales Recht...", cit., pág. 196.

minados requisitos: assim, deverá ser celebrado: a) por escrito ou verbalmente, mas confirmado por escrito ou b) em conformidade com os usos estabelecidos pelas partes ou c) ainda, no comércio internacional, de acordo com os usos que sejam, ou devam ser, amplamente conhecidos e regularmente observados pelas partes em contratos semelhantes.

O modo de determinação de quais sejam os usos conhecidos e observados pelas partes e qual o seu teor não vem, e dificilmente poderia vir, indicado em qualquer disposição legislativa[934]. Ora, se, nos contratos tradicionais, a prática desenvolvida ao longo dos anos permite determinar com maior facilidade quais são os usos que devem ser observados, a novidade dos contratos celebrados através da Internet não permite ainda que se possa falar de usos no comércio já sedimentados em ambiente electrónico. Esta poderia ser uma matéria a determinar pela *lex electronica*, uma vez que a tendência para o aumento maciço destas transacções conduzirá a uma aceleração na formação de tais usos.

Uma das práticas que tenderá a contribuir para a definição dos usos no comércio electrónico é a celebração de contratos no *ciberespaço* em que os utilizadores têm de "clicar" num determinado *ícone* visível no monitor, significando este acto que leram as cláusulas contratuais e as aceitam[935]. No caso concreto da eleição do foro, a aplicação dos usos habituais, quando assumirem esta característica, poderá assim conduzir a uma recuperação de cláusulas de eleição do foro que, por não obedecerem à forma escrita em suporte de papel, poderiam ser consideradas inválidas[936].

No entanto, o que se deva entender por forma escrita, no âmbito desta disposição, e especialmente em suporte informático, também não suscita interpretações uniformes. Por um lado, pode entender-se que a exigência, prevista no art. 17.º, de que o pacto atributivo de jurisdição seja celebrado por escrito, surge como uma restrição às relações contratuais na

---

[934] O TJCE, em Decisão de 16 de Março de 1999, entendeu que a existência de um uso deve ser comprovada no ramo comercial em que as partes exercem a sua actividade, e considera-se estabelecido quando um certo comportamento é geral e regularmente seguido pelos operadores, naquele ramo, para a conclusão de um determinado tipo de contratos. Não é necessário que tal comportamento seja estabelecido em países determinados, nem em todos os Estados Contratantes. Da mesma forma que também se não exige a verificação de uma forma de publicidade precisa dos referidos usos: *Rev. crit.*, n.º 3, 1999, pág. 559-573, pág. 568.

[935] TANGUY VAN OVERSTRAETEN, "Droit applicable et juridiction...", cit., pág. 383.
[936] GABRIELLE KAUFMANN-KOHLER, "Internet: Mondialisation...", cit., pág. 126.

Internet, aventando-se como hipótese de ultrapassagem deste obstáculo a entrega de um contrato escrito em suporte de papel no momento em que os bens são entregues ao seu destinatário. Esta possível solução é viável nos casos em que os bens a entregar são bens físicos, mas já revestirá maiores dificuldades nos casos de prestação de serviços que não pressuponham qualquer contacto físico entre os contraentes. Perante esta situação, o contrato, ou o documento relativo ao pacto de jurisdição, teria de circular através de um meio de comunicação físico, como por exemplo o correio, o que reduziria a vantagem da contratação através da Internet[937].

Por outro lado, seguindo uma outra orientação, pode entender-se que o art. 17.º não exige expressamente a assinatura manuscrita, admitindo-se por isso que o telegrama, a telecópia, o telex, preenchem o requisito da forma escrita. Assim, e transpondo esta situação para a troca de dados informatizados, não haverá necessidade de recorrer a técnicas de autenticação das assinaturas[938], mas apenas de satisfazer a exigência de existência de um documento escrito[939].

Uma interpretação mais flexível, no que respeita à forma a assumir pela manifestação do consentimento das partes, admitindo variantes para além do documento escrito e/ou assinado de forma manuscrita pelas partes, parece mais consonante com outros textos de génese internacional. Temos assim que a Lei-Modelo sobre a Arbitragem Comercial Internacional, no seu art. 7.º, n.º 2, exige que a convenção de arbitragem seja reduzida a escrito e considera que a convenção preenche tal requisito desde que conste de "(...) um documento assinado pelas partes ou de uma troca de cartas, telex, telegramas ou qualquer outro meio de comunicação que prove a sua existência (...)"[940]. Em sentido idêntico, a Convenção de Viena de 1980 sobre os Contratos de Compra e Venda Internacional de Mercadorias, no seu art. 13.º, determina que "(...) as comunicações enviadas por telegrama ou por *telex*" preenchem os requisitos da forma escrita. A Lei-Modelo da CNUDCI sobre Comércio Electrónico, seguindo uma orientação mais arrojada e compatível com a realidade informática e do

---

[937] TANGUY VAN OVERSTRAETEN, "Droit applicable et juridiction...", cit., pág. 383 ss.

[938] KURT SIEHR, "Telemarketing und Internationales Recht...", cit., pág. 196.

[939] GABRIELLE KAUFMANN-KOHLER, "Internet: Mondialisation...", cit., pág. 128; sobre a exigência de forma escrita no Reino Unido, *vide* MICHAEL CHISSICK e ALISTAIR KELMAN, *Electronic Commerce*, cit., pág. 81 ss.

[940] Veja-se anotação a esta disposição, RUI MANUEL MOURA RAMOS e MARIA ÂNGELA BENTO SOARES, *Contratos internacionais*, cit., pág. 350 ss.

mercado, prevê no seu art. 6.º que, nos casos em que a lei exija forma escrita, se poderá entender que esse requisito estará preenchido desde que as informações constantes da mensagem informática fiquem acessíveis para utilizações subsequentes[941]-[942]. E adiante, no *Guide to Enactment*, é esclarecido que não é adoptada uma noção muito ampla do que deva ser entendido por forma escrita e, conforme o que já acima foi ventilado, a "forma escrita" deverá ser distinguida e não necessariamente associada a noções como assinatura e original[943].

Não obstante as considerações que aqui fizemos relativamente aos textos *supra* mencionados, não podemos deixar de ter presente que estes não estão vocacionados para a protecção dos consumidores; daí que, embora possamos aventar algumas hipóteses de solução através da comparação, a aplicação de um regime semelhante terá de ser feita com especiais cautelas, de modo a garantir a segurança da posição do consumidor.

III. As propostas de interpretação das disposições acima referidas, especialmente do art. 17.º das Convenções de Bruxelas e de Lugano, são, obviamente, passíveis de discussão. A maioria dos textos internacionais, aquando da sua elaboração, não terá ponderado as influências do fenómeno da Internet na transmissão de mensagens. Assim, e conforme adianta Gabrielle Kaufmann-Kohler – que defende a equivalência entre o documento em papel e a mensagem informática no âmbito de aplicação do art. 17.º da Convenção de Bruxelas –, a situação poderia ser clarificada se, numa revisão do texto convencional, fosse expressamente estabelecido que a eleição do foro poderia ser concluída através de qualquer meio de

---

[941] Art. 6 "Writing 1. Where the law requires information to be in writing, that requirement is met by a data message if the information contained is accessible so as to be usable for subsequent reference".

[942] O art. 6.º, conforme se referiu, foca basicamente a possibilidade de a informação ser acessível para usos futuros. Significa isto que a informação informatizada deve poder ser reproduzida, lida e interpretada e que deve ser mantido o *software* necessário para tal acesso (Ponto 50 do *Guide to Enactment*). Assim, o principal argumento utilizado pelos defensores dos documentos com forma escrita em papel, que é o carácter efémero dos documentos informáticos, deixaria de ter o peso que hoje ainda tem, embora esteja cada vez mais enfraquecido: numa exposição sobre o assunto, cf. TANGUY VAN OVERSTRAETEN, "Droit applicable et juridiction...", cit., pág. 384.

[943] Ponto 49 do *Guide to Enactment*, em que se sublinha que a forma escrita deverá ser classificada no mais baixo patamar da hierarquia dos requisitos formais, que variam consoante a segurança, prova, imutabilidade dos documentos de papel.

comunicação, desde que a informação contida na mensagem ficasse acessível para consultas futuras⁹⁴⁴.

E foi justamente nesse sentido que a redacção do regulamento foi direccionada. Assim, no art. 23.º do Regulamento (CE) n.º 44/2001, que corresponde ao art. 17.º da Convenção de Bruxelas, prevê-se, no seu n.º 1, al. a), que o pacto atributivo de jurisdição deve ser celebrado "[p]or escrito ou verbalmente com confirmação escrita", esclarecendo-se, no n.º 2 da mesma disposição que "[q]ualquer comunicação por via electrónica que permita um registo duradouro do pacto equivale à «forma escrita»"⁹⁴⁵.

No entanto, e enquanto não entrar em vigor este regulamento e mesmo depois, nos casos em que se aplicar a Convenção de Bruxelas, algumas partes contratuais, embora celebrando acordos através da Internet, decidem confirmar as suas declarações de vontade através de documentos escritos em papel⁹⁴⁶.

---

⁹⁴⁴ GABRIELLE KAUFMANN-KOHLER, "Internet: Mondialisation de la communication...", cit., pág. 130 ss.

⁹⁴⁵ Acerca dos trabalhos de revisão da Convenção de Bruxelas, e da necessidade de adaptação deste texto ao "novo cenário tecnológico", *vide*, designadamente, PAOLA LEOCANI, "La direttiva UE...", cit., pág. 629 ss., em especial nota 24.

⁹⁴⁶ TANGUY VAN OVERSTRAETEN, "Droit applicable et juridiction...", cit., pág. 383.

3. NOVAS ORIENTAÇÕES

3.1. Razão de Ordem

Alguns autores têm questionado a adequação e aplicação do DIP tradicional às situações que impliquem um conflito de leis nascidas no ambiente da Internet. E, em vez da aplicação das normas de DIP tal como as conhecemos, sugerem outras potenciais soluções, de entre as quais salientamos três que nos merecem particular atenção e que nos propomos, muito sucintamente, focar imediatamente a seguir: 1) Unificação na escolha da lei reguladora, 2) Reconhecer à Internet uma jurisdição própria e remeter as disputas acerca da Internet para uma arbitragem especializada ou para um tribunal que lide exclusivamente com querelas relacionadas com a Internet e 3) Unificação do direito substantivo da Internet[947].

3.2. Unificação da escolha da lei reguladora

Uma das alternativas, considerada por M. Burnstein, como sendo menos radical em relação à aplicação das regras do DIP tradicional, consiste na unificação das regras pelas quais é escolhida a lei a aplicar em litígios relacionados com a Internet. Ou seja, deveria haver um consenso, ou melhor, uma uniformização, a nível mundial, quanto ao elemento de conexão a adoptar para as normas de conflitos a elaborar e que seriam aplicáveis nos casos em que surgissem disputas no *ciberespaço*, *v.g.*, o domicílio do réu ou o domicílio do autor, ou o domicílio da parte que deu origem à comunicação, etc.[948].

Este autor entende, no entanto, que, na determinação desse elemento de conexão, deveriam ser evitadas as conexões demasiado flexíveis e

---

[947] MATTHEW BURNSTEIN, "A Global Network...", cit., pág. 27 ss.
[948] MATTHEW BURNSTEIN, "A Global Network...", cit., pág. 27 ss.; MATTHEW BURNSTEIN, "Conflicts on the Net...", cit., pág. 112 ss.

vagas como "conexão mais estreita", "contactos relevantes", "centro de gravidade", que exigem uma concretização. Esta concretização pode variar consoante as interpretações adoptadas e gorar as expectativas de uma unificação do elemento de conexão, dada a natureza não geográfica da Internet alegada pelo autor. As regras de designação da lei aplicável deverão ser fáceis de aplicar e devem ser tornadas obrigatórias por meio de convenção ou devem ser recomendadas por entidades supranacionais[949].

Esta orientação suscita, na nossa opinião, algumas objecções. Por um lado, e conforme já acima referimos, e o próprio autor reconhece, a utilização da Internet para celebrar contratos não faz perder todas as referências geográficas, pois, *v.g.*, as partes continuam a ter residência habitual; daí que nos não pareça justificar-se o afastamento das normas de conflitos como as conhecemos.

Por outro lado, esta solução revela, na determinação do elemento de conexão, uma rigidez que, embora tenha vantagens no que respeita à previsibilidade e segurança, nem sempre, pelo funcionamento da norma de conflitos em que estiver inserido, conduzirá à aplicação da lei mais próxima ou mais adequada para regular a situação em litígio.

Acresce ainda, e no que concretamente respeita à protecção dos consumidores, que a adopção de normas de conflitos com elementos de conexão rígidos, que não ponderem a posição de especial fragilidade de um dos contraentes e que não reconheçam a possibilidade de comparação entre leis potencialmente aplicáveis, se revela manifestamente contrária aos objectivos de reequilibrio do poder contratual das partes.

3.3. Jurisdição própria

I. A constituição de tribunais especiais onde sejam apenas discutidas questões relacionadas com a Internet é outra medida defendida com vista à simplificação e à adaptação do direito à especificidade da situação[950]. Um tribunal que lide apenas com casos relacionados com a Internet oferecerá às partes litigantes as vantagens da especialização. Os juízes seriam também peritos familiarizados com a tecnologia, com os usos, os costumes e a cultura da Internet, factor que não é de desprezar num ambiente tão específico e peculiar como o *ciberespaço*.

---

[949] MATTHEW BURNSTEIN, "A Global Network...", cit., pág. 27 ss.
[950] MATTHEW BURNSTEIN, "A Global Network...", cit., pág. 30; STEFANIA BARIATTI, "Internet: aspects relatifs aux conflits de lois", cit., pág. 549.

Acresce que a existência de uma jurisdição própria, virtual, evitaria conflitos de jurisdições uma vez que o tribunal a julgar o caso seria o *cibertribunal*. Da mesma forma, as cláusulas de eleição do foro deixariam de ser necessárias e com o seu afastamento evitavam-se situações em que o contraente mais forte, com maior poder negocial, impõe a sua vontade, e, sob a aparência de um acordo, impõe à parte contrária o foro que melhor lhe convém[951].

Para além disto, uma jurisdição própria, num tribunal que apreciasse a prova, julgasse e decidisse o caso via Internet, apresentaria ainda a facilidade de as partes, frequentemente residentes ou com sede em Estados diferentes, não terem de se deslocar a nenhum tribunal físico, necessariamente localizado no território de um país[952].

Já hoje existem projectos nesse sentido: *v.g.* o *Cybertribunal* foi, e é, desenvolvido pelo Centro de Pesquisa de Direito Público da Faculdade de Direito da Universidade de Montreal e oferece um serviço de prevenção e de resolução dos conflitos nascidos no *ciberespaço* através da mediação – facilitando o diálogo entre as partes do diferendo – ou da arbitragem – actuando neste caso como uma instituição de natureza jurídica [953-954].

Este tribunal procura ser uma alternativa mais eficiente e adequada para a resolução destes conflitos do que os meios tradicionais do direito estatal e aceita a competência para julgar litígios, quer as partes sejam comerciantes, quer sejam consumidores. Também o âmbito de actuação deste tribunal é muito amplo: comércio electrónico, concorrência, direitos de autor, propriedade industrial, liberdade de expressão, privacidade, entre outros que não sejam questões associadas à ordem pública.

II. Não obstante as possíveis, e aliás muito prováveis, vantagens decorrentes de um *cibertribunal*, existem várias questões que se colocam.

---

[951] GABRIELLE KAUFMANN-KOHLER, "Internet: Mondialisation...", cit., pág. 124 ss.
[952] MATTHEW BURNSTEIN, "A Global Network...", cit., pág. 30 ss.
[953] PIERRE SIRINELLI, "L'adéquation entre le village virtuel...", cit., pág. 19, mostra--se céptico quanto aos resultados práticos deste *Cybertribunal;* CATHERINE KESSEDJIAN, "Rapport de synthèse", cit., pág. 147, considera que este sistema de arbitragem não é o mais adequado a litígios com os consumidores.
[954] Acessível pelo endereço http://www.cybertribunal.org, onde também podem ser obtidas informações acerca deste cibertribunal; o *Virtual Magistrate Project*, é outro projecto com o mesmo objectivo, desenvolvido sob os auspícios da Universidade Villanova nos EUA; o acesso a este tribunal arbitral é possível através do endereço http://vmag.vcilp.org.

A primeira prende-se com a delimitação da competência destes tribunais que se propõem julgar *ciberlitígios*. Isto é, se determinados litígios vão ser julgados em tribunais especiais, haverá que distinguir os *ciberlitígios*, dos litígios comuns[955]. Existem situações que não suscitam grandes dúvidas, como o caso de contratos cuja celebração é precedida de uma publicidade divulgada na Internet, em que as partes sempre utilizaram este meio para transmitir as suas declarações e inclusive para a execução do contrato. No entanto, nem todas as situações serão assim tão lineares. Por exemplo, o consumidor poderá ter visto a publicidade na Internet, facto que o levou a adquirir o bem, mas celebrou o contrato fora do *ciberespaço*; ou uma parte contraente faz a proposta através da Internet mas o co-contraente aceita por telefone ou vice-versa; as hipóteses são inúmeras e certamente a realidade ultrapassará a imaginação. No entanto, a questão é que o simples facto de o litígio ter algum ponto de contacto com o *ciberespaço* não parece ser motivo suficiente para invocar a "qualidade" de *ciberlitígio*.

3.4. Unificação do direito substantivo da Internet

I. A diversidade de regimes previstos pelas normas de direito material dos diversos Estados que, por aplicação das normas de conflitos, poderão regular as várias situações em contacto com mais de um ordenamento jurídico, provoca, quer nos consumidores, quer nos fornecedores, um sentimento de insegurança e incerteza[956].

A elaboração de um corpo de normas substantivas especiais que regulassem as questões jurídicas ocorridas na Internet é outra das alternativas apresentadas por M. Burnstein, eliminando assim os problemas relacionados com a designação da lei aplicável, pois a lei aplicada seria a "Lei da Internet", sem que fosse necessária a intermediação de qualquer norma de conflitos na determinação da lei aplicável[957]. Segundo o mesmo autor, os utilizadores da Internet deveriam ser obrigados a conhecer e a observar os usos e os costumes praticados neste ambiente. A própria utilização seria um contributo importante para a sua uniformização e sedimentação.

---

[955] MATTHEW BURNSTEIN, "A Global Network...", cit., pág. 30; MATTHEW BURNSTEIN, "Conflicts on the Net...", cit., pág. 90.

[956] JOSEF DREXL, "Verbraucherschutz im Netz", cit., pág. 101.

[957] MATTHEW BURNSTEIN, "Conflicts on the Net...", cit., pág. 108 ss.; MATTHEW BURNSTEIN, "A Global Network...", cit., pág. 28 ss.

Outra forma de unificação e consolidação desta "lei da Internet" poderia passar pela adopção, por entidades internacionais representativas, de textos em que fossem reguladas questões relacionadas com o comércio electrónico – podendo apontar-se como exemplo a seguir a Lei-Modelo da CNUDCI sobre Comércio Electrónico[958].

M. Burnstein não se mostra, contudo, optimista, no que respeita ao nascimento de uma verdadeira lei da Internet que seja aplicável no universo da Internet, duvidando que os dirigentes dos diversos países consigam chegar a um consenso.

II. A adopção de uma lei substantiva aplicável no "mundo da Internet", aceite por todos os Estados, também nos não parece ser uma hipótese aceitável. No entanto, parece-nos merecedora de alguma atenção aquela que tem sido vulgarmente designada, nomeadamente, por *lex electronica*. Esta *lex electronica* seria afinal um "direito espontâneo"[959], não decorrente de soluções puramente estatais, mas nascido da necessidade de regulamentação, consequência da própria utilização da Internet[960].

A génese da Internet, que se encontra na então ainda ARPA e na ARPANET – rede para utilização com fins militares e académicos – implicava o estabelecimento e o cumprimento de regras éticas fixadas pelos seus utilizadores. O posterior crescimento exponencial da rede e dos seus actores veio dificultar, *melius*, impossibilitar, a regulamentação das actividades desenvolvidas através da Internet apenas por recurso a regras deontológicas, sem um verdadeiro carácter impositivo. No entanto, as especificidades do ambiente da Internet, designadamente as tecnológicas, proporcionam – como se referiu, desde a sua génese – a criação e a adopção espontânea de regras de comportamento.

A *lex electronica* tem-se manifestado num processo de formação rápida, embora discreta e ainda incipiente pela sua novidade, e é um conceito cujos contornos não foram ainda definidos. Contudo, a ser autonomizada, a *lex electronica* poderá ser constituída por um corpo de normas jurídicas informais muito específico, com características bem demarcadas, aplicável a situações muito particulares – as ocorridas no *ciberespaço*, nomeadamente no contexto do comércio electrónico[961].

---

[958] MATTHEW BURNSTEIN, "A Global Network...", cit., pág. 29 ss.
[959] Referindo-se ao direito espontâneo, *vide* A. FERRER CORREIA, *Lições de Direito Internacional Privado*, cit., pág. 157 ss.
[960] PIERRE SIRINELLI, "L'adéquation entre le village virtuel...", cit., pág. 17.
[961] VINCENT GAUTRAIS, GUY LEFEBVRE e KARIM BENYEKHLEF, "Droit du commerce

Alguns autores, fazendo uma comparação com a *lex mercatoria*[962], procuram determinar o conteúdo da *lex electronica* e defendem que esta deveria englobar os tratados e convenções internacionais, os contratos-tipo que se celebram em campos de actividades específicas, jurisprudência de tribunais arbitrais, os usos e costumes e os princípios gerais de Direito[963].

A *lex electronica* teria, portanto, na sua composição elementos de diversos quadrantes. Uma das referências é feita aos usos observados no relacionamento entre internautas. Os usos que, no enquadramento jurídico português, são entendidos pela doutrina como "(...) mera prática social a que falta a convicção de obrigatoriedade que é essencial ao costume"[964], constituem, numa visão mais ampla, uma noção de difícil concretização. Daí que os autores que estudam a regulamentação do *ciberespaço* tendam a sentir uma especial simpatia por um conceito que apresenta esta flexibilidade[965].

Alguns defensores da *lex electronica* alegam que, embora em numerosas situações, os sistemas jurídicos tradicionais possam dar respostas capazes às questões surgidas na Internet, noutros casos, a peculiaridade e a fluidez dos conceitos utilizados, associadas aos permanentes avanços tecnológicos, exigiria uma regulamentação especialmente vocacionada para

---

électronique...", cit., pág. 548; também sobre a *lex electronica, vide* PIERRE SIRINELLI, "L'adéquation entre le village virtuel...", cit., pág. 17 ss.; GABRIELLE KAUFMANN-KOHLER, "Internet: Mondialisation...", cit., pág. 126; CATHERINE KESSEDJIAN, "Rapport de synthèse", cit., pág. 147 ss.

[962] CATHERINE KESSEDJIAN, "Rapport de synthèse", cit., pág. 148, refere-se, a este propósito, a uma "néo lex mercatoria".

[963] VINCENT GAUTRAIS, GUY LEFEBVRE e KARIM BENYEKHLEF, "Droit du commerce électronique...", cit., pág. 559; ERIC A. CAPRIOLI e RENAUD SORIEUL, "Le commerce international...", cit., pág. 329. ROY GOODE considera que as regras incluídas em convenções internacionais não fazem parte da *lex mercatoria* ("Usage and its Reception in Transnational Commercial Law", in *New developments in International Commercial and Consumer Law*, Proceedings of the 8th Biennial Conference of the International Academy of Commercial and Consumer Law, org. Jacob S. Ziegel, Hart Publishing, Oxford, 1998, pág. 3-36, pág. 4). Sobre a *lex mercatoria*, tema que não vamos aqui desenvolver, *vide*, designadamente, na doutrina portuguesa, ANTÓNIO MARQUES DOS SANTOS, *As normas de aplicação imediata...*, vol. I, cit., pág. 659 ss.; LUÍS DE LIMA PINHEIRO, *Joint Venture*, cit., pág. 605 ss.; A. FERRER CORREIA, *Lições de Direito Internacional Privado*, cit., pág. 156 ss.

[964] JOSÉ DE OLIVEIRA ASCENSÃO, *O Direito, Introdução e Teoria Geral – Uma Perspectiva Luso-Brasileira*, 10.ª Edição, Almedina, Coimbra, 1997, pág. 268.

[965] VINCENT GAUTRAIS, GUY LEFEBVRE e KARIM BENYEKHLEF, "Droit du commerce électronique...", cit., pág. 550.

este ambiente. E a *lex electronica* permitiria ainda uma melhor adaptação do direito à cultura da Internet, com a consequente vantagem de assegurar alguma certeza e previsibilidade para as actividades em linha[966].

Os textos legislativos formais, elaborados por entidades estatais, caracterizam-se pela lentidão na sua formação e não permitem alterações frequentes. A rápida evolução que se verifica, a todos os níveis, na Internet, não se compadece com textos obsoletos e cuja rigidez não acompanhe o desenvolvimento das situações que pretendem regular. E este aspecto tem aplicação não apenas em relação a textos legislativos nacionais, mas também a tratados e convenções que visem regular situações conectadas com Estados diferentes. E conforme já foi aqui exaustivamente sublinhado, a Internet permite, com grande facilidade, que os seus utilizadores entrem em contacto com utentes de Estados diferentes, sem terem verdadeiramente a noção de que estão a passar fronteiras[967].

Alegam ainda os defensores da *lex electronica* que o seu desenvolvimento e aplicação também permite uma ligação mais intensa entre utilizadores e a comunidade que os envolve e que a evolução da *lex electronica* corresponderá ao ambiente e às necessidades dos seus utilizadores e como tal responderá melhor aos seus anseios do que outras entidades desconhecedoras das particularidades das relações existentes em ambiente de Internet[968]. Assim, a tendência será para se verificar uma maior empatia dos utilizadores com esta regulamentação, que deverá ser a expressão daquela consciência social, também em fase de crescimento, mutação e adaptação[969].

A natureza eminentemente transnacional da Internet e que necessariamente influenciaria a *lex electronica* permitiria ainda o preenchimento de lacunas de regulamentação contratual que viesse a ocorrer, dada a pluralidade de ordenamentos jurídicos que possam vir a estar em contacto com a situação a regular. Neste caso admitir-se-ia uma das possíveis características da *lex electronica*: o carácter residual.

---

[966] MATTHEW BURNSTEIN, "A Global Network...", cit., pág. 28.

[967] VINCENT GAUTRAIS, GUY LEFEBVRE e KARIM BENYEKHLEF, "Droit du commerce électronique...", cit., pág. 550 ss.

[968] VINCENT GAUTRAIS, GUY LEFEBVRE e KARIM BENYEKHLEF, "Droit du commerce électronique...", cit., pág. 552 ss.

[969] Aliás, as particularidades técnicas ligadas ao acesso e à utilização da Internet exigem um período de adaptação do utilizador antes de atingirem a maturidade que advém da prática; VINCENT GAUTRAIS, GUY LEFEBVRE e KARIM BENYEKHLEF, "Droit du commerce électronique...", cit., pág. 569 ss.

III. A Internet, apesar do impacto que tem tido, é um fenómeno ainda relativamente recente. As eventuais práticas que se tenham vindo a delinear têm ainda uma duração curta e a própria composição da comunidade *cibernauta* encontra-se em plena expansão, com consequentes influências de diversos sectores e das respectivas culturas. Daí que alguns autores, como S. BARIATTI, tenham muita dificuldade em considerar esta *lex electronica* ou a "netiquette"[970] no mesmo plano da *lex mercatoria*[971].

No que respeita directamente aos consumidores, parece-nos que uma *lex electronica* poderia significar uma diminuição do nível de protecção. Embora adoptando as orientações constantes de tratados e convenções e os princípios gerais de Direito, a *lex electronica* também integraria elementos mais maleáveis, como os usos ou os códigos de conduta ou as práticas contratuais, susceptíveis de serem manipulados e adaptados, de acordo com os interesses de grupos de influência, nomeadamente, nos contratos com consumidores, as associações de fornecedores.

Na prática, esta suspeita poderia vir a revelar-se infundada, pois as associações de consumidores assumem uma importância e influência crescentes, lutam e também ganham em batalhas de interesses. Acresce ainda que os próprios fornecedores, já "sensibilizados" para a importância da defesa do consumidor, dado o peso que poderá representar no campo da concorrência, adoptam códigos de conduta que, a serem aplicados, poderão proteger de modo satisfatório o contraente mais fraco[972]. Por último, a aplicação de uma *lex electronica* teria ainda a vantagem da previsibilidade, que, no entanto, se mostra ainda relativa, face à novidade da Internet e à falta de sedimentação e de maturidade das normas que integrariam esta *lex electronica*, sem prejuízo de, em momento ulterior, os *cibernautas* poderem beneficiar verdadeiramente desta regulamentação[973].

---

[970] JOSÉ AUGUSTO SACADURA GARCIA MARQUES, "Telecomunicações e protecção de dados", in *As telecomunicações e o Direito na sociedade da informação*, coord. António Pinto Monteiro, IJC, Faculdade de Direito, Universidade de Coimbra, Coimbra, 1999, pág. 81-121, pág. 85.

[971] STEFANIA BARIATTI, "Internet: aspects relatifs aux conflits de lois", cit., pág. 549.

[972] PIERRE SIRINELLI, "L'adéquation entre le village virtuel...", cit., pág. 17 ss., mostra-se pouco convencido com este argumento, que considera ingénuo. Compara esta situação com a ocorrida na Europa no domínio das televisões, em que a maioria dos canais privados rivalizam na mediocridade para garantir os níveis de audiência.

[973] Aliás, conforme defende GURVITCH, citado por TITO BALLARINO, *Internet nel mondo della legge*, cit., pág. 46, "(...) il diritto statale è un piccolo lago nel mare immenso del diritto (...)".

CONCLUSÕES

I. Os consumidores que acedem à Internet para celebrar contratos, tendencialmente considerados como sendo mais cultos e informados do que aqueles que recorrem a métodos tradicionais, são ainda contratantes mais débeis em relação aos fornecedores, pois estes são detentores de mais e melhores informações, de maior poder negocial e económico. Esta debilidade justifica que também a estes consumidores (*ciberconsumidores*) sejam aplicadas medidas de protecção, as quais, no entanto, deverão ser adaptadas e adequadas às especificidades decorrentes da utilização da Internet.

II. A necessidade de adopção de medidas de protecção dos consumidores, nos contratos em que a Internet serve de veículo de comunicação, conduziu já à aprovação de diplomas nesse sentido.

No plano do Direito Comunitário, salientámos a relevância da Directiva 97/7/CE relativa à protecção dos consumidores em matéria de contratos à distância e da Directiva 2000/31/CE sobre o comércio electrónico, não obstante a importância de outras directivas comunitárias cuja transposição se reflecte, ou reflectirá, na protecção dos consumidores.

No que respeita ao direito interno, e, no nosso entender, particularmente vocacionado para a disciplina dos contratos celebrados com os consumidores através da Internet, apontámos o Dec.-Lei n.º 143/2001 – que transpôs para a ordem jurídica interna a Directiva 97/7/CE, do Parlamento Europeu e do Conselho, de 20 de Maio, relativa à protecção dos consumidores em matéria de contratos celebrados a distância, regula os contratos ao domicílio e equiparados, as vendas automáticas e as vendas especiais esporádicas e estabelece modalidades proibidas de vendas de bens de prestação de serviços –, sem esquecer, no entanto, outros diplomas de carácter mais ou menos geral e que podem também aqui encontrar aplicação, *v.g.*, a Lei de Defesa do Consumidor.

Também a *soft law,* reflectindo a flexibilidade que lhe é característica, não deixa de marcar a sua presença através de instrumentos que lhe são próprios – *v.g.,* Lei-Modelo sobre o Comércio Electrónico, aprovada pela CNUDCI, Recomendação do Conselho da OCDE relativa às linhas orientadoras para a protecção do consumidor no contexto de comércio electrónico, códigos de conduta –, procurando-se assim obviar à rigidez e morosidade da adopção de outros instrumentos com força vinculante.

III. A falta de informação e educação dos consumidores é uma das principais causas da sua fragilidade contratual. Nos contratos celebrados através da Internet, como noutros contratos à distância, acresce ainda a agravante de os consumidores não verem o bem que vão adquirir, não saberem qual a localização física onde possam contactar o fornecedor, não saberem quais sejam as despesas de entrega, etc.

Com vista a minorar este hiato informativo, o fornecedor deve facultar determinadas informações aos consumidores, incluindo-se neste conjunto de informações, não apenas aquelas mais directamente relacionadas com o bem ou serviço a adquirir, mas também as respeitantes à existência de direitos dos consumidores, como é o caso do direito de rescisão.

O carácter efémero que as mensagens transmitidas através da Internet podem revestir justifica a exigência de que as informações a fornecer ao consumidor sejam confirmadas por escrito, sendo que a tendência actual vai no sentido de se considerar preenchida a exigência de forma escrita em documentos electrónicos.

IV. O "direito de rescisão" – previsto no art. 6.º da Directiva 97/7/CE, mas também presente em outras directivas comunitárias e em diplomas internos, e que confere ao consumidor a possibilidade de "voltar atrás com a palavra dada" no que respeita ao contrato celebrado com o fornecedor, sem pagamento de indemnização e sem indicação do motivo – é uma figura comum nas vendas à distância (uma herança deixada pelas vendas por correspondência), e é considerado, em conjugação com as informações a prestar ao consumidor e a sua confirmação por escrito, como um dos três pilares em que se baseia o conceito de protecção dos consumidores nos contratos celebrados à distância.

A exacta qualificação jurídica desta figura, e os seus fundamentos subjacentes, têm sido objecto de aceso debate doutrinário, do qual têm resultado as mais diversas teses. A problemática delimitação conceptual das figuras extintivas voluntárias da relação jurídica privada dificulta mais esta tarefa de qualificar um direito que se caracteriza por ser uma forma de extinguir o contrato prevista por lei, ter efeitos retroactivos, ser temporariamente limitado e discricionário, *melius*, arbitrário. Somos assim levados a concluir que este direito de rescisão será uma figura *sui generis,* que traduz um direito de arrependimento do consumidor.

V. A determinação do momento da celebração do contrato é outra questão que pode assumir especial relevância para o consumidor, já que, *v.g.*, em alguns contratos o prazo para exercício do direito de rescisão se inicia no momento da celebração do contrato. Contudo, as teorias seguidas nos diversos Estados, para determinação deste momento, não são uniformes. Nos contratos celebrados através da Internet, as dificuldades agudizam-se face à ainda novidade do meio, à possibilidade de celebrar contratos entre presentes e entre ausentes e à própria falta de uniformidade doutrinária e jurisprudencial sobre esta matéria.

Entendemos que, à luz do ordenamento jurídico português, e nos contratos entre ausentes, deverá, por regra, prevalecer a teoria da recepção e o contrato ser considerado celebrado no momento em que o proponente pode aceder à aceitação, ainda que a não tenha transferido para o sistema informático do seu computador. Nos contratos entre presentes, não se suscitam especiais questões, já que entre a proposta e a aceitação não se verifica um lapso de tempo juridicamente relevante.

Ainda atenta a diversidade de orientações seguidas nos vários ordenamentos jurídicos, considerou-se importante tratar a questão de saber qual seja a lei aplicável à determinação do momento da celebração do contrato e concluimos que, nos termos da Convenção de Roma, essa será a *lex contractus*.

VI. Existem ainda outras medidas de protecção do consumidor que pressupõem um comportamento menos leal do fornecedor; trata-se de práticas comerciais que agridem os consumidores com o objectivo de os induzir a comprar, como por exemplo, o envio de bens não solicitados e de comunicações comerciais não solicitadas. A tendência verificada vai no sentido de se proibir e penalizar, ou, pelo menos, delimitar a sua utilização.

VII. Também as questões relacionadas com exigências especiais de forma poderão revestir relevância para o consumidor, já que, conforme acima se afirmou, algumas informações devem ser fornecidas por escrito e determinados contratos exigem também esta forma.

A tendência manifestada em textos internos e internacionais mais recentes vai no sentido de uma desmaterialização do suporte utilizado para transmitir mensagens e de uma, consequente, equiparação entre as mensagens informatizadas e o documento em papel.

VIII. A aposição de uma assinatura digital em documentos electrónicos também constitui um importante elemento para incrementar a confiança dos consumidores no comércio electrónico e pode revelar-se uma importante medida de protecção, já que assegura a autenticidade e integridade do documento electrónico, assim como permite determinar a autoria do documento e a concordância do seu autor com o conteúdo. Além disso, o regime jurídico dos documentos electrónicos e da assinatura digital vem ainda reconhecer expressamente o valor probatório dos documentos electrónicos, distinguindo-os consoante a susceptibilidade, ou não, de representação escrita do seu conteúdo e da aposição, ou não, de assinatura digital certificada por uma entidade credenciada.

IX. A Internet tem como uma das suas principais características, a transnacionalidade e a sua utilização potencia a celebração de contratos que estão em contacto com mais de um ordenamento jurídico e a polarização dos elementos geográficos relacionados com o contrato.

As questões relacionadas com a protecção dos consumidores, e a adopção de medidas adequadas à prossecução deste fim, não se resumem ao plano do direito material interno, mas estendem-se a uma perspectiva internacionalprivatista e é nesse sentido que importa verificar se os textos que nos permitem determinar qual a lei aplicável ao contrato ainda têm aplicação nos contratos celebrados através da Internet e se protegem o consumidor.

X. As normas de conflitos previstas nos arts. 3.º e 4.º da Convenção de Roma, não se revelam, *a priori*, favoráveis aos consumidores. O elemento de conexão "vontade das partes", constante do art. 3.º, é muito propício a abusos por parte dos fornecedores, que, sendo a parte mais forte na relação contratual com o consumidor, podem assim "impor", sob o disfarce de "escolha", a lei que lhes for mais conveniente.

Já no art. 4.º, a presunção de que o contrato apresenta, por norma, a relação mais estreita com o país onde a parte que está obrigada a fornecer a prestação característica tem a sua residência habitual ou administração central, tende a traduzir-se na aplicação da lei da administração central do fornecedor, com a qual o consumidor não estará familiarizado.

XI. A aplicação ao contrato celebrado com o consumidor, das disposições imperativas da lei da sua residência habitual, ou, na falta de escolha, da lei da sua residência habitual, se estiverem preenchidos os requisitos do art. 5.º da Convenção de Roma, poderá ser uma medida favorável ao consumidor, já que é com essa lei que ele está mais familiarizado. Subjacente a esta disposição estará então a fragilidade contratual do consumidor e o princípio da proximidade, já que o preenchimento dos pressupostos previstos no art. 5.º, n.º 2, exige uma conexão muito estreita do contrato com o território da residência habitual do consumidor.

XII. Procurámos então determinar se os contratos celebrados através da Internet preenchiam as condições previstas no art. 5.º, em especial no seu n.º 2. O art. 5.º, n.º 2, da Convenção de Roma parece pressupor a celebração do contrato com um consumidor que tem um perfil passivo, isto é, que é interpelado, pelo fornecedor, no país da sua residência habitual, e, face à actuação deste, é levado a contratar. Já o consumidor que contrata através da Internet é visto, por alguns autores, com um perfil activo: o consumidor que, através da Internet, vai ao encontro das mensagens do fornecedor. Ora, ao longo deste trabalho, procurámos demonstrar que esta dicotomia entre consumidores passivos e activos nos surge já, face aos desenvolvimentos verificados no plano das comunicações, e das suas repercussões socio-culturais, muito esbatida e nem sempre justificada.

Além disso, e não obstante a polarização dos elementos geográficos relacionados com o contrato, que a utilização da Internet potencia, não entendemos que, pela sua simples utilização, deixe de se verificar uma conexão do contrato com o país da residência habitual do consumidor. As vias de transmissão usadas, quer por fornecedores, quer por consumidores, vocacionadas para a globalização, é que permitem uma maior divulgação e flexibilidade.

Analisadas as circunstâncias previstas no art. 5.º, n.º 2, chegámos à conclusão de que o primeiro e o segundo parágrafos podem, mediante análise do caso concreto, abranger os contratos celebrados através da Internet.

XIII. O art. 5.º da Convenção de Roma vem assim permitir a aplicação ao contrato da lei da residência habitual do consumidor ou das normas imperativas dessa mesma lei, conforme o caso, o que, em princípio, se presume ser uma vantagem. No entanto, nem sempre a lei da residência habitual do consumidor é mais favorável, embora seja a lei com que o consumidor estará mais familiarizado e aquela que espera ver aplicada, pelo que a vantagem proporcionada pelo art. 5.º reside, essencialmente, nestes dois aspectos. É neste sentido que defendemos que, no caso de a lei escolhida pelas partes ser mais favorável ao consumidor do que a lei da sua residência habitual, é aquela lei que deve ser aplicada.

XIV. Também em algumas directivas comunitárias relativas à protecção do consumidor têm sido incluídas regras de Direito Internacional Privado que determinam, em situações plurilocalizadas – e quando preenchidos os pressupostos indicados nessas mesmas normas –, o âmbito de aplicação no espaço do regime material aí previsto. Referimo-nos, mais concretamente, ao art. 6.º, n.º 2, da Directiva 93/13/CEE, ao art. 12.º, n.º 2, da Directiva 97/7/CE e ao art. 7.º, n.º 2, da Directiva 1999/44/CE, cujas redacções são muito similares.

XV. Estas disposições visam garantir, ao consumidor, a protecção que lhes é conferida pelas respectivas directivas, e que poderia ser afastada pela "escolha" de uma lei de um país terceiro. Mais uma vez se pretende proteger o consumidor do fornecedor, contratante mais forte, que pode, na prática, impor a sua escolha, aplicando-se ao contrato uma lei que é mais favorável a este.

Assim, de acordo com a letra e o espírito da lei, estas disposições não se aplicam no caso de a lei aplicável ao contrato ser designada por normas de conflitos dotadas de elementos de conexão objectivos e não pela "vontade das partes".

Além disso, a aplicação das medidas de protecção da directiva não invalida a escolha, feita pelas partes, da lei que rege o contrato. A *lex contractus* continua a ser a mesma, apenas na parte do regime regulado pela directiva são aplicáveis as medidas protectoras desta.

XVI. Exige-se ainda, nas mesmas disposições, e com pequenas discrepâncias, que o regime previsto nas directivas só será aplicado se o contrato apresentar uma "relação estreita" com o território de um ou mais Estados-membros.

A concretização da noção de "relação estreita", no contexto destas disposições, não é pacífica. Assim, e embora seja reconhecida, como princípio orientador, a necessidade de articulação entre a Convenção de Roma (e os princípios que lhe estão subjacentes) e o Direito Comunitário derivado, a exacta concretização daquela noção não é consensual. Enquanto alguns autores entendem que a "relação estreita" deve ser concretizada dentro dos critérios estabelecidos nos arts. 4.º e 5.º da Convenção de Roma, outros autores, com os quais concordamos, admitem uma concretização autónoma, não necessariamente coincidente com a prevista naqueles artigos, e que portanto não assume a "conexão estreita" como sinónimo de "conexão mais estreita".

XVII. No entanto, e atendendo a que o legislador comunitário não fixou os contornos exactos de "relação estreita", cumpre sublinhar que a concretização não poderá caber a outro que não o legislador que transpõe a directiva para o direito interno. Neste sentido, o legislador interno poderá transpôr *ipsis verbis* esta expressão, transferindo a sua concretização para os tribunais, ou concretizá-la, de forma mais ou menos rígida – essa será já uma questão de política legislativa. O legislador interno terá apenas de respeitar os limites que são determinados pelas directivas.

Na nossa opinião, a concretização de "relação estreita" não deverá ser cristalizada, mas assumir um pendor flexível, à semelhança das orientações que vêm sendo seguidas no Direito Internacional Privado europeu.

XVIII. Os Estados-membros têm, no entanto, de tomar as medidas necessárias para garantir que o consumidor não seja privado da protecção conferida pela directiva – uma vez transposta para o direito interno –, se estiverem preenchidos os pressupostos de aplicação acima indicados. Também nesta questão, o legislador comunitário não especifica quais sejam essas medidas.

No nosso entender, o objectivo proposto na directiva poderá ser alcançado se se atribuir às normas da directiva transpostas para o direito interno a natureza de normas de aplicação imediata, embora assumindo alguns cambiantes específicos.

XIX. No que concerne à determinação do foro competente, do tribunal que irá julgar e decidir os litígios que surgirem, matéria que é decidida por aplicação de normas de conflitos de jurisdições, entendemos que as disposições específicas da Convenção de Bruxelas, do Regulamento (CE) n.º 44/2001 e da Convenção de Lugano, que se aplicam aos contratos celebrados com os consumidores, são também aplicáveis aos contratos celebrados através da Internet, se se verificar o preeenchimento das suas condições de aplicação.

XX. Face ao exposto, fomos assim levados a concluir que as regras de Direito Internacional Privado existentes permitem ainda solucionar questões relacionadas com a celebração de contratos com consumidores através da Internet e que impliquem um conflito de leis.

Reconhece-se, no entanto, que as questões analisadas e as hipóteses de solução apresentadas não são propícias a conclusões pacíficas nem lineares. Acresce que a inclusão de normas de Direito Internacional Privado em directivas comunitárias de protecção aos consumidores, que necessitem de ser conjugadas com a Convenção de Roma, sem que se verifique, nesta matéria, uma verdadeira harmonização entre os Estados-membros, poderá ser mais um elemento perturbador.

Contudo, não partilhamos da opinião de que o Direito Internacional Privado tradicional se revela desajustado para dar resposta aos litígios, relacionados com a protecção dos consumidores nos contratos celebrados através da Internet, que constitui tema deste trabalho.

BIBLIOGRAFIA

AAVV
— — *Grande Enciclopédia Portuguesa e Brasileira*, 2.ª Actualização, vol. 4, Edições Zairol, Limitada, Lisboa, 1998.
— — *As leis do comércio electrónico*, Edições Centro Atlântico, Portugal, 2000.

ABELS, MICHAEL
— — "Paying on the NET – Means and associated Risks", *RDAI/IBLJ*, n.º 3, 1998, pág. 349-356.

ALLIX, JEAN
— — "La protection du consommateur en matière de contrats à distance", *Rev. eur. dt. cons.*, 2/1993, pág. 95-108.

ALMEIDA, CARLOS FERREIRA DE
— — *Os direitos dos consumidores*, Livraria Almedina, Coimbra, 1982.
— — "Negócio jurídico de consumo", *BMJ*, n.º 347, 1985, pág. 11-38.
— — "Conceito de publicidade", *BMJ*, n.º 349, 1985, pág. 115-134.
— — *Texto e enunciado na teoria do negócio jurídico*, vols. I e II, Almedina, Coimbra, 1992.
— — "Relevância contratual das mensagens publicitárias", *RPDC*, n.º 6, 1996, pág. 9-25.

ALPA, GUIDO
— — "Cyber law. Problemi giuridici connessi allo sviluppo di Internet", *Nuova giurisprudenza civile commentata*, 1998, II, pág. 385-388.
— — "Servizi finanziari e tutela del consumatore", *RPDC*, n.º 19, 1999, pág. 7-38.
— — *Il diritto dei consumatori*, Ed. Laterza, 1999.

ANDRADE, MANUEL A. DOMINGUES DE
— — *Teoria Geral da Relação Jurídica*, vol. II, 4.ª reimpressão, Almedina, Coimbra, 1974.

ARNDT, HANS-WOLFGANG
— — *Recht des Internet*, *Eine Einführung*, C.F.Müller Verlag, Heidelberga, 1999 (em co-autoria com KÖHLER, MARKUS).

ARNOLD, DIRK
— — "Verbraucherschutz im Internet", *CR*, 9/1997, pág. 526-532.

ARTZ, MARKUS

— — "Fernabsatzverträge und Strukturen eines Verbraucherprivatrechts im BGB", *NJW*, 29/2000, pág. 2049-2056 (em co-autoria com BÜLOW, P.).

ASCENSÃO, JOSÉ DE OLIVEIRA
— — *O Direito, Introdução e Teoria Geral – Uma Perspectiva Luso-Brasileira*, 10.ª Edição, Almedina, Coimbra, 1997.
— — "E agora? Pesquisa do futuro próximo", in *Sociedade da informação, Estudos jurídicos*, APDI, Almedina, Coimbra, 1999, pág. 9-30.
— — "Telecomunicações e Direito de Autor", in *As telecomunicações e o Direito na sociedade da informação*, coord. António Pinto Monteiro, IJC, Faculdade de Direito, Universidade de Coimbra, Coimbra, 1999, pág. 197-202.
— — "A sociedade da informação", in *Direito da sociedade da informação*, vol. I, FDUL, APDI, Coimbra Editora, 1999, pág. 163-184.
— — *Direito Civil – Teoria Geral, Acções e factos jurídicos*, vol. II, Coimbra Editora, 1999.
— — *Direito Civil – Teoria Geral, Introdução. As pessoas. Os bens*, vol. I, 2.ª Edição, Coimbra Editora, 2000.

ATIYAH, P.S.
— — *An Introduction to the Law of Contract*, 5.ª Edição, Oxford, 1995.

BACHMANN, BRIGIT
— — "Internet und IPR", in *Internet und Multimediarecht (Cyberlaw)*, org. M. Lehmann, Schaffer-Poeschel Verlag, Estugarda, 1997, pág. 169-183.
— — "Der internationale Vertrieb im Internet", in *Rechtsgeschäfte im Netz – Electronic Commerce*, org. Michael Lehmann, Schaffer-Poeschel Verlag, Estugarda, 1999, pág. 205-223.

BAILLOD, RAYMONDE
— — "Le droit de repentir", *R. trim. civ.*, n.º 2, 1984, pág. 227-254.

BALLARINO, TITO
— — *Diritto Internationale Privato*, 2.ª Edição, Cedam, Pádua, 1996, com colaboração de Andrea Bonomi.
— — *Internet nel mondo della legge*, Cedam, Pádua, 1998.

BARIATTI, STEFANIA
— — "Internet: aspects relatifs aux conflits de lois", *RDIPP*, n.º 3, 1997, pág. 545-556.

BENSOUSSAN, ALAIN
— — *Le commerce électronique, aspects juridiques*, Hermes, Paris, 1998.
— — *Internet, aspects juridiques*, 2.ª Edição, Hermes, Paris, 1998.

BENYEKLEF, K.
— — "Droit du commerce électronique et normes applicables: l'émergence de la *Lex Electronica*", *RDAI/IBLJ*, n.º 5, 1997, pág. 547-585 (em co-autoria com GAUTRAIS, V. e LEFEBVRE, G.).

BERNHARD, STEFAN
— — "How to secure the Network: mutual Trust and Encryption", *RDAI/IBLJ*, n.º 3, 1998, pág. 317-327.

BERTRAND, ANDRÉ
— — *Internet et la loi*, Collection Dalloz Service, Dalloz, Paris, 1997 (em co-autoria com PIETTE-COUDOL, THIERRY).
BODEWIG, THEO
— — "Die neue europäische Richtlinie zum Fernabsatz", *DZWiR*, 11/1997, pág. 447-455.
BONOMI, ANDREA
— — "Il nuovo diritto internazionale privato dei contratti: La Convenzione di Roma del 19 Giugno 1980 è entrata in vigore", *BBTC*, Ano LV, Fasc. I-1992, pág. 36-107.
BRANDNER
— — *AGB-Gesetz*, Verlag Dr. Otto Schmidt, Colónia, 1997 (em co-autoria com ULMER e HENSEN).
BRENNAN, SEAN
— — "Commercial Lawyers Guide to the Internet", *ICCLR*, vol. 8, n.º 4, 1997, pág. 120-123 e vol. 8, n.º 11, 1997, pág. 382-386 (em co-autoria com TURNER, CATRIN).
BRIDGE, M.G.
— — *The Sale of Goods*, Clarendon Press, Oxford, 1997.
BRITO, MARIA HELENA
— — "O contrato de agência", in *Novas perspectivas do Direito Comercial*, Almedina, Coimbra, 1988, pág. 105-135.
— — "Os contratos bancários e a Convenção de Roma de 19 de Junho de 1980 sobre a Lei Aplicável às Obrigações Contratuais", *Revista da Banca*, n.º 28, 1993, pág. 75-124.
— — *A representação nos contratos internacionais – Um contributo para o estudo do princípio da coerência em direito internacional privado*, Almedina, Coimbra, 1999.
BÜLOW, PETER
— — "Fernabsatzverträge und Strukturen eines Verbraucherprivatrechts im BGB", *NJW*, 29/2000, pág. 2049-2056 (em co-autoria com ARTZ, MARKUS).
BURNSTEIN, MATTHEW R.
— — "Conflicts on the Net: Choice of Law in Transnational Cyberspace", *Vanderbilt Journal of Transnational Law*, 29, n.º 1, Janeiro 1996, pág. 75-116.
— — "A Global Network in a Compartmentalised Legal Environment", in *Internet, Which Court decides? Which Law applies? Quel tribunal décide? Quel droit s'applique?*, org. Katharina Boele-Woelki e Catherine Kessedjian, Kluwer Law International, Haia/Londres/Boston, 1998, pág. 23-34.
CALAIS-AULOY, JEAN
— — "Vente par démarchage et vente à distance en droit français", *Rev. eur. dt. cons.*, n.º 2, 1992, pág. 77-82.

CÂMARA, PAULO
—— "A oferta de valores mobiliários realizada através da Internet", *Cadernos do Mercado de Valores Mobiliários*, n.º 1, 1997, pág. 11-53.
CAPRIOLI, ÉRIC A.
—— "Le commerce international électronique: vers l'émergence de règles juridiques transnationales", *Journal de droit international*, n.º 2, 1997, pág. 323-401 (em co-autoria com SORIEUL, RENAUD).
—— "Sécurité et confiance dans le commerce électronique", *La semaine juridique*, n.º 14, 1998, pág. 583-590.
CARBONNIER, JEAN
—— *Flexible droit – Pour une sociologie du droit sans rigueur*, 7.ª Edição, L.G.D.J., Paris, 1992.
CAVAZOS, EDWARD A.
—— *Cyberspace and the Law, Your rights and Duties in the On-line World*, The MIT Press, Cambridge/ Londres, 1994 (em co-autoria com MORIN, GAVINO).
CHISSICK, MICHAEL
—— *Electronic Commerce: Law and Practice*, Sweet & Maxwell, Londres, 1999 (em co-autoria com KELMAN, ALISTAIR).
COLAIACONO, GIUSEPPE
—— "I contratti negoziati fuori dai locali commerciali", in *Codice del Consumo e del Risparmio*, org. Guido Alpa, Dott. A. Giuffrè Editore, Milão,1999, pág. 439-449.
COLLAÇO, ISABEL DE MAGALHÃES
—— *Da compra e venda em Direito Internacional Privado – Aspectos fundamentais*, vol. I, Lisboa, 1954.
—— *Direito Internacional Privado*, vol. I, Lições proferidas pela Exma. Senhora Doutora D. Isabel de Magalhães Collaço ao 5.º ano jurídico 1958--1959, Associação Académica da Faculdade de Direito, Lisboa, 1958.
—— *Direito Internacional Privado*, vol. II, Lições proferidas pela Exma. Senhora Doutora D. Isabel de Magalhães Collaço ao 5.º ano jurídico de 1958--59, Associação Académica da Faculdade de Direito, Lisboa, 1959.
—— *Direito Internacional Privado*, vol. III, Lições proferidas pela Exma. Senhora Doutora D. Isabel de Magalhães Collaço ao 5.º ano jurídico 1958--1959, Associação Académica da Faculdade de Direito, Lisboa, 1959.
COMISSÃO DAS COMUNIDADES EUROPEIAS
—— *Serviços financeiros: Dar resposta às expectativas dos consumidores*. Livro Verde, COM (96) 209 final, de 22/05/96.
CORDEIRO, ANTÓNIO MENEZES
—— *Direito das Obrigações*, 1.º vol., reimpressão, AAFDL, Lisboa, 1990.
—— *Direito das Obrigações*, 2.º vol., AAFDL, Lisboa, 1990.
—— *Cláusulas contratuais gerais, Anotação ao Decreto-Lei n.º 466/85 de 25 de Outubro*, Livraria Almedina, Coimbra, 1991 (em co-autoria com COSTA,

MÁRIO JÚLIO DE ALMEIDA).
— — *Teoria Geral do Direito Civil*, 1.º vol., 2.ª Edição, AAFDL, Lisboa, 1992.
— — *Manual de Direito do Trabalho*, Almedina, Coimbra, 1994.
— — *Tratado de Direito Civil Português*, *Parte Geral*, tomo I, 2.ª Edição, Livraria Almedina, Coimbra, 2000.

CORREIA, A. FERRER
— — "Algumas considerações acerca da Convenção de Roma de 19 de Junho de 1980 sobre a Lei Aplicável às Obrigações Contratuais", *RLJ*, Ano 122.º, 1990, n.º 3787, pág. 289-292, n.º 3788, pág. 321-322, n.º 3789, pág. 362- -366.
— — *Direito Internacional Privado – Alguns problemas*, 3.ª reimpressão, Coimbra, 1995.
— — *Lições de Direito Internacional Privado*, Almedina, Coimbra, 2000.

CORREIA, MIGUEL PUPO
— — "Comércio electrónico: forma e segurança", in *As telecomunicações e o Direito na sociedade da informação*, coord. António Pinto Monteiro, IJC, Faculdade de Direito, Universidade de Coimbra, Coimbra, 1999, pág. 223-258.

COSTA, MÁRIO JÚLIO DE ALMEIDA
— — *Direito das Obrigações*, 5.ª Edição, Livraria Almedina, Coimbra, 1991.
— — *Cláusulas contratuais gerais, Anotação ao Decreto-Lei n.º 466/85 de 25 de Outubro*, Livraria Almedina, Coimbra, 1991 (em co-autoria com CORDEIRO, ANTÓNIO MENEZES).

COSTES, LIONEL
— — "Aperçu sur le droit du commerce électronique aux États-Unis", *Droit & Patrimoine*, n.º 55, 1997, pág. 64-68.

DAVIES, CLIVE
— — "Electronic Commerce – practical implications of Internet legislation", *Communications Law, Journal of Computer, Media and Telecommunications Law*, vol. 3, n.º 3, 1998, pág. 82-84.

DAVIES, LARS
— — "Contract Formation on the Internet: Shattering a few myths", in *Law & the Internet, regulating cyberspace,* org. Lilian Edwards & Charlotte Waelde, Hart Publishing, Oxford, 1997, pág. 97-120.

DESSEMENTET, FRANÇOIS
— — "Internet, la propriété intellectuelle et le droit international privé", in *Internet, Which Court Decides? Which Law Applies? Quel tribunal décide? Quel droit s'applique?*, org. Katharina Boele-Woelki e Catherine Kessedjian, Kluwer Law International, Haia/Londres/Boston, 1998, pág. 47-64.

DÍAZ ALABART, SILVIA
— — col. *Comentarios a la Ley de Ordenación del Comercio Minorista y a la Ley Orgánica complementaria*, dir. José Luis Piñar Mañas e Emilio Beltán

Sánchez, Universidad San Pablo Ceu, Universidad de Cadiz, Civitas, Madrid, 1997 – anotações aos arts. 9 e 10 da *Ley de Ordenación del Comercio Minorista* (cit. SILVIA DÍAZ ALABART, *Comentarios*).

Dicey and Morris on the Conflict of Laws, vol. II, 13.ª Ed. (sob a direcção geral de Lawrence Collins), Sweet and Maxwell, Londres, 2000.

DOMONT-NAERT, F.
— — "Professionnels et consommateurs en droit belge", in *La protection de la partie faible dans les rapports contractuels*, org. Jacques Ghestain e Marcel Fontaine, L.G.D.J., Paris, 1996, pág. 219-240.

DREHER, MEINRAD
— — "Der Verbraucher – Das Phantom in den opera des europäischen und deutschen Rechts?", *JZ*, 4/1997, pág. 167-178.

DREXL, JOSEF
— — "Verbraucherschutz im Netz", in *Rechtsgeschäfte im Netz – Electronic Commerce*, org. Michael Lehmann, Schaffer-Poeschel Verlag, Estugarda, 1999, pág. 75-103.

DROBNIG, ULRICH
— — "Neue rechtliche Konzepte für den europäischen Verbraucherschutz", in *Neues europaisches Vertragsrecht und Verbraucherschutz*, ERA, 1999, Bundesanzeiger, pág. 201- 207.

DURRANT, LOVELL WHITE
— — *A Practitioner's Guide to Regulation of the Internet*, City & Financial Publishing, 1999/2000 (em co-autoria com ROWE, HEATHER).

ENNECCERUS, LUDWIG
— — *Derecho Civil, Parte General*, vol. II, Primeira Parte, revisto por Hans Carl Nipperdey, traduzido por Blas Pérez González e José Alguer, com a terceira edição ao cuidado de A. Hernandez Moreno e Maria del Carmen Gete--Alonso, Bosch, Barcelona, 1981.

ERNST, STEFAN
— — "Der Mausklick als Rechtproblem – Willenserklärung im Internet", *NJW--CoR*, 3/97, pág. 165-167.
— — "Verbraucherschutzrechtliche Aspects des Internets", *VuR*, 8/1997, pág. 259-264.

ESCHER, MARKUS
— — "Aktuelle Rechtsfragen bei Zahlungen im Internet", in *Rechtsgeschäfte im Netz – Electronic Commerce*, org. Michael Lehmann, Schaffer-Poeschel Verlag, Estugarda, 1999, pág. 225-251.

FERNANDES, LUÍS A. CARVALHO
— — *Teoria Geral do Direito Civil*, vol. II, 2.ª Edição, LEX, Lisboa, 1995.

FINOCCHIARO, GIUSELLA
— — *I contratti informatici*, Cedam, Pádua, 1997.

FLESSNER, AXEL
— — *Europäishes Vertragsrecht*, vol. I, J.C.B. Mohr (Paul Siebeck), Tubinga, 1998 (em co-autoria com KÖTZ, HEIN).

FLUME, WERNER
— — *Allgemeiner Teil des Bürgerlichen Rechts, Das Rechtgeschäft*, Spinger Verlag, 1992.
FOYER, JACQUES
— — "Entrée en viguer de la Convention de Rome du 19 Juin 1980 sur la loi applicable aux obligations contractuelles", *Journal du droit international*, Ano 118.º, n.º 3, 1991, pág. 601-631.
FUMAGALLI, LUIGI
— — "Le clausole abusive nei contratti con i consumatori tra diritto comunitario e diritto internazionale privato", *RDIPP*, n.º 1, 1994, pág. 15-32.
GAHTAN, ALAN M.
— — "Overview of the Legal Framework for Electronic Commerce", in *Law of International On-line Business – A Global Perspective*, org. Dennis Campbell, Sweet & Maxwell, Londres, 1998, pág. 1-45 (em co-autoria com MANN, J. FRASER).
GARCÍA VICENTE, JOSÉ RAMÓN
— — *Ley de contratos celebrados fuera de los establecimientos mercantiles: el derecho de revocación*, Aranzadi, Pamplona, 1997.
GAUTRAIS, V.
— — "Droit du commerce électronique et normes applicables: l'émergence de la Lex Electronica", *RDAI/IBLJ*, n.º 5, 1997, pág. 547-585 (em co-autoria com G. LEFEBVRE e K. BENYEKLEF).
GAVINO, MORIN
— — *Cyberspace and the law, Your rights and Duties in the On-Line World*, The MIT Press, 1994 (em co-autoria com CAVAZOS, EDWARD A.).
GHESTIN, JACQUES
— — "L'elimination des clauses abusives em droit français, à l'épreuve du droit communautaire", *Rev. eur. dt. cons.*, n.º 2, 1993, pág. 67-94 (em co-autoria com MARCHESSAUX, ISABELLE).
— — *Traité de droit civil, La formation du contrat*, 3.ª Edição, L.G.D.J., Paris, 1993.
GIULIANO, MARIO
— — *Relatório relativo à Convenção sobre a Lei Aplicável às Obrigações Contratuais*, JOCE N.º C 327, de 11/12/92 (em co-autoria com LAGARDE, PAUL).
GOMES, CARLA AMADO
— — "O direito à privacidade do consumidor, A propósito da Lei n.º 6/99 de 27 de Janeiro", *RPDC*, n.º 18, 1999, pág. 11-24.
GOMES, JANUÁRIO
— — "Sobre o «direito de arrependimento» do adquirente de direito real de habitação periódica (*time-sharing*) e a sua articulação com direitos similares noutros contratos de consumo", *RPDC*, n.º 3, 1995, pág. 70-86.
GOODE, ROY
— — "Usage and its Reception in Transnational Commercial Law", in *New developments in International Commercial and Consumer Law, Proceedings of*

the 8th Biennial Conference of the International Academy of Commercial and Consumer Law, org. Jacob S. Ziegel, Hart Publishing, Oxford, 1998.

GRINGRAS, CLIVE
— — The Laws of the Internet, Butterworths, Londres, Edimburgo, Dublin, 1997.

GROSHEIDE, WILLEM
— — "Experiences in the Field of Intellectual Property", in *Internet, Which Court Decides? Which Law Applies? Quel tribunal décide? Quel droit s'applique?*, org. Katharina Boele-Woelki e Catherine Kessedjian, Kluwer Law International, Haia/Londres/Boston, 1998, pág. 35-46.

GRUBER, JOACHIM
— — "Vertragsschluss im Internet unter kollisionsrechtlichen Aspekten", *DB*, 28/1999, pág. 1437-1442.

GUIMARÃES, MARIA RAQUEL
— — *As transferências electrónicas de fundos e os cartões de débito*, Almedina, Coimbra, 1999.

HANCE, OLIVIER
— — *Business et droit d'Internet*, The Best of Edictions, 1996.

HENSEN
— — *AGB-Gesetz*, Verlag Dr. Otto Schmidt, Colónia, 1997 (em co-autoria com ULMER e BRANDNER).

HIPPEL, EIKE VON
— — *Verbraucherschutz*, 3.ª Edição, J.C.B. Mohr (Paul Siebeck), Tubinga, 1986.

HOFFMANN, DIETER
— — "Die Europaische Fernabsatzrichtlinie", in *Rechtsgeschäfte im Netz – Electronic Commerce*, org. Michael Lehmann, Schaffer-Poeschel Verlag, Estugarda, 1999, pág. 61-74.
— — "Analyse der europäischen Rechtssetzungstechniken im Bereich des Vertragsrechts aus der Sicht der Europäischen Kommission", in *Neues europäisches Vertragsrecht und Verbraucherschutz*, ERA, 1999, Bundesanzeiger, pág. 39-51.

ITEANU, OLIVIER
— — *Internet et le droit, Aspects juridiques du commerce électronique*, Eyrolles, Paris, 1996.
— — "Les contrats du commerce électronique", *Droit & Patrimoine*, n.º 55, 1997, pág. 52-55.

JAYME, ERIK
— — "Les contrats conclus par les consommateurs et la Convention de Rome sur la loi applicable aux obligations contractuelles", *Droit international et droit communautaire,* Actes du Colloque, Fondation Calouste Gulbenkian, Centre Culturel Portugais, Paris, 1991, pág. 97-133.
— — "L'interaction des règles de conflit contenues dans le droit dérivé de la Communauté européenne et des conventions de Bruxelles et de

Rome", *Rev. crit.*, n.º 1, 1995, pág.1-40 (em co-autoria com KOHLER, CHRISTIAN).

JORGE, FERNANDO PESSOA
— — *Lições de Direito das Obrigações*, Edição da AAFDL, 1975-76.

JORGE, MANUEL
— — "Rattachements alternatifs et principe de proximité: Les apports recénts du droit international privé portugais", in *Droit international et droit communautaire*, Actes du Colloque, Fondation Calouste Gulbenkian, Centre Culturel Portugais, Paris, 1991, pág. 213-225.

JUNKER, ABBO
— — "Vom Citoyen zum Consommateur – Entwicklungen des internationalen Verbraucherschutzrechts", *IPRax*, 2/1998, pág. 65-74.

KAINZ, MARTIN
— — "Die Umsetzung der Verbraucherschutzrichtlinien und ihre Auswirkungen im nationalen Recht", in *Neues europäisches Vertragsrecht und Verbraucherschutz*, ERA, 1999, Bundesanzeiger, pág. 63-79.

KAUFMANN-KOHLER, GABRIELLE
— — "Internet: Mondialisation de la communication – Mondialisation de la résolution des litiges?", in *Internet, Which Court decides? Which Law applies? Quel tribunal décide? Quel droit s'applique?*, org. Katharina Boele--Woelki e Catherine Kessedjian, Kluwer Law International, Haia/Londres/Boston, 1998, pág. 89-142.

KEGEL, GERHARD
— — *Internationales Privatrecht*, 8.ª Edição, Verlag C.H. Beck, Munique, 2000 (em co-autoria com SCHURIG, KLAUS).

KELMAN, ALISTAIR
— — *Electronic Commerce: Law and Practice*, Sweet & Maxwell, Londres, 1999 (em co-autoria com CHISSICK, MICHAEL).

KESSEDJIAN, CATHERINE
— — "Rapport de synthèse", in *Internet, Which Court Decides? Which Law Applies? Quel tribunal décide? Quel droit s'applique?*, org. Katharina Boele-Woelki e Catherine Kessedjian, Kluwer Law International, Haia//Londres/ Boston, 1998, pág. 143-154.

KOHLER, CHRISTIAN
— — "L'interaction des règles de conflit contenues dans le droit dérivé de la Communauté européenne et des conventions de Bruxelles et de Rome", *Rev. crit.*, n.º 1, 1995, pág. 1-40 (em co-autoria com JAYME, ERIK).

KÖHLER, HELMUT
— — *BGB Allgemeiner Teil*, 23.ª Edição, Verlag C.H. Beck, Munique, 1996.
— — "Die Rechte des Verbrauchers beim Teleshopping (TV-Shopping, Internet--Shopping)", *NJW*, 4/1998, pág. 185-190.

KÖHLER, MARKUS
— — *Recht des Internet, Eine Einführung*, C.F.Müller Verlag, Heidelberga, 1999 (em co-autoria com ARNDT, HANS-WOLFGANG).

KÖTZ, HEIN
— — *Introduction to Comparative Law*, 3.ª Edição, traduzida por Tony Weir, Clarendon Press, Oxford, 1998 (em co-autoria com ZWEIGERT, KONRAD).
— — *Europäishes Vertragsrecht*, vol. I, J.C.B. Mohr (Paul Siebeck) Tubinga, 1998 (em co-autoria com FLESSNER, AXEL).

KRITTER, TH.
— — "Electronic Commerce – Probleme bei Rechtsgeschäften im Internet", *JuS*, 9/1999, pág. 839-846 (em co-autoria com TAUPITZ, J.).

KRONKE, HERBERT
— — "Electronic Commerce und Europäisches Verbrauchervertrags-IPR", *RIW*, 12/1996, pág. 985-993.
— — "Applicable Law in Torts and Contracts in Cyberspace", in *Internet, Which Court decides? Which Law applies? Quel tribunal décide? Quel droit s'applique?*, Katharina Boele-Woelki e Catherine Kessedjian, Kluwer Law International, Haia/Londres/Boston, 1998, pág. 65-97.

KUNER, CHRISTOPHER
— — "Internationale Zustandigkeitskonflikte im Internet", *CR*, 8/1996, pág. 453--458.

LACKHOFF, KLAUS
— — "Direct Effect of Directives in Triangular Situations", *European Law Review*, vol. 23, n.º 5, 1998, pág. 397-413 (em co-autoria com NYSSENS, HAROLD).

LAGARDE, PAUL
— — "Le principe de proximité dans le droit international contemporain. Cours général de droit international privé", *RCADI*, tomo 196, 1986 – I, pág. 9--237.
— — "Le nouveau droit international privé des contrats après l'entrée en vigueur de la Convention de Rome du 19 Juin 1980", *Rev. crit.*, n.º 2, 1991, pág. 287-340.
— — *Relatório relativo à Convenção sobre a Lei Aplicável às Obrigações Contratuais*, JOCE N.º C 327, de 11/12/92 (em co-autoria com GIULIANO, MARIO).
— — *Anotação ao acordão da Cour fédérale d'Allemagne (8 Ch. civ.), – 19 mars 1997, Rev. crit.*, 4/1998.
— — *Le consommateur en droit international privé*, Ludwig Boltzmann Institut für Europarecht, Heft 4, Viena, 1999.

LANDO, OLE
— — "The EEC Convention on the Law Applicable to Contratual Obligations", *CML Rev.*, vol. 24, 1987, pág. 159-214.
— — "European Contract Law", in *International Contracts and Conflicts of Laws*

– *A Collection of Essays*, org. Petar Šarčević, Graham & Troman/ Martinus Nijhoff, Londres/Dordrecht/Boston, 1990, pág. 1-14.

LARENZ, KARL
— — *Tratado de Derecho Civil Alemán, Derecho Civil, Parte General*, tradução e notas de Miguel Izquierdo y Macías-Picavea, Editorial Revista de Derecho Privado, Editoriales de Derecho Reunidas, 1978.

LECLERC, FRÉDÉRIC
— — *La protection de la partie faible dans les contrats internationaux*, Bruylant, Bruxelas, 1995.

LEFEBVRE, G.
— — "Droit du commerce électronique et normes applicables: l'émergence de la *Lex Electronica*", *RDAI/IBLJ*, n.º 5, 1997, pág. 547-585 (em co-autoria com GAUTRAIS, V. e K. BENYEKLEF).

LEITÃO, LUÍS MANUEL TELES DE MENEZES
— — *Direito das Obrigações*, vol. I, Almedina, Coimbra, 2000.

LEOCANI, PAOLA
— — "La direttiva UE sul commercio elettronico: cenni introdutivi", *Europa e diritto privato*, 2/2000, pág. 617-662.

LIMA, FERNANDO ANDRADE PIRES DE
— — *Código Civil anotado*, vol. I, 4.ª Edição, Coimbra Editora, Lda., 1987 (em co-autoria com VARELA, JOÃO DE MATOS ANTUNES; com a colaboração de M. HENRIQUE MESQUITA).
— — *Código Civil anotado*, vol. II, 3.ª Edição, Coimbra Editora, Lda., 1986 (em co-autoria com VARELA, JOÃO DE MATOS ANTUNES).

LORENZ, STEPHAN
— — "Im BGB viel Neues: Die Umsetzung der Fernabsatzrichtlinie", *JuS*, 9/2000, pág. 833-843.

MACEDO, MÁRIO
— — *Direito no ciberespaço*, Edição Cosmos, Lisboa, 1996 (em co-autoria com ROCHA, MANUEL LOPES).

MACHADO, J. BAPTISTA
— — *Âmbito de eficácia e âmbito de competência das leis*, (reimpressão), Almedina, Coimbra, 1998.
— — *Lições de Direito Internacional Privado*, 3.ª Edição, actualizada (reimpressão), Almedina, Coimbra, 1999.

MACHADO, MIGUEL NUNO PEDROSA
— — *Sobre cláusulas contratuais gerais e conceito de risco*, Separata da Revista da Faculdade de Direito, Lisboa, 1988.

MACQUEEN, HECTOR L
— — "Copyrigth and the Internet", in *Law & the Internet, Regulating Cyberspace,* org. Lilian Edwards & Charlotte Waelde, Hart Publishing, Oxford, 1997, pág. 67-93.
— — "Software Transactions and Contract Law", in *Law & the Internet, Regu-*

lating Cyberspace, org. Lilian Edwards & Charlotte Waelde, Hart Publishing, Oxford, 1997, pág. 121-135.

MANKOWSKI, PETER
— — "Strukturfragen des internationalen Verbrauchervertragsrechts", *RIW*, 6/1993, pág. 453-463.
— — "Internet im Internationalen Vertrags- und Deliktsrecht", *RabelZ*, 63, 2/1999, pág. 203-294.
— — "§ 12 AGBG im System des Internationalen Verbrauchervertragsrecht", *BB*, 24/1999, pág. 1225-1230.

MANN, J. FRASER
— — "Overview of the Legal Framework for Electronic Commerce", in *Law of International On-line Business – A Global Perspective*, org. Dennis Campbell, Sweet & Maxwell, Londres, 1998, pág. 1-45 (em co-autoria com GAHTAN, ALAN M.).

MARCHESSAUX, ISABELLE
— — "L'elimination des clauses abusives em droit français, à l'épreuve du droit communautaire", *Rev. eur. dt. cons.*, n.º 2, 1993, pág. 67-94 (em co-autoria com GHESTIN, JACQUES).

MARQUES, CLÁUDIA LIMA
— — *Contratos no Código de Defesa do Consumidor*, 3.ª Edição, Editora Revista dos Tribunais, Brasil, 1999.

MARQUES, JOSÉ AUGUSTO SACADURA GARCIA
— — "Telecomunicações e protecção de dados", in *As telecomunicações e o Direito na sociedade da informação*, coord. António Pinto Monteiro, IJC, Faculdade de Direito, Universidade de Coimbra, Coimbra, 1999, pág. 81-121.

MARTINEK, MICHAEL
— — "Verbraucherschutz im Fernabsatz – Lesehilfe mit Merkpunkten zur neuen EU-Richtlinie", *NJW*, 4/1998, pág. 207-208.

MARTINEZ, PEDRO ROMANO
— — *Direito das Obrigações (Parte Especial) Contratos*, Almedina, Coimbra, 2000.

MARTINY, DIETER
— — col. *Münchener Kommentar zum Bürgerlichen Gesetzbuch, Einführungsgesetz zum Bürgerlichen Gesetzbuch (Art. 1-38) Internationales Privatrecht*, vol. 10, 3.ª Edição, C.H.Beck'sche Verlagsbuchhandlung, Munique, 1998 – anotações ao Art. 29 EGBGB (cit. D. MARTINY, *MünchKomm*).
— — "Europäisches Internationales Vertragsrecht", *ZEuP*, 2/1999, pág. 246-270.

MATTEI, UGO
— — "Efficiency and Equal Protection in the New European Contract Law: Mandatory, Default and Enforcement Rules", *Virginia Journal of International Law*, vol. 39, n.º 3, 1999, pág. 537-570.

MEDICUS, DIETER
— — *Allgemeiner Teil des BGB*, 7.ª Edição, C.F.Müller Verlag, Heidelberga,1997.

MEENTS, JAN GEERT
—— *Verbraucherschutz bei Rechtsgeschäften im Internet*, Verlag Dr. Otto Schmidt, Colónia, 1998.
MEHRINGS
—— "Vertragsabschluss im Internet", in *Multimedia und Recht*, org. Thomas Hoeren e Ulrich Sieber, Verlag C.H.Beck, Munique, 1999.
MEHRINGS, JOSEF
—— "Internet-Verträge und internationales Vertragsrecht", *CR*, 10/1998, pág. 613-621.
MELLO, ALBERTO DE SÁ E
—— "Tutela jurídica das bases de dados", in *Direito da sociedade da informação*, vol. I, FDUL, APDI, Coimbra Editora, 1999, pág. 111-161.
MENDES, JOÃO DE CASTRO
—— *Direito Civil, Teoria Geral*, vol. III, Lisboa, 1973.
MESSINEO, FRANCESCO
—— *Il contrato in genere*, tomo I, Dott. A. Giuffrè, Milão,1968.
MICKLITZ, HANS-W.
—— "Ein einheitliches Kaufrecht für Verbraucher in der EG?", *EuZW*, 8/1997, pág. 229-237.
MONTECCHIARI, TIZIANA
—— *I negozi unilaterali a contenudo negativo*, Dott. A. Giuffrè Editore, Milão, 1996.
MONTEIRO, ANTÓNIO PINTO
—— "Do direito do consumo ao código do consumidor", in *Estudos de Direito do Consumidor*, dir. António Pinto Monteiro, Centro de Direito do Consumo, Faculdade de Direito da Universidade de Coimbra, Publicação do Centro de Direito do Consumo, n.º 1, Coimbra, 1999, pág. 201--214.
—— "Protecção do consumidor de serviços de telecomunicações", in *As telecomunicações e o Direito na sociedade da informação*, coord. António Pinto Monteiro, IJC, Faculdade de Direito, Universidade de Coimbra, Coimbra, 1999, pág. 139-158.
—— "A responsabilidade civil na negociação informática", in *Direito da sociedade da informação*, vol. I, FDUL, APDI, Coimbra Editora, 1999, pág. 229-239.
—— *Contrato de agência, Anotação*, 4.ª Edição, Almedina, Coimbra, 2000.
MONTEIRO, JORGE FERREIRA SINDE
—— *Responsabilidade por conselhos, recomendações ou informações*, Almedina, Coimbra, 1989.
MORIN, GAVINO
—— *Cyberspace and the Law, Your rights and Duties in the On-line World*, The MIT Press, Cambridge/ Londres, 1994 (em co-autoria com CAVAZOS, EDWARD A.).

NOEDING, TORALF
— — "Distance selling in a digital age", *Communications Law, Journal of Computer, Media and Telecommunications Law*, vol. 3, n.º 3, 1998, pág. 85-93.

NUYTS, ARNAUD
— — "L'application des lois de police dans l'espace", *Rev. crit.*, n.º 1, 1999, pág. 31-74.

NYSSENS, HAROLD
— — "Direct Effect of Directives in Triangular Situations", *European Law Review*, vol. 23, n.º 5, 1998, pág. 397-413 (em co-autoria com LACKHOFF, KLAUS).

OLIVEIRA, ARNALDO FILIPE
— — "Contratos negociados à distância – Alguns problemas relativos ao regime de protecção dos consumidores, da solicitação e do consentimento em especial", *RPDC*, n.º 7, 1996, pág. 52-96.

OMAR, PAUL F.
— — "The Special Status of Consumer and Employment in the Brussels Convention", *European Business Law Review*, Abril, 1996, pág. 90-95.

OVERBECK, A. E. VON
— — "Cours général de droit international privé", *RCADI*, tomo 176, 1982-III, pág. 9-258.

OVERSTRAETEN, TANGUY VAN
— — "Droit applicable et jurisdiction compétente sur Internet", *RDAI/IBLJ*, n.º 3, 1998, pág. 373-398.

PARRA LUCÁN, MARÍA ÁNGELES
— — col. *Comentarios a las Leyes de Ordenación del Comercio Minorista*, coord. de Rodrigo Bercovitz Rodríguez-Cano e Jesus Leguina Villa, Tecnos, Universidad de Cadiz, Madrid, 1997 – anotações ao art. 10 da *Ley de Ordenación del Comercio Minorista* (cit. MARÍA ÁNGELES PARRA LUCÁN, *Comentarios*).

PASQUAU LIAÑO, MIGUEL
— — col. *Comentarios a la Ley de Ordenacion del Comercio Minorista e a la Ley Orgánica complementaria*, dir. José Luis Piñar Mañas e Emilio Beltán Sánchez, Universidad San Pablo Ceu, Universidad de Cadiz, Civitas, Madrid, 1997 – anotações aos arts. 41, 44, 45 da *Ley de Ordenación del Comercio Minorista* (cit. MIGUEL PASQUAU LIAÑO, *Comentarios*).

PÉLICHET, MICHEL
— — "Les ventes aux consommateurs", *RCADI*, tomo 168, 1980-III, pág. 189-230.

PEREIRA, ALEXANDRE LIBÓRIO DIAS
— — *Comércio electrónico na sociedade da informação: Da segurança técnica à confiança jurídica*, Almedina, 1999.
— — "Internet, Direito de Autor e acesso reservado", in *As telecomunicações e o Direito na sociedade da informação*, coord. António Pinto Monteiro, IJC,

Faculdade de Direito, Universidade de Coimbra, Coimbra, 1999, pág. 263--273.
PFEIFFER, THOMAS
— — "Die Entwicklung des Internationalen Vertrags-, Schuld- und Sachenrechts in den Jahren 1995/96", *NJW*, 18/1997, pág. 1207-1216.
PIETTE-COUDOL, THIERRY
— — *Internet et la loi*, Collection Dalloz Service, Dalloz, Paris, 1997 (em co-autoria com BERTRAND, ANDRÉ).
PINHEIRO, LUÍS DE LIMA
— — *Joint Venture – Contrato de empreendimento comum em Direito Internacional Privado*, Edições Cosmos Direito, Lisboa, 1998.
— — *Direito Internacional Privado, Parte Especial*, Livraria Almedina, Coimbra, 1999.
— — "Apontamentos sobre as normas de aplicação necessária perante o Direito Internacional Privado português e o art. 21.º do Código Civil de Macau", *ROA*, Ano 60, 2000-I, pág. 23-48.
PINTO, CARLOS ALBERTO DA MOTA
— — *Teoria Geral do Direito Civil*, Coimbra Editora, 1976.
PINTO, PAULO MOTA
— — *Declaração tácita e comportamento concludente no negócio jurídico*, Almedina, Coimbra, 1995.
— — «Publicidade domiciliária não desejada ("Junk Mail", "Junk Calls" e "Junk Faxes")», *BFDC*, Vol. LXXIV, 1998, pág. 273-325.
— — "Sobre alguns problemas jurídicos da Internet", in *As telecomunicações e o Direito na sociedade da informação*, coord. António Pinto Monteiro, IJC, Faculdade de Direito, Universidade de Coimbra, Coimbra, 1999, pág. 349--366.
— — "Notas sobre a Lei n.º 6/99 de 27 de Janeiro – Publicidade domiciliária, por telefone e por telecópia", in *Estudos de Direito do Consumidor*, dir. António Pinto Monteiro, Centro de Direito do Consumo, Faculdade de Direito da Universidade de Coimbra, Publicação do Centro de Direito do Consumo, n.º 1, Coimbra, 1999, pág. 117-176.
POCAR, FAUSTO
— — "La protection de la partie faible", *RCADI*, tomo 188, 1984-V, pág. 341--417.
PROENÇA, JOSÉ CARLOS BRANDÃO
— — *A resolução do contrato no Direito Civil*, Coimbra Editora, Coimbra, 1996.
RAMOS, RUI MANUEL MOURA
— — "La protection de la partie contratuelle la plus faible en droit international privé portugais", *Droit international et droit communautaire*, Actes du Colloque, Fondation Calouste Gulbenkian, Centre Culturel Portugais, Paris, 1991, pág. 97-133.

— — *Da lei aplicável ao contrato de trabalho internacional*, Almedina, Coimbra, 1991.
— — Contratos internacionais e protecção da parte mais fraca no sistema jurídico Português – Versão escrita de comunicação apresentada no Congresso Internacional de 28 a 30 de Novembro de 1991 sobre Contratos, Actualidade e Evolução.
— — *Contratos internacionais, compra e venda, cláusulas penais e arbitragem*, Livraria Almedina, Coimbra, 1995 (em co-autoria com Maria Ângela Bento Soares).
— — "Aspectos recentes do Direito Internacional Privado Português", in *Das relações privadas internacionais – Estudos de Direito Internacional Privado*, Coimbra Editora, Coimbra, 1995, pág. 85-123.
— — "Les clauses d'exception en matière de conflits de lois et de conflits de jurisdictions – Portugal", in *Das relações privadas internacionais – Estudos de DIP*, Coimbra Editora, Coimbra, 1995, pág. 295-323.
— — "L'ordre public international en droit portugais", *BFDC*, vol. 74, 1998, pág. 45-62.

REBELLO, LUIZ FRANCISCO
— — "Telecomunicações e Direito de Autor", in *As telecomunicações e o Direito na sociedade da informação*, coord. António Pinto Monteiro, IJC, Faculdade de Direito, Universidade de Coimbra, Coimbra, 1999, pág. 203-220.

REICH, NORBERT
— — "Protection of Consumers' Economic Interests by the EC", *Faculty of Law University of Sydney*, vol.14, 1992, pág. 23-61.
— — *Europäisches Verbraucherrecht, Eine problemorientierte Einführung in das europäische Wirtschaftrecht*, Nomos Verlagsgesellschaft, Baden-Baden, 1996.
— — "Die neue Richtlinie 97/7/CE über den Verbraucherschutz bei Vertragsabschlüssen im Fernabsatz", *EuZW*, 19/1997, pág. 581-589.

REIMANN, MATHIAS
— — "Savigny's Triumph? Choice of Law in Contracts Cases at the Close of the Twentieth Century", *Virginia Journal of International Law*, vol. 39, n.º 3, 1999, pág. 571-605.

REINHART, GERT
— — col. *J. von Staudingers Kommentar zum Bürgerlichen Gesetzbuch mit Einführungsgesetz und Nebengesetzen, (EGBGB Art. 27-37, Art.10)*, 12. Edição refundida, Berlim, 1998 – anotações ao Art. 29 EGBGB (cit. STAUDINGER/REINHART).

RIBEIRO, JOAQUIM DE SOUSA
— — *O problema do contrato – As cláusulas contratuais gerais e o princípio das liberdade contratual*, Almedina, Coimbra, 1999.

ROCHA, MANUEL LOPES
— — *Direito no ciberespaço*, Edição Cosmos, Lisboa, 1996 (em co-autoria com MACEDO, MÁRIO).

RODRIGUES, SOFIA DO NASCIMENTO
— — *O Art. 23.º do Decreto-Lei n.º 446/85 de 25 de Outubro (na redacção dada pelo Decreto-Lei n.º 220/95 de 31 de Agosto)*, Relatório apresentado no âmbito do concurso para assistentes estagiários na Faculdade de Direito da Universidade de Lisboa, policopiado, Maio de 1996.

ROPPO, ENZO
— — *O contrato*, tradução de Ana Coimbra e M. Januário C. Gomes, Almedina, Coimbra, 1988.

ROWE, HEATHER
— — *A Practioner's Guide to Regulation of the Internet*, City & Financial Publishing, 1999/2000 (em co-autoria com DURRANT, LOVELL WHITE).

RÜFNER, THOMAS
— — "Verbindlicher Vertragsschluß bei Versteigerungen im Internet", *JZ*, 14/2000, pág. 715-720.

SÁ, ALMENO DE
— — *Cláusulas contratuais gerais e Directiva sobre cláusulas abusivas*, 2.ª Edição, Almedina, Coimbra, 2001.

SANTOS, ANTÓNIO MARQUES DOS
— — *Transferência internacional de tecnologia, economia e direito – Alguns problemas gerais*, Cadernos da Ciência e Técnica Fiscal, 132, Lisboa, 1984.
— — *Direito Internacional Privado*, Sumários, AAFDL, Lisboa, 1987.
— — *As normas de aplicação imediata no Direito Internacional Privado – Esboço de uma teoria geral*, vols. I e II, Almedina, Coimbra, 1991.
— — *Defesa e ilustração do Direito Internacional Privado*, *RFDUL*, Suplemento, Coimbra Editora, 1998.
— — "Lei aplicável a uma sucessão por morte aberta em Hong Kong", *RFDUL*, vol. XXXIX, n.º 1, 1998, pág. 115-134.
— — "Le statut des biens culturels en droit international privé", in *Estudos de Direito Internacional Privado e de Direito Processual Civil Internacional*, Coimbra, Almedina, 1998, pág. 167-202.
— — *Direito Internacional Privado, Colectânea de textos legislativos de fonte interna e internacional*, Almedina, Coimbra, 1999.
— — *Direito Internacional Privado*, Lições do Professor Doutor António Marques dos Santos ao 5.º ano – Turma de Dia, da Faculdade de Direito da Universidade de Lisboa, no ano lectivo de 2000-2001, AAFDL, 2000.

SCHNITZER, ADOLF F.
— — "Les contrats internationaux en droit international privé suisse", *RCADI*, tomo 123, 1968-I, pág. 541-636.

SCHURIG, KLAUS
— — *Internationales Privatrecht*, 8.ª Edição, Verlag C.H. Beck, Munique, 2000 (em co-autoria com KEGEL, GERHARD).

SÉDALLIAN, VALÉRIE
— — *Droit de l'Internet*, Collection AUI, Association des utilisateurs d'Internet, 1996.
SERRA, VAZ
— — "Resolução do contrato", *BMJ*, n.º 68, pág. 153-289.
SIEHR, KURT
— — "Telemarketing und Internationales Recht des Verbraucherschutzes", *Jahrbuch des Schweizerischen Konsumentenrechts/ Annuaire de droit suisse de la consommation*, Stämpfli Verlag AG, Berna, 1998, pág. 151--201.
SILVA, FERNANDO NICOLAU DOS SANTOS
— — "Dos contratos negociados à distância", *RPDC*, n.º 5, 1996, pág. 45-58.
SILVA, JOÃO CALVÃO
— — *Responsabilidade civil do produtor*, Almedina, Coimbra, 1990.
SILVA, PAULA COSTA E
— — "Transferência electrónica de dados: a formação do contrato", in *Direito da sociedade da informação*, vol. I, FDUL, APDI, pág. 201-228.
SINAY-CYTERMANN, ANNE
— — "Les relations entre professionnels et consommateurs en droit français", in *La protection de la partie faible dans les rapports contractuels,* org. Jacques Ghestain e Marcel Fontaine, L.G.D.J., Paris, 1996, pág. 241-267.
SIRINELLI, PIERRE
— — "L'adéquation entre le village virtuel et la création normative – Remise en cause du rôle de l'Etat?", in *Internet, Which Court Decides? Which Law Applies? Quel tribunal décide? Quel droit s'applique?*, org. Katharina Boele-Woelki e Catherine Kessedjian, Kluwer Law International, Haia/ /Londres/Boston, 1998, pág. 1-22.
SMITH, GRAHAM J. H. E OUTROS
— — *Internet Law and Regulation,* FT, Law & Tax, Londres, 1996.
SOARES, MARIA ÂNGELA BENTO
— — *Contratos internacionais, compra e venda, cláusulas penais e arbitragem*, Livraria Almedina, Coimbra, 1995 (em co-autoria com RAMOS, RUI MANUEL MOURA).
SOMMA, ALESSANDRO
— — "I contratti del consumatore nell'esperienza tedesca: il recepimento della Direttiva 93/13", in *Le clausole vessatorie nei contratti con i consumatori, Commentario agli articoli 1469-bis – 1469 sexies del Codice Civile*, org. Guido Alpa e Salvatore Patti, tomo II, Giuffrè Editore, Milão, 1997, pág. 1377-1420.
SORIEUL, RENAUD
— — "Le commerce international électronique: vers l'émergence de règles juridiques transnationales", *Journal de droit international*, n.º 2, 1997, pág. 323-401 (em co-autoria com CAPRIOLI, ÉRIC A.).

SOUSA, MIGUEL TEIXEIRA DE
— — *Comentário à Convenção de Bruxelas*, LEX, Edições Jurídicas, Lisboa, 1994 (em co-autoria com VICENTE, DÁRIO MOURA).

STÄHELI, THOMAS
— — "Kollisionsrecht auf dem Information Highway", in *Information Highway*, org. R. M. Hilty, n.º 3, Stämpfli Verlag/C.H.Beck, Berna/Munique, 1996, pág. 597-623.

STECKER, BRUNHILDE
— — "Electronic Commerce with Regard to German Contract Law", *Scientia Iuridica*, tomo XLVII, n.º 271/273, 1998, pág. 77-90.

TAUPITZ, J.
— — "Electronic Commerce – Probleme bei Rechtsgeschäften im Internet", *JuS*, 9/1999, pág. 839-846 (em co-autoria com KRITTER, TH.).

TELES, EUGÉNIA GALVÃO
— — "A prestação característica: Um novo conceito para determinar a lei subsidiariamente aplicável aos contratos internacionais. O art. 4.º da Convenção de Roma sobre a Lei Aplicável às Obrigações Contratuais", *O Direito*, Ano 127.º, I-II, 1995, pág. 71-183.
— — *A protecção dos consumidores nos contratos internacionais*, dissertação de metrado apresentada na Faculdade de Direito de Lisboa, policopiado, 1997.

TELLES, INOCÊNCIO GALVÃO
— — *Contratos Civis*, Lisboa, 1954.
— — *Manual dos Contratos em Geral*, 3.ª Edição, Lisboa, 1965.

THORN, KARSTEN
— — "Verbraucherschutz bei Verträgen im Fernabsatz", *IPRax*, 1/1999, pág. 1-9.

TOMMASINI, MARIA
— — "Osservazioni sulla conclusione del contratto tramite computers: aspetti problematici della comunicazione a distanza", *Rass. dir. civ.*, 3/98, pág. 569-598.

TORIELLO, FABIO
— — "Commento all'art. 5 Convenzione di Roma 1980", in *Codice del Consumo e del Risparmio*, org. Guido Alpa, Dott. A. Giuffrè Editore, Milão, 1999, pág.117-120.

TURNER, CATRIN
— — "Commercial Lawyers Guide to the Internet", *ICCLR*, vol. 8, n.º 4, 1997, pág. 120-123 e vol. 8, n.º 11, 1997, pág. 382-386 (em co-autoria com BRENNAN, SEAN).

ULMER
— — *AGB-Gesetz*, Verlag Dr. Otto Schmidt, Colónia, 1997 (em co-autoria com BRANDNER e HENSEN).

VALENTINO, DANIELA
— — "Obblighi di informazione e vendite a distanza", *Rass. dir. civ.*, 2/98, pág. 375-395.

VARELA, JOÃO DE MATOS ANTUNES
— — *Código Civil anotado*, vol. I, 4.ª Edição, 1987, Coimbra Editora, Lda. (em co-autoria com LIMA, FERNANDO ANDRADE PIRES DE; com a colaboração de M. HENRIQUE MESQUITA).
— — *Código Civil anotado*, vol. II, 3.ª Edição, Coimbra Editora, Lda., 1986 (em co-autoria com LIMA, FERNANDO ANDRADE PIRES DE).
— — *Das Obrigações em Geral*, vol. II, 5.ª Edição, Almedina, Coimbra, 1992.
VASCONCELOS, PEDRO PAIS
— — *Teoria Geral do Direito Civil*, vol. I, LEX, Lisboa, 1999.
— — "Protecção dos dados pessoais e direito à privacidade", in *Direito da sociedade da informação*, vol. I, FDUL, APDI, Coimbra Editora, 1999, pág. 241-253.
VICENTE, DÁRIO MOURA
— — *Comentário à Convenção de Bruxelas*, LEX, Edições Jurídicas, Lisboa, 1994 (em co-autoria com SOUSA, MIGUEL TEIXEIRA DE).
— — "A Convenção de Bruxelas de 27 de Setembro de 1968 relativa à Competência Judiciária e à Execução de Decisões em Matéria Civil e Comercial e a Arbitragem", *ROA*, Ano 56, 1996-II, pág. 595-618.
VIEIRA, JOSÉ ALBERTO
— — "Notas gerais sobre a protecção de programas de computador em Portugal", in *Direito da sociedade da informação*, vol. I, FDUL, APDI, Coimbra Editora, 1999, pág. 73-88.
VITTA, EDOARDO
— — "Cours général de droit international privé", *RCADI*, tomo 162, 1978-I, pág. 9-243.
WALDENBERGER
— — "Verbraucherschutz im Internet", in *Multimedia und Recht*, org. Thomas Hoeren e Ulrich Sieber, Verlag C.H.Beck, Munique, 1999.
WALDENBERGER, ARTHUR
— — "Grenzen des Verbraucherschutzes beim Abschluss von Verträgen im Internet", *BB*, 46/1996, pág. 2365-2371.
WATTÉ, NADINE
— — "Vers une interprétation uniforme et cohérente des Conventions de Rome et de Bruxelles", *Revue de droit de l'ULB*, vol. 10, 1994-2, Bruxelas, pág. 21--54.
WENGLER, WILHELM
— — "L'évolution moderne du droit international privé et la prévisibilité du droit applicable", *Rev. crit.*, n.º 4, 1990, pág. 657-674.
WERNER
— — "Rechtsfragen des elektronischen Geldes", in *Multimedia und Recht*, org. Thomas Hoeren e Ulrich Sieber, Verlag C.H.Beck, Munique, 1999.
WILL, MICHAEL R.
— — "A mensagem publicitária na formação do contrato", in *Comunicação e*

defesa do consumidor, Instituto Jurídico da Comunicação, Faculdade de Direito da Universidade de Coimbra, Coimbra, 1996, pág. 259-281.

ZWEIGERT, KONRAD

—— *Introduction to Comparative Law*, 3.ª Edição, traduzida por Tony Weir, Clarendon Press, Oxford, 1998 (em co-autoria com KÖTZ, HEIN).

ÍNDICE

PRINCIPAIS ABREVIATURAS E SIGLAS UTILIZADAS 11

INTRODUÇÃO 13

I PARTE
PERSPECTIVA DE DIREITO MATERIAL

1. RAZÃO DE ORDEM. A DEBILIDADE DA POSIÇÃO CONTRATUAL DOS CONSUMIDORES. 23
2. PANORÂMICA DAS FONTES 31
   2.1. **Legislação Comunitária – Directivas Comunitárias** 31
   2.2. **Legislação portuguesa**. 39
   2.3. **Convenções Internacionais** 43
   2.4. *Soft law* 43
3. DO CONTRATO CELEBRADO COM O CONSUMIDOR 49
   3.1. **Noção de consumidor**. 49
       3.1.1. *Capacidade contratual do consumidor* 58
   3.2. **Alguns aspectos basilares do regime de protecção dos consumidores** 65
       3.2.1. *Informações a prestar aos consumidores* 65
           3.2.1.1. *Considerações gerais*. 65
           3.2.1.2. *Confirmação por escrito das informações* 75
           3.2.1.3. *Legislação portuguesa sobre as informações a prestar ao consumidor* 79
           3.2.1.4. *Convite e proposta a contratar. Oferta ao público* 81
       3.2.2. **Direito de rescisão** 91
           3.2.2.1. *Razão de ordem*. 91
           3.2.2.2. *Enquadramento jurídico* 98
           3.2.2.3. *As informações por escrito e o prazo para exercício do direito de rescisão*. 112
           3.2.2.4. *Momento da celebração do contrato. A aceitação* 116
           3.2.2.4.1. *Considerações gerais*. 116

3.2.2.4.2. Contratos celebrados por correio electrónico ou outra técnica de comunicação através da qual se celebrem contratos entre ausentes 122
3.2.2.4.3. Contratos celebrados em tempo real 133
3.2.2.4.4. Lei aplicável à determinação do momento da celebração do contrato 133
3.2.3. *Envio de bens ou prestação de serviços não solicitados* .. 140
3.2.4. *Comunicações comerciais não solicitadas* 145
3.2.5. *Prazo para cumprimento do contrato* 149

4. A FORMA 153

5. A ASSINATURA DIGITAL 159

II PARTE
PERSPECTIVA DE DIREITO INTERNACIONAL PRIVADO

1. LEI APLICÁVEL AOS CONTRATOS CELEBRADOS ATRAVÉS DA INTERNET COM OS CONSUMIDORES 167
   1.1. **Carácter transfronteiriço dos contratos** 167
   1.2. **Ausência de regulamentação centralizada** 170
   1.3. **Localização.** 173
   1.4. **Protecção dos consumidores internautas nos contratos internacionais: considerações gerais** 176
      1.4.1. *A protecção dos consumidores internautas no âmbito da Convenção de Roma* 183
         1.4.1.1. *Considerações gerais* 183
         1.4.1.2. *Autonomia da vontade* 184
         1.4.1.2.1. A autonomia da vontade na Convenção de Roma 184
         1.4.1.2.2. A adequação do elemento de conexão vontade das partes nos contratos celebrados com consumidores 188
         1.4.1.3. *Conexão mais estreita*..................... 192
         1.4.1.3.1. A prestação característica 194
         1.4.1.3.1.1. A adequação do critério da prestação característica nos contratos celebrados com consumidores 203
         1.4.1.4. *A lei da residência habitual do consumidor* 210
         1.4.1.4.1. Considerações gerais..................... 210
         1.4.1.4.2. Identificação do contrato celebrado com o consumidor 211
         1.4.1.4.3. Condições de aplicação do art. 5.º, n.º 2, da Convenção de Roma........................ 215

1.4.1.4.3.1. Proposta ou anúncio publicitário no país da residência habitual do consumidor............. 216
1.4.1.4.3.1.1. A publicidade divulgada na Internet e os pressupostos de aplicação do art. 5.º, n.º 2, primeiro parágrafo, da Convenção de Roma 221
1.4.1.4.3.2. Reacção dos consumidores no país da sua residência habitual.............................. 235
1.4.1.4.3.3. Recepção do pedido do consumidor........... 239
1.4.1.4.3.4. Vendas incluídas em viagens organizadas pelos vendedores – *Kaffeefahrt*..................... 245
1.4.1.4.4. Apreciação crítica quanto ao elemento de conexão residência habitual do consumidor adoptado pelo art. 5.º da Convenção de Roma. Ponderação sobre a aplicação da lei mais favorável ao consumidor no âmbito da Convenção de Roma 245
1.4.2. **A protecção dos consumidores internautas no âmbito das regras de DIP incluídas em directivas comunitárias. O princípio da relação estreita**.................... 252
    1.4.2.1. *Razão de ordem*......................... 252
    1.4.2.1.1. Concretização de "país terceiro" 255
    1.4.2.1.2. "Lei escolhida" 258
    1.4.2.1.3. "Relação estreita" 264
    1.4.2.1.3.1. Razão de ordem 264
    1.4.2.1.3.2. Concretizações possíveis de relação estreita 266
    1.4.2.1.4. Medidas necessárias 290
    1.4.2.1.4.1. Razão de ordem. Breves considerações sobre algumas possíveis soluções oferecidas pelo DIP 290
    1.4.2.1.4.2. Normas de aplicação imediata................ 295
    1.4.2.1.4.2.1. Breve apreciação crítica ao recurso às normas de aplicação imediata 299
    1.4.2.1.4.2.2. Aplicação da lei mais favorável. Nível mínimo de protecção dos consumidores 306
    1.4.2.1.4.2.3. Articulação das normas de aplicação imediata de protecção dos consumidores com a Convenção de Roma.. 316
    1.4.2.2.4.3. O Art. 29a EGBGB. 319

2. **FORO COMPETENTE NOS CONTRATOS CELEBRADOS ATRAVÉS DA INTERNET COM OS CONSUMIDORES** 323
  2.1. **Razão de ordem**.................................. 323
  2.2. **Aplicação da Convenção de Bruxelas e da Convenção de Lugano** 324
  2.3 **Cláusula de eleição do foro**........................... 329

3. NOVAS ORIENTAÇÕES 335
    3.1. **Razão de Ordem** 335
    3.2. **Unificação da escolha da lei reguladora** 335
    3.3. **Jurisdição própria** 336
    3.4. **Unificação do direito substantivo da Internet**............. 338

CONCLUSÕES 343

BIBLIOGRAFIA 351

ÍNDICE 373